YFAAT WEISS

Schicksalsgemeinschaft im Wandel

Jüdische Erziehung im nationalsozialistischen Deutschland 1933–1938

CHRISTIANS

Hamburger Beiträge
zur Sozial- und Zeitgeschichte Band XXV

Im Auftrag der
Forschungsstelle für die Geschichte
des Nationalsozialismus in Hamburg
und der Hamburger Bibliothek
für Sozialgeschichte und Arbeiterbewegung
herausgegeben von
Werner Jochmann, Werner Johe
und Ursula Büttner

Die Deutsche Bibliothek – CIP-Einheitsaufnahme

Weiss, Yfaat:
Schicksalsgemeinschaft im Wandel: jüdische Erziehung im nationalsozialistischen Deutschland 1933–1938 / Yfaat Weiss. –
Hamburg: Christians, 1991
(Hamburger Beiträge zur Sozial- und Zeitgeschichte ; Bd. 25)
ISBN 3-7672-1127-0
NE: GT

Printed in Germany
ISBN 3-7672-1127-0

INHALT

Einleitung 7

1. Rahmenbedingungen jüdischer Erziehung 12
Die jüdische Schule vor 1933 12
Die nationalsozialistische Gesetzgebung 19

2. Die öffentliche Diskussion über die jüdische Schule 23
Das Existenzrecht der jüdischen Schule 24
Bildungsideale und Ziele 26
Aufgaben jüdischer Erziehung 32

3. Erziehung als Politikum 37
Der organisatorische Rahmen jüdischer Schulpolitik 37
Die personelle Besetzung des Erziehungsausschusses 42
Machtkämpfe und Richtliniendiskussion 1934

4. Die Reichsvertretung und die jüdischen Interessengruppen 52
Die stark assimilierten Kreise 53
Die deutsche Orthodoxie 58
Der Führungsanspruch der Gemeinde Berlins 65

5. Die Aufgaben der Reichsvertretung 70
Beschaffung von Lehrmaterial 70
Lehrerausbildung 74
Die Reichsvertretung als Schlichterin in den Gemeinden 81

6. Die Lehrinhalte an der jüdischen Schule 86
Deutsch 87
Geschichte 90
Religion 93
Hebräisch 96
Palästinakunde 100
Rassenkunde 103

7. Schule als Identitätsstifter 105
Zum Verhältnis von Schule und Jugendbewegung 105
Kann eine Schule Identität stiften? 108

Schluß 112

Dokumente 115
Anmerkungen 184
Abkürzungsverzeichnis 216
Quellen- und Literaturverzeichnis 217
Personenregister 224

Dank

Dieses Buch geht im Ansatz auf meine Magisterarbeit zurück, die ich zum Abschluß meines Geschichtsstudiums an der Universität Hamburg bei Prof. Dr. Klaus Saul schrieb. Für seine Unterstützung möchte ich ihm herzlich danken. Auch der Friedrich-Ebert-Stiftung, die mein Studium finanzierte, bin ich zu Dank verpflichtet.

Von Dr. Yehoyakim Kochavi erhielt ich bereits aufgearbeitetes Material und sehr kompetenten Rat. Prof. Dr. Joseph Walk machte mich auf Literatur aufmerksam, sah das Manuskript kritisch durch und gab mir anregende Hinweise. Diesen beiden Historikern und Zeitzeugen sei dafür herzlich gedankt. Hilfe erfuhr ich auch von Prof. Dr. Otto D. Kulka und Dr. Esriel Hildesheimer, die mir den Zugang zu der von ihnen rekonstruierten Sammlung verlorengegangener Akten der Reichsvertretung der Juden in Deutschland ermöglichten. Die Mitarbeiterinnen und Mitarbeiter des Archivs Yad Vashem in Jerusalem und der Wiener Library in Tel Aviv waren sehr entgegenkommend und hilfsbereit.

In Hamburg lasen und korrigierten das Manuskript meine Studienkolleginnen und Freundinnen Oda Voß, Kerstin Domscheit und Gaby Zürn. Für besonders sorgfältige Korrekturen bedanke ich mich bei Jörg Deventer. Ohne die engagierte und sachkundige Betreuung durch Dr. Ursula Büttner wäre dieses Buch nicht zustande gekommen. Während der gesamten Zeit, die ich an diesem Thema arbeitete, leistete sie mir fachlichen und freundschaftlichen Beistand.

Widmen möchte ich dieses Buch meiner Lehrerin und Freundin Rahel Großbaum, die in mir die historische Neugier weckte.

Einleitung

Die rund 500000 Juden, die am Ende der Weimarer Republik in Deutschland lebten,[1] waren weitgehend vom Geist der Aufklärung und von den Erfahrungen der Emanzipationszeit geprägt. Sie verstanden sich überwiegend als gleichgestellte Individuen in einem Rechtsstaat. Mit Ausnahme der Zionisten betrachteten die meisten ihr Judentum an erster Stelle als Religion und ihr Judesein als private Angelegenheit, die sie von anderen Staatsbürgern nicht unterscheiden sollte. Die Mehrzahl der deutschen Juden bekannte sich in politischer und religiöser Hinsicht zum Liberalismus. Sie betonten ihre deutsche Staatsbürgerschaft und tendierten in der Regel zu den progressiven politischen Parteien. Glaubensmäßig neigten sie dem liberalen Reformjudentum zu. Die Anhänger dieser Gruppe sammelten sich um den Central-Verein deutscher Staatsbürger jüdischen Glaubens (C.V.) und in den Gemeinden in der Liberalen Partei.

Die Zionisten, die in Deutschland vor 1933 nur eine kleine Minderheit innerhalb der jüdischen Bevölkerung darstellten, verstanden das Judentum zwar als nationale Kategorie, waren aber in ihrer Mehrzahl – von wenigen Ausnahmen wie den Zionisten ostjüdischer Herkunft abgesehen – in den deutschen Staat ebenso wie die liberalen Juden integriert. Dies äußerte sich unter anderem darin, daß sie in bezug auf Beruf und Lebensstil den liberalen Juden glichen.[2] Organisiert waren sie in der »Zionistischen Vereinigung für Deutschland« (ZVfD) und in den Gemeinden in der Volkspartei.

Auch die Mehrheit der deutschen Orthodoxie, die sich in ihren Sitten von der

Umgebung deutlich unterschied, gehörte nach ihrem Selbstverständnis zur deutschen Gesellschaft. Zwar erstrebte sie die Bildung mehr oder weniger geschlossener Gemeinden, blieb am liebsten unter sich und bekämpfte die Reformbestrebungen der Mehrheit, doch »hatte sie Frieden mit der säkularen Welt geschlossen, genoß die Schönheiten und Annehmlichkeiten deutscher und europäischer Kultur und führte sich auch sonst, besonders in wirtschaftlicher und politischer Hinsicht, ›gut bürgerlich‹«.[3] Allein die Ostjuden, eine kleine Minderheit aller Juden in Deutschland, waren in die deutsche Gesellschaft nicht integriert und lebten in ihrem eigenen Milieu. Ihre Neigung, sich in bestimmten Stadtteilen und Wohnvierteln zu konzentrieren, und die geringe Zahl von Mischehen unter ihnen sind dafür typisch.[4]

Angesichts dieser Verhältnisse kann es nicht überraschen, daß es 1933 und danach keinen organisierten jüdischen Widerstand gab. Zum einen verstanden sich die deutschen Juden in den ersten Jahren des Dritten Reichs nicht als geschlossene Gruppe; zum anderen legten sie aus ihrer Emanzipationserfahrung heraus viel Wert darauf, im Rahmen rechtsstaatlicher Normen zu handeln, so daß sie sich auf keinen anderen Kurs einlassen konnten, als die fortschreitende Reduzierung ihrer Rechte mit legalen Mitteln zu bekämpfen.[5] So äußerte sich der Wille der deutschen Juden, dem Druck der nationalsozialistischen Herrschaft zu widerstehen, in erster Linie darin, daß sie sich stärker zusammenschlossen. Schon in den ersten Monaten des Jahres 1933 entstand der »Zentralausschuß der deutschen Juden für Hilfe und Aufbau«, der vor allem die durch den Aufstieg des Nationalsozialismus verursachten wirtschaftlichen Probleme zu bekämpfen versuchte. Kurz danach begann die »Reichsvertretung der deutschen Juden« ihre Arbeit – die erste alle Richtungen umfassende, zentrale jüdische Organisation in Deutschland, die sich im September 1933 endgültig formierte. Auch das Netz der alten jüdischen Organisationen – wie der Gemeinden und Landesverbände – wurde enger geknüpft. Durch ihr organisatorisches Engagement schufen sich die deutschen Juden eine Basis für materielle und emotionale Solidarität. Im Rahmen dieser Organisationen konnten wirtschaftliche Hilfe – durch finanzielle Unterstützung, Winterhilfswerke und organisierte Berufsumschichtung –, rechtliche Beratung und kultureller wie auch geistiger Beistand – durch die Kulturbünde, die Lehrhäuser, die jüdische Volkshochschule und die Mittelstelle für Erwachsenenbildung – geleistet werden. Die große Leistung der deutschen Judenheit jener Jahre lag nicht in Taten wie bewaffnetem Widerstand, sondern in der gegenseitigen Solidarität und in der Bewahrung ihrer Würde als Menschen.[6]

Das Erziehungswesen stellte ein zentrales Moment des jüdischen Lebens in dem hier behandelten Zeitraum dar. Die Gründe dafür lagen zum Teil in der traditionellen Bedeutung, die Bildung unter Juden auch in den früheren Jahrhunderten besessen hatte. Darüber hinaus erkannten die deutschen Juden rechtzeitig, daß Deutschland der Jugend keine Zukunft mehr bot, und investierten erhebliche Mittel und Kräfte in die Erziehung, um dadurch bessere Voraussetzungen für die Emigration zu schaffen. Da dem jüdischen Schulwesen von seiten des nationalsozialistischen Staates eine weitgehende Autonomie zugestanden wurde, konnte sich hier jüdischer Geist frei entfalten.

Otto Dov Kulka beschreibt das Paradox, daß die jüdische Gesellschaft im Gegensatz zur gleichgeschalteten deutschen Gesellschaft in den Jahren nach 1933 weiterhin pluralistisch blieb und »fast alle ihre eigenen religiösen und ideologisch-politischen Strömungen und Organisationen« bewahren konnte.[7] Ziel dieses Buches ist es, zu zeigen, wie dieser Pluralismus beim Ausbau des jüdischen Schulwesens erhalten wurde und es prägte.[8] Gerade im Bereich der Erziehung, in dem die Erziehenden ihre grundlegenden Überzeugungen, Werte und Normen zur Geltung zu bringen versuchen, bietet es sich an, Kulkas These zu überprüfen. Die jüdische Gesellschaft erwies sich als ausgesprochen dynamisch, was die Entwicklung der verschiedenen Gruppierungen und ihr Verhältnis zueinander angeht. Daher wird nach den ideologischen und praktisch-pragmatischen Veränderungen gefragt, die sich in der Haltung der verschiedenen Gruppen zur Existenz einer besonderen jüdischen Schule und zu den von ihr zu vermittelnden Lehrinhalten zeigten. Darüber hinaus wird untersucht, wo die Freiräume der jüdischen Schule ihre Grenzen fanden, sowohl durch die restriktiven Maßnahmen der Regierung als auch durch die wachsende Notwendigkeit jüdischer Zusammenarbeit, die eine immer stärkere Kompromißbereitschaft erzwang. Ein besonderes Gewicht liegt auf der Untersuchung des weltanschaulichen Gehalts der jüdischen Erziehung jener Jahre. Dabei wird die Schule in ihrer Rolle als Identitätsstifter dargestellt.

Durch die Fragestellung werden die Zäsuren bestimmt. Zwar wurden jüdische Kinder in Deutschland bis zum Juni 1942 beschult, es kann aber aus verschiedenen Gründen nicht mehr von Freiräumen im Bereich der Erziehung gesprochen werden. Nach den Ereignissen der »Reichskristallnacht«, verstärkt auch durch die Verhaftungen von Lehrern und älteren Schülern, wurde die Aussichtslosigkeit des Lebens in Deutschland so unverkennbar, daß die jüdische Schule nur noch einen Notstandscharakter bewahren konnte. Mit der Auflösung der »Reichsvertretung der Juden in Deutschland« und ihrer Ersetzung durch die »Reichsvereinigung« Anfang Juli 1939 verlor das jüdische Leben ein wesentliches Stück seiner bis dahin bewahrten »Autonomie«. Daher wurde 1938 als Abschlußjahr des Untersuchungszeitraumes gewählt.

Als Voraussetzung für die Entwicklung des jüdischen Schulwesens nach 1933 werden zunächst seine Situation und sein Charakter in den Jahren vor 1933 beschrieben. Anschließend wird die rechtliche Absonderung der jüdischen Schüler durch die nationalsozialistische Gesetzgebung geschildert, die den formalen Rahmen jüdischer Erziehung in Deutschland bestimmte. In den nächsten Kapiteln wird die Diskussion um die jüdische Schule und die von ihr anzustrebenden Inhalte und Ziele dargestellt: zunächst die Debatte in der jüdischen Öffentlichkeit, sodann die Diskussion in den zentralen Organisationen der deutschen Juden und den verschiedenen jüdischen Gruppierungen, abschließend unter den Erziehern selbst. Da die jüdische Schule ihre größte Aufgabe in der Stiftung jüdischer Identität sah, wird in einem letzten Kapitel nach dem Erfolg gefragt. Dabei werden die Leistungen der Schule an denen der konkurrierenden Erziehungsinstanz jener Jahre – der jüdischen Jugendbewegung – gemessen.

Der Großteil der vorhandenen Literatur in deutscher Sprache zum Thema jüdische Schule befaßt sich mit einzelnen Schulen. Hierzu zählen die Arbeiten von Daxner, Feidel-Mertz, Randt und Schachne sowie verschiedene Examensarbeiten. Berücksichtigung findet die jüdische Schule auch in Andenkenbüchern verschiedener jüdischer Gemeinden Deutschlands, wie z. B. denen in Emden,[9] Mannheim[10] oder Köln.[11] Diese aus dem Interesse an Regionalstudien und aus der verstärkten Beschäftigung mit Alltagsgeschichte entstandenen Arbeiten sind wichtige Bausteine für die Erarbeitung eines präzisen Bildes, aber für die Beleuchtung größerer Zusammenhänge ungenügend. Unter den allgemeinen Darstellungen ist Monika Richarz' Einführung zu dem von ihr herausgegebenen Buch »Jüdisches Leben in Deutschland« als die systematischste Zusammenfassung hervorzuheben, sie beschäftigt sich aber nicht speziell mit jüdischer Erziehung.[12] Darstellungen wie die von Angress[13] oder Adler-Rudel[14] sind in ihrer Quellenbasis zu sehr begrenzt. Andere in Deutschland erschienene Darstellungen über jüdische Organisationen sind wie die von Lamm[15] inzwischen veraltet oder allzu einseitig wie die von Herrmann.[16]

Einige wichtige Beiträge zur Geschichte der jüdischen Organisationen im allgemeinen und der jüdischen Schule im speziellen sind in Israel in Form von Dissertationen erschienen. Dazu zählen die Arbeiten von Margaliot[17] und Kulka[18] über die jüdischen Organisationen insgesamt, von Hildesheimer über die Reichsvertretung und die Reichsvereinigung,[19] von Kochavi über den jüdischen Kulturbetrieb und die Presse nach 1933[20] und von Walk über jüdische Erziehung.[21] In seiner Arbeit, die die ausführlichste Darstellung der jüdischen Erziehung unter dem Nationalsozialismus bietet, beschäftigt sich Walk vor allem mit den vom Staat diktierten rechtlichen Rahmenbedingungen. In diesem Jahr soll eine erweiterte deutsche Fassung erscheinen, die weitgehend auch die inneren Aspekte jüdischer Erziehung berücksichtigt.[22]

Hinsichtlich Umfang und Vielfalt der Memoirenliteratur sind die deutschen Juden den Juden anderer Länder voraus. Die vielen Erinnerungen, die z. T. in den Reihen des Leo Baeck Instituts erschienen sind, erweisen sich als sehr ergiebig. Vor allem waren die Erinnerungen früherer Erzieher, Schulleiter und Lehrer für die Rekonstruktion der damaligen Verhältnisse von erstrangiger Bedeutung, so z. B. die von Hans Gaertner[23] und Heinemann Stern.[24] Ähnliche Bedeutung kommt den Berichten von Personen zu, die an zentralen Stellen in jüdischen Organisationen tätig waren, wie Recha Freier,[25] Martin Buber und Ernst Simon. Diese Erinnerungen konnten durch Ball-Kaduris Sammlung von Zeugenschrifttum ergänzt werden.[26]

Als wichtige archivalische Quellengrundlage wurde von der Verfasserin die in Yad-Vashem als 0–8 bezeichnete »Collection of Documents on the Destruction of German Jewry« benutzt. Noch wichtiger erwiesen sich die »Kulka-Hildesheimer-Dokumente zur Geschichte der Zentralorganisation der Juden in Deutschland 1933–1945«.[27] Die beiden Historiker haben versucht, durch die Auswertung verschiedener Archive in Israel und Europa das bislang nicht zugängliche Archiv der Reichsvertretung zu ersetzen. In der Dokumentensammlung befinden sich unter anderem Teile des Briefwechsels der Reichsvertretung der deutschen Juden mit den verschiedenen Erziehungsträgern. Vor allem aber diente die jüdische Presse jener Jahre, sowohl die allgemeine wie auch die pädagogische, als zentrale Quellenbasis dieses Buches.

1. Rahmenbedingungen jüdischer Erziehung

Die jüdische Schule vor 1933

Infolge der fortschreitenden Assimilation der deutschen Juden befand sich das jüdische Schulwesen in der Weimarer Republik in ständigem Rückgang. 1922 gab es ca. 200 jüdische Schulen mit insgesamt etwas mehr als 20000 Schülern.[1] Anfang 1933 waren es nur noch 150 Schulen[2] mit ca. 15 000 jüdischen Schülern.[3] Nur 25 Prozent der jüdischen Kinder und Jugendlichen besuchten zu dieser Zeit Schulen ihrer Religionsgemeinschaft. 10000 von ihnen besuchten Volksschulen, die anderen 5000 weiterführende Schulen.[4] Die meisten Schulen waren Zwergschulen, einklassige Volksschulen in kleinen Städten und Dörfern, an denen häufig weniger als zwanzig Schüler von einem Lehrer unterrichtet wurden.[5] Wegen der schwindenden Schülerzahl war der Fortbestand dieser Schulen vielerorts in Frage gestellt.[6] Besser sah es bei den jüdischen Schulen in den Großstädten aus, und zwar sowohl bei den Volksschulen als auch bei den zehn höheren Schulen, von denen fünf die Berechtigung zur Abiturprüfung besaßen.[7] Die jüdischen Privatschulen hatten mehr Schüler und waren dementsprechend in ihrem Bestand gesicherter als die öffentlichen Schulen.[8]

Die Entwicklung der jüdischen Schulen wurde nicht etwa durch das Verhalten der zuständigen Behörden und Ministerien behindert. Ende 1932 fanden sogar Beratungen zwischen dem preußischen Unterrichts- und Innenministerium und den beiden jüdischen Sachverständigen Rabbiner Dr. Leo Baeck und Rabbiner Dr. Esra Munk über ein Abkommen statt, wie es der preußische Staat nach der Revolution von 1918 mit der katholischen und evangelischen Kirche abgeschlossen hatte. Die Ereignisse des Januar 1933 machten diesen Bestrebungen ein Ende.[9] Der Niedergang der jüdischen Schule ist vielmehr auf die ablehnende Haltung der Mehrheit der deutschen Juden zurückzuführen. Dem nichtorthodoxen jüdischen Bürgertum der Großstädte waren die jüdischen Schulen ein Dorn im Auge. Weit entfernt von der religiösen Tradition, nach Assimilation strebend und dem kleinbürgerlichen sozialen Milieu dieser Schulen abgeneigt, sahen sie keinen Grund, ihre Kinder in die »Judenschulen« zu schicken, wie sie von ihnen voller Verachtung genannt wurden.[10]

Diese Abneigung gegen besondere jüdische Schulen wirkt überraschend angesichts der Tatsache, daß der Antisemitismus an den allgemeinen Schulen in den zwanziger Jahren zunahm. So beschreibt ein jüdischer Schüler eines Realgymnasiums in Berlin rückblickend die Stimmung, die damals in seiner Schule herrschte: »... da war eine deutschnationale Atmosphäre, und es wurde ab und zu eine Bemerkung gemacht über nichteingesessene Deutsche. Der Antisemitismus war nicht so grob, der war schon verfeinert. Einige Lehrer waren Nationalsozialisten; in der Klasse selbst gab es auch Nazis. Wir waren vier Juden von etwa fünfundzwanzig Schülern. Es gab in der Klasse selbst keine Anrempeleien, darüber gab es eine Art Konsensus; aber natürlich gab es auch keine näheren Beziehungen. [...] Also, die Atmosphäre in der Schule – vier Jahre Grundschule und neun Jahre Gymnasium –, die war konservativ.«[11] Die schon belasteten Beziehungen zwischen jüdischen und nichtjüdischen Schülern scheinen sich am Ende der zwanziger und Anfang der dreißiger Jahre noch verschlechtert zu haben. Derselbe Berichterstatter schreibt weiter: »... da war es überhaupt schon in der Jugend durchaus verbreitet, Nazi zu sein und es offen zuzugeben. Und auch die Lehrer akzeptierten das. Man durfte zwar nicht mit Uniform in die Schulklasse kommen, das nicht, aber man trug alle möglichen Abzeichen.«[12]

Ein wichtiger Zeitgenosse, Ernst Simon, der in den Jahren 1933 bis 1935 mit Martin Buber das Lehrhaus in Frankfurt leitete, beschrieb später die Haltung der deutschen Juden in der Zeit vor 1933: »Das deutsch-jüdische Bürgertum [war], soweit es nicht zionistisch war, [...] deutsch assimiliert, aber paradoxerweise nicht genügend, um die Wirklichkeit seiner Umwelt erkennen zu können.«[13]

Diese Einschätzung, die in der allgemeinen Diskussion über die deutschen Juden in jenen Jahren sehr verbreitet war, erscheint bei der Lektüre der Zeitung des Central-Vereins deutscher Staatsbürger jüdischen Glaubens, des wichtigsten Sprachrohrs dieser Gruppe, als nicht ganz berechtigt. Vor allem beobachtete der Central-Verein den Antisemitismus an den öffentlichen Schulen mit großer Aufmerksamkeit. Unter anderem veröffentlichte er 1931 in der C. V.-Zeitung den Bericht eines dreizehnjährigen jüdischen Jungen über die Diffamierungen, denen er an einer deutschen Schule ausgesetzt war.[14] An den Reaktionen auf die niederdrückende Beschreibung ist aber zu erkennen, daß der C. V. noch immer seinen alten Kampfmethoden verhaftet war und seine Hoffnungen auf den Erfolg von Aufklärungsbemühungen und verstärkter Abwehrarbeit zur Bekämpfung des Antisemitismus setzte.[15] Die Zeitung warnte davor, »solche Vorgänge zu verallgemeinern«, und äußerte sich zufrieden darüber, daß Briefe von anderen Schulkindern und Müttern »glücklicherweise ein nicht so trübes Bild« zeigten. Eine Schülerin einer Unterprima aus Hannover meinte, dem Antisemitismus dadurch zu entgehen, daß sie in keiner Weise auffalle, und empfahl diesen Weg anderen Kindern zur Nachahmung. Ein anderer Schüler plädierte dafür, sich »mehr mit speziell jüdischen Dingen zu befassen«, um notfalls »gleich eine passende Antwort geben [zu] können«. Als Träger des Antisemitismus in der Schule identifizierte die Redaktion der Zeitung eher die von den nationalistischen Jugendbünden beeinflußten Schüler als die Lehrer und Schulleiter.[16] Da viele jüdische Eltern bei antisemitischen Vorfällen aus falschen Erwägungen heraus – etwa aus Scham oder in der Hoffnung, die Kinder durch Nichtthematisierung besser zu schützen – die Schulleitung und die Klassenlehrer nicht informierten, blieben die Übergriffe oft ungeklärt. Die Zeitung versuchte mehrmals, die Eltern zu selbstbewußterem Auftreten zu ermutigen und sie zu bewegen, gegebenenfalls die Schulleitung zu unterrichten.

Außerdem beobachtete das kulturpolitische Dezernat des C. V.s ständig die Neuerscheinungen von Büchern und Schulbüchern, um zu verhindern, »daß die Kinder mit judenfeindlichen Vorurteilen verseucht werden«. Nach seinem Bericht gelang es »in zahlreichen Fällen, Autoren und Verleger von der Irrigkeit ihrer Darstellungen zu überzeugen und sie zu Richtigstellungen zu veranlassen«.[17] Die Hoffnungen, die der C. V. zum einen auf die »republikanischen Schulbehörden« und zum anderen auf die Bekämpfung des Antisemitismus mit den alten, wohlerprobten Methoden setzte, hielten viele deutsche Juden bei dem Glauben, der Platz des jüdischen Kindes sei immer noch in der allgemeinen und nicht in der jüdischen Schule.

Der Streit um die jüdische Schule wurde insbesondere in vielen Gemeinden geführt, deren Vorsitzende aus der »Vereinigung für das liberale Judentum« kamen, da sie gegen solche Sondereinrichtungen eingestellt waren.[18] Der wichtigste Schauplatz des Streites war Berlin. Diese größte jüdische Gemeinde, die ein Drittel der Juden Deutschlands umfaßte, zeichnete sich unter anderem durch unaufhörliche Spannungen zwischen der zionistischen und der liberalen Partei im Gemeindevorstand aus.[19] Die Zionisten, die zwar in der Praxis die Allgemeinschulen für ihre Kinder bevorzugten, bejahten prinzipiell die Idee einer jüdischen Schule.[20] Die Liberalen hingegen waren stets dagegen. Schon Ende 1930 warnte Walter Breslauer, Verwaltungsdirektor der jüdischen Gemeinde in Berlin und Mitglied der liberalen Partei: »Die Gemeinde sollte sich hüten, [...] verderblichen Bestrebungen der Feinde der deutschen Juden durch ihr Schulprogramm die Wege zu ebnen.«[21]

Als die liberale Partei, die seit 1926 in der Opposition war, Anfang der dreißiger Jahre wieder die Führung der jüdischen Gemeinde übernahm, fing sie an, den von der Jüdischen Volkspartei (national-jüdische Richtung) in der vorangegangenen

Wahlperiode betriebenen Ausbau des jüdischen Schulwesens rückgängig zu machen.[22] Der Streit ging so weit, daß es fast zum Austritt der Zionisten aus der Repräsentantenversammlung der Gemeinde und zu deren Spaltung kam.[23] Am 19. März 1932 berief die Jüdische Volkspartei eine Versammlung ein unter dem Schlagwort: »Die jüdische Schule in Gefahr.«[24] Dem Ruf folgten ungefähr tausend Personen, hauptsächlich aus Elternkreisen. Ihr Wunsch, ihren Kindern die Grundlagen jüdischen Wissens zu vermitteln, ließ sich infolge der Wirtschaftslage nur noch in der jüdischen Schule verwirklichen, da es vielen unmöglich wurde, ihren Kindern Privatunterricht erteilen zu lassen, was in früherer Zeit allgemein üblich gewesen war. Von besonderer Bedeutung, so wurde ausgeführt, sei außerdem das Problem der staatenlosen jüdischen Kinder, die sich nicht auf das Prinzip der Gegenseitigkeit berufen konnten und deshalb an den öffentlichen Schulen höhere Gebühren bezahlen mußten. Am Ende der Versammlung wurde einstimmig eine Resolution angenommen, die den Gemeindevorstand vor dem Abbau des jüdischen Volksschulwesens warnte und ihn aufforderte, »energische Maßnahmen zur Wiederherstellung der Schulen mindestens in dem bisherigen Ausmaß, wenn nicht vermehrt und verstärkt«, zu treffen. Die Volkspartei setzte ihre Kampagne zur Erhaltung der jüdischen Schulen im Januar 1933 fort,[25] doch scheinen viele Juden die drohende Gefahr nicht erkannt zu haben: Am 30. Januar 1933 fand eine Sitzung des Gemeindevorstandes und aller Schulleiter Berlins statt, in der der Beschluß mitgeteilt wurde, die jüdischen Volksschulen Berlins im Zuge notwendiger Sparmaßnahmen abzubauen.[26] Dr. Julius Guttmann, Leiter der Erziehungsabteilung der Gemeinde Berlins, soll gewarnt haben: »Wer weiß, ob wir nicht schon bald dieser jüdischen Schulen bedürfen werden, um die Schüler der öffentlichen Volksschulen aufzufangen.«[27]

Eine dritte Gruppe, die in der Diskussion für die jüdische Schule kämpfte, war die Orthodoxie. Sie führte einen »Zwei-Fronten-Kampf« gegen die Assimilationsbestrebungen der religiös-liberalen Kreise und gegen den Nationalismus der Zionisten.[28] Zwar besaß die orthodoxe Austrittsgemeinde »Adass Jisroel« in Berlin ein traditionsreiches Schulwerk,[29] das sein Ziel in dem Einpflanzen von »selbstbewußte[m] kenntnisreichen Judentum«[30] erblickte. Viele orthodoxe Juden aus dem osteuropäischen Milieu bevorzugten aber trotzdem die Einrichtungen des liberalen Judentums. Dr. Heinemann Stern, in jenen Jahren Schulleiter der Mittelschule der Berliner Gemeinde und ein Mann der liberalen Partei, meinte, es wären die niedrigen Schulgelder einerseits und das Erlernen von modernen Fremdsprachen (Englisch und Französisch) andererseits gewesen, die die Mittelschule für die osteuropäischen Eltern interessant gemacht hätten.[31] Mit dem Unterricht in den religiösen Fächern, der in dieser Schule naturgemäß im Geist des liberalen Judentums erteilt wurde, waren diese Eltern weniger zufrieden und suchten einen Ausgleich in dem zusätzlichen Chederbesuch[32] am Nachmittag, zu dem sie ihre Kinder zwangen.

Es fällt schwer, ein Profil der Lehrinhalte und Erziehungsideale der jüdischen

Schule vor 1933 zu zeichnen. Das jüdische Schulwerk jener Jahre war nicht einheitlich, und die jeweiligen Schulen spiegelten die Richtungen wider, zu denen sie gehörten: liberal, orthodox oder zionistisch. In der Stadt Frankfurt z. B. existierten nebeneinander das im Jahr 1804 durch eine Initiative von Maier Amschel Rothschild errichtete liberale Philantropin und die von Rabbiner Samson Raphael Hirsch im Jahre 1853 gegründete religiöse Schule.[33] Der Direktor des Philantropins, Dr. Driesen, beschrieb die Erziehungsziele seiner Schule 1932 folgendermaßen: »Und wie sein eigener Name griechisch ist, so kann die Grundlage seines Menschentums, wie ja die Grundlage des Menschenbegriffes in der gesamten nicht-jüdischen Welt, in seiner Bildungsarbeit nur gefunden und in seinem Bildungsprozeß nur aufgezeigt werden durch ausdrückliche Auseinandersetzung der jüdischen Bewußtseinswerte auch mit den Idealen des Griechentums, insbesondere des Hellenismus, auch in seiner spätrömischen Ausprägung.«[34] Der Leiter der Samson-Raphael-Hirsch-Schule, Dr. Marcus Elias, dagegen sah sich in Leben und Lehre dem gesetzestreuen Charakter der Schule verpflichtet. Dementsprechend beschrieb er die Erziehungsziele seiner Schule: »Wir befähigen die Schüler, Tnach [das Alte Testament] in seinen wichtigsten Partien sprachlich und inhaltlich zu verstehen und zu erarbeiten, verständnisvoll zu beten, die Dinim [Religionsgesetze] zu studieren und zu beachten, Talmud zu lernen, jüdische Geschichte in ihrer Verflochtenheit mit dem Zeitgeschehen und nach ihren ewigen Werten zu erfassen.«[35]

Daß die Differenzen zwischen den verschiedenen Schulen nicht absolut waren und daß sie sich nicht jeweils einseitig für religiöse bzw. profane Angelegenheiten interessierten, ist aus der folgenden Erzählung eines ehemaligen Schülers der orthodoxen Schule von »Adass Jisroel« in Berlin zu ersehen: »Im Frühjahr 1932 nahm ich nach bestandener Abiturientenprüfung an einer eindrucksvollen Schlußfeier der Adass Jisroel Schule teil, bei der jedem Schüler meiner Klasse sein Abgangszeugnis vom Direktor Dr. Nachman Schlesinger überreicht wurde. Anläßlich der hundertsten Wiederkehr des Todesjahres Johann Wolfgang von Goethes fügte der Direktor jedem Zeugnis ein Zitat aus den Werken dieses großen deutschen Dichters und Denkers bei, das auf die Individualität des einzelnen Schülers zugeschnitten war. Das mir gewidmete Zitat, das in Goethes ›Gesprächen mit Eckermann‹ steht, lautete: ›Wer Musik nicht liebt, verdient nicht, Mensch genannt zu werden: wer sie liebt, ist erst ein halber, nur wer sie übt ein ganzer.‹ Dieser erstaunliche Ausspruch Goethes hat mich auf meinem an Musik überaus reichen Lebensweg treu begleitet.«[36]

Trotz aller Unterschiede waren alle jüdischen Schulen gewillt, in den Kindern jüdische und deutsche Werte zu verwurzeln. Es war allen Erziehern klar, daß das Kind seine Zukunft in einer deutschen Umgebung verbringen würde. Die Pflege der jüdischen Fächer sollte den Schüler nicht zur national-jüdischen Lösung bringen, sondern »[...] wichtig ist, [...] ob wir in dem Schüler für lange Dauer über die Schulzeit hinaus Interesse für die jüdischen Fächer wecken, ob wir ihn dazu bringen, daß er auch später, trotz nichtjüdischer Umgebung, trotz nichtjüdischer Interessen, die sich von allen Seiten durch Beruf, wirtschaftliche Notwendigkeit und Zeitströmungen an ihn drängen, sich mit Liebe und Verständnis in die Quellen unserer Geschichte und Literatur vertiefe [...]«.[37]

Die Ansätze zu einer zionistischen Schule waren minimal. In Berlin entstand durch das Interesse zionistisch gesinnter Eltern Anfang der zwanziger Jahre ein »Jüdischer Schulverein«, der zwei private zionistische Volksschulen, die Schule Fasanenstraße im Westen und die Schule Rykestraße im Nordwesten Berlins, gründete.[38] Der Lehrplan dieser Schulen war auf dem der öffentlichen Volksschulen aufgebaut. An erster Stelle aber stand der hebräische Unterricht. Mit ihm begann jeder Schultag in jeder Klasse vom ersten Schuljahr an. Er wurde als Sprachunterricht erteilt, soweit wie möglich auf Hebräisch, und die Aussprache war die sephardische.[39]

Wie das Niveau der jüdischen Schule wirklich war, ist schwer festzustellen. In der jüdischen Öffentlichkeit waren Ressentiments bezüglich Unordnung, Disziplinlosigkeit und Rückständigkeit dieser Schulen verbreitet. In bezug auf die jüdischen Volksschulen der Kleingemeinden waren die Vorwürfe offenbar zutreffend.[40] Verfolgt man dagegen die Beiträge im Organ des jüdischen Lehrerverbands, »Jüdische Schulzeitung«, sowie die Beschreibungen der verschiedenen Schulleiter, so scheint die Kritik, daß Schulen und Lehrer nicht modern genug ausgerichtet seien, allerdings nicht berechtigt gewesen zu sein. Um nur ein paar Beispiele zu nennen: Das Philantropin in Frankfurt war stark von Pestalozzi und der Reformpädagogik beeinflußt. Die Schüler durften sich z. B. an wichtigen Schulentscheidungen beteiligen. Im Unterricht wurde das Projektsystem angewendet, bei dem bestimmte Themenkomplexe zur gleichen Zeit in verschiedenen Fächern behandelt wurden.[41] In der Jüdischen Schulzeitung diskutierte Nechama Leibowitz das Konzept des Arbeitsunterrichts mit jüdischen Quellen, worin sie eine Methode sah, die Schüler zur aktiven Teilnahme am Unterricht zu motivieren. Sogar die Austrittsorthodoxie diskutierte schon 1924 heftig, ob Hebräischunterricht nicht auf Hebräisch erteilt werden sollte.[42] Auch die Lehrer, vor allem die jüngeren, dürften gar nicht so unmodern bzw. traditionell gewesen sein. Nach dem Ersten Weltkrieg durften in Preußen infolge der Erziehungsreform jüdische Lehrer nicht mehr in jüdischen Lehrerbildungsanstalten auf ihren Beruf vorbereitet werden; eine Ausnahme bildete allein die orthodoxe Lehranstalt in Köln. So erhielten jüdische Lehrer dieselbe Ausbildung wie ihre nichtjüdischen Kollegen.[43] Eher unmodern waren wahrscheinlich die Religionsschulen, in denen jüdische Kinder, die keine jüdische Schule besuchten, in ihrer Religion unterwiesen wurden.[44] Die Lehrer waren häufig Rabbiner und keine ausgebildeten Pädagogen, und aus Mangel an Schülern wurden häufig, wie in einer Dorfschule, mehrere Jahrgänge zusammen unterrichtet. Viele Eltern machten aber von dem Recht auf zwei Stunden Religionsunterricht keinen Gebrauch,[45] weil sie ihre Kinder nicht zusätzlich belasten wollten, an der Förderung jüdischen Bewußtseins nicht interessiert waren und das Unterrichtsniveau als zu niedrig einschätzten.[46]

Eine Frage, die die jüdische Lehrerschaft vor 1933 intensiv beschäftigte, war, ob die jüdischen Schüler begabter als die christlichen seien. Man stritt sich nicht über das Vorhandensein solcher Eigenarten, sondern über ihre Ursache und ihre Bewertung. Als feststehend galt die frühe Reife jüdischer Kinder, die ihnen das Lernen erleichterte. Eine Lehrerin, die Hauptvorstandsmitglied des C.V. war, Dr. Gertrud Klausner, glaubte, daß die frühe Entfaltung jüdischer Kinder mit der häuslichen Erziehung zusammenhänge: Das schnelle Auffassen und die große Beteiligung jüdischer Kinder am Unterricht seien »nicht nur Temperamentssache, sondern Zeichen der schon weiteren Formung, der ›Bildung‹ im engeren, im Pestalozzi-Sinn des Wortes, weil die Eltern sich im Durchschnitt mehr mit dem Kind beschäftigen, es mehr an allem teilnehmen lassen. Was in Zeitungen, in Büchern gelesen, bei künstlerischen Veranstaltungen (Theater, Konzert, Kino, Radio) gehört wird, tritt als Thema der häuslichen Gespräche vor die Kinder. Das macht den Eindruck der symptomatisch früheren Reife, während es tatsächlich nur habituell ist und demnach viele Ausnahmen weiß.«[47]

Hugo Rosenthal, ein Lehrer aus dem zionistischen Lager und später Schulleiter des Landschulheims Herrlingen, der die Ursprünge der frühen Reife ebenfalls im Mentalen und nicht in den Vererbungstheorien suchte, hielt andere Gründe für entscheidend. Er sah in der »geistigen Überleistung« des jüdischen Kindes, der »hohen Überschätzung des Intellektualismus« die Übernahme einer jüdischen Tradition der Diaspora. Durch den Geist werde das »überaus gesteigerte Minderwertigkeitsgefühl« gegenüber der christlichen Umgebung kompensiert.[48] Heinemann Stern versuchte weniger, auf die Gründe dieser Unterschiede einzugehen, als sie zu beschreiben: »Danach glaube ich, den jüdischen Schülern in einem Punkte eine Überlegenheit über ihre nichtjüdischen Kameraden ohne Bedenken zusprechen zu dürfen: in der geistigen Beweglichkeit, die sich in der schnellen Einstellung auf eine neue Denkaufgabe wie in der raschen Übersicht über die Mittel zu ihrer Lösung auswirkt. Diesem wohl unbestreitbaren Plus steht jedoch oft ein Minus gegenüber: der Mangel an Geneigtheit zu gewissenhafter, systematischer Kleinarbeit, insbesonders da, wo keine besondere Neigung zur Sache vorliegt.«[49]

War diese Beschäftigung mit Fragen der Mentalität eine indirekte jüdische Antwort auf das ständig steigende Interesse an Rassentheorien in Deutschland? Dies ist schwer zu beantworten. Nach 1933 verschwinden im Gegensatz zu der Entwicklung in der deutschen Gesellschaft solche Themen aus den jüdischen pädagogischen Zeitschriften und Beilagen,[50] und eine intensive Beschäftigung mit ganz anderen Fragen beginnt. Infolge des steigenden Interesses am jüdischen Schulwesen und der Entlassung der meisten jüdischen Lehrer aus den allgemeinen deutschen Schulen fiel jede Möglichkeit des Vergleichs aus.

Die nationalsozialistische Gesetzgebung

Dieses Buch behandelt vornehmlich bestimmte Aspekte des jüdischen Lebens in Deutschland in den ersten Jahren des Nationalsozialismus, weshalb der innerjüdischen Entwicklung die Hauptaufmerksamkeit geschenkt wird. Gerade für diesen Zeitraum ist aber die Beschäftigung mit dem Nationalsozialismus und seinem Herrschaftsapparat unumgänglich. Die Gesetze und Verordnungen stellten die Rahmenbedingungen für die Entwicklung und die Gestaltung der jüdischen Schule dar. Eine detaillierte Beschreibung der Judenpolitik ist hier nicht möglich; nur soweit die Regierungsmaßnahmen eine direkte Wirkung auf die jüdische Schule ausübten, sollen sie kurz beleuchtet werden.

In Anbetracht der zentralen Bedeutung, die die Nationalsozialisten in ihrer Ideologie der Ausschaltung des jüdischen Einflusses auf das deutsche Kulturleben und Erziehungswesen beimaßen, scheint ihr Vorgehen bei der Ausgrenzung der jüdischen Schüler sehr zögerlich und uneinheitlich gewesen zu sein. Zwar verkündete der preußische Erziehungsminister Rust schon am 12. Februar 1933 seine Absicht, die deutschen Schulen »von allem Nichtdeutschen [...] mit aller Brutalität der Pflicht« reinigen zu wollen,[51] aber erst am 15. November 1938 wurde der endgültige Verweis jüdischer Schüler von deutschen Schulen angeordnet,[52] und die tatsächliche Durchführung dieser Anordnung verzögerte sich noch einmal um einige Monate.

Die erste Phase der antijüdischen Gesetzgebung im Bereich der Erziehung war damit abgeschlossen.[53] Ihr wichtigstes Kennzeichen war der Mangel an Konsequenz, der sowohl bei der Ausgrenzung der jüdischen Schüler aus dem deutschen Schulwesen herrschte, als auch das verwaltungsmäßige Eingreifen in das jüdische Schulwesen charakterisierte. Die relative Zurückhaltung des Staates war von verschiedenen Momenten bestimmt: Das entscheidende Problem war die Finanzierung der erforderlichen neuen Schulen; denn da der nationalsozialistische Staat an der Schulpflicht für alle Kinder festhielt, hätte er bei der Absonderung der jüdischen Schüler die Errichtung eigener Schulen für sie garantieren müssen. Dies gilt allerdings nur für den Pflichtschulbereich, die Ausschaltung von Juden aus den höheren Schulen wurde deshalb entschiedener betrieben. In diesen Zusammenhang gehört das erste Gesetz gegen jüdische Schüler, das »Gesetz gegen die Überfüllung deutscher Schulen und Hochschulen« vom 25. April 1933. Darin wurde für die Neuaufnahme jüdischer Schüler an allen Schulen, ausgenommen die Pflichtschulen, ein Numerus clausus von 1,5 Prozent festgesetzt.[54]

Das Ausbleiben weitergehender Regelungen rief bei vielen Mitgliedern der nationalsozialistischen Bewegung Unzufriedenheit hervor und führte zu vielfältigen Initiativen auf lokaler und regionaler Ebene. Diese spontane, nicht gesetzlich legitimierte Verfolgung jüdischer Schüler stieß bei der Verwaltung jedoch auf Ablehnung.[55] Solange solche lokalen Maßnahmen nicht durch ein Reichsgesetz gedeckt waren, mußten die Kosten – z. B. für den Ausbau der jüdischen Volksschulen – von den jeweiligen Kommunen getragen werden. Der Vorschlag, statt dessen die jüdischen Eltern mit entsprechenden Schulgeldern zu belasten, wurde von Rust zurückgewiesen.[56] In diesem Zusammenhang ist die konservative Ausrichtung der Schulverwaltung zu beachten, an der sich trotz gewisser personeller Veränderungen nach 1933 nur wenig geändert hatte. Diese konservativen Kräfte waren nicht bereit, eine nichtgesetzliche Ausgrenzung jüdischer Schüler zuzulassen. Eine gesetzliche Regelung dagegen entsprach zwar ihren Intentionen, da sie aber auch dem jüdischen Bevölkerungsteil kulturelle Autonomie zugestanden, mußten zuvor die finanziellen Voraussetzungen für ein selbständiges jüdisches Schulwesen geschaffen werden.[57] Zu diesen grundsätzlichen Erwägungen kam noch die Furcht vor negativen Reaktionen des Auslands auf die antijüdische Politik.[58]

In dieser ersten Phase wurde in die Selbstverwaltung des jüdischen Erziehungssystems nicht eingegriffen. Im Gegenteil war beabsichtigt, ein separates jüdisches Schulwesen möglichst zu fördern, um die Assimilation der jüdischen Bevölkerung rückgängig zu machen.[59] Sie sollte aus der »deutschen« Kultur ausgegrenzt und auf die jüdische Kultur verwiesen werden. Alle Strömungen auf jüdischer Seite, die jüdisch-national geprägt waren und der Assimilation zuwiderliefen, wurden darum unterstützt. Der Lehrinhalt an den jüdischen Schulen wurde von den Behörden fast nicht kontrolliert.[60] Ganz frei von Angst und Ungewißheit waren die Erzieher aber nie. Mit einer gewissen Unberechenbarkeit der Behörden mußte immer gerechnet werden. Die Leiterin eines Berliner Kindergärtnerinnenseminars in den Jahren 1933 bis 1939 schrieb: »Als einmal eine Schulrätin zum Hospitieren kam, war sie voller Lob und Erstaunen über die Qualität des von einer Schülerin ausgearbeiteten Protokolls. Sie bat uns, einige der Protokolle zur Ansicht mitnehmen zu dürfen. Sie nahm sie selbst aus der Mappe. Nach ihrem Weggang entdeckten die unterrichtende Lehrerin und ich, daß sie auch ein Protokoll einer Lehrstunde mitgenommen hatte, die einen Artikel aus der Jüdischen Rundschau behandelte. Wegen dieses Artikels war die JR für drei Monate verboten. So schwebten wir Monate in der Angst, verhaftet zu werden. Wenn ich mit Schülerinnen einen Stoff behandelte, der dem Nazi-Geist zuwider war, hatte ich immer ein anderes Buch bereit, um bei einer unerwarteten Inspektion das Thema zu wechseln.«[61]

Die geistige Freiheit an den jüdischen Schulen war zum Teil auch durch Anordnungen der Behörden beschränkt, nationale Festtage, wie z. B. den Geburtstag Hitlers, zu feiern.[62] Außerdem wurden die Möglichkeiten jüdischer Erziehung dadurch begrenzt, daß jüdische Schüler grundsätzlich nur eine Mindestausbildung erhalten durften.[63]

Von Bedeutung war auch die schleichende Verdrängung der jüdischen Schüler, die an den deutschen Schulen immer mehr isoliert wurden. Eine Reihe von Verordnungen machte ihre Außenseiterposition überdeutlich. So konnten jüdische Schüler z. B. am Sonnabend und an bestimmten jüdischen Feiertagen vom Schulbesuch entbunden werden, was sie vom Unterricht in nationalsozialistischer Weltanschauung befreite. Später konnten sie auch vom Biologieunterricht und vom Fahnenappell befreit werden. Schulauszeichnungen durften an jüdische Schüler nicht mehr vergeben werden. Von allen außerschulischen Veranstaltungen wie Wandertagen, Filmvorführungen, Klassenfahrten etc. wurden sie ausgeschlossen. Jüdische Schüler durften auch keinerlei finanzielle Vergünstigungen wie Schulgeldermäßigung, freie Lehrmittel oder Stipendien mehr empfangen. Die externe Vorbereitung auf die Reifeprüfung war nicht mehr gestattet. Diese Sonderstellung förderte wiederum bei Lehrern und Mitschülern die Neigung zu spontanen Ausschreitungen.[64]

Der Mangel an Gesetzgebung auf Reichsebene wurde durch Gesetzesinitiativen auf regionaler Ebene teilweise ausgeglichen. Diese Vorstöße wurden dann durch den Abdruck im Amtsblatt des Reichsministeriums für Wissenschaft, Erziehung und Volksbildung (RMfWEuV) reichsweit legitimiert.[65]

Am 28. März 1938 wurde den jüdischen Gemeinden der Status einer Körperschaft des öffentlichen Rechts aberkannt.[66] Sie durften keine Steuern mehr erheben und sie vor allem nicht durch Staatsbeamte einziehen lassen. Das Eigentum der Gemeinden war fortan nicht mehr von steuerlichen Abgaben befreit. Dies bedeutete eine erhebliche Verschlechterung der finanziellen Lage der Gemeinden und schränkte so auch die Möglichkeiten des jüdischen Schulwerks ein. Von nun an war die Gemeinde weitgehend auf das Wohlwollen ihrer Mitglieder angewiesen. Dr. Leo Baeck, der Vorsitzende der Reichsvertretung der Juden in Deutschland, appellierte kurz danach in den jüdischen Zeitungen an die deutschen Juden:[67] »Unverändert werden die jüdischen Kulturvereinigungen und ihre Verbände als privatrechtliche Körperschaften sich weiterhin ihrer Aufgabe der kulturellen und sozialen Betreuung ihrer Mitglieder widmen. Unverändert besteht die rechtliche und sittliche Pflicht jedes Gemeindemitgliedes, durch finanzielle Leistungen und durch Teilnahme am Gemeindeleben wirtschaftlich und moralisch der Gemeinde und den Einrichtungen der jüdischen Gemeinschaft zu dienen.«

Die zweite Phase der Geschichte der jüdischen Schulen in der NS-Zeit setzte mit der Pogromnacht am 9. November 1938 ein. Die Terroraktionen hatten zum einen direkte Auswirkungen auf das jüdische Schulwesen, da viele Lehrer und Schüler verhaftet und etliche Schulgebäude zerstört wurden,[68] zum anderen leiteten sie eine Wende in der nationalsozialistischen Judenpolitik überhaupt ein. Wenige Tage nach der Pogromnacht, am 15. November 1938, erließ Reichsminister Rust eine Anordnung, die Juden ab sofort den Besuch deutscher Schulen untersagte: »Nach der ruchlosen Mordtat von Paris kann es keinem deutschen Lehrer [...] mehr zugemutet werden, an jüdische Schulkinder Unterricht zu erteilen. Auch versteht es sich von selbst, daß es für deutsche Schüler unerträglich ist, mit Juden in einem Klassenraum zu sitzen. [...] Ich ordne daher mit sofortiger Wirkung an: Juden ist der Besuch deutscher Schulen nicht gestattet. Sie dürfen nur jüdische Schulen besuchen. [...] Diese Regelung erstreckt sich auf alle mir unterstellten Schulen einschließlich der Pflichtschulen.«[69]

Trotz dieses Verbotes wurde an der Schulpflicht für jüdische Kinder festgehalten.[70] Die Juden mußten selbst für die nötigen Schulen sorgen. Dabei verschlechterte sich die finanzielle Lage der jüdischen Gemeinden nach der Aberkennung des Status einer Körperschaft des öffentlichen Rechts ständig, und auch die Situation der Schulen wurde nach der Streichung der staatlichen Beihilfen am 7. März 1939 immer prekärer.[71] Seit dem 18. Dezember 1939 wurden schließlich die Eltern verpflichtet, durch eine progressive Schulgebühr die Kosten für die Erziehung der schulpflichtigen Kinder zu übernehmen.[72]

Das jüdische Schulwesen wurde am 1. Oktober 1939 vereinheitlicht und der Erziehungsabteilung der Reichsvereinigung der Juden in Deutschland unterstellt,[73] die als staatlich kontrollierte Zwangsvereinigung seit Anfang Juli 1939 die Reichsvertretung ersetzte.[74] Für den Unterhalt der Schulen mußte die Reichsvereinigung aufkommen. Die Überwachung der pädagogischen und kulturellen Arbeit an den jüdischen Schulen übernahm die Gestapo; für die organisatorische und finanzielle Kontrolle waren das Reichsministerium des Innern und das Reichsministerium für Wissenschaft, Erziehung und Volksbildung zuständig.[75]

2. Die öffentliche Diskussion über die jüdische Schule

Die Eignung von Zeitungen als Quelle für die Rekonstruktion von öffentlicher Meinung ist umstritten. Infolge des höheren Bildungsstands derer, die in ihnen schreiben, entsteht die Gefahr, daß Empfindungen und Einstellungen der breiten Mehrheit gar nicht zur Sprache kommen. Darüber hinaus führt die parteiliche Zuordnung vieler Zeitungen dazu, daß sie nur eine bestimmte Richtung widerspiegeln. Abgesehen von solchen Problemen, die für die Auswertung von Zeitungen insgesamt gelten, ergeben sich bei den jüdischen Zeitungen aus der Zeit des Dritten Reichs zusätzliche Schwierigkeiten. Zwar wurden sie von dem nationalsozialistischen Regime geduldet und waren sogar erwünscht, doch herrschte bei den Schreibenden und Redakteuren keine Sicherheit in bezug auf die erlaubten Inhalte. Der Preis für die Überschreitung der unsichtbaren Grenze konnte hoch sein. Dies betraf vor allem Artikel, die sich mit der antijüdischen Politik befaßten.[1] Dies führte in manchen Fällen, vor allem bei Artikeln zu Zeitfragen, zur Selbstzensur und zum Verzicht auf scharfe Kritik an den Geschehnissen.[2] Häufig wurde aber auch eine verschleiernde Sprache benutzt, die zwar von den Adressaten, dem damaligen jüdischen Publikum, verstanden wurde, die dem späteren Leser aber nicht mehr leicht zugänglich ist.

Trotz dieser Schwächen bieten sich die Zeitungen als die zentrale Quelle für die Nachzeichnung des jüdischen Lebens an. Ihre Verbreitung war sehr groß; auf dem Höhepunkt im Jahr 1935/36 erreichten die drei großen Zeitungen, C.V.-Zeitung (CVZ), Israelitisches Familienblatt (IsFam) und Jüdische Rundschau (JR), zusammen allein eine Auflage von ca. 115 000 Exemplaren.[3] Daher kann davon ausgegangen werden, daß sie von einem Großteil der Juden in Deutschland gelesen wurden.[4] Darüber hinaus gab es viele Zeitschriften mit fachspezifischem Schwerpunkt, wie z. B. die von der Zentralwohlfahrtsstelle der Juden in Deutschland herausgegebene »Jüdische Wohlfahrtspflege und Sozialpolitik« oder die von dem jüdischen Lehrerverband herausgegebene »Jüdische Schulzeitung«. Vor allem nahm das Interesse an Erziehungsfragen im Jahr 1933 in den allgemeinen Zeitungen zu. Dies kam darin zum Ausdruck, daß alle großen jüdischen Zeitungen häufig Kinder-, Jugend- und Schulbeilagen brachten.[5] Diese Beilagen dienten als Diskussionsforum der verschiedenen Gruppen: Zum einen äußerten sich die Erzieher selbst, Lehrer wie auch im schulischen Bereich tätige Rabbiner und Jugendführer aus den Bünden, zum anderen meldeten sich besorgte Eltern und Politiker, sowohl aus den Gemeinden als auch von der Reichsvertretung, zu Wort. In den Zeitungen fand ein wichtiger Meinungsbildungsprozeß statt, bei dem die Richtunggebenden, die Mitglieder des Erziehungsausschusses der Reichsvertretung, mit den Praktizierenden, den Erziehern, und mit den direkt Betroffenen, den Eltern, Argumente austauschten. Während der Auseinandersetzung kamen naturgemäß nicht nur pädagogische Überlegungen zur Sprache. Da Erziehungsfragen ihrer Natur nach weltanschauliche Fragen sind, entzündeten sich an ihnen die Gegensätze zwischen den jüdischen Parteien, die jeweils ihre speziellen Organe hatten: Die CV-Zeitung war das Organ der liberalen Mehrheit, die Jüdische Rundschau das Sprachrohr der deutschen Zionisten und »Der Israelit« das der Orthodoxie. Das Israelitische Familienblatt versuchte, neutral zu bleiben. Durch die Lektüre und den Vergleich der verschiedenen Zeitungen ist es möglich, der Gefahr einer einseitigen Darstellung der Probleme zu entgehen.[6]

Das Existenzrecht der jüdischen Schule

Die psychische Not, in die das jüdische Kind durch den zunehmenden Antisemitismus geriet, wurde schon vor 1933 registriert. Es gab aber keine einheitliche Meinung über die Mittel zu seiner Bekämpfung. Manche sahen in den Erfahrungen, die das Kind in der deutschen Schule sammeln mußte, die richtige Vorbereitung auf den realen Lebenskampf in der deutschen Umwelt. Andere, wie z. B. Dr. Jonas, der Leiter der Israelitischen Töchterschule in Hamburg, sahen die Kindheit als eine Art Schonzeit, in der das Kind nicht belastet werden sollte. So schrieb er schon 1930: »Es ist nicht Sache des Kindes, sich an Kränkungen und Bitternissen zu stählen. Das für die körperliche Erziehung sehr gesunde Prinzip der Abhärtung gilt nicht in gleicher Weise für die seelische Entwicklung des Kindes.«[7] Dementsprechend bejahte Jonas die jüdische Schule.

Die tiefe Zäsur, die die Ernennung Hitlers zum Reichskanzler und die kurz darauf folgenden antijüdischen Maßnahmen im Leben der deutschen Juden bedeuteten, stellte Erzieher und Eltern vor akute Probleme. Im Israelitischen Familienblatt wurde die Frage gestellt: »Wie sagen wir es unseren Kindern?«[8] Die Autorin riet den Eltern, das Kind selbst über die neuesten Ereignisse aufzuklären, um zu vermeiden, daß es durch die z. T. mitleidige, z. T. gehässige Umwelt davon erführe. Mit einem zu seiner Zeit sehr breit rezipierten Artikel wandte sich Martin Buber an die Erziehenden und schrieb: »Die Kinder erleben was geschieht und schweigen, aber nachts stöhnen sie aus dem Traum, erwachen, starren ins Dunkel: die Welt ist unzuverlässig geworden. [...] Die Seele mündet nicht mehr in die Welt, sie verstockt sich. So wird man schlecht. Eltern, Erzieher, was ist gegen das Schlechtwerden, gegen das ›Ressentiment‹, zu tun?«[9]

Was Ressentiment und Schlechtwerden im Konkreten heißen konnten, ist beispielhaft in den Memoiren von Ernst Loewenberg, der damals als jüdischer Schulbuchautor hervortrat, zu lesen. Darin beschreibt er aufgrund des Tagebuchs seiner Frau aus dem Jahr 1933 die Reaktionen seines damals sieben Jahre alten Sohnes auf die Diffamierungen: »Im Sommer 1933 kommt eine Verordnung heraus, daß die Schüler mit dem Hitlergruß grüßen müssen und das Horst-Wessel-Lied in der Schule zu singen haben. Bisher hatten wir ihm beides untersagt. Er ist nun sehr froh, durch diese Verordnung zur Masse hinzuzugehören. Um die gleiche Zeit kommt er mit einem Hakenkreuz ins Zimmer. ›Was bist du?‹ ›Ein SA-Mann.‹ ›Was wollen Sie denn?‹, fragt der Vater. ›Ihnen mitteilen, daß Sie entlassen sind.‹«[10]

Die jüdische Schule, die früher von den Gegnern zu weit gehender Assimilation als Mittel zu deren Bekämpfung gesehen, von den Befürwortern aber als eine nicht notwendige, anachronistische Institution abgelehnt worden war, bekam in dem Augenblick, in dem der Weg der Anpassung von außen her versperrt wurde, eine andere Bedeutung. Nun sollte sie der Demoralisierung und psychischen Not entgegenwirken. Adolf Leschnitzer, der Leiter der Schulabteilung der Reichsvertretung, durchschaute diesen Funktionswandel: »An Stelle der Gefahr, durch Assimilation zugrunde zu gehen, erheben sich heute riesengroß andere Gefahren [...] die schicksalhafte Gefahr der Vernichtung [...]. Schlimmer aber vielleicht noch als alles, was uns von außen her bedrohen kann, ist die innere, die seelische Gefahr: daß viele Menschen dem, was auf sie einstürmt, erliegen und daß sie, im Innersten erschüttert durch die täglich gegen uns erhobenen Angriffe, schließlich selbst an die Wahrheit aller der Vorwürfe und Beschuldigungen glauben. Das wäre das Schlimmste, die innere Vernichtung, die Demoralisation.«[11]

Es herrschte aber immer noch keine Einigkeit. Der Verfasser eines in der CV-Zeitung abgedruckten Leserbriefes meinte: »Der jüdische Schüler lernt in den jüdischen Schulen nicht den schweren Alltag kennen, gewöhnt sich nicht an seine Diskriminierung als Jude, sondern stellt sich das Leben als eine Art höhere jüdische Schule vor, in der er ungestört leben und arbeiten kann.«[12] Ismar Elbogen, der

Leiter des Erziehungsausschusses der Reichsvertretung, antwortete darauf: »Auch die jüdische Schule wird nicht so lebensfern sein, daß sie ihre Zöglinge in ein Gefühl der Sicherheit wiegt und mit der Gesinnung der Umgebung nicht vertraut macht.«[13]

Aber nicht nur über das Schicksal der Kinder, sondern auch der Jugendlichen wurde diskutiert, und sie beteiligten sich auch selbst an der Diskussion. Durch die Mitgliedschaft in den Jugendbünden an rege Auseinandersetzungen gewöhnt und als junge Menschen in ihrem Denken flexibel, waren sie in der Lage, sich auf die neue Situation schnell einzustellen. Der Leiter des Verbandes jüdischer Jugendvereine Deutschlands, Fritz Schwarzschild, wandte sich Anfang 1934 scharf gegen die alte jüdische Führung und sprach das Mißtrauen der jungen Generation gegen »gewisse opportunistische deutsch-jüdische Kreise« an, die eingedenk der »unerschütterliche[n] Stabilität ihrer eigenen vergangenen Epoche« versuchten, »der neuen Situation mit alten Parolen beizukommen und ihre Unsicherheit ideologisch zu verdecken«.[14] Elbogen, der aufgrund seiner Funktion als Vorsitzender des Erziehungsausschusses einen guten Einblick in die Verhältnisse hatte, bezeichnete die jüdischen Schüler als diejenige Gruppe, die noch mehr als die Eltern oder die Gemeinden die jüdische Schule forderten, und »ihr Wunsch verdient in diesem Falle schon Beachtung«.[15]

Im Laufe des Jahres 1933 zeigte sich eine klare Veränderung in der Einstellung zur jüdischen Schule. Waren es vor 1933 nur die Zionisten und die Orthodoxen gewesen, die die jüdische Schule bejaht hatten, so wandelte sich die Meinung der Liberalen ziemlich rasch. Schon vor Mitte 1933 erschienen in der CV-Zeitung Artikel, die auf die Notwendigkeit jüdischer Schulen hinwiesen.[16] Das Israelitische Familienblatt machte bereits im September 1933 die Beobachtung, daß der Streit um die Existenzberechtigung der jüdischen Schule beendet sei.[17] Es waren nur noch Außenseiter – stark assimilierte bis national-deutsch gesinnte Kreise –, die sich gegen sie aussprachen.[18] Dieses prinzipielle Einverständnis wurde aber zu dieser Zeit von vielen noch nicht in die Tat umgesetzt. Viele Eltern bevorzugten weiterhin die allgemeine Schule für ihre Kinder. Manche glaubten, daß ihr Kind in der Schule noch keine Diskriminierung spüre. Andere Eltern waren an jüdischen Inhalten nicht interessiert und sahen in dem Besuch einer jüdischen Schule eine Deklassierung.[19] Außerdem war man sich trotz der breiten Übereinstimmung über die Notwendigkeit jüdischer Schulen in bezug auf ihren Charakter nicht einig.

Bildungsideale und Ziele

In dem Wirbel der Ereignisse, die seit 1933 das Leben der jüdischen Kinder und Jugendlichen in Deutschland so grundsätzlich veränderten, hielten es viele Erzieher und Eltern für wichtig, ihren Zöglingen ein weitgehend einheitliches Weltbild zu vermitteln. Angesichts der Konflikte, die sich aus dem Unterschied zwischen den Einstellungen im Elternhaus, in der Schule und in den Jugendbünden ergaben,[20] überlegten Zeitgenossen, ob nicht gerade die Vereinheitlichung des jüdischen Schulwesens ein wichtiger Beitrag zur Entspannung sein könne. Von der Umwelt durch gesetzlichen Zwang abgekapselt, sahen viele Juden den Ausweg in der Rückbesinnung auf das Gemeinsame.[21] Darüber hinaus waren es Schwierigkeiten finanzieller und organisatorischer Natur, die zu diesen Überlegungen zwangen. In diesem Zusammenhang gewannen die Auseinandersetzungen mit der Orthodoxie zentrale Bedeutung. Denn vor allem die Kompromisse, die sie bei der Auslegung der Religion im Fall einer Einigung mit dem liberalen Judentum hätte eingehen müssen, berührten ihre Grundsätze. Dazu wäre eine Toleranz notwendig gewesen, die 1933 nicht selbstverständlich erwartet werden konnte. In einem Kommentar im Israelitischen Familienblatt hieß es: »Überparteiliche jüdische Schulen sind nur möglich, wo auf der Seite orthodoxer Eltern ein außergewöhnliches Maß von Toleranz und auf der anderen Seite – in den liberalen Kreisen – eine ungewöhnliche Bereitschaft, vermeintliche oder wirkliche ›Opfer des Intellekts‹ zu bringen, vorliegt. Solange diese Voraussetzungen nicht erfüllt sind, sind solche Schulen, so sehr sie theoretisch dem Ideal jüdischer Lehranstalten entsprechen mögen, nicht nur lebensunfähig, sondern sogar schädlich.«[22]

Auch die alten Konflikte zwischen den Liberalen und den Zionisten blieben bestehen und wurden später durch die Forderung der Zionisten nach einem paritätischen Anteil in der Reichsvertretung z. T. noch verschärft. In der Anfangszeit forderten die Liberalen als Vorbedingung für einen Kompromiß, daß die Erziehungsarbeit der verschiedenen Gruppen im Verhältnis zu ihrer jeweiligen Stärke unterstützt werden müsse.[23] In einer gemeinsamen Schule wollten die Liberalen nur das Althebräische im Rahmen des Religionsunterrichts zulassen, das Neuhebräische sollte hingegen nur als fakultatives oder zweites Wahlfach gelehrt werden.[24]

Ein alternatives Erziehungsmodell versuchte Martin Buber im Bereich der Erwachsenenbildung zu entwickeln. Nicht in dem »Zusammenschluß der Gleichgesinnten«, sondern in einem »echte[n] Miteinanderleben der Gleichgearteten oder Artverschmolzenen, aber Verschiedengesinnten« sah er den Sinn der Gemeinschaft.[25] Im »Lehrhaus« in Frankfurt versuchte er, seine Einstellung in die Tat umzusetzen, indem er die Repräsentanten der verschiedenen Weltanschauungen zu einer ständigen, offenen Diskussion zwang.[26] Für die Orthodoxie mit ihrem Selbstverständnis, die einzige Vertreterin der religiösen Wahrheit zu sein, war es aber nicht einfach, sich als eine gleichgewichtige »Weltanschauungsgruppe« unter anderen zu sehen. Sie registrierte zwar die Kompromißbereitschaft der liberalen und zionistischen Kreise, sah sich aber nicht in der Lage, mit Leuten, die »die Sprache der Tradition im Munde [führen], ohne sie zu glauben«, erzieherisch zusammenzuarbeiten.[27]

Drei Aufgaben wies die CV-Zeitung der Schulerziehung zu: Berufsvorbereitung,

Persönlichkeitsbildung und Staatserziehung.[28] Der Beruf, der Charakter und die Identität des jüdischen Kindes standen im Mittelpunkt des Interesses. Die Notwendigkeit der Erziehung zu einem starken Charakter erschien allen als Selbstverständlichkeit, die die seelische Not der Kinder beobachteten. Auch im Hinblick auf die erwartete und geplante Berufsumschichtung wurde die physische[29] und psychische Ertüchtigung ständig propagiert. Der durch diese Erkenntnis bewirkte starke Drang zum Praktischen und die damit verbundene Abwendung von dem »jüdischen Intellektualismus« weckten bei manchen deutschen Juden Mißbehagen. Kurt Bergel warnte in »Der Morgen« vor dem »plötzlichen Bruch mit einer rationalen Tradition, den auch kein noch so großer Einfluß unserer augenblicklichen Umgebung rechtfertigen könnte«.[30] Der Leiter der Schulabteilung, Adolf Leschnitzer, war sich der Problematik bewußt. Er schrieb: »Wir glauben aber, daß diese Charakterbildung Hand in Hand gehen muß mit einer reichen Wissensbildung, die durchaus nicht ›intellektuell‹ im alten Sinne zu sein braucht, sondern im Gegenteil gerade auf die charakterliche Bildung hinwirken soll.«[31]

Die Diskussion über die Erziehungsziele war zu einem zentralen Thema für die jüdische Öffentlichkeit geworden. Heinemann Stern definierte die Schwierigkeiten folgendermaßen: »Jeder will den jüdisch-bewußten Menschen, und niemand will das deutsche Kulturgut, und damit doch den deutschen Zug im jüdischen Menschen, ausschalten. Jeder will die Ertüchtigung der jüdischen Jugend für den erbarmungslosen Kampf um ihre Existenz, und niemand verschließt sich darum den Notwendigkeiten, die das Leben auch außerhalb Deutschlands und vor allem in Palästina von einer jüdischen Erziehung verlangt. Damit ist der deutsch-jüdische Charakter der Erziehungs- und Bildungsaufgabe festgelegt. Aber glauben wir nun nicht, daß mit diesem Wollen und dieser Erkenntnis die Schwierigkeit unserer Aufgabe überwunden sei. Sie beginnt erst. Denn aus der doppelten Zweigesichtigkeit unserer Aufgabe müssen sich Spannungen ergeben, die genau denen entsprechen, unter denen unser Leben im künftigen Deutschland verlaufen wird.«[32]

Besorgt beobachteten manche deutschen Juden 1933 Anzeichen dafür, daß ihre Schicksalsgenossen auf die starke Hinwendung der Deutschen zu nationalistischem und völkischem Denken mit übertriebener Besinnung auf ihr jüdisches Volkstum reagieren könnten. Für den Zionismus als national-jüdische Ideologie war diese Gefahr am größten.[33] Kurt Bergel warnte: »[...] dieser Gefahr unterliegen häufig gerade ›positive‹ Juden, indem sie ihr Judentum völkisch-rassisch-bodenständig und nur so begründen. Das ist eine passive Reaktion, die mit der Assimilation gewisser jüdischer Gruppen an nationaldeutsche Gedanken, trotz scheinbar entgegengesetzter Willensrichtung, verwandt ist. Wir dürfen uns nicht dazu verführen lassen, [uns] aus der Entsicherung unseres gegenwärtigen Lebens möglichst schnell mit Hilfe fremden Geistesgutes in die unwiederbringliche alte Ruhe zurückzusuchen.«[34]

Diese polemische Äußerung war nicht ganz berechtigt, denn unter den Zionisten war man sich der Gefahr zum Teil sehr bewußt. Martin Buber, einer ihrer wichtigsten geistigen Führer in Deutschland, nahm schon im Mai 1933 zu diesem Problem Stellung und schrieb, daß die Erfahrung jüdischer Identität nicht dadurch erreicht werden dürfe, daß »einem völkischen Menschenbild reaktiv ein andersvölkisches gegenüber[gestellt]« werde.[35] Er äußerte seine Sorge, daß sich das jüdische Bildungsziel an dem deutschen orientieren könnte. Das Judentum dürfe sich von dem deutschen Menschenbild als Erziehungsideal nicht beeinflussen lassen und müsse sich weiter auf allgemein-menschliche Normen richten.[36] Die Suche nach einer positiven Definition des Judentums war damit angesprochen.

Die im Zeitalter der Emanzipation entstandene Reduktion des Judentums auf das Religiöse besaß 1933 für viele liberale deutsche Juden noch Geltung.[37] Der Aufstieg des Nationalsozialismus setzte dem Emanzipationszeitalter jedoch ein Ende, wie viele Zeitgenossen erkannten.[38] Hanns Reissner, aus der Tradition der national-jüdischen Jugendbewegung »Blau-Weiß« stammend, schrieb damals: »Der deutsch-weltbürgerliche Humanismus ist abgelöst durch den christlich-völkischen Totalitätsanspruch. Bekennen wir uns zum Bildungsideal eines jüdischen Humanismus.«[39]

Rückblickend erschien der bewußte Verzicht der Elterngeneration auf jüdische Tradition und Religiosität nur noch als ein zu hoher Preis für eine Emanzipation, die jetzt von der Umgebung rückgängig gemacht wurde. Der Ruf wurde laut, »eine neue geistige Existenzgrundlage [zu] finden, [nämlich] die alte, die nur uns oder unseren letzten Vätern verloren gegangen war«.[40] Damit war nicht nur die Rückbesinnung auf die religiösen Ursprünge gemeint, eine Forderung, die von fast allen Kreisen unterstützt wurde, sondern vielmehr ein Verständnis des Jüdischen aus der Geschichte der Juden als Volk und aus ihrer wieder lebendig gewordenen Gemeinschaft.[41] Schon am Ende der Weimarer Republik finden sich erste Ansätze, im Judentum mehr als eine Religion zu erblicken, auch in Kreisen, die sich nicht als nationaljüdisch verstanden. Heinz Cohn kritisierte Anfang 1932 den C.V., weil er die Verlagerung des Schwerpunktes des Judentums vom religiösen auf das kulturell-politische Gebiet nicht erkannt habe und infolgedessen seiner Aufgabe nicht gewachsen sei, über die Abwehrarbeit hinaus »Festigungsarbeit des deutsch-jüdischen Innenlebens« zu leisten.[42] Jetzt entstand aus solchen Ansätzen ein wahres Lebensgefühl, wie Buber es beschrieb: »Israel bedeutet: um einer Verbundenheit willen, in der unser Sein begründet ist, Gemeinschaft üben [...], Unmittelbarkeit hüten in einer immer mittelbarer werdenden Menschenwelt.«[43]

Die Sätze Bubers erweckten bei manchen Zeitgenossen Skepsis. Zwar seien sie schön als Lebensmaxime, doch ließen sie sich nur schwer konkretisieren. Buber propagierte den »überwindenden Juden« und den »biblischen Humanismus« als seine Erziehungsideale, wobei er aber ausdrücklich hinzufügte, daß damit weder der orthodoxe noch der völkische Jude gemeint sei. Heinemann Stern, der die Thesen Bubers sogar als leere Formeln kritisierte, hielt die Lebenswirksamkeit von

Bildungsidealen für das entscheidende Kriterium für ihre Beurteilung.[44] Aus seiner Sicht der jüdischen Situation im Jahr 1933 und in Anbetracht der Vielfältigkeit der Weltanschauungen unter den Juden sei es unmöglich, ein allgemeingültiges konkretes Bildungsziel aufzustellen. Stern schlug deshalb vor, ohne die gesuchte Formel zu arbeiten.

Die Bedenken gegen die allzu schnelle Hinwendung mancher Kreise zum Judentum, die 1933 zu beobachten war, und gegen die zwangsläufig daraus entstehende Oberflächlichkeit waren vielfältig. So war in der CV-Zeitung zu lesen: »Ein jüdischer Sport- oder Schachverein oder gar ein Jugendverein wird nicht dadurch schon jüdisch wertvoll, daß in ihm nur jüdische Menschen vorhanden sind. Man sei sich darüber klar, daß jede Arbeit im jüdischen Kreise ihren Wert für das Judentum erst durch die innere Verknüpfung mit den geistigen Inhalten des Judentums erhält.«[45]

Eine andere Gefahr erkannten viele Juden darin, daß sie sich durch die betonte Rückbesinnung auf ihre geistigen Traditionen zu sehr von der allgemeinen humanistischen Überlieferung entfernten. Sogar Zionisten kritisierten Teilaspekte dieser Entwicklung. Bei einem von der »Mittelstelle für Erwachsenenbildung« organisierten Seminar im Landesschulheim Herrlingen sprach sich der Referent E. Liebenstein gegen die absolute Orientierung am Jüdischen aus: »[...] es ist wohl ein Ausdruck einer national-kulturellen Unsicherheit, wenn wir die humanistische Bildungswelt als einen integralen und verpflichtenden Bestandteil unseres ethischen Ideals und unserer Lebensgesittung verneinen, und alle Gestaltung unseres Lebens aus einer ›jüdischen Weltanschauung‹ erklären wollen. Es gibt keine besondere jüdische Weltanschauung, und es gibt kein besonderes jüdisches soziales Gestaltungsziel.«[46] Im gleichen Sinne forderte die Jüdische Rundschau eine Synthese von Judentum und Allgemeinbildung, wobei sie diese Zielvorstellung in einen geschichtlichen Zusammenhang einordnete: Im Ghetto beschränkte man sich auf die jüdische Bildung, in der Emanzipationszeit »schlug das Pendel nach der anderen Seite aus«, und jetzt sei es an der Zeit, beide Tendenzen zu vereinigen.[47]

Daß die »westliche kulturelle Erbschaft«[48] nicht in einem unbedingten Gegensatz zur »Zionsliebe« stand, war schon eine richtige Einschätzung. 1933 kam jedoch eher der Frage nach der Beziehung zwischen den Werten des deutschen Judentums und der Kultur einer sich zu ganz anderen Zielen bekennenden deutschen Gesellschaft eine zentrale Bedeutung zu. Wie sollte das Verhältnis zu dieser Gesellschaft nach den Vorstellungen der deutschen Juden auf erzieherischem Gebiet aussehen?

Die Mehrheit der Juden in Deutschland erkannte 1933 noch nicht, wie tief der Riß zwischen ihnen und der deutschen Gesellschaft war. Vor allem die liberalen Juden konnten sich nicht aus den alten Denkmustern lösen, aber sogar der Zionist Buber reduzierte die Frage nach dem Verhältnis zwischen Deutschen und Juden auf das Persönlich-Menschliche. Er schrieb: »Dennoch, nichts darf uns davon abbringen, unbefangen, grollfrei, in ungebrochener persönlicher Ganzheit zu den Menschen des deutschen Volkstums zu stehen.«[49]

Die liberalen Kreise, die weiterhin die Verbundenheit mit dem »deutschen Vaterland« und der »deutschen Heimat« propagierten, sahen für die jüdische Schule die Aufgabe, die jüdische Jugend zu »guten Deutschen« zu erziehen.[50] Herrmann Falkenberg – ein älterer Lehrer und Mitbegründer einer liberalen Privatsynagoge in Berlin – schrieb in dem Gemeindeblatt von Berlin: »Der von ihr [der jüdischen Gemeinde, Y. W.] jetzt geschaffenen Schule ist die Aufgabe gestellt, unsere jüdische Jugend, die in und mit unserer deutschen Heimat, die durch und für sie leben will und muß, für dieses Schaffen und Wirken in Deutschland vorzubereiten, unseren jungen Menschen die seelische Rüstung zu geben, daß sie all das als jüdische Menschen erfüllen können.«[51] Trotz der bedrückenden Erfahrungen mit der deutschen Umwelt jener Zeit sprach Falkenberg von der Notwendigkeit, »das gesamte Leben Deutschlands, die deutsche Vergangenheit und die deutsche Zukunft« in den Lehrplan der jüdischen Schule aufzunehmen.[52]

Dr. Jakob Horovitz, ein Frankfurter Rabbiner, versuchte aus der Not eine Tugend zu machen.[53] Positiv bewertete er den Zwang, dem die jüdischen Lehrer ausgesetzt waren, ihre Ausbildung mit den deutschen Kandidaten an den allgemeinen Bildungsstätten zu absolvieren. Nach seiner Meinung war der Vorzug dabei, daß der jüdische Lehrer »in die jüdische Schule alles das hineintragen kann, was von dem Geiste des neuen Staates irgend mit der Würde und Ehre des deutschen Juden vereinbar ist«. In der sorgsamen Pflege der »mannigfachen Berührungspunkte« zwischen Deutschen und Juden sah Horovitz die wichtigste Aufgabe der jüdischen Schule in Deutschland und sprach die Hoffnung aus: »Vielleicht, daß dann doch einmal der Tag kommt, an dem sich herausstellt, daß die beiden getrennten Wege die Söhne und Töchter desselben Vaterlandes von innen heraus wieder mehr zusammenführen, als das heute möglich ist. Vielleicht, daß gerade, wenn einmal eine reinliche Trennung vollzogen ist, eine Entspannung und Beruhigung eintritt, die die Möglichkeit offen läßt, diese vorläufige Regelung später zu überprüfen.«[54]

In milderer Form waren auch andere Zeitgenossen der Meinung, daß die Gegensätze zwischen Deutschen und Juden zu überbrücken wären,[55] ein Glaube, an dem manche Juden noch 1935 festhielten. Fritz Friedlaender – ein jüngerer Lehrer, Publizist und C. V.-Mitglied – der die fortschreitende Kulturverflochtenheit zwischen Deutschen und Juden beobachtete und deshalb auch die Idee einer jüdischen Kulturautonomie schärfstens ablehnte, schlug das Modell der Polyphonie vor. In Anlehnung an die Buberschen Begriffe sah er in der »dialogischen Pädagogik« und in der »vitalen Konfrontation« der jüdischen mit den außerjüdischen Kulturinhalten die Grundprinzipien, auf denen die jüdische Erziehungsarbeit aufzubauen hatte.[56] Ein Dialog setzt aber die Bereitschaft beider Seiten zum Gespräch voraus. Auf deutscher Seite war sie 1935 bestimmt nicht mehr vorhanden. Waren dagegen die jüdischen Jugendlichen zu dieser Zeit gegenüber der deutschen Kultur noch offen?

Schon 1933 machte sich ein Generationenkonflikt bemerkbar zwischen den »älteren unter den jungen Menschen, die die Zwanzig heute überschritten« und »noch

Goethe gelesen und Dürer geschaut« haben »mit den Augen einer anderen Stunde, weil sie nicht fragen mußten, ob es erlaubt sei«, und denen, die jünger waren und an dieser Kultur nicht mehr unbestritten Anteil haben konnten.[57] Wie schon bei der Frage des Existenzrechts der jüdischen Schule entstand außer dem altbekannten Gegensatz zwischen Nationaljuden und liberalen Juden in der deutschen Judenheit eine neue, zusätzliche Frontlinie zwischen der Jugend, die sich auf die neuen Umstände einstellte, und der älteren Generation, die auf den überkommenen Denkmustern beharrte. Die Härte der Äußerungen zeigt, wie gespannt die Beziehungen zwischen den Generationen waren. Fritz Schwarzschild, der Leiter des »Verbands der jüdischen Jugendvereine Deutschlands«, schrieb: »[Wir] müssen endlich aufhören, von unserer deutschen Aufgabe zu reden, die uns niemand gestellt hat.«[58] Der Konflikt verschärfte sich im Verlauf der dreißiger Jahre und weckte bei der älteren Generation die Befürchtung, die jüngere Generation wäre kulturlos.[59]

Aufgaben jüdischer Erziehung

Der Kampf der jüdischen Jugend um ihre materielle Existenz, um Beruf und Stellung, setzte nicht erst 1933 ein, sondern machte sich infolge der Weltwirtschaftskrise schon in den Jahren davor bemerkbar. Zum Teil waren die jüdischen Jugendlichen, die von ihrer sozialen Tradition her zu freien Berufen, Kleingewerbe und Handel tendierten, noch stärker als andere Jugendliche von der Arbeitslosigkeit betroffen, weil gerade diese Berufe in jenen Jahren besonders geringe Chancen boten. Wilhelm Grätz, ein Mitglied der liberalen Partei der jüdischen Gemeinde von Berlin, sah die Wurzeln der beruflichen Not unter den Jugendlichen aber nicht nur in der objektiv schlechten Lage der Wirtschaft. Das besondere soziale Elend unter den Juden stehe im Zusammenhang mit dem »wirtschaftlichen Antisemitismus, mit Boykott und Judenfeindschaft.«[60] Die Situation wurde von den Jugendlichen z. T. schon vor 1933 als Krise und »Umwertung aller Werte« empfunden, und bereits 1932 waren Pläne und Projekte entstanden, um neue Wege zu öffnen.[61]

Mit den ersten antijüdischen Gesetzen im Jahr 1933 verschärfte sich die Lage schlagartig. Das »Gesetz zur Wiederherstellung des Berufsbeamtentums« vom 7. April 1933 und das »Gesetz gegen die Überfüllung deutscher Schulen und Hochschulen« vom 25. April 1933 zeigten deutlich, daß den Juden der Weg zu den akademischen Berufen versperrt werden würde.

Nach der jahrelangen Beschäftigung mit dem Problem konnten deutsch-jüdische Erziehungsexperten schnell auf die staatlichen Maßnahmen reagieren.[62] In einem Artikel in der CV-Zeitung setzte sich Heinz Cohn mit der Begründung des »Gesetzes gegen die Überfüllung deutscher Schulen und Hochschulen« auseinander, wonach der Anteil der jüdischen Bevölkerung in Deutschland an den handwerklichen und gewerblichen Berufen nicht sehr groß sei. Er schrieb: »Das deutsche Judentum versucht [...] schon seit Jahren, diesem Umstand durch die verschiedenartigsten Berufsumschichtungsbestrebungen abzuhelfen. Es braucht aber zu diesem Zwecke ein Bildungsinstitut, das den jüdischen jungen Menschen eine angemessene jüdische Bildung vermittelt und sie zugleich für einen handwerklichen, gewerblichen oder landwirtschaftlichen Beruf vorbereitet.«[63]

Die Forderung nach beruflicher und sozialer Umschichtung gehörte zu den wenigen Themen, die weitgehend von allen jüdischen Parteien akzeptiert wurden.[64] Die Motive dafür waren aber sehr verschieden: Der »Reichsbund jüdischer Frontsoldaten« sah in der Umschichtung seine deutschpatriotische Aufgabe, der C.V. erhoffte sich dabei eine Annäherung zwischen Deutschen und Juden und das Entstehen einer neuen Vertrauensbasis zwischen den beiden Gruppen, und die Zionisten verfolgten die Idee der Umschichtung aus national-jüdischen Erwägungen.[65]

Die Umsetzung dieses Einverständnisses in die Tat erwies sich jedoch als schwierig. Solange die deutschen Behörden keine eindeutige Stellungnahme zu den jüdischen Plänen für die Umschichtung abgaben, zögerte die Reichsvertretung mit Investitionen für diese Zwecke.[66] Die Errichtung der Werkstätten zur Umschulung war eine teure Angelegenheit, die häufig die finanziellen Möglichkeiten der Reichsvertretung überstieg.[67] Viel einfacher und mit geringerem finanziellen Aufwand hätte die berufliche Umschichtung bei den Kindern und Jugendlichen vorbereitet werden können. Es zeigten sich aber Schwierigkeiten anderer Natur. Zum einen weigerten sich die Eltern, ihre Kinder bei der Berufswahl im Sinne der Umschichtung zu motivieren. Sie plädierten weiterhin für kaufmännische und akademische Berufe und bemitleideten die Kinder, wenn sie sich zu handwerklichen oder landwirtschaftlichen Ausbildungen entschlossen.[68] Zum anderen fiel es manchen jüdischen Jugendlichen ziemlich schwer, auf die von ihnen seit langem gewünschten Berufe verzichten zu müssen und sich statt dessen mit den neuen Berufsperspektiven zufrieden zu geben.[69]

Schnell wurde deutlich, daß der Umschichtungsprozeß nicht rein wirtschaftlicher Natur war, sondern mit der Psychologie und Mentalität des Menschen zusammenhing. Es bedurfte einer »Umschaltung der gesamten Persönlichkeit auf völlig veränderte Lebensbedingungen [...]. Man muß sich im klaren sein, daß die Tätigkeit eines Geistesarbeiters ganz andere seelische und körperliche Funktionen beansprucht als die eines Handarbeiters.«[70] Als problematisch erwies sich die Frage, wie die Juden in Deutschland, die seit Generationen Berufe ergriffen hatten, die höhere Bildung voraussetzten, für andere Berufe zu gewinnen seien. Genauso problematisch war aber auch die Frage, wie bei diesen Menschen nach ihrer Entscheidung für handwerkliche oder landwirtschaftliche Berufe weiterhin die Neigung und Offenheit für geistige Tätigkeit bewahrt werden könnten. Besorgt schrieb Heinz Cohn: »Wir wollen keine Handwerker und Bauern schlechthin; wer immer das Weiterleben des Judentums wünscht, muß den deutschjüdischen Handwerker und

Bauern wollen, d. h. einen Menschentyp, der in seiner beruflichen Neueinstellung eine persönliche wie eine gruppenmäßige Aufgabe für das Judentum erblickt.«[71]

Die Notwendigkeit der Emigration schien 1933 keineswegs selbstverständlich. Sogar die Zionisten, die Palästina schon 1914 in ihrem Lebensprogramm festgeschrieben hatten, gingen eher davon aus, daß die Mehrheit der deutschen Juden wie auch der Jugendlichen voraussichtlich in Deutschland bleiben würde, wenn auch unter veränderten Bedingungen.[72] Daher sahen sie ihre Erziehungsaufgabe in der Vorbereitung auf das Zusammenleben zwischen Deutschen und Juden. So war in der Jüdischen Rundschau zu lesen: »Wir sind überzeugt, daß ein solches Zusammenleben möglich ist, zumal da keine störende Vermischung droht, sobald einmal das Judesein eine Selbstverständlichkeit und keine Schande geworden ist, [...] zuerst und zunächst im Bewußtsein des Juden selbst.«[73]

Auch die Liberalen gingen davon aus, daß der Großteil der Jugend nicht emigrieren würde. Anders als die Zionisten sahen sie die Gründe dafür nicht nur in der Begrenztheit der Emigrationsmöglichkeiten, sondern in der Tatsache, daß die Mehrheit der deutschen Juden den Willen hatte, in ihrem Heimatland zu bleiben. Die Bindung an Sprache, Landschaft und Kultur wog für viele dieser Juden damals schwerer als die diffamierende antijüdische Politik. Sahen die Zionisten die Basis für das Zusammenleben nach 1933 gerade im Wegfall der Vermischungsgefahr, so setzten die Liberalen andere Akzente. Norbert Wollheim schrieb in der CV-Zeitung: »Wir wollen und wir werden Deutsche sein können mit all den Pflichten, die uns das Bekenntnis zu unserer Heimat auferlegt, aber wir wollen nicht unserem Judentum untreu werden, um die Anerkenntnis als Deutsche zu erringen. Nur von einer deutschjüdischen Bejahung her werden wir zu einer Wiedereinordnung in das deutsche Leben kommen können.«[74]

Waren die Zionisten prinzipiell positiv gegenüber der Emigration eingestellt, so herrschte darüber bei den Liberalen keine Einigkeit. Heinrich Stern, der Vorsitzende der »Vereinigung für das religiös-liberale Judentum«, stellte Anfang 1934 fest, daß mit dem Faktor Palästina gerechnet werden müsse. Seiner Meinung nach sollten jüdische Kinder zwar nicht allein für Palästina erzogen, aber auch keinesfalls nur für Deutschland herangebildet werden. Eine ähnliche Meinung vertrat aus den Kreisen der C. V.-Jugendverbände Günter Friedländer: »Unser Raum ist die jüdische Schicksalsgemeinschaft. Wenn sie heute in Eretz-Israel, dem Zentrum einer neuen jüdischen Wirklichkeit, lebendigste Form findet, so entspricht es unserer gesamtjüdischen Haltung, daß wir in solchem Gestaltwerden eine Hoffnung erblikken. [...] Wir wissen, daß diejenigen unserer Menschen, die nach Palästina gehen, eine jüdische Lebensform vorfinden, in die sie eingeschmolzen werden.«[75] Friedländer sah die Aufgabe seines Bundes darin, für die in Deutschland verbliebene Jugend eine Lebensform und Perspektive zu erarbeiten. Diese offene Haltung gegenüber der Möglichkeit der Emigration fand sich aber nicht durchgehend in der C. V.-Jugendbewegung. Der Jugendführer Heico (Heinz Cohn), publizistisch damals sehr aktiv, warnte die Eltern ausdrücklich davor, sich selbst und gar die Jugend zu entwurzeln, ohne ihnen in einem anderen Lande auch nur die geringste Lebensperspektive bieten zu können.[76]

Nicht nur das ›Ob‹, sondern auch das ›Wohin‹ spielte in der innerjüdischen Diskussion eine große Rolle. Die Zionisten waren realistisch genug, um sich geographisch nicht nur auf Palästina zu fixieren. Buber differenzierte zwischen den Möglichkeiten: »Man frage nicht, für welches Land wir erziehen wollen. Für Palästina, wenn es das Land sein darf. Für irgendeine Fremde, wenn es das Land sein muß. Für Deutschland, wenn es das Land sein kann.«[77] Doch gerade die Betonung auf »darf« zeigt, wie weitgehend Palästina für die Zionisten Priorität besaß.

Die liberalen Juden hingegen waren auch und manchmal sogar eher anderen Überseeländern gegenüber aufgeschlossen.[78] Das Verhältnis der Liberalen zu Palästina, das durch den jahrelangen Kampf gegen die Zionisten sehr belastet war, konnte sich nur in einem längeren Prozeß langsam zum Neutralen oder sogar zum Positiven entwickeln. Noch Anfang 1934 stand in der CV-Zeitung: »Es ist in den meisten Kreisen des deutschen Judentums als unerklärlich empfunden worden, wenn von zionistischer, nationaljüdischer Seite der Versuch gemacht worden ist und immer wieder gemacht wird, den durch die Macht der Zeitereignisse erfreulicherweise gestärkten Willen zum Judentum als Bekenntnis zum Nationaljudentum zu deuten und die Palästinabejahung als zionistisches Bekenntnis zu sehen.«[79] Erst 1935 setzte sich infolge der »Nürnberger Gesetze« die Erkenntnis durch, daß die Emigration der Jugend unumgänglich war.[80]

In den ersten zwei Jahren der nationalsozialistischen Herrschaft stand die jüdische Schule im Zentrum der öffentlichen Diskussion der Juden in Deutschland. Zum Teil wurde dies durch die erzwungene, ständig fortschreitende Trennung von der Außenwelt bewirkt, die die Juden zur Einschränkung ihrer geistigen und sozialen Aktivität veranlaßte. Entscheidender war aber die Erkenntnis, welche hohe Bedeutung die Schul- und Erziehungsfrage für Existenz und Neuaufbau des Judentums besaß. Die Diskussion kam der Schule gewiß zugute. Ohne die eingehende Erörterung des Für und Wider und die Information der breiten Öffentlichkeit wäre es nicht möglich gewesen, daß schon Ende 1934 die Notwendigkeit der besonderen und einheitlichen jüdischen Schule fast allgemein anerkannt wurde. Die Beteiligung von Personen an der Debatte, die nicht direkt dem Umfeld der Erziehung entstammten, führte zu neuen Impulsen und Denkweisen. Für die Pädagogen aber wurde diese Anteilnahme langsam zur Last. Jahrelang in der grauen Kleinarbeit beim Aufbau der bis dahin von vielen Eltern und Kollegen abgelehnten jüdischen Schule versunken, sahen sie sich plötzlich von Leuten kritisiert, die von den konkreten Problemen der Erziehung keine Ahnung hatten. Verbittert schrieb Siegfried Braun, der Herausgeber der »Jüdischen Schulzeitung«: »Es ist in dieser an erregenden Geschehnissen reichen Zeit leicht, herbe Kritik an Einrichtungen zu üben, die in den Spannungen einer Zeitwende stehen. Die Phantasie findet da ein weites Feld zur Betätigung vor, und gar mancher läßt sie ungehemmt walten, der außerhalb der praktischen Tagesarbeit steht. [...] Die Lehrerschaft kennt die Schranken, die gegenwärtig auf dem Felde der Schule mancher Planung gesetzt sind; ihre Führung widersteht den Verlockungen zu frisch fröhlichem Kampfe um Neuland; sie versucht, im Rahmen des Möglichen, aber mit Nachdruck an der notwendig gewordenen Umformung des Unterrichtes zu arbeiten.«[81]

Nicht nur der Mangel an Verständnis bei den Kritikern wurde von den Lehrern beklagt. Unbehagen erweckte vor allem auch die Parteilichkeit der an der Diskussion Beteiligten. Abwehrend schrieb Heinemann Stern: »Es werden gewissermaßen Gegensätzlichkeiten herausgearbeitet, die in der Wirklichkeit gar nicht bestehen, und Anschauungen verteidigt, die gar nicht angegriffen werden. Sollten diesen Auseinandersetzungen die alten Parteigegensätze zugrunde liegen, dann werden wir Lehrer ihnen das Eindringen in die Schule und die entstehende jüdische Pädagogik mit aller Deutlichkeit und Entschiedenheit verwehren müssen.«[82] Ob Erziehung sich überhaupt außerhalb der Politik entwickeln kann, ist sehr fragwürdig, besonders wenn sich das Schulwesen im Aufbau befindet. Dazu kam der von außen gesetzte Zwang zur Zusammenarbeit, der nur sehr begrenzte Möglichkeiten ließ, Sonderwege zu gehen. Unter diesen Bedingungen konnten die wesentlichen Entscheidungen nicht anders als nach langen Auseinandersetzungen in den politischen und sozialen Instanzen der Juden Deutschlands fallen.

3. Erziehung als Politikum

Der organisatorische Rahmen jüdischer Schulpolitik

Bis 1933 war es den deutschen Juden nicht gelungen, eine zentrale Organisation zu gründen, die ihre Interessen gegenüber dem Staat, den Behörden und der nichtjüdischen Umgebung vertreten hätte. Dies lag zum einen an dem Emanzipationsverständnis der deutschen Juden, die eine individuelle und keine Gruppenemanzipation erstrebten, weshalb sie die Bildung einer gemeinsamen Organisation nicht als Notwendigkeit empfanden. Zum anderen war es aber auch unmöglich gewesen, die verschiedenen Gruppierungen und Richtungen unter den deutschen Juden unter ein Dach zu bekommen. Daher waren die von den jüdischen Organisationen vertretenen Interessengebiete begrenzt, und sie wurden deswegen auch kritisiert: »Die bisher bestehenden jüdischen Organisationen sind entweder so stark auf geistige Auseinandersetzungen eingestellt, daß sie nur für einen kleinen Teil Betätigungsmöglichkeiten bieten, oder aber sie erfassen den einzelnen nur auf einem Teilgebiet seines Lebens (etwa Sport).«[1]

Die einzige Organisation, die 1933 einen gewissen Führungsanspruch erheben konnte, war die am 31. Januar 1932 gegründete »Reichsvertretung der jüdischen Landesverbände Deutschlands«.[2] Obwohl sie sich bei ihrer Entstehung als vorübergehende Einrichtung verstand und nicht alle jüdischen Organisationen umfaßte,[3] wandte sie sich am 2. Mai 1933 schriftlich an das Reichsinnenministerium und an Hitler und benachrichtigte sie über ihre Existenz und ihre Aufgabe als Vertretung der deutschen Juden. Der Brief blieb unbeantwortet, was darauf hinweist, daß die Reichsvertretung, später die »Alte Reichsvertretung« genannt, zu dieser Zeit von den Behörden noch nicht als offizielle Vertretung der deutschen Juden akzeptiert wurde.

Die Suche nach einer angemessenen Vertretung beschäftigte die jüdische Öffentlichkeit in der ersten Hälfte des Jahres 1933 weiter. Dazu trug vor allem die rasante Verschlechterung der Situation der Juden in allen Lebensbereichen bei. Langsam wurden Stimmen laut, die die »Alte Reichsvertretung« als nicht mehr geeignet für die Lösung der neuentstandenen Probleme bezeichneten.[4] Nach intensiven Beratungen zwischen verschiedenen jüdischen Persönlichkeiten im Deutschen Reich im Juli und August 1933 entstand in der ersten Septemberhälfte die endgültige »Reichsvertretung der deutschen Juden«. Wer die Initiatoren dieser Reichsvertretung waren, ist in der Forschung umstritten. Zum einen wird behauptet, es seien einige leitende Männer aus der Berliner Gemeinde gewesen, die sich durch ihre Beteiligung an der Gründung einer neuen zentralen Organisation ihren alten Wunsch erfüllen wollten, der Berliner Gemeinde eine beherrschende Position innerhalb der jüdischen Gemeinschaft Deutschlands zu verschaffen.[5] Zum anderen wird gesagt, es seien führende Persönlichkeiten aus der Jüdischen Gemeinde Essen gewesen, die mit Unterstützung anderer bedeutender Juden, wie z.B. des Bankiers Max Warburg, gerade hinter dem Rücken der Berliner Gemeinde die Gründung der Reichsvertretung vorangetrieben hätten.[6] Die zweite Version scheint mir die richtige zu sein. Es ist auch nicht auszuschließen, daß die Zionistische Vereinigung und der C.V. lieber zusammen in einer Körperschaft sitzen wollten, als die Führung der deutschen Juden den ihnen nahestehenden Parteien, der Volkspartei bzw. der liberalen Partei, zu überlassen. Dafür waren die Verhältnisse zwischen der ZVfD und der Volkspartei einerseits und zwischen dem C.V. und der liberalen Partei andererseits schon in der Weimarer Republik zu gespannt.[7]

Nach ihrer Entstehung erhielt die Reichsvertretung die Unterstützung der meisten Gemeinden, Landesverbände und vor allem der bis dahin führenden politischen Organisationen: des Central-Vereins deutscher Staatsbürger jüdischen Glaubens, der Zionistischen Vereinigung für Deutschland und des Reichsbundes jüdischer Frontsoldaten.[8] In ihrem Selbstverständnis sah sich die Reichsvertretung als die vom Staat anerkannte autonome jüdische Führung.[9] Wie sie ihre Aufgabe definierte, können wir in den Memoiren von Rabbiner Dr. Max Gruenewald aus Mannheim, einem der Gründer der Reichsvertretung, der auch ihrem Präsidialausschuß angehörte, nachlesen: »Auszuharren, in der Hoffnung, daß die Nazis aus irgendwelchen Gründen (z.B. aus befriedigtem Machthunger nach der Machtergreifung) einen gemäßigteren Kurs einschlagen würden und auf diese Art ›ein Lebensraum‹ für die Juden übrigbleiben könnte. Der Nachdruck lag auf Auf-dem-Posten-Bleiben, nicht auf Abreise.«[10]

Nach der Veröffentlichung der »Nürnberger Gesetze« am 15. September 1935 wurde die »Reichsvertretung der deutschen Juden« von den Behörden gezwungen, sich in »Reichsvertretung der Juden in Deutschland« umzubenennen. Dies hing mit dem Verständnis der nationalsozialistischen Machthaber zusammen, daß es »deutsche Juden« nicht gebe. Nach ihrer Satzung blieb die Reichsvertretung bis Ende 1938 trotz der Umbenennung die gleiche. In dieser Zeit wurde ihr auch klar, daß die heranwachsende Generation in ihrer überwiegenden Mehrheit »den Weg der Auswanderung gehen muß«.[11] Unter diesen neuen Bedingungen wurde der Schritt zur organisatorischen Rationalisierung unausweichlich. Am 1. April 1935 wurde der »Zentralausschuß für Hilfe und Aufbau« in den Apparat der Reichsvertretung eingegliedert. Dadurch kam eine noch engere Zusammenarbeit zwischen ihr und dem Zentralausschuß zustande. Auch die Kompetenzen und die Handlungsfähigkeit der Reichsvertretung wurden erweitert.[12] Die neugewonnene Erkenntnis über die Notwendigkeit der Auswanderung beeinflußte ferner das Selbstverständnis der Reichsvertretung im Hinblick auf ihre Aufgaben. Die Beschreibung von Ernst Simon, der als leitende Persönlichkeit in der Erwachsenenbildung Zeitzeuge war, spiegelt diese Veränderung wider und relativiert die Äußerung von Gruenewald: »Die führenden Menschen der Reichsvertretung, und sicherlich die der ›Mittelstelle‹ [für Erwachsenenbildung, ...] beschäftigten sich deshalb mit der Organisierung und Vorbereitung der Auswanderung, vor allem der Jugend, aber sie rechneten mit einer mehr oder weniger ausgedehnten Übergangszeit, in der die jüdische Gemeinschaft auf deutschem Boden in irgendeiner Form noch weiter bestehen werde, und beschäftigten sich deshalb mit ihrer wirtschaftlichen Stärkung, politischen Organisation und bildungsmäßigen Ausrüstung.«[13]

Anfang Juli 1939 wurde nach längerer Vorbereitung die »Reichsvertretung« durch die Zwangsorganisation, die »Reichsvereinigung der Juden in Deutschland« ersetzt, die unter anderem für die einheitliche Organisation und den Unterhalt der jüdischen Schulen zuständig war, in die nun alle jüdischen Kinder umgeschult werden mußten.[14]

Die Erziehung gewann unter den vielen Aufgaben, die den deutschen Juden seit Ende Januar 1933 neu gestellt wurden, schnell zentrale Bedeutung. Brauchte die breite jüdische Öffentlichkeit fast ein Jahr, bis sie in ihrer überwiegenden Mehrheit die Notwendigkeit jüdischer Schulen anerkannte, so reagierten viele führende Persönlichkeiten wesentlich rascher. Dr. Arthur Lilienthal, ein Liberaler und damals Leiter der Exekutive der »Reichsvertretung der jüdischen Landesverbände Deutschlands«, schrieb im Mai 1933: »Der Streit um die jüdische Schule ist durch den Zwang der Tatsachen entschieden. [...] Es ist eine dringende Notwendigkeit, daß hier von Anfang an von zentraler Stelle aus, ohne daß deshalb eine öde Uniformierung zu erfolgen braucht, irgendwie eine Einheit in das werdende Neue eines jüdischen Schulwerks getragen wird.«[15]

Am 25. Juni 1933 beschloß die »Reichsvertretung der jüdischen Landesverbände Deutschlands« die Einsetzung eines Erziehungsausschusses. Die Zusammensetzung des dreizehnköpfigen Ausschusses aus acht Liberalen, drei Zionisten und zwei Konservativen, sollte seine Unabhängigkeit gewährleisten. Zum Vorsitzenden wurde der Historiker Prof. Ismar Elbogen gewählt, der in den späteren Jahren passiver wurde und den Hauptteil der Arbeit Dr. Leschnitzer überließ.[16] In einer der ersten Sitzungen wurden zur Erfüllung der verschiedenen Aufgaben des Ausschusses drei Unterausschüsse gebildet. Der erste Ausschuß sollte »die in Deutschland bestehenden jüdischen Bildungsanstalten erhalten und im Sinne der Forderungen der Stunde im jüdischen Geiste vertiefen und materiell stärken«.[17] Der zweite Ausschuß war dazu berufen, »neue jüdische Schulen zu gründen, besonders im Hinblick auf die notwendig gewordene Berufsumschichtung der deutschen Juden«. Der dritte Ausschuß war zuständig für die »Neugestaltung des jüdischen Erziehungswesens«, damit waren Lehrerfortbildung, Lehrpläne und Lehrbücher gemeint.[18]

Am 17. September 1933 wurde das Schulreferat des »Zentralausschusses der jüdischen Landesverbände Deutschlands« als Schulabteilung in die neugegründete Reichsvertretung eingegliedert und mit der Verantwortung für alle jüdischen Schulfragen betraut.

Das zentrale Problem stellte die Finanzierung des rasch entstehenden Schulnetzes dar. Wie im ersten Kapitel gezeigt wurde, zögerten das Reichserziehungsministerium und die Kommunen bis Ende 1938, die Trennung zwischen jüdischen und »arischen« Kindern durchzuführen, da keiner für die daraus resultierenden Ausgaben aufkommen wollte.[19] Trotzdem wechselten immer mehr jüdische Kinder von den allgemeinen auf jüdische Schulen über, weil sich die materielle Lage der Eltern infolge der antijüdischen Gesetzgebung verschlechterte, weil es für junge Juden keine finanziellen staatlichen Beihilfen mehr gab und weil sie die antijüdischen Ressentiments von Lehrern und Mitschülern nicht mehr ertragen konnten.

Schon in der ersten Sitzung des Erziehungsausschusses der Reichsvertretung berichtete der Vorsitzende, Ismar Elbogen, über die Ergebnisse seines Gesprächs mit Ministerialrat Nießen aus dem Innenministerium: Die Behörde werde in Zukunft der Bildung jüdischer Schulen keine Steine in den Weg legen, sich aber an deren Finanzierung nicht beteiligen.[20] Anfangs glaubten Mitglieder des Ausschusses, die neuen Schulen als Privatschulen gründen zu können mit der Hoffnung auf eine spätere Anerkennung und Unterstützung durch den Staat. Dies erwies sich als illusorisch. Die schon vor 1933 existierenden jüdischen Schulen erhielten noch bis 1939 öffentliche Unterstützung, die aber je nach Willkür der örtlichen Behörden langsam reduziert und schließlich durch einen Erlaß des Reichserziehungsministers Rust am 7. März 1939 ganz abgeschafft wurde. Damit waren die Juden in Deutschland bei der Gründung neuer Schulen wie bei der Aufrechterhaltung der alten Schulen auf die eigenen finanziellen Reserven angewiesen.

Die zur Verfügung stehenden Gelder stammten aus drei Quellen: Sie wurden von den Eltern, den Gemeinden und durch Spenden aufgebracht. Die Reichsvertretung war für die gerechte Verteilung der Spenden zuständig. Darüber gab es ständige

Spannungen zwischen den Leitern der langansässigen Schulen und den Männern und Frauen in der Reichsvertretung, die für die allgemeine Planung des jüdischen Schulwesens verantwortlich waren. Diese neigten dazu, die Spenden aus dem Ausland eher für die neugegründeten als für die seit langem existierenden Schulen zu verwenden.[21] Inländische Spenden wurden zentral wie regional gesammelt und verteilt. 1934 wurde von der Zentralwohlfahrtsstelle ein Schulkinderfonds geschaffen, dessen Ziel es war, vereinzelt in Dörfern und Kleinstädten lebenden jüdischen Kindern den Besuch einer jüdischen Schule zu ermöglichen. Das Geld wurde für Fahrgeldbeihilfen, die Unterstützung von Kinderheimen oder Internaten sowie die Unterbringung der auswärtigen Schüler bei Gastfamilien verwendet.[22] Darüber hinaus entstanden in den verschiedenen Städten kleine Vereine und Organisationen, deren Hilfe den Schülern und Schulen am Ort galt.[23]

Die Reichsvertretung hoffte, sich nur an der Neugründung jüdischer Schulen beteiligen zu müssen. Der laufende Betrieb sollte durch die Eltern und die Gemeinden getragen werden. Dies erwies sich aber im Lauf der Jahre als undurchführbar. Zwar wurden die Schulgelder erhöht, doch verschlechterten sich die finanziellen Möglichkeiten der Juden in Deutschland infolge ihrer zunehmenden Verdrängung aus der deutschen Wirtschaft ständig,[24] so daß es ihnen immer schwerer fiel, Schulgelder und Gemeindesteuern zu bezahlen.[25] Hinzu kam, daß eine ständig steigende Zahl von Arbeitslosen und Minderbemittelten aus den Gemeindekassen unterstützt werden mußte.[26] Die Reichsvertretung war gezwungen, den Anteil der Ausgaben für Erziehungszwecke laufend zu vergrößern.

Ab Anfang 1938 verschlechterte sich die finanzielle Lage der jüdischen Schulen immer mehr. Die erhebliche Schwächung der Finanzkraft der jüdischen Gemeinden durch das Gesetz vom 28. März 1938, das ihnen den Status einer Körperschaft des öffentlichen Rechts aberkannte, und die Streichung der staatlichen Beihilfen für jüdische Schulen am 7. März 1939 veranlaßten die Reichsvereinigung im Dezember 1939, progressive Schulgebühren für jüdische Kinder im Pflichtschulbereich einzuführen.[27]

Um diese finanziellen Schwierigkeiten voll zu verstehen, ist es notwendig, sich die Entwicklung der Schülerzahlen an jüdischen Schulen vor Augen zu führen: 1933 besuchten 15 000 der 60 000 jüdischen Schulkinder jüdische Schulen, die damit 25 % erfaßten. 1935 waren es schon 46 %, nämlich 20 000 von insgesamt 44 000 jüdischen Schülern. 1936 stieg der Anteil mit 22 000 von 42 000 Schülern auf 52 %, und im Jahr 1937, dem Gipfeljahr des jüdischen Schulwesens, erhielten 23 670 der insgesamt 39 000 jüdischen Schüler, also über 60 %, an jüdischen Schulen Unterricht. 76 jüdische Volksschulen waren öffentliche Schulen, die anderen 72 waren privat.[28] Dieses Wachstum der Schülerzahlen in einer Gemeinschaft, deren absolute Mitgliederzahl ständig zurückging, bedeutete eine starke finanzielle Belastung, zumal die Reichsvertretung keine andere Wahl mehr hatte, als Privatschulen zu errichten und deren Finanzierung zu garantieren.

Die personelle Besetzung des Erziehungsausschusses

Am 22. März 1933 schrieb Robert Weltsch, der Herausgeber der Jüdischen Rundschau, an Martin Buber: »Die meisten unserer Freunde, ganz zu schweigen von den übrigen Juden, haben sich noch nicht auf die neue Lage umgestellt und z. B. auch nicht begriffen, daß wahrscheinlich ein vollständiger Aufbau eines eigenen Bildungs- und Schulsystems notwendig sein wird.«[29] Buber selbst hatte sich anscheinend zu dieser Zeit schon intensiv mit der Frage beschäftigt. An seinen Verehrer und langjährigen Brieffreund Hermann Gerson, den führenden Geist in der »Werkleute«-Bewegung,[30] schrieb er zwei Tage später: »Persönlich teile ich Ihnen, mein Lieber, mit, daß ich, wenn der Kern der deutschen Judenheit (natürlich mit Ausnahme der Trennungsorthodoxie) mir heute sein Vertrauen schenkt, bereit wäre, die verantwortliche Leitung des jüdischen Bildungswesens in Deutschland zu übernehmen. Wir können nur noch in strenger Zentralisierung etwas ausrichten.«[31]

Schon in den ersten Monaten des Dritten Reiches erarbeitete Buber ein Konzept für das entstehende jüdische Schulwesen.[32] Seiner Vorstellung nach konnte in einer »so außerordentlichen und so labilen Lage ein großes Gemeinschaftswerk nur in einheitlichem Geiste und unter einheitlicher Führung gelingen«. Er betonte in den Beratungsgesprächen mit Dr. Otto Hirsch, dem Vorsitzenden der späteren Reichsvertretung, und mit Dr. Jakob Horovitz, daß er nur »unter eindeutiger Führung eines Einzelnen« sich »ein Zusammenwirken der Gruppen zu einem einheitlichen Aufbau als ein gedeihliches und erfolgreiches vorzustellen« vermöge.[33] Für diese Aufgabe sah er ein Bildungsamt vor, das »grundsätzlich alle Stufen der Erziehung, des Unterrichts und der Jugendbildung, vom Kindergarten bis zu Hochschulkursen, zu umfassen habe« sowie die »Verhandlungen mit Reichs- und Landesbehörden führen« solle. Inhaltlich wünschte Buber, daß das neuentstehende Schulwerk »nicht nur ein formaljüdisches, sondern ein wesensjüdisches sei, d. h. daß es nicht bloß einem äußeren Notstand abhelfe, sondern auch einen großen inneren Mangel der deutschen Judenheit ausfülle«. Wieso Buber gerade auf der Bezeichnung »Amt« beharrte, erfahren wir aus seinem Brief an Gerson: »Ich bin im übrigen in die Bezeichnung ›Bildungsamt‹ nicht verliebt, ich habe auch Erziehungsamt erwogen und erwäge es noch, aber daß es um ein Amt und nicht um einen ›Rat‹ geht, daran müssen wir festhalten. Rat ist eine Körperschaft, die berät; Amt ist eine Einrichtung, die Arbeit leistet und leitet.«[34]

Buber stellte unter den deutschen Juden eine umstrittene Persönlichkeit dar. Am 13. Juni 1933 berichtete ihm Hermann Gerson von der Sitzung der Reichsvertretung vom Tag zuvor;[35] demnach war es den »Berliner Liberalen« gelungen, alle guten Vorschläge unmöglich zu machen oder mindestens zu verschieben. Dies betraf auch die Entscheidung über das Bildungsamt. Darüber hinaus hatten sie versucht, Buber durch Kritik an seiner Persönlichkeit für das Erziehungsamt zu diskreditieren. Unter anderem wurde behauptet, er sei Mitglied des »Bundes entschiedener Schulreformer« gewesen, und es würde daher »oben« übel vermerkt werden, wenn er mit der Führung des jüdischen Schulwerks betraut würde.[36] Auch die Orthodoxen, die um ihre Autonomie fürchteten, glaubten diese durch eine neutrale »Verwaltungsperson« besser sichern zu können. Leo Baeck, der Präsident der späteren Reichsvertretung, sprach dagegen eindeutig für Buber und für das von ihm konzipierte Amt. Darüber hinaus kam die Unterstützung Bubers nicht nur aus dem zionistischen Spektrum, zu dem er gehörte,[37] sondern auch von anderen Kreisen, z. B. vom »Jüdischen Frauenbund«[38] und, noch erstaunlicher, von Hans-Joachim Schoeps, dem Leiter der deutschnational-jüdischen Bewegung »Der Vortrupp«.

Nicht nur die Person Bubers, sondern auch seine Vorstellungen vom Bildungsamt erwiesen sich als undurchsetzbar. Leo Baeck, der ihn weitgehend unterstützte, schrieb ihm am 21. Juni 1933, daß im Präsidium der Reichsvertretung für das von ihm vorgeschlagene Bildungsamt eine gesicherte Mehrheit bestehe.[39] Dies stimmte aber so nicht. In der Tat wies alles darauf hin, daß die Mehrheit in der Reichsvertretung einen Ausschuß und nicht ein Amt gründen wollte. Buber war von Baeck enttäuscht, der »offenbar die ganze Angelegenheit *taktisch* behandelt«,[40] und schrieb gleich an Baeck zurück, daß er die Arbeit an der Erneuerung des jüdischen Bildungswesens in Deutschland »im Rahmen eines solchen Ausschusses für unausführbar halte und daher auch selber einer Körperschaft dieser Art nicht beitreten« könne.[41] Auch das Versprechen von Otto Hirsch, der Beschluß werde so lauten, daß »sich aus dem Ausschuß das Amt entwickeln würde«, befriedigte Buber nicht. Er sah nach der öffentlichen Diskussion über die Angelegenheit keine Möglichkeit mehr, die erforderliche Autorität zu erhalten.[42] Als die Reichsvertretung sich in der Sitzung am 25. Juni 1933 für den Ausschuß entschied, lehnte Buber die ihm angebotene Mitgliedschaft energisch ab.[43]

Es lag im Interesse Bubers, die Angelegenheit nicht publik zu machen. In der Ablehnung seines Vorschlages mußte er auch eine Kritik an seiner Person erblikken, die ihn tief verletzte.[44] Darum bat er Baeck ausdrücklich darum, seinen Namen in diesem Zusammenhang in der Öffentlichkeit nicht zu erwähnen, damit er nicht gezwungen werde, eine öffentliche Erklärung abzugeben.[45] Es gelang aber anscheinend nicht, die Angelegenheit ganz aus der Öffentlichkeit herauszuhalten. Im Juli 1933 schrieb Heinrich Stahl, der liberale Vorsitzende der Gemeinde in Berlin, in deren Organ: »Da gerade auf geistigem Gebiete innerhalb des Judentums keine Unterdrückung der Richtungen erfolgen darf, so werden wir entsprechende Wünsche auf diesem Gebiet auch an die Adresse der Reichsvertretung zu richten haben, die damit umgeht, ein Schulamt zu schaffen. In diesem Fall muß eine Leitung gewährleistet sein, die praktisch schulmännisch und nicht zu theoretisch-wissenschaftlich orientiert ist und sich von Einseitigkeit fernhält.«[46] Zwar wurde Buber nicht beim Namen genannt, aber den Zeitgenossen fiel es wahrscheinlich nicht schwer zu verstehen, gegen wen sich Stahls Kritik wandte. Im Januar 1934 berichtete das Israelitische Familienblatt von der fehlgeschlagenen

Initiative Bubers und meinte informiert zu sein, daß dessen damalige Bemühungen »an der Unmöglichkeit, die Erziehungsziele der einzelnen weltanschaulich getrennten jüdischen Gruppen in einem gemeinsamen Programm zusammenzufassen«, gescheitert seien.[47] Zu dieser Zeit war Buber schon mit neuen Aufgaben beauftragt.

Nicht nur der Streit um Buber erwies sich bei der Besetzung des Erziehungsausschusses als schwierig. Es waren dabei verschiedene Aspekte zu berücksichtigen. Abgesehen von den Parteien sollten auch die Interessen- und Sachgruppen zur Geltung kommen. Kurz vor der Sitzung der Reichsvertretung, bei der die Einsetzung des Erziehungsausschusses beschlossen wurde, trafen sich Vertreter der Reichsvertretung mit den Schuldirektoren.[48] Dies erwies sich als positiv, da später zwei Direktoren – Dr. Spier von der Talmud-Tora-Schule in Hamburg und Dr. Driesen vom Philantropin in Frankfurt – zu Mitgliedern des Erziehungsausschusses ernannt wurden.[49] Es gab aber auch Unzufriedenheit. Kritisch beschrieb Dr. Erich Klibansky, der Direktor des Kölner Realgymnasiums »Jawne«, die Mitglieder des Erziehungsausschusses als »Außenseiter, Rechtsanwälte, Literaten, liberale Geistliche und Dozenten«.[50] Auf seine Initiative entstand Mitte 1933 die »Interessenvertretung der Höheren Jüdischen Schulen Deutschlands«. Besorgt um die Bewahrung ihrer starken Position, fanden sich in ihr die Leiter der traditionsreichen jüdischen Erziehungsanstalten zusammen und versuchten, durch gemeinsames Auftreten zu verhindern, daß ihre Stellung und ihre Anrechte im Umgestaltungsprozeß der jüdischen Erziehung verletzt würden.[51] Elbogen erkannte, wie wichtig die Fühlungnahme des Erziehungsausschusses mit der Interessenvertretung war,[52] gewisse Konflikte zwischen den beiden Organisationen konnten aber, vor allem als die finanzielle Unterstützung immer knapper ausfallen mußte, nicht verhindert werden.[53]

Eine andere Interessengruppe stellten die jüdischen Jugendverbände dar. In Anerkennung ihrer wichtigen Erziehungsleistung ersuchte die Reichsvertretung den »Reichsausschuß der jüdischen Jugendverbände« darum, zwei Vertreter in den Erziehungsausschuß zu schicken. Elbogen wünschte die Zusammenarbeit mit den Bünden bei der Beratung der schulentlassenen Jugendlichen, um die Gefahr ihrer seelischen und geistigen Proletarisierung zu bekämpfen.[54] Die Ernannten waren der Zionist Dr. Hermann Gerson und das C.V.-Mitglied Heinz Cohn.[55]

Die Reichsvertretung verstand sich als »nur aus Persönlichkeiten und nicht aus Vertretern von Richtungen«[56] zusammengesetzte Körperschaft, die auf diese Weise eher befähigt sein sollte, die dringend notwendige Gemeinschaftsarbeit zu leisten.[57] Die Auswahl der Mitglieder, bei der besonders sorgfältig auf ein angemessenes Verhältnis zwischen Zionisten und Liberalen geachtet wurde, entsprach mehr oder weniger den damaligen politischen Kräfteverhältnissen unter den Juden in Deutschland, keinesfalls aber der Stärke dieser Richtungen innerhalb des jüdischen Schulwerks, das größtenteils von den thoratreuen und nationaljüdischen Minderheiten getragen wurde. Bei aller Sorgfalt konnte außerdem nicht verhindert werden, daß gewisse Gruppen sich noch immer nicht repräsentiert fühlten. Ein anonymer Schreiber beklagte sich zum Beispiel bei Lilienthal, »daß in dem Plenum nicht ein einziger Herr sitzt, der die außerpreußischen Interessen aus eigener Anschauung wird vertreten können«.[58] Die Differenzen über die personelle Besetzung kamen mit der Konstituierung des Erziehungsausschusses aber vorläufig zum Abschluß. Von nun an konzentrierten sich die Meinungsverschiedenheiten auf Sachprobleme.

Machtkämpfe und Richtliniendiskussion 1934

Ende Mai 1933 traf sich der »Wissenschaftliche Verein jüdischer Lehrer und Lehrerinnen«, um über die in Frage kommenden Schulmodelle zu sprechen.[59] Zur Diskussion standen die drei von Buber gekennzeichneten Typen der jüdischen Schule: die Notstandsschule, die nur formal jüdisch war, weil sie Kinder und Lehrer aufnahm, die anderswo nicht unterkommen konnten, die jüdische »Religionsschule«, deren Unterrichtsschwerpunkt deutsche Kultur und Geschichte bildeten, und die »wesensjüdische Schule«, in der das Judentum im religiösen und weltlichen Sinne zum durchdringenden Prinzip wurde. Über den Diskussionsverlauf an diesem Abend wird berichtet, daß die Schulmänner der älteren Generation eher für das Modell der »Religionsschule« waren, während die jüngeren, Zionisten wie Liberale, einhellig für die »wesensjüdische Schule« eintraten. Ergebnis der Beratungen war die Bildung einer Kommission, die den Lehrplan dieser zukünftigen jüdischen Schule ausarbeiten sollte.

Zwei Monate später beschäftigte sich auch der Ende Juni entstandene Erziehungsausschuß mit der notwendig gewordenen Umstellung auf ein »anderes Erziehungsideal«.[60] Am 2. Oktober 1933 traf sich dann sein Unterausschuß III, um zum erstenmal über die Richtlinien zur Aufstellung von Lehrplänen an jüdischen Volksschulen zu beraten. Als Grundlage für die Diskussion lag ein detaillierter Entwurf vor, der von der »Arbeitsgemeinschaft der jüdischen Lehrer an den Volksschulen der Jüdischen Gemeinde Berlin« in Zusammenarbeit mit Hermann Gerson von der »Schule der jüdischen Jugend« erstellt worden war.[61] Dieses Vorgehen war für die Arbeitsweise des Erziehungsausschusses bezeichnend: Er verstand sich als Vermittlungsstelle für alle an der Erziehung Beteiligten und nicht als Autorität, die Anweisungen erteilt. Dementsprechend war er von seinem Anspruch her an ständigen Kontakten mit den Erziehern und an ihren Initiativen interessiert.[62]

Die Ausschußberatungen bis zur endgültigen Fassung der Richtlinien und die öffentliche Reaktion auf deren Publikation lassen die grundsätzlichen Meinungsverschiedenheiten erkennen, die in bezug auf Lehrauftrag und Zielsetzung der jüdischen Schulen bestanden. Wie schon bei der allgemeinen öffentlichen Diskussion stellte sich die Frage, ob der Einheits- oder der Richtungsschule der Vorzug zu geben sei. Der liberale Vertreter im Ausschuß, Rabbiner Galliner, schlug mit Rücksicht auf die verschiedenen Richtungen vor, zwei Lehrpläne fertigzustellen.[63] Lilienthal, ebenfalls ein Liberaler, der durch seine Tätigkeit in der Reichsvertretung über die realen Bedürfnisse und Verhältnisse besser informiert war, hielt jedoch im Gegensatz zu den meisten Liberalen die gleichzeitige Existenz von Schulen verschiedener Richtungen, außer in den wenigen Großgemeinden, für unmöglich und damit für eine Gefährdung des gesamten jüdischen Schulwerks. Nach seiner Meinung sollten die Richtlinien Schulen schaffen helfen, »in die die meisten jüdischen Eltern ihre Kinder schicken können«. Leschnitzer, der die Rolle des Elternhauses in der Erziehung stark betonte, schlug einen Kompromiß vor: Die Richtlinien sollten allgemein gefaßt werden, damit die besonderen lokalen Bedürfnisse innerhalb dieses breiten Rahmens verwirklicht werden könnten. Keinesfalls dürfe der Erziehungsausschuß »von der Zentrale aus in einer Richtung, die dem einen oder anderen naheliegt, eine Vergewaltigung ausüben«. Am Ende der Sitzung bestand Einigkeit darüber, daß nur einheitliche Richtlinien ausgearbeitet werden sollten.[64]

Der Religionsunterricht war in dem vorliegenden Entwurf fortgefallen und den übrigen Unterrichtsbereichen, insbesondere dem Hebräischen, zugeteilt worden. Dagegen wandten sich sowohl orthodoxe Mitglieder des Ausschusses wie Carlebach als auch Liberale wie Lilienthal und Galliner.[65] Sie hielten den besonderen Religionsunterricht für unverzichtbar. Carlebach sah in der Religion den zentralen Ausgangspunkt und die Basis des gesamten Unterrichts in der jüdischen Schule. Gerade in Anbetracht der damaligen Verhältnisse erblickte er in der »Beheimatung der Schulkinder im Religiösen« das wichtigste Erziehungsziel. Sowohl Carlebach als auch Täubler[66] kritisierten den Geist der Richtlinien, weil das Jüdische in ihnen zuwenig durch die Religion definiert wurde. Begriffe wie »jüdischer Kulturkreis« oder »Judentumskunde« seien nicht aussagekräftig genug und vernachlässigten, daß Judentum eine Aufgabe sei. Dennoch sprach Carlebach ein Lob dafür aus, daß die Profanfächer im weitesten Sinne der Judentumskunde nutzbar gemacht werden sollten.

Eine weitere lebhafte Debatte zwischen den Vertretern der verschiedenen Richtungen entstand bei der Frage des Hebräischunterrichts. Im Grunde herrschte über die Lernziele keine Einigkeit. Ob die Kenntnis des Hebräischen von Bedeutung sei, weil diese Sprache in der jüdischen Nationalheimstätte Palästina vorherrschte, oder ob es lediglich als Mittel zum Verständnis der Gebete und religiösen Quellenschriften gelehrt werden solle, darüber waren sich die Mitglieder des Ausschusses nicht einig. Carlebach, der als Orthodoxer Anhänger dieser letztgenannten Vorstellung war, hielt es für falsch, das Hebräische nur nach den Prinzipien des modernen Sprachunterrichts zu lehren, wie es in dem Entwurf anscheinend vorgesehen war; vielmehr müsse die Sprache immer anhand der Texte gelehrt werden. Leschnitzer hingegen erblickte keinen Gegensatz zwischen Carlebachs Unterrichtsziel und der Verwendung der modernen, lebendigen Methodik im Sprachunterricht. Carlebach wie auch der Schuldirektor Gutmann sahen im Hebräischunterricht keinesfalls einen Ersatz für den Religionsunterricht und plädierten für Sonder- und Fakultativkurse zur Erlernung des Neuhebräischen. Professor Täubler hingegen setzte sich für das Neuhebräisch als reguläres Unterrichtsfach ein und betrachtete es als Brücke zwischen Altem und Neuem. Elbogen verteidigte die in dem Entwurf vorgesehene Methodik des Hebräischunterrichts, die »den tatsächlichen Bedürfnissen Rechnung tragen will«. Am Ende der Diskussion wurde eine Kommission für die weitere Bearbeitung des Richtlinienentwurfs eingesetzt, die sich unter anderem besonders bemühen sollte, das Verhältnis zwischen Religions- und Hebräischunterricht zu klären.

Weiter wurde über die Beziehungen zwischen den jüdischen und den allgemeinen Fächern in der jüdischen Schule debattiert. Der Entwurf sah vor, die jüdische und die allgemeine Geschichte im Zusammenhang zu erlernen. Abgesehen von dem von Leschnitzer erwähnten Mangel an geeigneten Schulbüchern für diesen Zweck, bestand kein Einverständnis darüber, ob ein solcher Ansatz wünschenswert sei. Gutmann hielt nach »reiflicher Überlegung« eine Trennung für angemessener, weil dann die jüdische Geschichte als geschlossenes Ganzes gelehrt werden könne. Täubler wandte sich gegen eine Verbindung der beiden Fächer, deren Gemeinsamkeiten nur in Äußerlichkeiten beständen. Seiner Meinung nach sollte vielmehr »die geschichtliche Sendung des jüdischen Volkes aufgezeigt werden. Es müsse den Kindern zum Bewußtsein gebracht werden, wie dieses kleine orientalische Volk in der Zerstreuung einen entscheidenden Beitrag zum Aufbau des europäischen Kulturkreises geleistet hat.«

Ein ähnliches Problem stellte sich in bezug auf den Deutschunterricht. Solle der Deutschunterricht das, was die jüdischen Kinder aufs tiefste bewegte, behandeln, wie Fräulein Dr. Barschak[67] vorschlug, dann müsse auch das Jüdische in seinem Rahmen zum Ausdruck kommen. Darin glaubte aber Prof. Täubler die Gefahr einer »Verjüdelung« zu erblicken, die auf jeden Fall zu vermeiden sei. Wiederholt warnte er davor, »eine Beziehung zwischen den Profanfächern und den jüdischen Stoffen in einer Weise herzustellen, die eine Harmonie vortäuscht, die gar nicht vorhanden ist«. Statt dessen, so meinte er, müsse die Spannung aufgezeigt werden, in der der jüdische Mensch immer lebe. Dies könne nur dadurch erreicht werden, daß das Deutschtum als Deutschtum vermittelt werde. Leschnitzer akzeptierte Täublers Auffassung als korrekte wissenschaftliche Analyse der bestehenden Lage, sah aber dessen Ansatz für die Volksschule als ungeeignet an. Ihm schien es gefährlich, den Kindern dieser Altersstufen keinen Halt zu geben, der sie befähigen würde, die späterhin zwangsläufig eintretenden Spannungen zu ertragen. Die eingesetzte Kommission wurde mit der Aufgabe betraut, die Frage der Durchdringung der allgemeinen Fächer mit jüdischen Stoffen zu klären.

In der zweiten Sitzung des Unterausschusses III am 7. Dezember 1933 wurde hauptsächlich über den Teil »Allgemeine Ziele« der Richtlinien diskutiert.[68] Anscheinend durch die starke Betonung des Jüdischen beunruhigt, schlug Otto Hirsch vor, um Schwierigkeiten zu vermeiden, stärker den Gesichtspunkt herauszuarbeiten, daß es sich nur um eine Ergänzung zu den allgemeinen staatlichen Richtlinien für Volksschulen handele und man sich demgemäß auf die Darlegung der besonderen und zusätzlichen Anforderungen an die jüdische Schule beschränken könne. Weniger aus praktischen als aus ideologischen Gründen zeigte sich auch der liberale Gast, Dr. Breslauer, mit der Überbetonung des Jüdischen unzufrieden. Sowohl er als auch Galliner glaubten, in dem Entwurf eine gewisse Vernachlässigung des Humanitätsideals bemerken zu müssen. Breslauer machte einen Gegenvorschlag, der die Bildung der menschlich-sittlichen Persönlichkeit als Erziehungsziel betonte. Lilienthal fand, daß bei den »Allgemeinen Zielen« zu wenig von der Situation der Kinder ausgegangen und die Formulierung viel zu weltanschaulich gehalten worden sei. Am Ende der Sitzung wurde die Kommission mit der Bearbeitung des Abschnitts »Allgemeine Ziele« beauftragt.

»Die Richtlinien der Reichsvertretung für die Erstellung von Lehrplänen für jüdische Volksschulen« wurden am 15. Januar 1934 beschlossen.[69] Um keine Schwierigkeiten mit den Behörden zu bekommen, wurde in den Vorbemerkungen betont, daß die Richtlinien eine Ergänzung der staatlichen Richtlinien darstellten, die für die jüdischen Schulen »unbedingt« heranzuziehen seien. Das Grundverständnis von den Aufgaben der jüdischen Schule wurde in fünf »Allgemeinen Zielen« formuliert: 1. Die besondere Prägung der jüdischen Schule in Deutschland beruhe auf dem doppelten Urerlebnis des Kindes: dem jüdischen und dem deutschen. Diese beiden Grunderlebnisse sollten in ihrem Spannungsverhältnis gleichmäßig entwickelt werden. 2. Die Schule solle von einem sich selbst begreifenden jüdischen Geist durchdrungen sein. Damit das Kind seine Aufgaben in Haus und Synagoge, in der Gemeinde und der jüdischen Gesamtheit zu erfüllen befähigt werde, solle in ihm ein lebendiges Verständnis für die Ewigkeitswerte der jüdischen Religion und für das jüdische Leben der Gegenwart, insbesondere für das Aufbauwerk in Palästina, geweckt werden. Dies werde dadurch erreicht, daß das Jüdische in den Mittelpunkt aller dafür in Betracht kommenden Unterrichtsfächer gestellt werde. 3. In Ergänzung zu den staatlichen Richtlinien sollten die Wechselwirkung zwischen der deutschen und der jüdischen Kultur sowie der Beitrag, den sie jeweils einander geleistet hätten, aufgezeigt werden. 4. Abgesehen von den intellektuellen Fähigkeiten solle die Entwicklung willensstarker und in sich gefestigter jüdischer Charaktere gefördert werden, damit das Kind den schweren Lebenskampf aufnehmen und bestehen könne. 5. Als Mittel dafür wurden die sorgfältige körperliche Erziehung, insbesondere die Pflege von Turnen und Sport, die notwendige Berufsumschichtung durch die Betonung der manuellen Ausbildung sowie das Erlernen von mindestens einer modernen europäischen Fremdsprache und des Neuhebräischen gefordert.

Anschließend an die »Allgemeinen Ziele« folgten die Richtlinien für die verschiedenen Fächer. Die Zahl der Religions- und Hebräischstunden wurde von vier auf sechs erhöht. Gemäß den Prinzipien des modernen Sprachunterrichts sollte das Kind befähigt werden, sich am Gottesdienst und der Ausübung der Religion zu beteiligen sowie zum gesprochenen lebendigen Hebräisch einen Zugang zu finden. Die biblische und die jüdische Geschichte sollten zusammen unterrichtet werden, wobei die spätere jüdische Geschichte als natürliche Fortsetzung der biblischen Geschichte eher in der Oberstufe zur Geltung kommen sollte. Dabei sollten in verstärktem Maß die Geschichte der Juden in Deutschland, die jüdischen Gegenwartsfragen und der jüdische Kalender mit seinen Festen, Sitten und Bräuchen im Unterricht thematisiert werden. Die Verbindung zwischen der jüdischen und der allgemeinen Geschichte sollte dadurch erreicht werden, daß in den beiden Fächern Stoffe aus demselben Zeitraum zwar parallel, aber in getrennten Unterrichtsstunden, behandelt würden. Im Deutschunterricht sollten die Kinder nicht nur sprachlich geschult und mit dem deutschen Schrifttum vertraut gemacht werden, sondern darüber hinaus auch jüdische Lesestoffe, seien es Werke deutscher Dichter oder aber »wertvolle Übersetzungen« aus dem Schrifttum biblischer und nachbiblischer Zeit, kennenlernen. In Heimatkunde, so hieß es weiter, müsse neben dem deutschen auch das jüdische Heimaterlebnis vermittelt werden, das im jüdischen Familien- und Gemeinschaftsleben, in den Feiern und Festen sowie in Stätten der Erinnerung an die jüdische Vergangenheit und Gegenwart zum Ausdruck komme. Im Zeichen- und Musikunterricht sollten vorrangig jüdische Motive behandelt werden. In Erdkunde sollten jeweils die politischen, wirtschaftlichen und kulturellen Verhältnisse des jüdischen Bevölkerungsteils Berücksichtigung finden. Der Palästinakunde sei besondere Beachtung zu schenken.

Gleich nach ihrer Veröffentlichung riefen die Richtlinien, die einen starken Kompromißcharakter hatten, Kritik hervor: Ein wesentlicher Punkt, nämlich die Wechselbeziehung zwischen dem deutsch-jüdischen Element einerseits und dem nationaljüdischen andererseits, blieb in ihnen ungeklärt. Das Gleiche galt für das Verhältnis von nationalem und religiösem Judentum.[70] An der sogenannten »Doppelseelentheorie«, die im Punkt 1 der »Allgemeinen Ziele« aufgestellt war, schieden sich die Meinungen. Stadtrabbiner Dr. Paul Ringer aus Stuttgart, ein radikaler Vertreter der Liberalen, erhob Einspruch gegen die dahinter stehende Vorstellung von zwei Vaterländern, durch die die nationalen Juden, die sich für Palästina entschieden hatten, Zwang auf die Mehrzahl der deutschen Juden ausübten, die sich immer noch zu Deutschland als ihrem Vaterland bekannten.[71] Auf liberaler Seite wurde behauptet, das deutsche Erlebnis sei bei weitem stärker und dominierender als das jüdische, und dies solle um der seelischen Harmonie des Kindes willen auch so bleiben.[72] Julius Stern, der engste Mitarbeiter Leschnitzers, reagierte mit Unverständnis auf diese Kritik und meinte, daß der Begriff »doppeltes Urerlebnis« im Vergleich zu früheren Begriffen wie »Synthese zwischen Deutschtum und Judentum« oder

»deutsches Judentum« nichts Neues sei. Eher sehe er in der Formulierung ein Äquivalent zur Bezeichnung der deutschen Schule als »positiv christlich«.[73]

Das klare Bekenntnis zu Palästina, das zwar nicht ausdrücklich ausgesprochen wurde,[74] doch durch die Aufnahme des Hebräischen in den Pflichtfächerkanon, die Lernziele in Erdkunde und das betonte Interesse am Aufbauwerk in Palästina zum Ausdruck kam, hätte den Zionisten als eindeutiger Erfolg vorkommen müssen. Dennoch kritisierten manche von ihnen die Unentschiedenheit, die sich in der niedrigen Stundenzahl für den Hebräischunterricht und in der Frage der Aussprache zeige.[75] Manche Liberale hingegen erblickten in den Richtlinien »einen vollen Sieg der nationaljüdisch eingestellten Seite«.[76] Jedenfalls waren die Liberalen gezwungen, zu den Fragen Palästina und Zionismus Stellung zu nehmen. Eine Lösung fanden sie in der Unterscheidung zwischen dem »politischen und kulturellen Zionismus«, der bekämpft werden müsse, soweit er schädigend auf die Entwicklung des modernen Judentums einwirke, und dem Palästinaaufbau, der in der Schule positiv zu behandeln sei.[77]

Die Forderung in den Richtlinien, den Unterricht mit jüdischem Geist zu durchdringen, hatte die Religiösen nicht zufriedenstellen können. Zwar sahen sie darin einen ersten Schritt und ein Zeichen des guten Willens,[78] sie vermißten aber die letzte Konsequenz, »die Erziehung zum glaubensstarken, thoratreuen, für die Ideale unserer Sittenwelt begeisterten Juden«.[79] Die Liberalen reagierten dagegen auf das Plädoyer für jüdischen Geist in der Schule zum Teil mit einer gewissen Distanz. Das Jüdische gehörte ihrer Meinung nach nur in bestimmte Fächer wie Religion. In anderen Fächern hingegen, wie z. B. Deutsch, sollte das Deutsche in den Mittelpunkt gestellt werden.[80] Auf ähnlich geartete Kritik antwortete die Jüdische Rundschau in einem Kommentar zu den Richtlinien, der Wunsch der Liberalen, das Jüdische auf die Welt der Religion zu beschränken, sei einigermaßen antiquiert; inzwischen sei doch »jedem deutschen Juden aus persönlicher Erfahrung heraus spürbar geworden [...], daß Judesein eine Tatsache ist, die für alle Bereiche des Lebens wesentliche Bedeutung hat«.[81] Wie in den Vorberatungen, so versuchte Leschnitzer auch nach der Veröffentlichung der Richtlinien, die Gegensätze zu entschärfen. Die Durchdringung des Unterrichts mit jüdischem Geist sah er nicht als einen ständigen bewußten und gezielten Prozeß an, sondern vielmehr als einen Weg, um den Kindern die Deutung ihrer gegenwärtigen Situation anhand des gelernten Stoffes zu ermöglichen.[82]

Die Reichsvertretung verstand die Richtlinien als ein Rahmenprogramm für die jüdischen Inhalte des Unterrichts. Auf dieser Grundlage sollten von den einzelnen Schulen »die besonderen Anstaltslehrpläne ausgearbeitet werden, wobei die jeweilige jüdische-weltanschauliche Haltung der einzelnen Schule zum Ausdruck kommen kann«.[83] Die lebendige Praxis sollte die theoretischen Hinweise ergänzen, und durch die Dynamik des Geschehens sollten manche Einwände überwunden werden.[84] Die Reichsvertretung war sich trotzdem bewußt, daß in der angestrebten

Vielfalt eine Gefahr lag. Dazu nahm Leschnitzer in seinem Kommentar Stellung: Zum einen könne es in den Großgemeinden, in denen zwei oder mehr Schulen nebeneinander existierten, dahin kommen, »daß die auf dem Boden grundsätzlicher Einheitlichkeit mögliche Nuancierung zu weit getrieben wird, so daß doch wieder einseitig parteigebundene Schulen entstehen«. Zum anderen könnte sich dieser Parteigeist in die Lehrerbildung hinüberretten, so daß in den Instituten der verschiedenen Richtungen der Einigkeit das Grab geschaufelt werde.[85] Um diese Gefahren auszuschalten, müßte die Reichsvertretung den von ihr erlassenen Richtlinien Geltung verschaffen. Die Zionisten, die schon einen Tag nach der Veröffentlichung der Richtlinien ihre Zusammenarbeit auf dieser Basis angeboten hatten, schlugen im gleichen Zusammenhang vor, »daß die endgültigen Lehrpläne der einzelnen Schulen von der Reichsvertretung bzw. ihrem Erziehungsausschuß darauf kontrolliert werden, ob sie in den wesentlichen Punkten den Richtlinien entsprechen«.[86] Der Erziehungsausschuß entschied sich für die Überprüfung der von den Schulen aufgestellten Lehrpläne hauptsächlich im Bereich der jüdischen Fächer, wobei er einen negativen Eindruck dadurch zu vermeiden versuchte, daß er seine Bitte um Übersendung der Materialien mit seinem Interesse begründete, »neue Anregungen in bezug auf die Lehrplangestaltung, Stoffverteilung und Lektüreauswahl« zu erhalten.

4. Die Reichsvertretung und die jüdischen Interessengruppen

Die zwei zentralen ideologischen Pole der deutschen Juden bildeten im Jahr 1933 die »Zionistische Vereinigung für Deutschland« und der »Central-Verein deutscher Staatsbürger jüdischen Glaubens«. Obwohl sie seit ihrer Entstehung gegen Ende des 19. Jahrhunderts miteinander in einem ständigen Streit lebten,[1] zeigten sie und auch die anderen kleineren Gruppierungen nach dem ersten Schock über die Ereignisse vom Januar 1933 die Bereitschaft, die Gegensätze zunächst zurückzustellen und sich zum Zweck der Gründung der Reichsvertretung zu einigen. Die Zionistische Vereinigung veröffentlichte zwar am 5. Mai 1935 eine Erklärung, in der sie das Recht forderte, ›einen entscheidenden Einfluß auf das gesamte jüdische Leben in Deutschland auszuüben‹,[2] und auch auf liberaler Seite existierten ähnliche Bestrebungen. Trotzdem wurde eine Zusammenarbeit dadurch ermöglicht, daß diese Ansprüche nicht mit Nachdruck gestellt wurden und daß auf beiden Seiten Kräfte standen, die konstruktiv handeln und nicht rein ideologische Positionen verteidigen wollten.[3]

Die Gegensätze zwischen den Gruppierungen führten dennoch immer wieder zu Spannungen. Der Anspruch der Reichsvertretung, Persönlichkeiten ohne Rücksicht auf ihre Parteizugehörigkeit zu gemeinsamer Arbeit zusammenzufassen, konnte nicht verwirklicht werden. Mit Ausnahme der beiden an der Spitze stehenden Männer, Leo Baeck und Otto Hirsch, waren alle anderen Mitglieder des Präsidialausschusses Repräsentanten von Organisationen.[4] Als nach ein paar Monaten nationalsozialistischer Herrschaft eine gewisse Normalität im Leben der Juden eintrat und es sich zeigte, daß die wirtschaftliche Lage des jüdischen Bürgertums trotz aller Einbußen relativ gut blieb, gewannen die Unterschiede zwischen ihnen wieder an Bedeutung. Schon bald sah sich die Reichsvertretung veranlaßt, sich gegen Spaltungsversuche zu wehren. Anfang März 1934 veröffentlichte sie die folgende Erklärung: »Die Reichsvertretung ist nach dem Willen und den Erklärungen aller Beteiligten als Gesamtvertretung der deutschen Juden nach innen und außen ins Leben getreten. [...] Sie enthält sich jeder Einwirkung auf das religiöse Gebiet im engeren Sinne und will nicht eine Uniformierung der Weltanschauungen innerhalb des deutschen Judentums. Aber sie läßt sich ihre Zuständigkeit von einzelnen jüdischen Gruppen und Organisationen nicht beschränken, insbesondere nicht auf das rein wirtschaftliche und wirtschaftspolitische oder soziale Gebiet [...]. Vielmehr sieht die Reichsvertretung ihre Hauptaufgabe in der einheitlichen Arbeit [...] für die politische, rechtliche und kulturelle Stellung der deutschen Judenheit, also namentlich auch im Verhältnis zur Umwelt, zum deutschen Volk und deutschen Staat. Trotz der Verschiedenheit der religiösen und weltanschaulichen Richtungen, soll, kann und muß diese Einheit an die Stelle zersplitterter und deshalb unwirksamer Tätigkeit einzelner Gruppen treten.«[5]

In dem folgenden Kapitel werden die Gegensätze zwischen der Reichsvertretung und den wichtigsten oppositionellen Gruppen, nämlich den deutsch-nationalen, assimilierten Gruppen, der Orthodoxie und den Gemeinden, vor allem der Berliner Gemeinde, aufgezeigt. Dabei ist das Leitthema aber immer die Frage nach der Erziehung.

Die stark assimilierten Kreise

Der Reichsbund jüdischer Frontsoldaten, der Deutsche Vortrupp, das Schwarze Fähnlein und der Verband nationaldeutscher Juden unterschieden sich in vielem. Gemeinsam war ihnen eine starke Affinität zum deutschen Nationalismus in seiner konservativen Prägung, die sie dazu führte, sich im Februar 1933 in einem »Aktionsausschuß der jüdischen Deutschen« zusammenzuschließen.[6] Zwei Monate existierte der Aktionsausschuß, bis er den Differenzen zwischen dem Reichsbund und dem Verein nationaldeutscher Juden zum Opfer fiel.

Die größte unter den betont deutschen Organisationen war der 1919 gegründete Reichsbund jüdischer Frontsoldaten (RjF), eine patriotische, politisch eher konservative Veteranenorganisation, die in der Weimarer Republik bis zu 40000 Mitglieder hatte. Die von ihr herausgegebene Zeitung »Der Schild« wurde in einer Auflage von 17000 Stück verbreitet. Darüber hinaus hatte der Bund eine Jugendbewegung und eine sehr aktive Sportorganisation. In der Weimarer Republik bestanden die wesentlichen Aktivitäten des RjF in der Pflege soldatischer Gesinnung und der Bekämpfung des Antisemitismus. Nach seinem eigenen Verständnis bewahrte er dabei seine Unparteilichkeit sowohl in seinem Verhältnis zu den deutschen Parteien als auch in seiner Stellungnahme zu den verschiedenen jüdischen Organisationen.

Dieses Prinzip der Zurückhaltung in jüdischen politischen Angelegenheiten gab der Reichsbund jedoch schon 1933 auf. Dies zeigte sich u. a. darin, daß er sich an der Reichsvertretung von vornherein beteiligte. Dennoch lehnte er es ab, sich von ihr gegenüber dem Staat vertreten zu lassen. In eigener Initiative versuchte er, Kontakt zu den verschiedenen Ministerien aufzunehmen, und richtete von April 1933 bis August 1934 achtundzwanzig Schreiben an Regierungsstellen, um eine privilegierte Stellung für die jüdischen Frontsoldaten des Weltkrieges zu erreichen.[7] Diese unsolidarische Haltung, die besonders die staatenlosen polnischen Juden in Deutschland traf und die dem heutigen Beobachter unverständlich erscheint, resultierte aus dem Selbstverständnis des Bundes. Er sah die Grundlage seiner Arbeit in einem restlosen Bekenntnis zur deutschen Heimat und glaubte, im damaligen Staat und im Rahmen seiner Gesetze eine befriedigende Beantwortung der jüdischen Frage erreichen zu können. Die Illusionen des Reichsbundes wurden durch die Politik des NS-Staates gefördert, der auf Drängen Hindenburgs den ehemaligen Frontkämpfern bis zu den »Nürnberger Gesetzen« eine bevorzugte Stellung einräumte. Von diesem Standpunkt aus erschien es dem RjF ausgeschlossen, mit der Reichsvertretung, die verschiedene Anschauungen in sich vereinigte, »in Fragen, bei denen die Gestaltung des Verhältnisses zu deutscher Umwelt, zu deutschem Volk und Staat« angesprochen wurde, zusammenzuarbeiten.[8]

Im November 1933 entwickelte der Reichsbund ein neues Organisationsschema, das die Gliederung der Bundesleitung in sechs verschiedene Referate vorsah, unter anderem eines für Berufs- und Bildungswesen sowie für Sport und Jugendpflege. Darin zeigte sich die Wandlung des Reichsbundes von einem ursprünglich politisch-neutralen Verband zu einer Organisation, die aktiv in die innerjüdischen Auseinandersetzungen jener Zeit eingreifen wollte.[9] An die breite jüdische Öffentlichkeit wandte sich der RjF nicht mehr.[10] Auch an den Aktivitäten des jüdischen Kulturbundes beteiligte er sich am Anfang nicht, und erst als klar wurde, daß es keine Möglichkeit zur Integration in die deutsche Kultur mehr gab, rief er zur Mitarbeit auf. Dabei blieb er aber bezüglich der jüdischen Inhalte sehr zurückhaltend.[11]

Der Schwerpunkt der Aktivitäten des RjF lag weiterhin in der Pflege des »Kriegserbes«, der sich insbesondere auch seine Sport- und Jugendorganisationen widmeten.[12] Aus diesem Selbstverständnis resultierte die Bereitschaft des Bundes, auch nach 1933 für den Dienst von Juden im deutschen Heer einzutreten. In einem Schreiben an den Reichskanzler Adolf Hitler vom 4. April 1933 äußerte Leo Löwenstein, der Leiter des Reichsbundes, im Namen seiner Organisation »den heißen Wunsch, unsere ganze Kraft, unser Leben und Wirken für den nationalen Wiederaufbau Deutschlands einzusetzen, sei es zum friedlichen Aufbau des Reiches, sei es zu seiner Verteidigung nach außen«. Weiterhin bat er den Kanzler, die »Eingliederung geeigneter Kräfte aus dem jüdischen Bevölkerungsteil in die Einrichtungen der

Wehrmacht, der Jugendertüchtigung, der Wehrhaftmachung und des Arbeitsdienstes« zu fördern.[13] In den ersten Monaten des Jahres 1933 glaubte der RjF an die Möglichkeit, die jüdische Jugend zusammen mit der deutschen erziehen zu können. Diese Selbsttäuschung kam in einer Denkschrift zum Ausdruck, die Löwenstein am 6. Mai 1933 an den Reichskanzler sandte: »Die jüdische Jugend muß genau wie die übrige deutsche Jugend im Sinne des heutigen Staates erzogen werden. [...] Es ist [...] unbedingt erforderlich, daß die jüdische Jugend von der wehrhaften Jugendertüchtigung und dem Arbeitsdienst voll erfaßt wird. [...] Hier kann die schon vom Reichsbund jüdischer Frontsoldaten geleistete Vorarbeit [...] als gute Grundlage dienen.«[14]

Langsam mußten die Mitglieder des RjF jedoch auch im Bereich der Jugenderziehung die neue Realität erkennen. Es fiel dem Bund nicht schwer, genau wie die Gesamtheit der Juden Deutschlands die notwendig gewordene Berufsumschichtung zu akzeptieren. Da er aber aus deutsch-patriotischen Motiven handelte, bevorzugte er im Geist der Agrarromantik die landwirtschaftliche vor der handwerklichen Berufsausbildung.[15] Anders war dagegen die Reaktion auf das Erscheinen der Richtlinien der Reichsvertretung Anfang 1934. Der RjF kritisierte die unter »zionistischem Einfluß« entworfene »Notstandsarbeit«, die den Erfordernissen einer mit »beiden Füßen in Deutschland stehenden Jugend« nicht gerecht werden könne.[16]

Im Sinne seines verstärkten Interesses an der Jugend traf der RjF im Januar 1934 eine Vereinbarung mit dem stark assimilierten, deutsch-patriotisch orientierten Jugendbund »Schwarzes Fähnlein«,[17] durch die er sich verpflichtete, diese ideologisch verwandte Organisation jederzeit zu unterstützen, während das »Schwarze Fähnlein« seinen Mitgliedern zu empfehlen versprach, sich ausschließlich im RjF sportlich auszubilden und zu betätigen.[18] Ein halbes Jahr später schloß sich der Reichsbund mit dem »Bund deutsch-jüdischer Jugend« (BDJJ) – einer Vereinigung von verschiedenen jüdischen Jugendgruppen – zusammen. Gemäß der getroffenen Vereinbarung sollten die Mitglieder des RjF ihre geistige Schulung von nun an im BDJJ, die Mitglieder des BDJJ ihre sportliche Ausbildung hingegen beim RjF erhalten. Daß sich dabei eine ideologische Veränderung im RjF vollzog, ist an der gemeinsamen Grundsatzerklärung der beiden Organisationen zu erkennen, in der die äußerliche Emanzipation der Juden in Deutschland als nicht mehr ausreichend beurteilt wurde. Statt dessen wurden neue Voraussetzungen gesucht, die der Führer des BDJJ folgendermaßen definierte: »Wir wollen das Deutschtum uns erhalten, aber wir müssen das Judentum uns erwerben; es muß neu gelebt und erlebt werden, auch außerhalb der Formen, die Ritus und Kult bedeuten [...], um den jüdischen Menschen auf deutschem Boden geistig zu erneuern.«[19]

Das verstärkte Bekenntnis zur jüdischen Identität, das sich in der Verschmelzung dieser beiden Bünde zeigte, verminderte in keinem Fall die klare Frontstellung gegen den Zionismus. Weiterhin sahen sie ihre Aufgabe darin, junge Menschen in die Lage zu versetzen, »ein jüdisches Leben in Deutschland führen zu können und führen zu wollen«, in der klaren Überzeugung, »daß die Kolonisation Palästinas nicht die natürliche Aufgabe der deutschen Judenheit sein kann«.[20]

Auf der Linie dieser Bestrebungen, jüdisches Leben in Deutschland zu intensivieren, lag es, daß sich noch im gleichen Jahr die Ortsgruppe des RjF in Düsseldorf einstimmig für die jüdische Schule in »alt-jüdischem« Geist entschied.[21] Darin zeigte sich auch die wachsende jüdische Solidarität der Ortsgruppen des Reichsbundes, die sich auch in anderen Aktionen äußerte. So wurden z. B. viele jüdische Kinder aus der Provinz während der Weihnachtsferien nach Berlin eingeladen und bei Mitgliedern des Bundes beherbergt, denn man war der Meinung, »daß die jüdische Jugend am meisten unter der nationalsozialistischen Verfolgung zu leiden hatte«.[22] Das bedeutete aber nicht, daß der RjF seine starke Bindung an die deutsche Kultur aufgegeben hätte. Noch im Dezember 1934 lud er seine Mitglieder zu der traditionellen Vereinsfeier »Unter dem Tannenbaum« mit der Begründung ein, Weihnachten wäre ein deutsches Fest.[23]

Eine kleinere und in ihren Positionen noch extremere Bewegung war der »Verband national-deutscher Juden«, der sich 1920 unter der Leitung von Max Naumann als rechte Gruppierung vom C.V. abgespalten hatte. Der Bund erreichte bei der Gemeindewahl in Berlin 1930 2% der Stimmen.[24] Er propagierte eine klare Trennung zwischen dem »Fremdjuden« und dem »Deutsch-Juden«. Die Duldung des ersteren in Deutschland lehnte er aus deutsch-nationalen Gründen ab. Gleichzeitig befürwortete er, die zweite Gruppe in großzügigster Weise aufzunehmen.

In den letzten Jahren der Weimarer Republik bekämpfte der Verband das Engagement der Zionisten für die jüdische Schule, weil er befürchtete, daß sie das zionistische Bewußtsein unter den Jugendlichen verstärken könnte. Auch in der Jugendbewegung versuchte der Verband, den Einfluß des Zionismus durch die Gründung einer eigenen Organisation zu bekämpfen. Die Anstrengungen scheiterten, als sich zeigte, daß sich ihr fast ausschließlich Kinder von Verbandsmitgliedern anschlossen.[25]

Die politischen Ereignisse des Jahres 1933 veranlaßten den Verband nicht, seine Grundpositionen in bezug auf die jüdische Schule zu verändern.[26] In den Richtlinien der Reichsvertretung erblickte er eine »jüdisch-völkische Tendenz«, die er schärfstens ablehnte.[27] In der geplanten Gründung neuer jüdischer Schulen sah er die Tendenz zur Ghettoisierung. Dies kam klar zum Ausdruck in der Verbandszeitung »Der nationaldeutsche Jude«: »Es ist in Wahrheit für die Zukunft unserer Kinder entscheidend, ob sie gemeinsam mit nicht jüdischen Kindern in einer deutschen Schule, oder ob sie in einer ausgesprochenen Ghettoschule erzogen werden. Aus der Ghettoschule können nur Ghettomenschen hervorgehen, die gefühlsmäßig im Gegensatz zum Deutschtum stehen und die die Kluft, die bis heute leider zwischen deutschen Juden und Deutschen nicht jüdischer Abstammung besteht, ständig vertiefen müssen [...]. Deutsche Eltern, wollt ihr eure Kinder diesen Leuten in die Hände geben, wollt ihr sie gewaltsam zu einem Fremdvolk machen?«[28]

Einen anderen Akzent setzte die Gruppe »Vortrupp« um Hans-Joachim Schoeps. Zwar bekannte sich Schoeps eindeutig zum deutschen Nationalismus, fühlte sich aber stark der jüdischen Religion verbunden.[29] Die Zugehörigkeit zu Deutschland sah er im »weltlich-nationalen« Sinn, die zum Judentum »durch Abstammung und Glauben« gegeben.[30] Die Begründung für seinen deutschen Nationalismus fand Schoeps in der jüdischen Religion, die nach seiner Auffassung den Juden auferlegte, zur Erfüllung ihrer geschichtlichen Sendung kein eigenes Land zu besitzen und bis auf weiteres in der Diaspora zu leben. Die Juden seien dazu verpflichtet, auf eine eigene Nationalität zu verzichten und »gegen Volk und Vaterland der eigenen Geburt« »unbedingte Treue« zu zeigen.[31]

Am 29. September 1933 bezeichnete Schoeps in einem Schreiben an Reichsminister Frick es als Aufgabe seiner Organisation, »die deutschbewußten Juden zu sammeln und den Kampf für ihre Eingliederung in das Neue Deutschland zu führen«. Ziel seiner Organisation sei es, »dem Staat eine national zuverlässige Judenschaft zu garantieren, die nicht mehr eine Hochburg des Liberalismus sein, sondern Führung und Gesicht durch die bündische Artung und soldatische Bereitschaft der jungen Generation bekommen« solle.[32]

In seinem 1934 veröffentlichten Programm betonte Schoeps seine klare Opposition zum deutschen Zionismus: »Von Joachim Prinz und der zionistischen Jugend trennt uns eine Welt. Als junge Deutsche können wir aus unserem Erlebens- und Erfahrungsbereich, unserem Geschichtsbewußtsein und unserer Schicksalsbejahung nicht mehr mit ihnen zur Verständigung kommen. [...] Als Juden freilich, die eine jüdische Verantwortung kennen, sind wir gezwungen, mit ihnen in ein Gespräch einzutreten. Denn den Anspruch, der von dorther erhoben wird, empfinden wir als einen Frontalangriff auf die jüdische Substanz und als eine elementare Bedrohung unserer Existenz.«[33]

Aber nicht nur zum Zionismus, sondern auch zum Assimilationskonzept des Central-Vereins – wie er es interpretierte – verhielt sich Schoeps ablehnend. Er kritisierte die Juden, die »glaubten, das Recht und die Achtung des Staatsbürgers nur dann verlangen zu können, wenn sie über die Abstreifung soziologisch bedingter Ghettomerkmale hinaus, die dem und jenem noch anhafteten, auch noch das Judentum der Überlieferung, das ihnen ein besonderes Wesen gab, so rasch als möglich los würden«.[34] Die Religion dieser Leute hielt Schoeps für nicht mehr als »ein schlechtes Gewissen«, das sie »dreimal im Jahr in die Synagoge trieb«.[35]

Angesichts solcher Positionen überrascht es nicht, daß Schoeps Martin Buber seine Mitarbeit anbot: »Ich stelle mich Ihnen für das geplante neue Schulwerk zur Verfügung und will gern in verantwortlicher Stelle am Aufbau mithelfen. Daß ich das nur als Vertreter des deutschbewußten Judentums tun könnte, wissen Sie. Und daß ich jemand bin, dem es um die rechte Jüdischkeit ernst ist, nicht bloß um die rechte Lehre, sondern auch und gerade um das rechte Leben, und daß ich hierfür nicht zuletzt Hinweisen Ihrerseits verpflichtet bin, werden Sie mir glauben. [...]

Wenn Sie meinen, daß es für den Aufbau des jüdischen Schulwerks gut wäre, wenn ein verantwortungsbewußter deutschkonservativer Jude an Ihre Seite träte, bin ich Ihr Mann.«[36]

Die deutsch-assimilierten Kreise konnten den starken Ausbau des jüdischen Schulwesens nicht verhindern. Waren sie anders als Schoeps nicht von vornherein an einer Mitarbeit interessiert, so mußten sie im Lauf der Zeit die Notwendigkeit einer eigenständigen jüdischen Erziehung anerkennen, so wie es anscheinend relativ früh der RjF tat. Wenn sie sich weiterhin der Realität verschlossen, mußten sie mit ihrem Verbot rechnen, wie Ende 1935 der Verband nationaldeutscher Juden erfuhr.[37]

Die deutsche Orthodoxie

Die Orthodoxie Deutschlands stellte einen bei weitem kleineren Anteil an der jüdischen Bevölkerung als die deutsch-national gesinnten Kreise. Die Auflagenhöhe ihres Sprachrohrs »Der Israelit«[38] von 4000 Exemplaren zeigt, um welche Größenordnung es sich handelte. Die Bedeutung der Auseinandersetzung zwischen der Reichsvertretung und der deutschen Orthodoxie liegt aber in ihrer Qualität. Ideologisch gefestigt, konnte die Orthodoxie den Schock über die nationalsozialistische »Machtergreifung« und die beginnende Verfolgung am schnellsten überwinden.[39] Sie legte die Ereignisse von 1933 als Gottesstrafe für den Mangel an wahrer Religiosität aus und sah sich veranlaßt, sich intensiver als zuvor mit den jüdischen religiösen Quellen zu beschäftigen.[40] In »Der Israelit« wurde beklagt, daß das von Samson Raphael Hirsch im 19. Jahrhundert entwickelte Grundprinzip der Orthodoxie, Verbindung von Thora und Derech-Erez[41] – Ausgleich zwischen religiöser und allgemeiner Bildung –, nicht richtig befolgt worden sei. Der Anteil der allgemeinen Bildung habe ständig den jüdisch geprägten Anteil überwogen. Diese falsche Entwicklung sollte nun rückgängig gemacht werden.[42] Um den erzieherischen Ansprüchen, die die Orthodoxie an sich stellte, gerecht werden zu können, war sie auf die finanzielle Unterstützung der Reichsvertretung angewiesen, um so mehr, als ihre Bildungsanstalten stark von Schülern aus dem armen osteuropäischen Milieu besucht wurden, deren Eltern sich kaum an der Finanzierung beteiligen konnten.[43] Daher stand die Frage der Erziehung im Zentrum der Gespräche zwischen der Orthodoxie und der Reichsvertretung. Diese wiederum konnte sich nicht von der Orthodoxie trennen, da sie den Anspruch erhob, alle Juden Deutschlands zu repräsentieren.

Die vom Geist des Rabbiners Samson Raphael Hirsch aus Frankfurt und des Rabbiners Esriel Hildesheimer aus Berlin geprägte Orthodoxie hatte sich in der zweiten Hälfte des 19. Jahrhunderts gegen den Eintritt in Gemeinden entschieden, in denen reformierte und gesetzestreue Juden zusammenarbeiteten.[44] Seit dieser Zeit war die Orthodoxie in Deutschland in zwei Lager gespalten, das der Gemeindeorthodoxie und das der Austrittsorthodoxie. Die letztere blieb auch zur Zeit der Weimarer Republik bei ihrer Weigerung, einer gesamtjüdischen Organisation beizutreten, da sie nicht gewillt war, im Rahmen einer Vereinigung mitzuarbeiten, die nicht nach den Gesetzen der Religion geführt wurde, geschweige denn sie mit Geldern zu unterstützen, die zu unreligiösen Zwecken hätten benutzt werden können. In sich stellte aber die Austrittsorthodoxie auch keine Einheit dar und war in drei Organisationen gespalten: in den »Bund gesetzestreuer jüdischer Gemeinden Deutschlands« (Halberstadt), die »Zentralorganisation des Agudas-Jisroel« und die »Freie Vereinigung für die Interessen des orthodoxen Judentums« (Frankfurt), die sich im Frühjahr 1934 in dem Dachverband »Vertretung der unabhängigen Orthodoxie Deutschlands« (VuOD) zusammenschlossen.

Die ablehnende Haltung der Austrittsorthodoxie zu einer jüdischen Zentralorganisation änderte sich 1933 nicht. Das Angebot der Reichsvertretung, in sie einzutreten, beantwortete der Bund am 9. August 1933 mit einer Liste von Bedingungen. Außer der Entsendung von Repräsentanten in alle Körperschaften der Reichsvertretung und der Beteiligung an ihren Verhandlungen mit den Behörden verlangte er besondere Zugeständnisse im Bereich des Schulwesens sowie Selbständigkeit auf religiösem Gebiet. Am 17. August 1933 nahm die Reichsvertretung zu den Bedingungen der Austrittsorthodoxie Stellung: Ein Vertreter der Austrittsorthodoxie sollte an der Reichsvertretung beteiligt werden, aber kein Abstimmungsrecht erhalten. Die Orthodoxie dürfe, soweit sie sich dazu nach den Religionsgesetzen verpflichtet fühle, selbständig arbeiten. In die Beratung über Schritte der Reichsvertretung nach außen würde sie nur eingeschaltet werden, wenn ihre besonderen Interessen berührt wären. Es wurde betont, daß die Reichsvertretung sich auch den Interessen der anderen Gruppen verpflichtet fühle, und zwar auch in Fällen, in denen die Orthodoxie nicht einverstanden sei. Obwohl die Austrittsorthodoxie das Beitrittsangebot unter den vorgegebenen Bedingungen ablehnte, bekam sie weiterhin finanzielle Unterstützung für ihr Erziehungswerk.

Zur gleichen Zeit wandte sich die »Freie Vereinigung für die Interessen des orthodoxen Judentums« auch im Namen der anderen beiden Organisationen, des »Bundes gesetzestreuer jüdischer Gemeinden Deutschlands« und der »Zentralorganisation des Agudas-Jisroel«, direkt an den Reichskanzler. Durch Distanzierung von den anderen Gruppierungen innerhalb des deutschen Judentums und durch Kritik an der von amerikanischen Juden angeführten Boykottbewegung gegen Deutschland sowie durch die Betonung ihrer Verbundenheit mit der deutschen Heimat versuchten sie, eine Bevorzugung der besonderen Bestrebungen der Orthodoxie im neuen Reich zu erreichen. Als sie dieses Verfahren am 10. März 1934 wiederholten, sah sich Baeck verpflichtet, die Vertretung der unabhängigen Orthodoxie vor einem Alleingang zu warnen. Er bat sie, daß sie die Reichsvertretung als einzige Repräsentation der Juden nach außen anerkennen möge, um durch ihr Vorgehen nicht die Interessen der anderen jüdischen Gruppen in Deutschland zu gefährden. Nur in Fragen der Erziehung würde er eigene Maßnahmen und Verhandlungen akzeptieren, soweit die Reichsvertretung informiert werde. Dennoch wandte sich Dr. Munk, Vorstandsmitglied der Freien Vereinigung für die Interessen des orthodoxen Judentums wie auch der Agudas-Jisroel, auch später, am 4. Mai 1934, an Ministerialrat Dr. Nießen im Reichsinnenministerium und beklagte sich über dessen Entscheidung, jüdische und adventistische Kinder vom Schulbesuch am Samstag zu befreien, sofern sie nicht bereit waren, sich an allen Aktivitäten, darunter auch den schriftlichen Aufgaben, zu beteiligen. Ein solches Gesetz werde halbreligiöse Eltern dazu zwingen, ihre Kinder am Schabbat schreiben zu lassen. Damit werde das Innenministerium keine Stärkung, sondern eine Schwächung der Religiosität erreichen.[45]

Am 21. November 1933 trafen sich Rabbiner und Leiter des religiösen Schulwesens, um sich über gemeinsame Maßnahmen zu seiner Erhaltung zu beraten. Dabei wurden die verschiedenen Positionen innerhalb der Orthodoxie deutlich, denn die Kreise um die »Agudas-Jisroel« lehnten jegliche Zusammenarbeit mit der Reichsvertretung ab, andere aber, die sich an die zionistische Weltanschauung von Misrachi[46] annäherten, befürworteten ein Zusammengehen.

Die Austrittsorthodoxie sah die ideologische Basis für eine Zusammenarbeit zwischen sich und den anderen jüdischen Gruppierungen als sehr schmal an. Nur in dem gemeinsamen Bewußtsein, daß die deutschen Juden »mit unerbittlicher Gewalt aus dem Gesamtkörper des deutschen Volkes« ausgeschlossen würden und nunmehr auf ein »eigenes urjüdisches Volkstum« angewiesen seien, stimmten die Juden Deutschlands nach Auffassung der Orthodoxie überein.[47] Weder mit den Zionisten, die in den Ereignissen von 1933 einen deutschen Beitrag zur Beschleunigung des »Prozess[es] der Normalisierung und Assimilierung des sonderbarer Weise aus der Reihe gesprungenen Judenvolkes« und zur Herstellung von »Ordnung auf der Landkarte« sähen, noch mit den Liberalen, die den deutschen Geist und die deutsche Kultur zu ihrer Religion erhoben, das Judentum aber konfessionalisiert hätten, konnten sie einen ausreichenden gemeinsamen Nenner finden. Eine Vereinigung ihres Schulwesens mit dem der Liberalen war für sie unvorstellbar. Der Vorschlag der Reichsvertretung, getrennten liberalen und orthodoxen Religionsunterricht zu erteilen, war in ihren Augen völlig unzureichend und stieß auf entschiedene Ablehnung: »Als ob sich der religiös erzieherische Einfluß einer jüdischen Schule auf die paar Stunden Religion beschränkte und nicht vielmehr der gesamte Lehrstoff und seine Gestaltung, die Persönlichkeiten der Lehrer, das bestimmte Fluidum weltanschaulicher Geschlossenheit und religiöser Begeisterung, das von ihnen ausstrahlt, von weit größerem Einfluß auf die seelische Entwicklung der Kinder wären, als der begrenzte Inhalt des spezifisch religiösen Unterrichts.«[48] Aufgrund dieser Einstellung lehnte die Austrittsorthodoxie die Richtlinien für die Erstellung von Lehrplänen für jüdische Volksschulen vom 15. Januar 1934 entschieden ab, da sie in ihnen ein pädagogisches Diktat erblickte.[49]

Bei der Gründung der Vertretung der unabhängigen Orthodoxie Deutschlands im Frühling 1934 wurde eine besondere Kommission gebildet, die die Aufgabe hatte, mit der Reichsvertretung über die Bedingungen für den Eintritt der Orthodoxen zu beraten. Am 3. April 1934 schrieb Baeck an die Vertretung der unabhängigen Orthodoxie und stellte die Modalitäten der Zusammenarbeit aus der Sicht der Reichsvertretung klar:[50] Die VuOD möge einen Vertrauensmann in Berlin ernennen, der die Reichsvertretung laufend über wichtige Vorgänge und Absichten unterrichten und seinerseits von der Reichsvertretung informiert werden sollte, ehe irgendwelche entscheidenden Schritte unternommen würden. Die Aufgabe, gemeinsame Interessen bei den Behörden vorzutragen, obliege der Reichsvertretung, soweit es sich nicht um Fragen des Gewissens für die selbständige Orthodoxie handele. Als Bereiche, die nicht zum Gebiet der gemeinsamen Interessen gehörten, nannte Baeck die »spezifisch religiösen Angelegenheiten und Fragen der Erziehung und Unterrichtsgestaltung«. Rabbiner Dr. Munk reagierte im großen und ganzen positiv auf die Vorschläge und fügte noch hinzu, daß die Orthodoxie dabei hoffe, »daß auch auf dem Gebiet der religiösen und Erziehungs- und Unterrichtsangelegenheiten, aus der Praxis selbst heraus, sich für uns die Möglichkeit ergeben wird, in Fühlung mit Ihnen zu bleiben und auch von Ihnen auf diesen Gebieten über Ihre Pläne und Absichten unterrichtet zu werden«.[51] Lilienthal von der Reichsvertretung sah keine Notwendigkeit, die gegenseitige Information auch für den religiösen und erzieherischen Bereich als Verpflichtung festzulegen, und bevorzugte einen Austausch in gegenseitigem Vertrauen. Er äußerte aber Vorbehalte gegenüber dem Wunsch der VuOD, in den für sie interessanten Fällen in die Verhandlungen mit den Behörden miteinbezogen zu werden.[52] Gerade diesem Punkt jedoch maß die Orthodoxie große Wichtigkeit bei. Munk erstrebte ein Abkommen über »eine regelmäßige und stets rechtzeitige Information der Vertretung über geplante Schritte bei den Behörden«, so daß sie die Möglichkeit habe, über die Frage ihrer Teilnahme zu entscheiden.[53] Obwohl es im April 1934 nicht zu einer Vereinbarung zwischen der Vertretung der unabhängigen Orthodoxie und der Reichsvertretung kam, gab es gemeinsame Beratungen im Haus des C. V.-Vorsitzenden Dr. Brodnitz. Vor allem bei administrativen Fragen im erzieherischen Bereich arbeiteten die Organisationen eng zusammen und informierten sich laufend über Verhandlungen mit den Behörden. Dies betraf Themen wie den Religionsunterricht als Pflichtfach für jüdische Kinder in allgemeinen Schulen oder den Anteil von jüdischen Schülern in allgemeinen höheren Lehranstalten sowie die Lehrerausbildung.[54]

Ab Oktober 1934 versuchte die Gemeindeorthodoxie, die in der Reichsvertretung durch Rabbiner Hoffmann aus Frankfurt vertreten war, mit der Austrittsorthodoxie über eine mögliche Annäherung zu verhandeln, um »eine stärkere Aktivität der gesetzestreuen Kreise Deutschlands anzubahnen«.[55] Dabei spielten auch

Überlegungen im Hinblick auf die junge Generation eine wesentliche Rolle. So bezeichnete es der Vermittler, Rechtsanwalt Horovitz, als beschämend, »wenn die Vertreter der thoratreuen Weltanschauung die geistige Werbearbeit innerhalb der nach neuer Orientierung suchenden Jugend ganz den Liberalen und Zionisten überließen«. Er schlug vor, in Berlin oder Frankfurt »weltanschauliche Werbeversammlungen« zu veranstalten, in denen Vertreter beider Richtungen der Orthodoxie auftreten sollten. Das Mißtrauen der Austrittsorthodoxie, besonders von Agudas-Jisroel, ob die Gemeindeorthodoxie wahrhafte Bereitschaft zur Zusammenarbeit zeige,[56] war jedoch nicht so leicht zu überwinden. Hinzu kamen andere Überlegungen, die gegen das Zusammengehen mit der Gemeindeorthodoxie und mit der zionistischen Misrachi sprachen. Rabbiner Dr. Breuer von Agudas-Jisroel äußerte seine Befürchtungen bei einem internen Treffen: »Es sei nicht anzunehmen, daß [...] die Zusammenarbeit die Gewinnung liberaler oder indifferenter Kreise für das gesetzestreue Judentum erleichtern werde. Der liberalen Jugend sei der Gegensatz innerhalb der Orthodoxie überhaupt viel zu unbekannt, als daß die Tatsache der Zusammenarbeit irgendwelche psychologischen Wirkungen auf diese Kreise ausüben könnte. [...] Seiner Meinung nach kann die Gewinnung der Liberalen heute nur auf der Basis des national-jüdischen Gedankens [...] geschehen und gerade in diesem Punkte würden die weltanschaulichen Gegensätze zwischen uns [Austrittsorthodoxie, Y. W.] und den Gemeinde-Orthodoxen und misrachistischen Kreisen sehr bald aufs stärkste hervortreten. Eine Wirkung werde die Gemeinsamkeit der Veranstaltungen nur ausüben auf unsere eigenen Kreise, insbesondere auf die Jugend, die dadurch in Verwirrung geraten und in ihrer erfreulichen Hinwendung zum absoluten Agudismus in unerwünschter Weise eine Hemmung erfahren werde.«[57]

Die Gespräche wurden bis ins Jahr 1937 fortgesetzt. Im Bereich der Erziehung versuchten die Parteien, sich über vier Punkte zu einigen: die Förderung von Schulen mit ausgeprägt jüdischem Charakter, die Lehrerausbildung, die Aufstellung von Schullehrplänen und die Literaturbeschaffung für die Jugendbildung.[58] Rabbiner Breuer sah überhaupt keine Möglichkeit der Zusammenarbeit auf diesen Gebieten, da er sich die Lehrerausbildung nur im Rahmen einer Jeschiwa (religiösen Hochschule) vorstellen konnte und mit der Ablehnung der Gemeindeorthodoxie rechnete.[59] Gemäßigter reagierte Rabbiner Munk, der immer noch eine Zusammenarbeit für möglich hielt.[60] Am 17. Januar 1937 wurde die Einrichtung einer Arbeitsgruppe beschlossen, die aus Persönlichkeiten der beiden Lager und nicht aus Vertretern der verschiedenen Organisationen bestehen und unter anderem die Orthodoxie auch in geistigen und religiösen Fragen gegenüber der Reichsvertretung repräsentieren sollte.[61]

Die Gespräche zwischen der Reichsvertretung und der Austrittsorthodoxie wurden, nachdem sie 1934 über eine unverbindliche Zusammenarbeit nicht hinausgeführt hatten, 1935 fortgesetzt. Weiterhin stellte der Wunsch der Austrittsorthoxie nach uneingeschränkter Selbständigkeit das Haupthindernis für eine Einigung dar. Als besonders schwierig erwies sich die Phase nach der Verabschiedung der »Nürnberger Gesetze«. Am 10. September 1935, fünf Tage vor ihrem Erlaß, hatte Bernhard Rust eine neue Schulverordnung veröffentlicht, nach der für das folgende Jahr die »Rassentrennung« an den öffentlichen Schulen vorgesehen war. Die Zugehörigkeit zur jüdischen »Rasse« wurde als nicht identisch mit dem Bekenntnis zur mosaischen Religion definiert.[62] Die Austrittsorthodoxie machte sich Sorgen über die Behandlung von »nicht arischen« Schülern und Lehrern, die nach ihrem Verständnis keinesfalls Juden waren, von den Nationalsozialisten aber dazu erklärt wurden.[63] Obwohl es bis dahin gute Beziehungen zwischen der VuOD und dem Vorsitzenden der Schulabteilung der Reichsvertretung, Adolf Leschnitzer, gegeben hatte, kam es zu unverständlichen Beschuldigungen. Rabbiner Merzbach nahm an, daß die neue Verfügung im Einverständnis mit der Reichsvertretung bzw. mit Leschnitzer ergangen sei, dessen »religionsloser, jüdisch-nationaler Rassenstandpunkt sich damit deckt«.[64] Der Vorstand des orthodoxen Rabbinerverbandes und die Vertretung der unabhängigen Orthodoxie glaubten deshalb, eine rabbinische Erklärung abgeben zu müssen, in der die »überlieferte Auffassung von dem Verhältnis des jüdischen Volkstums zur jüdischen Religion im Gegensatz zu den heute in gefährlicher Weise sich geltend machenden mißverständlichen Auffassungen« bekräftigt wurde. In ihrer Erklärung grenzte sich die Orthodoxie eindeutig vom »religionslosen Nationalismus des Zionismus« ab, ebenso von denen, die sich durch Taufe oder Mischehe vom jüdischen Volk getrennt hatten, vom »religionsfeindlichen Bolschewismus« und von denen, die die »Sittenreinheit der jüdischen Religion« entweihten.[65]

Zur gleichen Zeit veröffentlichte die Reichsvertretung eine Erklärung, in der sie ihre Hoffnung äußerte, von nun an von den Behörden als die autonome Vertretung der Juden Deutschlands anerkannt zu werden. Die Orthodoxie befürchtete, daß dann alle Schulsubventionen der Regierung direkt an die Reichsvertretung vergeben würden und die religiösen Schulen nicht in den Genuß dieser Unterstützung kommen würden.[66] Um die neuen Schwierigkeiten zu überwinden, wurde abermals der Versuch unternommen, eine Vereinbarung zwischen der Reichsvertretung und der unabhängigen Orthodoxie zu treffen. Der Vorschlag sah vor, daß die beiden Organisationen sich in gemeinsamer Aussprache um eine Verständigung bemühen sollten, bevor die Reichsvertretung in »religiös-kulturellen« Angelegenheiten – als solche wurden synagogale Probleme, Erziehungs- und Kaschruthfragen (Beachtung der Speisegesetze) bezeichnet – an Behörden oder Parteistellen herantreten würde. Falls die erstrebte Verständigung nicht zustande käme, sollte jede Organisation das Recht zu selbständigem Vorgehen haben. Weiterhin »bestand Einigkeit darüber, daß hinsichtlich der Frage der Schulsubvention einschließlich der Regelung ihrer Höhe sowohl die Verhandlung mit der Regierung als auch der eventuelle Empfang des Geldes [...] Sache der RV ist. Die Frage, ob und inwieweit bei der Verteilung vom Staat gewährter Gelder nach innen die Organisationen der UO [Unabhängigen Orthodoxie] zu beteiligen seien, wird durch das Abkommen nicht berührt.«[67] Präzisierend hatte Hirsch während der Verhandlungen gegenüber Munk betont, daß die Reichsvertretung in religiösen Angelegenheiten auf die Unabhängige Orthodoxie weder Einfluß noch Druck ausgeübt habe oder ausüben wolle. »Auch in Erziehungsfragen habe man nur auf diejenigen Gebiete Einfluß genommen, die mit dem Budgetären, nicht aber mit dem Weltanschaulichen, Programmatischen zu tun haben.«[68]

Am 2. Dezember 1935 wurde die Vereinbarung von beiden Seiten bestätigt. Trotzdem entwickelte die Unabhängige Orthodoxie bald wieder Mißtrauen gegenüber einer zentralen Vertretung der Juden in Deutschland, was dazu führte, daß sie dem Rat der Reichsvertretung, der Mitte 1936 gebildet wurde, zunächst nicht beitrat, sondern sich ihm erst im Juli 1938 anschloß.[69]

Die Weigerung der Unabhängigen Orthodoxie, den zentralen Körperschaften der Reichsvertretung beizutreten, darf aber nicht zu der falschen Annahme führen, sie hätte nach 1933 ihre Grundprinzipien überhaupt nicht überprüft und sei zu keinem Umdenken bereit gewesen. Die wachsende Neigung der Jugendlichen zum Zionismus konnte die Orthodoxie nicht ignorieren. Rabbiner Breuer meinte schon Mitte 1934 dazu: »Wir werden uns nicht der Erkenntnis verschließen dürfen, wenn wir unsere Kinder in Aufrichtigkeit und Wahrheit belehren wollen, daß die zionistische Bewegung in einer höchst überraschenden Art Menschen, die dem Judentum vollkommen entfremdet waren, auf einmal den Ruf nach der jüdischen Nation hat erheben lassen und sie selber mit Sehnsucht nach unserem Lande erfüllt hat, auch wenn diese Sehnsucht eine falsche Sehnsucht ist und der Ruf ein falscher Ruf ist.«[70]

Die vom Zionismus ausstrahlende Erneuerungsbewegung, die ihre Wurzeln auch im religiösen Bereich suchte, zwang die orthodoxen Kreise zur Auseinandersetzung. Auf das Trennende bedacht, versuchten sie, die Aktivitäten um Martin Buber im Frankfurter Lehrhaus[71] sowie die Bemühungen um eine Verschmelzung von Orthodoxie und Sozialismus im Kreis der »Werkleute« zu diskreditieren.[72] Zwar wurde das zunehmende Interesse am Judentum mit Genugtuung registriert, doch wurde kritisiert, daß es sich dabei eher um geschichtliche Rückbesinnung handele als um wahrhafte Religiosität, der es um die Praktizierung der Gebete und Gesetze gehe.

Mit der Verschlechterung der Situation der Juden in Deutschland wurde klar, daß der Weg der Emigration eingeschlagen werden mußte. Im Januar 1937 schloß die Arbeitsgemeinschaft für Kinder- und Jugend-Alijah ein Abkommen mit der Palästina-Zentrale der Agudas-Jisroel. Der Vertrag sicherte der Agudas-Jisroel in allen religiösen Belangen und Erziehungsfragen für ihre Jugend-Alijah vollständige Autonomie zu, ebenso sollte sie in bezug auf die Unterbringung der Jugendlichen in Erez-Israel selbständig sein.[73]

Wie tief der Zeitgeist auch bei den Schülern der Unabhängigen Orthodoxie eingedrungen war, zeigt ein Gedicht in der Abschiedszeitung der Abiturienten von Adass Jisroel Berlin im Jahr 1938:[74]

»Fangen wir gleich beim Senior an,
Drum kommt zuerst Ephraim dran.
Wäre jeder Jude Zionist
Und so begeistert, wie Rottenberg es ist,
Und wie er soviel dafür tut
Oh, ging es Palästina gut...«

Trotz der Anerkennung des Aufbauwerks in Palästina, die in dem Abkommen zwischen der Agudas-Jisroel und der Arbeitsgemeinschaft für Kinder- und Jugend-Alijah zur Geltung kam, wurde das Engagement der Jugend für Palästina aber weiterhin als Konkurrenz zur Arbeit der Orthodoxie in Deutschland kritisiert.[75]

Der Führungsanspruch der Gemeinde Berlins

In der Berliner Gemeinde, mit 170000 Mitgliedern der weitaus größten Gemeinde in Deutschland, trat ein doppeltes Machtspiel zutage: Zum einen zeigten sich schärfer als anderswo die Gegensätze zwischen Liberalen und Zionisten, die um die Vorherrschaft in der Gemeinde stritten. Zum anderen einigten sich diese beiden Parteien, um sich gegenüber dem Führungsanspruch der Reichsvertretung als alleinige Vertretung der deutschen Juden zu behaupten.

Der Kampf zwischen Zionisten und Liberalen in den Gemeinden und besonders in Berlin hatte sich schon in der Weimarer Republik verschärft.[76] 1920 hatten die Zionisten, die die Gemeindepolitik als neues Betätigungsfeld für sich entdeckt hatten, die »Jüdische Volkspartei« gegründet. Während sich die Liberalen am Modell der Religionsgemeinde orientierten, plädierte die Volkspartei für die Volksgemeinde, die sich nicht nur um Kulturangelegenheiten, sondern vor allem auch um Erziehung und Wohlfahrt kümmern sollte.[77] In Opposition zur Mehrheit der Gemeindeliberalen betrieb sie eine offensive Gemeindepolitik.[78] 1926, bedingt auch durch die Demokratisierung der Gemeindewahlen, verzeichnete die Volkspartei mit Hilfe der Konservativen und der Ostjuden ihren ersten Wahlerfolg in Berlin und damit auch den ersten Erfolg in der Weimarer Republik überhaupt. In den Jahren 1929/30 wurde die Gemeinde von Georg Kareski geführt, dem Vorsitzenden der Staatszionisten, einer Gruppe, die sich an die revisionistische Partei um Jabotinsky anlehnte und die im Gegensatz zu der zionistischen Mehrheit eine militante Haltung gegenüber der arabischen Bevölkerung Palästinas befürwortete.[79] Daß Kareski, obwohl er sonst eine Minderheitenposition innerhalb der zionistischen Bewegung repräsentierte, in Berlin solchen Erfolg hatte, erklärt Benno Cohn, Präsident der ZVfD in den Jahren 1937 bis 1939, folgendermaßen: »Die Leitung der

ZVfD, namentlich Kurt Blumenfeld, hatten die Palästina-Politik immer in den Vordergrund gestellt und die Gemeindepolitik als nebensächlich angesehen und diese deshalb der ihnen innerhalb der ZVfD gegnerisch gegenüberstehenden Richtung überlassen, zu der Kareski, Alfred Klee und andere gehörten.«[80]

Die Gemeindepolitik Kareskis zeichnete sich durch die Unterstützung des jüdischen Schulwesens und durch die Erhöhung der Sozialausgaben für Ostjuden aus.[81] Dies änderte sich 1932 wieder, als nach den Gemeindewahlen ein liberaler Vorstand unter der Führung von Heinrich Stahl die Geschäfte übernahm, der das jüdische Schulwesen in Berlin abbauen wollte.

Der Streit um die jüdische Schule setzte sich im Februar 1933 fort. Nicht zufällig war es die Volksschule in der Rykestraße, die geschlossen werden sollte.[82] Trotz der Behauptung, die Lehrer und Lehrerinnen an der Schule würden »allen jüdischen Parteirichtungen angehören«,[83] war der zionistische Charakter der Schule kein Geheimnis. Die Haltung des Gemeindevorstands erweckte bei den betroffenen Eltern starkes Unbehagen. Bei einer Protestversammlung am 8. Februar 1933 verabschiedeten Elternbeiräte der verschiedenen jüdischen Schulen in Berlin eine Petition, in der sie sich bei der Gemeinde über die Beeinträchtigung ihrer Rechte beklagten. Sie verlangten, daß die Schule Rykestraße ebenso wie Anstalten der Gemeinde behandelt und ihr Fortbestand durch die Eröffnung von Aufnahmeklassen zu Ostern garantiert würde.[84] Nach und nach mußten die Liberalen die neue Situation akzeptieren und ihre ursprüngliche Ablehnung aufgeben. Nur einzelne radikale Liberale im »Preußischen Landesverband jüdischer Gemeinden« versuchten noch im Februar 1934, Beamte im Erziehungsministerium von der Unterstützung der jüdischen Schulen abzuhalten.[85] Die Zionisten beobachteten aber die Veränderungen im Lager der Liberalen mit Mißtrauen und meinten, ihre Haltung sei »voller Halbheiten«.[86] Daß Persönlichkeiten wie Heinrich Stahl oder der Rabbiner Galliner, die sich ein paar Monate vorher noch vehement gegen besondere jüdische Schulen ausgesprochen hatten, plötzlich bei deren Eröffnung Reden hielten, wurden als Beweis dafür genommen, daß die Anerkennung nicht aus ehrlicher Überzeugung erfolgte.[87] Noch 1935 mußte Heinrich Stahl solche Beschuldigungen von sich weisen. Er schrieb: »Nicht formal, sondern begeistert fördern wir mit äußerster Anstrengung die jüdische Schule und zeigen gerade hierbei volles Verständnis für die veränderten Erfordernisse bei der Erziehung jüdischer Kinder. Wir sehen auch in der Verbundenheit mit der jüdischen Gesamtheit und besonders mit Palästina keine liebenswürdige Geste oder gar einen Kompromiß, sondern den Ausdruck unserer Überzeugung.«[88]

Vor allem konnten sich die verschiedenen Richtungen noch nicht über den gewünschten Charakter der Schule einigen. Die Liberalen lehnten weiterhin einen Schulgeist ab, den sie als »eng nationalistisch« betrachteten, und plädierten stark für eine Mischung von Weltoffenheit und »jüdische[n] Werte[n] aller Art«.[89] Daraus entstand ein Streit um den Stellenwert des Neuhebräischen. Am 13. September 1933 fand eine Versammlung der Elternbeiräte der Volks- und Mittelschulen der Berliner jüdischen Gemeinde statt, die sich mit der Frage einer Erweiterung des hebräischen Unterrichts beschäftigte. Aus der Erkenntnis, daß »die heranwachsenden Generationen ihr persönliches Schicksal mit Palästina verbinden wollen« und daß »ein gut fundierter hebräischer Unterricht das entscheidende Mittel ist, um der Jugend die Verbindung mit dem Kulturgut des Judentums zu ermöglichen«, verabschiedeten die Elternbeiräte von vier Schulen eine Resolution, in der vom Schulvorstand der Gemeinde die Einführung der täglichen Hebräischstunde verlangt wurde.[90] Dieser Streit wurde im Jahr 1934 weitergeführt.[91]

Wie die zionistischen Volksschulen ein Dorn im Auge der Liberalen waren, erweckte die im Jahr 1935 entstandene Josef-Lehmann-Schule, die eine religiös-liberale Erziehung im Geist der Reformgemeinde erteilen sollte,[92] bei den Zionisten Unbehagen. Dies zeigte sich, als sich Gerüchte über das Vorhaben der Reformgemeinde verbreiteten, die Josef-Lehmann-Schule zu einer höheren Schule auszubauen. In der Sitzung des Gemeindevorstands am 30. Juni 1936 äußerte die Fraktion des Zionistischen Volksbundes Zweifel, ob diese Absicht mit dem Beschluß bei der Etatberatung der Reichsvertretung im Einklang stehe, eine höhere Schule der Jüdischen Gemeinde Berlin mit hebräischer Unterrichtssprache zu errichten. Darüber hinaus berichtete die Fraktion, daß in der Schule Eltern bzw. Schüler sich verpflichten müßten, keiner zionistischen Organisation anzugehören, und baten den Gemeindevorstand, gegen »diese Art der Beeinflussung« etwas zu unternehmen. Sie meinten zu wissen, daß die Schule ihre Schüler zum Schreiben am Schabbat zwinge.[93] Auch die Konservativen sahen deshalb die Notwendigkeit, eigene Schulen zu errichten. Mitte 1937 wandten sie sich an die Gemeinde mit der Bitte, konservative, eher an die Orthodoxie angelehnte Volksschulen zu gründen, die sie als »eine Lebensnotwendigkeit für die thoratreue Bevölkerung« bezeichneten.[94]

Parallel zu den Streitigkeiten in Berlin versuchten die führenden Persönlichkeiten der Gemeinde, Zionisten und Liberale, sich mit Unterstützung von Persönlichkeiten vor allem aus Frankfurt und Breslau gegenüber der neuentstehenden Reichsvertretung zu behaupten.[95] Die reichen, angesehenen Bankiers, Händler und Juristen, die die Gemeinden in diesen Städten führten, wollten nicht einsehen, daß initiativenreiche junge Leute aus den Kreisen der Jugendbewegung und der jungen Akademiker langsam das jüdische öffentliche Leben zu beherrschen begannen. Sie sahen in den großen Umwälzungen, denen die deutsche Judenheit unterlag, keinesfalls einen Grund für einen Führungswechsel. Außerdem sahen sie in der Gemeinde, der traditionsreichen jüdischen Institution, den Grundstein des autonomen jüdischen Lebens und die einzige Organisation, die in der Lage sei, die neuen Probleme zu meistern. Das galt besonders für die Berliner Gemeinde, die ein Drittel der deutschen Juden umfaßte und schon vor 1933 ein Netz von Schulen, Umschulungsstätten, Lehrhäusern und sozialen Einrichtungen gehabt hatte. Im Bereich der Erziehung konnte sich Berlin eine gewisse Autonomie bewahren. Die Gemeinde entzog ihre

Erziehungseinrichtungen der Kontrolle der Reichsvertretung, erhielt aber weiterhin finanzielle Unterstützung für sie.[96]

Bei der Entstehung der neuen Reichsvertretung im September 1933 büßte die Gemeinde dann viele Rechte ein, die sie in der alten Reichsvertretung besessen hatte. Als ihr einziger Vertreter blieb nur der Vorsitzende, Heinrich Stahl, in der neuen Körperschaft. Ihre ersten Angriffe richtete die Berliner Gemeinde im Sommer 1934 gegen die Reichsvertretung, als die nationalsozialistische antijüdische Politik ein wenig nachgelassen hatte und die Reichsvertretung merken mußte, daß es keine Basis für Gespräche mit der neuen Regierung gab, weshalb sie ihre Aktivität stärker auf interne Angelegenheiten beschränkte. Die Initiative von Heinrich Stahl, der daraufhin die Großgemeinden gegen die Reichsvertretung zu organisieren versuchte, richtete sich nicht gegen deren Recht, die Juden gegenüber den neuen Herrschern zu vertreten, sondern vielmehr gegen die Aufteilung der Arbeits- und Zuständigkeitsbereiche zwischen Reichsvertretung und Gemeinden. Sein Vorstoß scheiterte aber an den alten Rivalitäten zwischen den Gemeinden in Preußen und denen in Süd- und Westdeutschland. Die letzteren waren eher bereit, die Führung von Baeck als die Führung von Stahl zu akzeptieren.

In den Jahren 1935 / 36 wurde der Streit zum Teil unter dem Eindruck der »Nürnberger Gesetze« und zum Teil wegen der entstehenden Rivalitäten zwischen Liberalen und Zionisten, die in allen führenden jüdischen Organisationen Parität verlangten, zurückgestellt. Er wurde aber 1937 mit den alten Argumenten in aller Heftigkeit weitergeführt und ständig von Austrittsultimaten der Berliner Gemeinde begleitet. Inwieweit es sich wirklich um sachliche Kritik der Berliner Gemeinde an der mangelnden Initiative der Reichsvertretung zur Lösung der anstehenden Probleme, wie z. B. der Emigration, handelte, wie Stahl meinte, und nicht um persönliche Machtkämpfe, ist unterschiedlich einzuschätzen. Vielleicht war dies bei Kareski der Fall, der frühzeitig die neue Gefahr erkannte und sogar versuchte, die Emigration mit Hilfe der Gestapo und des Propagandaministeriums ohne Kenntnis der jüdischen Organisationen zu beschleunigen.[97] Von seiten der Liberalen erscheint diese Kritik als weniger berechtigt, da gerade sie sich in den ersten Jahren des Dritten Reichs nicht für Auswanderungspläne begeistert hatten.

Als der Streit eskalierte, erhielt die Reichsvertretung immer stärker die Unterstützung verschiedener Kreise und Organisationen. Neben den großen Verbänden, wie dem C. V. und der ZVfD, stellten viele Gemeinden sich auf die Seite der Reichsvertretung.[98] Nach monatelanger Diskussion wurde ein Kompromiß gefunden, der die Zuständigkeit der Gemeinden im Bereich der öffentlichen Dienste erheblich erweiterte. Bezüglich der Schulen wurde 1937 beschlossen, daß die Errichtung, Erweiterung und Aufrechterhaltung zur Kompetenz der Landesverbände gehören sollten. Die Personalauswahl sollte im Einvernehmen zwischen der Reichsvertretung, dem preußischen Landesverband und der jüdischen Gemeinde Berlins erfolgen. Die Verhandlungen mit den Behörden sowie die Finanzierung blieben weiter in den

Händen der Reichsvertretung.[99] Letztere äußerte sich keinesfalls begeistert über die neuen Entscheidungen: »Verhehlen möchten wir es uns nicht, daß wir nicht ganz ohne Besorgnis der zukünftigen Entwicklung der Dinge entgegensehen, weil die Gefahr von Kompetenzkonflikten uns nicht ganz beseitigt zu sein scheint, und weil deshalb gar leicht Situationen entstehen können, die der Sache der Schule nicht förderlich sind.«[100]

Ob die Veränderung günstig hätte wirken können, ließ sich nicht mehr feststellen. Am 28. März 1938 wurde das Gesetz verabschiedet, das den jüdischen Gemeinden den Status einer Körperschaft des öffentlichen Rechts aberkannte und ihnen verbot, Steuern zu erheben. Damit wurde die Diskussion beendet.[101]

5. Die Aufgaben der Reichsvertretung

Beschaffung von Lehrmaterial

Durch die Lehrplanrichtlinien für die jüdischen Volksschulen war der Rahmen für die Lehrinhalte abgesteckt. Es fehlte aber weitgehend an Lehrmaterial, das diesen Richtlinien entsprach. Dies erkannte der Erziehungsausschuß bald und beauftragte in seiner Sitzung am 21. Februar 1934 das Schulreferat, bei der weiteren Behandlung der Lehrbuchfrage mit allen zuständigen Stellen – insbesondere auch mit den Leitern der bestehenden Schulen und den Lehrerverbänden – in Verbindung zu bleiben und die Verhandlungen mit einem Verleger über ein günstiges Rahmenabkommen fortzusetzen.[1] Da die Herstellung von neuem Lehrmaterial ein langwieriger Prozeß ist, versuchte die Schulabteilung den verschiedenen Schulen durch die Herausgabe von Informationsblättern zu helfen.[2] Insgesamt aber waren die Anstrengungen zu dieser Zeit nicht besonders intensiv und nicht ausreichend koordiniert.[3]

Die Situation änderte sich 1936 mit dem Erscheinen der neuen nationalsozialistischen Lehrbücher. Zwar wurden sie in einer besonderen Rubrik der Jüdischen Schülerzeitung besprochen,[4] doch galten sie wegen ihres völkischen und rassistischen Inhalts für die jüdische Schule als unzumutbar. Eine gewisse Klärung erfolgte am 24. April 1936, als das RMfWEV der Reichsvertretung mitteilte, daß die jüdischen Schulen von der Pflicht zur Einführung des neuen Lesebuches für das fünfte und sechste Schuljahr befreit seien und sie ein eigenes Lesebuch benutzen dürften.[5] Kurz darauf beauftragte die Schulabteilung Emanuel Bin-Gorion aus Berlin und Dr. Siegfried Braun aus Köln, gemeinsam bis Ende August des gleichen Jahres das Manuskript eines Lesebuches zu erarbeiten, behielt sich aber das Recht auf Veränderungen bei der Schlußredaktion vor.[6] In ihrem Arbeitsbericht für das Jahr 1936 teilte die Reichsvertretung mit, daß das Manuskript »druckfertig« vorliege.[7] Zur gleichen Zeit sandte Leschnitzer es an Spier und wahrscheinlich auch an andere Pädagogen, um ihr Urteil und Änderungsvorschläge zu hören.[8] Diese lehnten das Buch als ungeeignet ab.[9]

Ein jüdisches Lesebuch zu verfassen, war keine einfache Aufgabe. Die Suche nach Spuren jüdischen Volkstums in der deutschen Kultur war aufgrund der fortgeschrittenen Assimilation vergeblich. Auch eine Auswahl aus den Werken jüdischer Autoren erwies sich als ungeeignet.[10] Lange Zeit konnten die Lehrer mit alten Schulbuchausgaben zurechtkommen, nun aber waren diese immer schwerer zu beschaffen. Hinzu kam, daß die deutschen Schulbücher darauf bedacht waren, die »Heimat- und Vaterlandsliebe« im Kind zu wecken, und sich daher stark auf die deutsche Umwelt bezogen. Dies machte sie für die jüdische Schule unter den veränderten Umständen ungeeignet und uninteressant.[11] Da Spier und andere Pädagogen das Manuskript als grundlegend überarbeitungs- und ergänzungsbedürftig beurteilt hatten, blieb trotz der notwendigen Eile keine Alternative, als eine »Reihe hervorragender Germanisten« um ein neues, besseres Manuskript zu bitten.[12] Einer von ihnen war Dr. Ernst Loewenberg,[13] dessen Vater mehrere Anthologien verfaßt hatte. Er empfand das Manuskript als »höchst mangelhaft« und nahm sich vor, durch eine Auswahl aus den Werken deutscher Schriftsteller, aus jüdischer Jugendliteratur und kleinen Sammlungen moderner jüdischer Literatur einen neuen Entwurf zu schaffen.[14] Leschnitzer, der wahrscheinlich einschätzen konnte, wie langwierig der Überarbeitungsprozeß sein würde, riet den Schulen trotzdem von der Neuanschaffung von Büchern ab und versprach, daß das Lesebuch nach Pfingsten erscheinen werde.[15] Im Mai 1937 sprach Leschnitzer von »technischen Schwierigkeiten«,[16] durch die sich das Erscheinen verzögere. Sie konnten aber anscheinend gemeistert werden, da das Manuskript Ende des Jahres im Unterrichtsministerium auf die Genehmigung wartete.[17] Sie erfolgte im Mai 1938,[18] doch gibt es keine Anzeichen dafür, daß das Buch vor dem Novemberpogrom erschien.

Als eine Übergangslösung entstanden die Lesehefte für die jüdische Schule. Zwölf Hefte erschienen schon 1935;[19] sie waren unter anderem den verschiedenen Richtungen innerhalb des deutschen Judentums gewidmet: den Liberalen, den Zionisten und der Orthodoxie.[20] Das generelle Ziel war, die Berücksichtigung jüdischen Geistesguts im Deutschunterricht zu erleichtern. Die zusammengestellten Stücke sollten in Inhalt, Form und Umfang dem geistigen Stand bestimmter Altersstufen entsprechen. Dabei ging es den Initiatoren der Reihe darum, »ein Bild jüdischen Lebens und Schaffens, Denkens und Fühlens« zu vermitteln und durch eine lebendige Beschreibung von Persönlichkeiten, Zuständen und Ereignissen den Fachunterricht zu ergänzen und zu illustrieren.[21] Der Publikation der Hefte waren längere Verhandlungen mit dem Schocken-Verlag vorausgegangen, der seit 1933 mit der Herausgabe dreier verschiedener Reihen sein starkes Interesse an jüdischem Wissen und Denken bewiesen hatte.[22] Schocken war aber nicht bereit, die im Auftrag der Reichsvertretung und unter ihrer Mitwirkung entstandenen Lesehefte in sein Verlagsprogramm aufzunehmen, ohne über den Inhalt mitbestimmen zu können. Daher wurde Einigkeit darüber erzielt, daß der Verlag keine Hefte ohne Zustimmung der Reichsvertretung veröffentlichen würde, seinerseits aber das Recht haben sollte, empfohlene Manuskripte abzulehnen.[23] Die Reichsvertretung selbst trug dazu bei, den Charakter der Leseheftreihe zu verwischen. Sie hielt sich nicht an ihr proklamiertes Grundprinzip, bei der Auswahl hauptsächlich die Eignung für den Schulunterricht zu bedenken, und nahm häufig Texte von allgemeinem Interesse in die Sammlung auf. Wegen dieser Ausweitung des Programms und weil die Texte zum Teil didaktisch nicht aufbereitet waren, wurde die Auswahl der Lektüre für die Lehrer immer schwieriger. Die Reichsvertretung ging deshalb dazu über, einzelne Hefte in den Verzeichnissen des Schocken-Verlags als »für Schulzwecke besonders geeignet« zu kennzeichnen.[24] Eine Reihe von Bearbeitern war mit diesem Notbehelf jedoch nicht zufrieden. Sie entschlossen sich im Hinblick auf diese Differenzen und Unklarheiten, ihre Leseheft-Manuskripte lieber unter der Ägide der Berliner Ortsgruppe des jüdischen Lehrerverbandes in Preußen als »Lesebogen« herauszugeben.[25] Die Bogen waren weniger arbeitsaufwendig, so daß es möglich war, Bedürfnissen der Lehrer schneller Rechnung zu tragen. In ihrer Form waren sie schlichter und daher auch billiger als die bei Schocken erscheinenden Lesehefte. Unter diesem Druck gelang es dem Schocken-Verlag im Einvernehmen mit der Reichsvertretung, die Preise für die weiterhin bei ihm erscheinenden Lesehefte herabzusetzen.[26]

Einen wichtigen Beitrag leisteten die Lesehefte bei der Gestaltung der Festtage an der Schule. In diesen von Dr. Elieser L. Ehrmann herausgegebenen Heften waren Darstellungen, Reisebeschreibungen, Lieder und Geschichten aus Bibel, Talmud, Midrasch und moderner jiddischer und hebräischer Literatur zusammengefaßt, die je nach Klassenstufe im Unterricht Verwendung finden sollten.[27] Die Festtage bildeten den Höhepunkt bei den Bestrebungen, den Schulalltag mit jüdischem Geist zu durchdringen. Daher gab sich die Schulabteilung größte Mühe, den Schulen bei der Gestaltung der Feste behilflich zu sein. Sie sandte Quellen-, Literatur- und Ideensammlungen an die Schulen mit Vorschlägen unter anderem für Spiele, Theaterstücke und die künstlerische Ausschmückung der Klassenräume.[28]

Besonderes Interesse zeigte die Reichsvertretung an der Pflege der Palästinakunde. Mehr als in anderen Fächern fehlte es in diesem neugeschaffenen Schulfach an geeignetem Lehrmaterial. Um diesem Problem zu begegnen, stellte die Reichsvertretung 1935 Materialien zusammen und verkaufte sie zu vergünstigten Bedingungen.[29] Darunter waren Bücher über die ideologischen Fundamente des Palästina-Aufbaus, Karten des Landes, Bildstreifen, statistische Tabellen und hebräische Jugendliteratur, die »eine vertiefte Kenntnis Palästinas und der Triebkräfte des Aufbaus« vermitteln sollten.[30] Zur gleichen Zeit bewilligte die Reichsvertretung Lehrern Beihilfen für Studienreisen nach Palästina.[31] 1937, als die britische königliche Palästina-Kommission unter dem Vorsitz von Earl Peel ihren Bericht vorlegte, von dem die Entscheidung über das Schicksal des Landes erwartet wurde, erreichte die Beschäftigung mit Palästina an den Schulen ihren Höhepunkt.[32] Die Schulabteilung gab zusammen mit dem Schocken-Verlag eine deutsche Übersetzung des Peel-Berichtes über Palästina heraus, den sie – abgesehen von ihrer Einstellung zu den Empfehlungen der Kommission – als eine »sehr eingehende Schilderung des Palästinensischen Aufbauwerkes« würdigte.[33] Drei Monate später machte die Schulabteilung die Schulen auf den 20. Jahrestag der Verkündigung der Balfour-Deklaration aufmerksam und bat angesichts der hohen Bedeutung dieses Ereignisses, eine besondere Feierstunde zu veranstalten. Ferner empfahl sie den Schulen, in den höheren Klassen auf die Geschichte des Zionismus einzugehen und dabei insbesondere »die drei wesentlichen Etappen der Bewegung 1897, 1917 und 1937 zu kennzeichnen«.[34] Die positive Einstellung der Schulabteilung zeigte sich noch deutlicher anläßlich des Todestages von Theodor Herzl (gestorben 1904) am 19. Juli 1937. Den Schulen wurde nahegelegt, eine Feierstunde abzuhalten und »sodann, wenn irgend möglich, den Unterricht ausfallen zu lassen«. Bei dieser Gelegenheit sollte außer dem Wirken und der Persönlichkeit Herzls auch die Entwicklung des Aufbauwerks in Palästina gewürdigt werden, unter Hinweis auf das bereits Geleistete und auf »die Größe und Schwere der noch zu bewältigenden Aufgabe«.[35]

Die starke Hinwendung des ursprünglich die verschiedenen Richtungen des deutschen Judentums möglichst ausgeglichen repräsentierenden Erziehungsausschusses zum Zionismus war nicht ideologisch bedingt. Sie resultierte vielmehr aus der unausweichlichen Erkenntnis der Realität. So schrieb Leo Baeck zur gleichen Zeit: »Wir haben in diesem Jahre einen doppelten Anlaß, uns der großen Gestalt von Theodor Herzl zu erinnern. Wir erwarten für die Zukunft Palästinas eine Entscheidung von geschichtsbestimmendem Ausmaß. Wir erwarten sie in derselben Epoche, in der die Existenzfrage des gesamten mitteleuropäischen Judentums aufgerollt ist.«[36]

Von Anfang an beanspruchte die Schulabteilung die Rolle des Koordinators zwischen den verschiedenen Schulen. Sie bezweckte damit nicht eine zwanghafte Vereinheitlichung der Richtungen, sondern versuchte, eine weitgehende Annäherung der Schulen zu bewirken. Anfang 1936 wandte sie sich an die Schulen, von denen sie glaubte, daß sie »nach mehrjähriger Praxis an manchen Stellen einen gewissen Überblick über die Möglichkeiten und den Umfang der Vermehrung des jüdischen Bildungsstoffes gewonnen« hätten. Diese einzelnen Erfahrungen sollten nunmehr zusammengefaßt, ausgewertet und einer breiteren Öffentlichkeit zugänglich gemacht werden. Zu diesem Zweck sollten die Schulen ihre ausgearbeiteten Lehrpläne an die Reichsvertretung senden.[37] Im gleichen Jahr beschloß die Reichsvertretung die Gründung einer das ganze Reich umfassenden Zentrale für pädagogische Arbeit.[38]

Mit dem Erscheinen der neuen Richtlinien für die Lehrpläne der jüdischen Volksschulen Ende 1937 wurde der Zentralisierungsdruck noch stärker.[39] Im großen und ganzen orientierten sich die Richtlinien an denen von 1934, jedoch war die Idee des »doppelten Urerlebnisses«, die 1934 so viel Kritik erregt hatte, zugunsten einer eindeutigen jüdischen Identität aufgegeben.[40] In seinem Kommentar zu den Richtlinien betonte Leschnitzer, daß es um die »Einheitlichkeit der Grundzüge« gehe; »Vielfalt in der Einheit« entsprechend den religiösen Bedürfnissen der Schüler sei nicht nur möglich, sondern sogar »erwünscht, ja im Grunde genommen unumgänglich notwendig«.[41] Zur gleichen Zeit erhielt die Schulabteilung unerwartet ein Machtinstrument, mit dessen Hilfe sie die Schulen zu weitgehender Einheit zwingen konnte. Ein Runderlaß des Erziehungsministeriums untersagte ihr, vor der Herausgabe der Lehrpläne für die deutschen höheren Schulen besondere Lehrpläne für jüdische höhere Schulen aufzustellen, räumte ihr aber das Recht ein, in der Zwischenzeit die Gewährung finanzieller Zuschüsse von der sinngemäßen Anwendung der in den Richtlinien für die Volksschulen aufgestellten Grundsätze abhängig zu machen.[42] Die Reichsvertretung blieb jedoch bei ihrem Prinzip der Freiwilligkeit. Sie empfahl den Schulen zwar, ihre Lehrplanentwürfe vor der Vorlage bei den Behörden erst ihr zuzuleiten, damit sie die erforderliche Einheitlichkeit herbeiführen könne, betonte aber gleichzeitig, daß das Recht der einzelnen Schulen auf ihre Eigenart weiterhin bewahrt werden solle.[43] Aus einem Rundschreiben der Reichsvertretung vom Februar 1938 erfährt man, daß die Schulabteilung zu dieser Zeit vereinheitlichte Lehrpläne für Hebräisch, biblische Geschichte, Deutsch, Heimatkunde und Rechnen besaß.[44]

Lehrerausbildung

Die Lehrer an jüdischen Schulen stellten vor 1933 keinesfalls eine homogene Gruppe dar.[45] Die in den kleinen Landgemeinden entstammten dem gleichen Milieu wie ihre Schüler. Neben ihrem Lehrerberuf erfüllten sie auch Kultur- und Kultusfunktionen.[46] Bei den Lehrern in den Städten kann man zwischen den religiös-liberalen Lehrern, die ihre Aufgabe in der Erziehung der ostjüdischen Kinder zur deutschen Kultur sahen, und denen aus der zionistischen Jugendbewegung, die von sozialem und nationalem Ethos erfüllt waren, unterscheiden.[47] Die ausgebildeten jüdischen Lehrer sowie Kantoren und Prediger, die eine reguläre Ausbildung als Lehrer genossen hatten oder zumindest im Religionsunterricht tätig waren, organisierten sich Mitte der neunziger Jahre des vorigen Jahrhunderts im »Reichsverband der jüdischen Lehrervereine«.[48] In der Weimarer Republik gelang es dem Verband, alte

Gegensätze zwischen Orthodoxen und Liberalen weitgehend zu überbrücken.[49] Die Sicherung eines Sondersitzes im Vorstand ermöglichte es den Orthodoxen, ihre Vorbehalte aufzugeben, und die meisten noch außenstehenden Gruppen traten rasch nacheinander in den Lehrerverband ein. Seit seiner Gründung gab er die »Blätter für Erziehung und Unterricht« heraus, die dem »Israelitischen Familienblatt« als kostenlose Beilage beigefügt waren. Mitte der zwanziger Jahre kam es jedoch zu Mißverständnissen zwischen dem Verband und dem Verlag, weshalb die Blätter nicht mehr erscheinen konnten und seit 1924 durch die Monatsschrift »Jüdische Schulzeitung« ersetzt wurden, die von einem nichtjüdischen Verlag herausgebracht wurde. Sie erschien in vergrößertem Umfang und konnte daher, anders als früher, auch pädagogisch-wissenschaftliche Arbeiten veröffentlichen, ohne daß sie »populär« sein mußten.

Der Aufstieg des Nationalsozialismus führte rasch zu Veränderungen in der Zusammensetzung der jüdischen Lehrerschaft. Zu den seit Jahren an jüdischen Schulen beschäftigten Lehrern kamen Kollegen, die aufgrund des »Gesetzes zur Wiederherstellung des Berufsbeamtentums« vom 7. April 1933 aus den deutschen Schulen ausgeschlossen worden waren. Nur wenige Lehrer, wie z. B. die jüdischen Frontsoldaten oder die Angehörigen von im Ersten Weltkrieg Gefallenen, durften weiterhin an deutschen Schulen unterrichten, bis das »Reichsbürgergesetz« vom 15. September 1935 auch ihre Entlassung zum Ende des Jahres erzwang.

Der Zustrom dieser Lehrer zu den jüdischen Schulen und deren Ausbau zwangen die Reichsvertretung dazu, Konzepte für neue Lehrerbildungsanstalten zu entwerfen.[50] Die einzige zu dieser Zeit existierende jüdische Lehrerbildungsanstalt, ein Volksschullehrerseminar in Würzburg,[51] erschien den Mitgliedern des Schulausschusses wegen ihrer konservativen Ausrichtung als unzureichend für die neuen Bedürfnisse der Zeit. Sie entschieden sich, Ostern 1934 in Berlin eine Seminarklasse für Abiturienten mit Förderkursen in jüdischen Fächern einzurichten. Dieses Seminar sollte so aufgebaut sein, »daß es eine mittlere Richtung einhält und sowohl für Liberale wie für Konservative und zionistische Kreise in Betracht kommt«.[52] An erster Stelle sollten neue Volksschullehrer ausgebildet werden. Darüber hinaus war es aber notwendig, die Lehrer, die aus den allgemeinen Schulen zur jüdischen Schule kamen und wenig jüdisches Wissen mitbrachten, weiterzubilden. Außerdem bedurfte auch die alte Lehrerschaft der Fortbildung, um sich an der erwünschten Durchdringung der Schule mit jüdischem Gedankengut beteiligen zu können.[53]

Parallel zu den Plänen der Reichsvertretung und ohne von ihnen Kenntnis zu haben, entwickelte Martin Buber sein Konzept für die deutsch-jüdische Lehrerbildungsanstalt. Eine »wesensjüdische Schule« brauche Lehrer, die über ihre jeweiligen Fachqualifikationen hinaus »ein gewisses Maß von ›Jüdischkeit‹, von jüdischem Geist und jüdischem Wissen, besitzen« müßten.[54] Die Anstalt sollte die Lehrer deshalb in Bibel- und Religionskunde, in Volkskunde, Geschichte und Gegenwartskunde des Judentums unterweisen. Buber suchte seinen Plan bald zu verwirklichen und bot Ernst Simon schon Ende Mai 1933 eine Stelle für Oktober desselben Jahres an.[55] Nachdem die Reichsvertretung das von ihm geforderte Bildungsamt jedoch abgelehnt hatte, schlug Buber das Angebot Leschnitzers aus, im Interesse der Lehrerbildungsanstalt im Erziehungsausschuß der Reichsvertretung mitzuwirken.[56] Dennoch arbeitete er an seinem Vorschlag weiter. Anfang Dezember 1933 schickte er sein Programm an Otto Hirsch. An der geplanten Anstalt, die Buber »Schule für Judentumskunde« nennen wollte, sollten die Lehrer innerhalb eines Jahres in 25 Wochenstunden in möglichst lebendiger Form judaistische Kenntnisse vermittelt bekommen. Dies müsse »so geschehen, daß die Elemente jüdischen Wissens sich zu einem großen organischen Geisteszusammenhang verbinden, und ferner, daß die Ausbildung sich in einer Atmosphäre lebendiger jüdischer Gesinnung, jüdischer Existenz und jüdischer Zielsetzung vollziehe«.[57] Der Stoff sollte nicht allein im Frontalunterricht vorgetragen, sondern die Vorlesung durch seminaristische Übungen unterstützt und ergänzt werden, »wie überhaupt die aktive Teilnahme des Hörers an der Erarbeitung des Wissens für ihn nach Möglichkeit aufgerufen und gefördert werden soll«.

Nach all den Enttäuschungen, die Buber mit dem Bildungsamt erlebt hatte, zögerte er zunächst, Hirschs Angebot der Leitung einer solchen Anstalt zu akzeptieren, signalisierte aber Bereitschaft für den Fall, daß die Realisierung gesichert sei.[58] Kurz darauf machte Baeck Buber ein offizielles Angebot im Namen des Erziehungsausschusses. Die konkreten Grundlagen waren dadurch geschaffen, daß die Gemeinde in Mannheim der »Schule für Judentumskunde« Räumlichkeiten zugesagt und die Reichsvertretung einen Jahresetat von 40000 Reichsmark bewilligt hatte.[59]

Trotzdem ließ sich die Lehrerbildungsanstalt nicht in der Weise verwirklichen, wie Buber sie geplant hatte. Nach seinem ursprünglichen Entwurf sollte die »Schule für Judentumskunde« die zentrale Stelle für die Ausbildung jüdischer Lehrer sein. Aber schon bald mußte er erkennen, daß dies aus geographischen Gründen nicht machbar war.[60] Die im Schuldienst tätigen Lehrer und Lehrerinnen konnten gerade in diesen Notzeiten ihre Arbeit nicht unterbrechen, um in Mannheim ein Fortbildungsjahr zu absolvieren. Die Schule konnte deshalb bestenfalls nur »lokale Bedeutung« gewinnen. Außerdem erfuhr Buber von dem von der Reichsvertretung »schon vor geraumer Zeit in Aussicht« genommenen Seminar in Berlin, »innerhalb dessen die Judentumskunde zwar nicht so intensiv betont, aber selbstredend stark berücksichtigt ist«.[61] Auch seine Forderung, allein für die Judentumskunde 25 Wochenstunden zu beanspruchen, war schwer zu verwirklichen, da darüber hinaus in den profanen Fächern Unterricht erteilt werden mußte. Die entstehende Gesamtstundenzahl, meinte Elbogen, werde kein Zögling dieser Anstalt ertragen können. Kritisch schrieb er an Buber: »Daher würde ich auch jetzt schon anheimstellen, die Forderungen nicht zu übertreiben und immer im Auge zu behalten, daß es sich darum handelt, die Lehrer von Profanfächern in eine Verbundenheit mit dem Judentum zu bringen, nicht aber sie zu Fachgelehrten auszubilden.«[62]

Buber mußte feststellen, daß sein Plan unter den herrschenden Bedingungen nicht zu realisieren war. Es gab in Südwestdeutschland nicht genügend jüdische Lehramtskandidaten, die sowohl das Interesse als auch die finanziellen Möglichkeiten für die Absolvierung einer so langen Ausbildung hatten. Daher sah er sich genötigt, das Programm einer Lehrerfortbildungsanstalt aufzugeben und statt dessen ein neues Gesamtkonzept für eine jüdische Erwachsenenbildungsstätte zu entwickeln. Als wesentlicher Bestandteil sollten in ihrem Rahmen judaistische Nachschulungskurse für Lehrer dezentral in den Gemeinden oder als Ferienkurse an dafür geeigneten Orten stattfinden. Darüber hinaus sollte die Stelle alle jüdischen Einrichtungen, die sich mit Erwachsenenbildung beschäftigten – Volkshochschulen, Lehrhäuser, »Schulen der Jugend« – zusammenfassen und einen stetigen Austausch von Erfahrungen und Anregungen, Materialien und Dozenten ermöglichen.[63] Als Ergebnis dieser Überlegungen wurden im März 1934 bei einem Treffen von Hirsch, Leschnitzer und Buber die Richtlinien für die »Mittelstelle für Erwachsenenbildung« formuliert, die daraufhin im Mai ihre Arbeit beginnen konnte. Von nun an begleitete die Mittelstelle auch die Lehrerfortbildung. Dies geschah in Form von »Lernzeiten« – einem von der Mittelstelle organisierten »Bildungsurlaub«, der inhaltlichen und methodischen Problemen der Schule gewidmet war – sowie durch Vorträge, Beratungen, Literaturzusammenstellungen und Unterrichtsbeispiele, die Lehrern und Schulen angeboten wurden.[64]

Das Scheitern des Mannheimer Plans störte die weitere Entwicklung in Berlin nicht. Dort arbeiteten der Preußische Landesverband jüdischer Gemeinden und die Reichsvertretung an einem Lehrerfortbildungszentrum, das jüdisches Wissen vermitteln, in die besondere Methodik des Volksschulunterrichts einführen, die Ergebnisse der modernen Pädagogik vorstellen und überhaupt die Lehrer über die Fortschritte der Wissenschaft auf dem laufenden halten sollte.[65] Widerstand kam jedoch vom Reichsverband der jüdischen Lehrervereine, der nicht informiert worden war und sich von der Reichsvertretung übergangen fühlte. Er wandte sich an alle anderen Interessierten und betonte, daß er innerhalb des deutschen Judentums das sei, was die staatlich organisierten Fachschaften im Reich seien. Daher verlange er, auch an den Plänen für die Lehrerfortbildungsanstalt beteiligt zu werden.[66] Diese scharfe Kritik fand Widerhall und führte im Oktober 1934 zur Konstituierung eines Ausschusses für Lehrerfortbildung, in den Dr. Stern als Vertreter des Lehrerverbandes gewählt wurde. Die praktische Arbeit des Ausschusses sollte in engstem Zusammenwirken der verschiedenen Organisationen mit der Lehrerschaft stattfinden.[67] In der Eröffnungssitzung des Ausschusses wurden Mitteilungen über einen ersten, von seinem Leiter, Dr. Fritz Bamberger, abgehaltenen Kursus gemacht und Pläne für die weitere Ausgestaltung entwickelt.[68] An den Fortbildungsveranstaltungen nahmen zuerst die neu in die jüdischen Schulen eintretenden Lehrkräfte teil, die –

soweit sie begabte, aber mittellose junge Menschen waren – Stipendien der Reichsvertretung erhielten.[69]

Die Spannungen zwischen dem Reichsverband der jüdischen Lehrervereine und der Reichsvertretung waren mit der Bildung des Ausschusses noch nicht beendet. »Aufs peinlichste berührt« fühlte sich der Verband, als sich die Reichsvertretung Ende 1935 vor der Veröffentlichung ihres Arbeitsplanes der Zustimmung einer Reihe von Großorganisationen versicherte, den Lehrerverband aber wiederum übersah.[70] Nach einer eingehenden Aussprache betonten die Vertreter der beiden Organisationen, daß sie übereinstimmend ihre Zusammenarbeit als Voraussetzung für eine gedeihliche Entwicklung des jüdischen Schulwesens in Deutschland betrachteten. Um sie zu sichern, wollten sie enge Fühlung halten. Die Schulabteilung der Reichsvertretung wurde verpflichtet, dem Reichsverband rechtzeitig Gelegenheit zur Stellungnahme zu anstehenden Fragen zu geben und ihn zur Mitwirkung bei ihren pädagogischen Arbeiten heranzuziehen. Der Reichsverband sagte zu, die Arbeit der Schulabteilung als der Zentralinstanz für das jüdische Schulwesen in Deutschland »in jeder Weise nach besten Kräften« zu unterstützen.[71]

Die Überführung jüdischer Lehrer aus allgemeinen Lehranstalten an jüdische Schulen und ihre Integration waren keine einfache Aufgabe. Viele von ihnen waren Anhänger der Reformpädagogik und konnten die jüdische Schule mit ihren neuen Methoden bereichern,[72] vorausgesetzt, daß die ältere Lehrergeneration bereit war, diese Ansätze aufzunehmen. Daß dies keinesfalls überall selbstverständlich war, läßt sich einem Plädoyer in der Zeitschrift »Der Israelit« für einen autoritären Ansatz in der Erziehung entnehmen. Dort schrieb Lippmann Kurzweil: »Die jüdische Pädagogik kennt nicht den Verkehr zwischen Lehrer und Schüler auf Freundesbasis. Der jüdische Lehrer ist eine Autorität [...] So etwas wie freie Schule kennt das jüdische Schulgesetz nicht.«[73]

In manchen Schulen gelang es, die neuen Lehrkräfte harmonisch zu integrieren,[74] in vielen kam es jedoch zu erheblichen Spannungen. Dabei war im allgemeinen weniger der pädagogisch-reformerische Ansatz als die Einstellung der neuen Kollegen zum Judentum für die ältere Lehrergeneration ein Problem. »Der Israelit« bestritt ganz und gar die Möglichkeit, daß diese Lehrkräfte erfolgreich in jüdischen Schulen wirken könnten. Dort hieß es: »Lehrer, die jahrzehntelang die Distanz zwischen der Staatsschule, in der sie tätig waren, und der jüdischen Schule hervorgekehrt haben, können nicht von heute auf morgen Lehrer an jüdischen Schulen sein. Dazu bedarf es doch einer gründlicheren Umstellung, als gemeinhin angenommen wird. Die jüdische Schule hat den ganzen Menschen zu erfassen und hat ihn vom Judentum her zu bewegen und seine Nöte von ihm aus zu lösen. Das kann nur ein Erzieher, der selbst das Judentum von seiner Mitte her erfaßt hat und lebt und in derselben Anschauung, aus der er lebt, auch erzieht.«[75]

Auf der pädagogischen Arbeitstagung in Berlin vom 24. bis 27. August 1936 brachen die Konflikte offen aus. Die ältere, meist orthodoxe Religionslehrergeneration empfand den Unterricht des Neuhebräischen und den Einfluß Martin Bubers auf die jüdische Schule als fremdartigen, verfälschenden Einschlag in der jüdischen Erziehung. Die jüngere Generation sah gerade darin den erfolgreichen Versuch, dem Jüdischen wieder einen organischen Platz im Leben der Kinder einzuräumen.[76]

Außer den Gesinnungsfragen war es auch die wirtschaftliche Not, die die Spannungen bedingte. Wegen ihrer schwierigen finanziellen Situation gingen viele Gemeinden dazu über, bei der Einstellung von Lehrkräften entweder ganz junge, insbesondere unverheiratete Lehrer zu bevorzugen oder aber den Unterricht durch pensionierte Lehrkräfte erteilen zu lassen. Dies ging so weit, daß die Reichsvertretung sich veranlaßt sah, aus sozialen und pädagogischen Gründen den Gemeinden von dieser Praxis abzuraten.[77]

Auch innerhalb des konservativen Lagers zeigte sich eine Neigung der jüngeren Lehrergeneration, sich abzusondern. So entstand aus den Absolventen der Lehrerbildungsanstalt in Würzburg im Jahr 1936 eine Gruppe, die sich Jüdisch-Pädagogischer Arbeitskreis nannte und eine Zeitung namens »Mitteilungen der Gruppe der Junglehrer« herausbrachte.[78] Darin betonte sie: »Daß nämlich wir nie die Erfahrung, die ältere Kollegen in schwerer Arbeit gewannen, bei all unserem Sinnen und Tun außer Acht lassen, daß wir vielmehr auf ihr aufbauen und mit ihr rechnen müssen, wenn anders wir nicht ins Leere arbeiten wollen. Mit anderen Worten – und es sei noch einmal offen betont –: Wir arbeiten nicht gegen, sondern mit und auch – für die ›älteren‹ Kollegen. Mehr als dies dauernd betonen, können wir nicht tun. Wer's uns dann noch immer nicht glaubt, wird's wohl nie glauben.«[79]

Die nachdrückliche Formulierung läßt ahnen, wie tiefgreifend der Generationenkonflikt innerhalb der konservativen Lehrerschaft war. Wo der Grund für die Spannungen lag, läßt die folgende Aussage ahnen:[80] »Wir jüngeren Lehrer, besonders die aus der Jugendbewegung – Esra – kamen, versuchten hier und da einen etwas moderneren Geist in die Schule zu bringen, ohne natürlich dem orthodoxen Charakter Abbruch zu tun, im Gegenteil, ihn öfter zu stärken, indem wir uns zum Beispiel über die Anordnung, im Profanunterricht ohne Kopfbedeckung zu sitzen, hinwegsetzten, aber alles ganz im Geiste von der ›Erfüllung des Thora-Ideals, verbunden mit den Forderungen der Zeit‹.« Die Gruppe der Junglehrer zählte ca. 70 Mitglieder. Sie gehörte weiterhin zum Verein gesetzestreuer jüdischer Lehrer und Lehrerinnen[81] und beteiligte sich an Aktivitäten von anderen konservativen Verbänden. Sie veröffentlichte in ihrer Zeitung aber auch Beiträge des Zionisten Dr. S. Kaleko, des Herausgebers des zionistischen, in hebräischer Sprache verfaßten Lehrerblatts »Hamore Haivri« (Der hebräische Lehrer).[82]

Langsam mußten auch die anderen Lehrer erkennen, daß die Nöte der Zeit es erforderten, die alten Gegensätze zu überwinden. Mitte 1938 konnte Siegfried Braun, der Redakteur der »Jüdischen Schulzeitung«, den Zusammenschluß der älteren und der jüngeren Lehrer sowie der Volksschullehrer und der aus den Gymnasien überwechselnden Lehrer als eine erfolgreiche Synthese beschreiben. Die Jüngeren brachten durch ihre Jugendlichkeit, ihr umfangreiches Wissen in den Fächern, in denen die Alten nur unzureichend ausgebildet worden waren, wie Turnen und Sport, und durch ihre bündische Haltung der Schularbeit »einen schönen Schwung«. Die Lehrer von höheren Schulen brachten einen reichen Fundus an Fachwissen mit ein, besonders im Bereich der Fremdsprachen und der Realien.[83] So einfach, wie Braun sie beschrieb, war die Integration der Lehrer der höheren Schulen in die jüdischen Volksschulen allerdings nicht gewesen. Zuerst mußten die gegenseitigen Vorbehalte, die diese zwei grundverschiedenen Lehrergruppen einander entgegenbrachten, beseitigt werden. Bei den Volksschullehrern war das Mißtrauen zu überwinden, daß die neuen Kollegen den Wechsel nicht als einen von der Not diktierten Abstieg empfanden, sondern ihn in der vollen Überzeugung von der Bedeutung der Volksschule vollzogen.[84] Außerdem wußten diese Lehrer wenig über die Besonderheiten der jüdischen Schule. Sie mußten umgeschult werden und vor allem ihre jüdische Bildung erweitern, wie im Zusammenhang mit den Bemühungen um die Gründung von Lehrerseminaren geschildert wurde.[85] Die Reichsvertretung versuchte, in enger Zusammenarbeit mit der Abteilung für Erwachsenenbildung und mit Martin Buber dieser Aufgabe durch Fortbildungs- und Umschulungskurse gerecht zu werden. Auch die Berliner Gemeinde führte Schulungen, Hospitationen und Unterrichtspraktika durch, um den ehemaligen Gymnasiallehrern den Übergang an die jüdische Volksschule zu erleichtern.[86] In der Zwischenzeit stützte man sich, besonders in Fächern wie Hebräisch und jüdischer Religion, auf Fachspezialisten, die jedoch keine pädagogische Ausbildung besaßen.[87]

Unabhängig von den erwähnten Spannungen zeichnete sich eine große Veränderung im Berufsverständnis der jüdischen Lehrer ab. Die ständig härter werdende Besoldungspolitik des NS-Regimes gegenüber jüdischen Lehrern[88] und die immer größere finanzielle Bedrängnis der Reichsvertretung, der jüdischen Landesverbände und der Gemeinden führten dazu, daß viele jüdische Lehrer materielle Not litten oder zum Teil sogar ehrenamtlich tätig waren.[89] Die Arbeitsbedingungen waren insgesamt schwer: Der von der Behörde verfügte Anstellungsstopp und der ständige Zustrom von Schülern hatten eine starke Belastung der vorhandenen Lehrkräfte zur Folge.[90] Noch wesentlicher war aber die Veränderung ihrer Funktion. Die Lehrer gewannen eine zentrale Rolle in dem ständigen Bemühen, den Kindern in der Schule eine Insel der Normalität zu bewahren[91] und sie z. T. zur Emigration zu motivieren.[92] Auch in dem Bewußtsein der Lehrer fand eine Veränderung statt: Hatten sie früher auf Tagungen und Konferenzen über die Anliegen ihres Standes diskutiert, so trat das Thema ganz in den Hintergrund zugunsten der pädagogischen Fragen.[93]

Der Lehrer gewann innerhalb der jüdischen Gemeinde ein Ansehen, das er seit der Emanzipationszeit nicht mehr genossen hatte. Die zentrale Stellung des jüdischen Bildungswesens in diesen Jahren kam seinem Status zugute.[94] Der persönliche Preis dafür war aber sehr hoch. Viele jüdische Lehrer sind nicht rechtzeitig emigriert, zum einen, weil sie immer noch eine feste Stelle und damit relative Sicherheit besaßen,[95] zum anderen, weil sie sich für die zurückbleibenden Kinder verantwortlich fühlten. Nachdem sie in der »Kristallnacht« zum Teil verhaftet worden waren,[96] litten sie nach der Entlassung aus dem Konzentrationslager unter ständiger Angst. Manche, wie Dr. Jonas, der letzte Leiter der Talmud-Tora-Schule in Hamburg, durften nicht mehr emigrieren.[97] Viele jüdische Lehrer befanden sich unter den Deportierten.[98]

Die Reichsvertretung als Schlichterin in den Gemeinden

Bei ihrer Arbeit war die Reichsvertretung stark auf die Gemeinden – den traditionellen Kern jeder jüdischen Organisation – angewiesen.[99] Bis 1938, als die Gemeinden den Status einer Körperschaft des öffentlichen Rechts verloren, wurden ihre Steuern von den Finanzämtern zusammen mit den staatlichen Steuern eingezogen und galten als zentrale Finanzierungsquelle für die Aktivitäten der Reichsvertretung.[100] Damit erhielten aber die Gemeinden nicht auch das Sagen im Bereich der Erziehungspolitik. Um die Einheitsschule zu erreichen, behielt sich die Reichsvertretung »die zentrale Aufsicht über das neu zu schaffende Schulwerk vor, um für die Einhaltung der von ihr aufgestellten Richtlinien, für die Gestaltung der Lehrpläne und die Ordnung der sonstigen Schulfragen [...] zu sorgen«.[101]

Auf die Herausforderungen der neuen Epoche reagierten die Gemeinden zögernd. Ende 1933 beklagte sich Elbogen, daß die Gemeindeverwaltungen die jüdische Schule nicht wünschten: »[...] diese machen in den meisten Fällen sogar Schwierigkeiten.«[102] Die Gründe für die Zurückhaltung lagen zum größten Teil in den finanziellen Problemen der Gemeinden.[103] Sie wollten nicht »dem Staat eine Last abnehmen, zu der er noch gesetzlich verpflichtet war«.[104] In größeren Gemeinden waren auch die innerjüdischen Gegensätze bei den Überlegungen von Bedeutung. In Danzig z.B. befürchtete die Gemeinde, die geforderte jüdische Schule würde keine »jüdisch-konfessionelle Gemeindeschule, sondern eher eine zionistische Parteischule« sein.[105] In Königsberg/Pr. hingegen fürchteten die Liberalen den vermeintlich orthodoxen Charakter einer solchen Schule.[106] Hinzu kam, daß viele Gemeinden und Landesverbände nicht genügend verstanden, wie außerordentlich gefährlich die Lage war. In diesen Fällen übernahm die Reichsvertretung die Rolle der treibenden Kraft. So versuchte Otto Hirsch den bayerischen Landesverband für das Landesschulheim in Herrlingen zu begeistern und ihn von seiner »abwartende[n] Stellung« abzubringen.[107] Je schlechter die finanzielle Lage der Gemeinden und Landesverbände sowie der Eltern wurde, desto mehr Unterstützung mußten sie von der Reichsvertretung erhalten. Sie konnte sich daher zunehmend stärkeren Einfluß sichern und sich intensiver in Schulkonflikte einmischen.

Schon 1933 sprach der liberale Rabbiner Galliner bei der Diskussion über die

Einheitsschule von der Möglichkeit, in großen Städten Bildungsanstalten der verschiedenen Richtungen zu gründen. Nicht in allen Städten aber führte diese Lösung zu dem erhofften Frieden. In Darmstadt z. B. existierten nebeneinander die ältere Religionsgemeinde, die eine Volksschule in der orthodoxen Tradition führte,[108] und die neuere Sondergemeinde, die eine Schule im liberalen Geist unterhielt.[109] Als die beiden Gemeinden in Konflikt gerieten, versuchte die Reichsvertretung, sich als Schiedsrichter anzubieten. Die Religionsgemeinde machte jedoch zur Vorbedingung, daß der Schiedsspruch der Reichsvertretung keine Punkte enthalten werde, die gegen das Religionsgesetz verstießen. Da die Reichsvertretung schließlich keine andere Möglichkeit mehr sah, den Konflikt zu lösen, strich sie beiden Gemeinden im Oktober 1937 die Subventionen.[110] Ein Angebot vom Dezember, die orthodoxen Schüler in die Bezirksschule 2 zu übernehmen und ihnen dort ihren eigenen Religionsunterricht zu ermöglichen, blieb zunächst ohne Folgen. Lediglich die Turnhalle wurde von beiden Schulen gemeinsam benutzt.[111]

Zwischen dem Vertreter der unabhängigen Orthodoxie, Rabbiner Munk, und Leschnitzer herrschten zur gleichen Zeit auch über die Finanzierung der Samson-Raphael-Hirsch-Schule in Frankfurt Meinungsverschiedenheiten. Der orthodoxe Schulträger, die Israelitische Religionsgemeinschaft (IRG), veranstaltete eine Sondersammlung unter dem Namen »Nothilfe zur Erhaltung des Schulwerkes der IRG«. Die Reichsvertretung sah darin einen Verstoß gegen die Abmachung, daß Spenden für alle Erziehungsanstalten gemeinsam gesammelt werden sollten. Rabbiner Munk betonte, daß derartige Sondersammlungen höchstens im engeren Bezirk statthaft seien, nicht aber darüber hinaus. Er äußerte außerdem Zweifel, ob die Vereinbarung auch für ältere Anstalten der IRG gelte.[112] Differenzen gab es ferner wegen gewisser Staatssubventionen, die die IRG erhalten und der Reichsvertretung nicht gemeldet hatte.

Anders lag das Problem bei den Gemeinden, in denen vor 1933 nur eine Schule existiert hatte, so daß es für die Eltern keine Alternative gab. Zum größten Teil handelte es sich dabei um orthodoxe Anstalten, in denen der Anteil der Schüler aus liberalen Häusern ständig wuchs.[113] Die Reichsvertretung versuchte schon Ende 1933, die daraus resultierenden Schwierigkeiten zu verringern, indem sie eine Teilung des Religionsunterrichts nach Richtungen zulassen wollte.[114] Diese Vorstellung lehnten die orthodoxen Erzieher ab. Dr. Alberto Jonas, der Leiter der orthodoxen Israelitischen Töchterschule in Hamburg, schrieb: »Die jüdische Schule steht nicht im Dienste irgend einer Richtung, und es ist nicht angängig, Gemeindepolitik in die Schule zu tragen. Sollte ein Lehrer dieser Selbstverständlichkeit nicht Rechnung tragen und es an dem notwendigen Takt gegenüber den von Haus aus anders eingestellten Kindern fehlen lassen, dann ist er als Erzieher an einer jüdischen Schule ungeeignet. Auf der anderen Seite müssen wir von den liberal eingestellten Eltern verlangen, daß sie der jüdischen Schule ihre Erziehungsarbeit erleichtern und die gebotene Rücksicht auf den Charakter der jüdischen Schule nehmen.«[115]

Demgemäß verneinte Jonas die Möglichkeit, im Rahmen der gleichen Schule neben dem orthodoxen auch liberalen Religionsunterricht zu erteilen. Die liberale Fraktion in Hamburg, die seit 1917 auch einen eigenen Schulverein hatte,[116] stellte jedes Jahr bei den Leitungen der beiden Schulen – der Israelitischen Töchterschule und der Talmud-Tora-Schule – den Antrag, »die Erziehung der Kinder in Fragen der Religion durch Lehrkräfte unserer Richtung« zu ermöglichen.[117] Sie betonte, daß inzwischen 80 Prozent der Schüler dieser Anstalten aus liberalen Elternhäusern kämen und daß es sicher noch mehr wären, wenn sich manche Eltern wegen der ablehnenden Haltung der Schulleitungen zu diesem Wunsch nicht entschlossen hätten, ihre Kinder in andere Orte oder sogar ins Ausland zu schicken. Vergeblich wiesen die Liberalen darauf hin, daß in anderen Großgemeinden von liberalen und orthodoxen Lehrkräften getrennter Religionsunterricht erteilt werde und daß die Reichsvertretung diese gegenseitige Rücksichtnahme in ihren Richtlinien für das Schulwesen für selbstverständlich erklärt habe. In Hamburg konnten sie mit dieser Argumentation keinen Erfolg erzielen.

In Köln zeigten sich ähnliche Probleme wie in Hamburg. Dort existierten zwei Volksschulen nebeneinander, nämlich die von der orthodoxen Austrittsgemeinde unterstützte Volksschule »Moria« und die von der Gemeinde getragene öffentliche Volksschule in der Lützowstraße.[118] Es gab aber nur eine höhere jüdische Schule – das im Jahr 1919 gegründete orthodoxe Reformgymnasium »Jawne«. Während seine Schüler vor 1933 hauptsächlich aus orthodoxen und ostjüdischen Elternhäusern stammten, veränderte sich die Situation nach der nationalsozialistischen »Machtergreifung« sehr rasch. Von 100 im Schuljahr 1934 neu aufgenommenen Schülern entstammten nur noch 10 Prozent religiösen Elternhäusern. Um die Schule, die ursprünglich ausschließlich von der Austrittsgemeinde getragen wurde, finanziell abzusichern, wurde sie einem Kuratorium unterstellt, dem Repräsentanten der verschiedenen Richtungen der Großgemeinde angehörten. Auch hier tauchte jedoch die Frage auf, wie die Wünsche der liberalen Eltern in der orthodoxen Anstalt befriedigt werden könnten. Schulleiter Dr. Klibansky beharrte auf seiner Position, die Schule weiterhin gesetzestreu zu führen. Das Verlangen der liberalen Eltern nach einem getrennten Religionsunterricht lehnte er aus prinzipiellen und pädagogischen Gründen entschieden ab. Manche liberale Eltern verlangten daraufhin die Gründung einer Mittelschule ihrer Richtung. Kritisch kommentierte ein Orthodoxer diese Forderung: »Es ist aber ein trauriger Ernst, der hinter den Dingen steht! Wie wenig Gemeinschaftsgefühl, wie wenig Rücksichtnahme auf die Gefühle Andersdenkender und wie wenig Verständnis für die über den Parteien stehenden, nicht an bestimmte Formeln gebundenen Werte des Judentums.«[119]

Der Antrag der Liberalen, eine neue Schule gründen zu dürfen, fand bei der Regierung zur Freude Klibanskys, der sich ständig gegen einen Kulturkampf aussprach, keine Zustimmung. Auch in der Frage des getrennten Religionsunterrichts konnte Klibansky einen Erfolg verzeichnen. Mit Unterstützung des Kuratoriums und des Elternrats, dem auch liberale Eltern angehörten, wurde dieser abgelehnt. Die unzufriedenen Eltern mußten sich sogar damit abfinden, daß neu angestellte Lehrkräfte sich im Interesse der Bewahrung des orthodoxen Charakters der Schule verpflichteten, »im Unterricht und in der Öffentlichkeit nicht gegen das Religionsgesetz zu verstoßen«. Darin zeigte sich in Köln wie auch in Hamburg ein klarer Sieg der Orthodoxen.

Breslau und Hamburg waren die einzigen großen Einheitsgemeinden Deutschlands. In Breslau erzielten die Liberalen jedoch mehr Erfolg bei der Bemühung, ihren Kindern in der Schule eine Erziehung in ihrem Geist zu ermöglichen. Mitte 1933 äußerten sie ihren Wunsch, an der orthodoxen Schule liberalen Religionsunterricht einzuführen. Sollte die Schule ihrem Verlangen nicht nachgeben, so würden sie ohne Bitterkeit und Konkurrenzgedanken über die Gründung einer eigenen Schule nachdenken.[120] Zum Schuljahr 1934/35 konnte die von dem liberalen »Neuen jüdischen Schulverein« getragene Schule als selbständige Lehranstalt eröffnet werden.[121] Das Zustandekommen der liberalen Schule – Schulwerk am Anger – war durch die Bereitschaft des konservativen Schulvereins ermöglicht worden, sie gegenüber den Behörden als Zweigstelle der bestehenden Schule auszugeben, tatsächlich aber als selbständige Institution zu akzeptieren, denn auch in Breslau waren die Behörden nicht gewillt, die Gründung einer zusätzlichen jüdischen Schule zu genehmigen.[122] Den Wunsch der Liberalen, ihre Volksschule zu einer höheren Schule zu erweitern, lehnte der konservative Schulverein jedoch ab. Die Reichsvertretung und der Gemeindevorstand übten 1937 Druck aus, das Breslauer Schulwerk zu vereinheitlichen. Das Ergebnis war ein Abkommen zwischen den beiden Schulvereinen, nach dem der konservative die höhere Schule allein betreiben und der Neue jüdische Schulverein nur für die Mittelschule zuständig sein sollte.[123]

Auch im Neuen Schulverein kam es bald zu Konflikten zwischen zionistischen und liberalen Lehrkräften. Die Zionisten hegten den Verdacht, daß die liberalen Lehrer die Lage ausnutzen wollten, um das Schulwerk ausschließlich in ihrem Sinne zu beeinflussen und die Zionisten völlig auszuschalten.[124] Nachdem sie, um den Hausfrieden zu erhalten, auf die Gründung einer eigenen Schule verzichtet hatten, sahen sie nicht ein, daß sie die Entlassung zionistisch gesinnter Lehrkräfte durch den Neuen Schulverein akzeptieren sollten.[125] Der Konflikt erreichte 1937 seinen Höhepunkt, als der Neue Schulverein im Zusammenhang mit der Umgestaltung des Schulwerks drei zionistische Lehrer entließ, darunter auch den Schuldirektor. Die Vermutung lag nahe, daß politische Motive den Ausschlag gegeben hatten. Der Fall wurde vor einen Schiedsrichter gebracht, der jedoch zu dem Ergebnis kam, daß die Kündigung wegen sachlicher Gegensätze und nicht wegen der Gesinnung der Entlassenen erfolgt war.[126] Diese akzeptierten den Schiedsspruch und erklärten, sich zu einer Arbeitsgemeinschaft zusammenschließen und ähnlich wie 1933 eine eigene Schule oder eigene Unterrichtskurse einrichten zu wollen.[127]

Wie im Schulwerk am Anger mußten Liberale und Zionisten auch in anderen

Schulen zwangsläufig miteinander arbeiten. In dem streng liberalen Frankfurter Gymnasium – dem Philantropin – gab es deshalb intensive pädagogische Auseinandersetzungen. Schließlich wurde ein Kompromiß erzielt, daß die Schule Unterricht in Hebräisch und Palästinakunde einführte, ihre Linie im übrigen aber unverändert fortsetzte.[128] Unter diesen Umständen kann es nicht überraschen, daß im Philantropin nach dem Bericht eines Schülers in den dreißiger Jahren unzeitgemäß unterrichtet wurde: Der Zionismus wurde als gefährliche Politisierung bekämpft, und das Neuhebräische, das sich erst 1937 als Pflichtfach durchsetzte, wurde auf kuriose Art und Weise gelehrt.[129]

Es zeigte sich, daß die von der Reichsvertretung gewünschte Einheitsschule die Kompromißbereitschaft von Erziehern und Eltern zum Teil überforderte. Vor allem waren die Schulen und Gemeinden oft nicht in der Lage, die weitsichtige Perspektive der Reichsvertretung in die Tat umzusetzen. Im großen und ganzen weigerten sich die Schulen, die von ihnen in langen Jahren erkämpften Prinzipien zugunsten eines Kompromisses aufzugeben. So blieben die meisten Lehranstalten trotz aller durch die Zeit erzwungenen Veränderungen ihrer Grundgesinnung – liberal oder orthodox – treu. Im Schulalltag, der ganz andere Zwänge mit sich brachte, war die Durchsetzung des Einheitsschulgedankens viel schwieriger, als es die »Politiker« der Reichsvertretung bei ihren Plänen vorausgesehen hatten.

6. Die Lehrinhalte an der jüdischen Schule

Nach den Richtlinien von 1934 sollte das Jüdische in den Mittelpunkt aller dafür in Betracht kommenden Unterrichtsfächer gestellt werden. Diese Forderung der Reichsvertretung mußte von den Lehrern in der Unterrichtspraxis umgesetzt werden, was sich als durchaus problematisch erwies. Die noch stark der deutschen Kultur verbundene Lehrergeneration befürchtete, die jüdische Jugend würde den Bezug zur »eigenen« deutschen und europäischen Kultur verlieren. Besorgt äußerte sich ein Lehrer in der Jüdischen Rundschau: »Wir sehen, wie unsere Schüler vielfach ostjüdische Literatur – die auch wir mit innerster Anteilnahme gelesen haben – als schlechthin richtunggebend ansehen möchten. Gewiß, wie sollten wir nicht jetzt mit Stolz auf die sehen, die so heldenhaft gelitten haben! Unsere Welt kann das aber nicht werden.« [1]

Die Frage nach dem anzustrebenden Verhältnis zwischen dem Jüdischen und dem Allgemeinen beschäftigte die jüdischen Erzieher in den Jahren bis 1938 durchgehend.[2] Heinemann Stern bot in dem von ihm noch 1938 herausgegebenen Buch »Didaktik der jüdischen Schule« eine einfache Formel an: Wenn die jüdischen Schulen die im Bereich des Jüdischen fließenden Bildungsquellen erschlössen, könnten sie auch weiterhin die außerhalb des Judentums entstandenen Kultur- und Bildungswerte, soweit sie es für notwendig oder erstrebenswert hielten, dem Bildungsplan einverleiben, ohne der Grundidee jüdischer Bildung untreu zu werden.[3] Damit hatte er aber noch nicht die Frage geklärt, inwieweit die jüdischen Inhalte auch in Profanfächer eindringen sollten. War das Jüdische nur als Unterrichtsprinzip zu sehen oder sollte es auch die Stoffauswahl und -auffassung bestimmen? Sollte es nur in bestimmten oder in allen Fächern eingeführt werden? Wurde dadurch die Objektivität des Bildungsangebots nicht gefährdet?[4] Eine Lehrerin stellte fest: »Kinder empfinden instinktiv, was künstlich in eine Stunde hineingezogen wird und machen eine dementsprechende instinktive Opposition dagegen. Es ergibt sich also leicht das Gegenteil: Statt einer innigeren Verbindung der Kinder mit der Materie eine Abstoßung.«[5]

Diese Befürchtung teilten z. B. jüdische Erzieher in dem Landesschulheim Herrlingen, weshalb sie sich heftig gegen eine Durchdringung des Sprachunterrichts mit jüdischen Inhalten wehrten. Eine Französischlehrerin, Frau Heymann, meinte, dies stände der Absicht eines Sprachunterrichts, mit dem Kulturkreis des betreffenden Volkes vertraut zu machen, entgegen.[6] Im Rechenunterricht hingegen, der seiner Natur nach neutral ist, war die Einführung jüdischer Inhalte weniger schwierig: So erschien z. B. ein Heft mit Rechenaufgaben, das die Schüler und Schülerinnen anregen sollte, »Größenordnungen des Judentums mit denen der Umwelt zu vergleichen und überhaupt über praktische Fragen des jüdischen Seins nachzudenken«.[7]

Das folgende Kapitel beschäftigt sich zum einen mit den Profanfächern Deutsch und Geschichte, die sich aufgrund ihres Charakters als mögliche Identitätsstifter am ehesten einer jüdischen Durchdringung anboten, zum anderen mit Religion und Hebräisch, deren Bedeutung für die jüdische Schule im Laufe dieser Jahre ständig wuchs. Im Zentrum steht die Frage, in welchem Ausmaß und in welcher Form es gelang, den Schulalltag mit jüdischem Geist zu erfüllen.

Deutsch

Der Deutschunterricht in der jüdischen Schule hatte die Funktion, das sprachliche Ausdrucksvermögen des Kindes und später des Jugendlichen zu entwickeln.[8] Darüber hinaus sollte er »den Jungen Einblick in das seelische und geistige Werden des heranwachsenden Menschen ermöglichen«, um ihm die Wandlung vom Kind zum Erwachsenen zu erleichtern.[9] Diese kulturneutralen Aufgaben teilte die jüdische Schule sowohl vor wie auch nach 1933 mit den anderen deutschen Schulen. Hinzu kamen aber Probleme und Konflikte spezifischer Natur.

Als zentrales Problem für die jüdische Schule erwies sich die mangelhafte Sprachpflege in den Familien, da die Schülerschaft z. T. aus osteuropäischen Elternhäusern stammte, in denen eine stark durch das Jiddische geprägte Mundart gesprochen wurde. Mit der gebotenen Vorsicht versuchte Leschnitzer zu begründen, daß diesen Kindern klargemacht werden müsse, daß die Sprache ihrer Eltern nicht zu verachten sei, sondern vielmehr zu ihnen und dem Judentum dazugehöre, daß sie aber mit der deutschen Sprache nicht identisch sei.[10] Wer einen Zusammenhang zwischen Differenzierungsvermögen der Sprache und Fähigkeit zum differenzierten Denken sieht, wird nicht überrascht sein, daß die jüdischen Pädagogen auf der korrekten Beherrschung der Sprache als Erziehungsziel bestanden. Das Beharren auf Exaktheit war um so nötiger, »als ja dem jüdischen Kinde (auch dem weniger begabten) zusätzliche Aufgaben gestellt sind: die Bewältigung des Hebräischen und späterhin zumeist noch die Erlernung wenigstens einer Fremdsprache (Englisch, Spanisch) im Hinblick auf die voraussichtliche Auswanderung«.[11]

Die Frage nach dem wünschenswerten Verhältnis zwischen Deutschtum und Judentum spielte, wie gezeigt wurde, in der öffentlichen Diskussion eine zentrale Rolle. In den Richtlinien wurde das Ziel des Deutschunterrichts folgendermaßen definiert: »... das, was jüdisches Sein und Denken dem deutschen Geiste zu danken haben, wie umgekehrt das, was jüdischer Geist und jüdische Arbeit zum Aufbau der deutschen Kultur beigetragen haben, in seiner Wechselwirkung« zu zeigen. Die Umsetzung in die Praxis erwies sich aber als schwierig. 1934 beschrieb Stern treffend die neuen Verhältnisse: »Wir sind nicht mehr mitbeauftragt, das deutsche Kulturgut zu wahren und zu pflegen, und darum soll es auch nicht unsere Aufgabe sein, seine nationalen Werte zu verlebendigen. Also vereinfacht sich die Zielsetzung für uns: Nicht darauf kommt es an, was wir durch den Deutschunterricht dem Deutschtum geben könnten, sondern nur noch darauf, was das deutsche Kulturgut in der gegenwärtigen Situation uns geben kann.«[12]

Viele Lehrer sahen keinen Grund, auf Lesestoffe zu verzichten, »die einen allgemein-gültigen Inhalt haben, und die durch ihren rein menschlichen und künstlerischen Wert zur Formung eines jeden Schülers, welcher Nation oder Religion er auch angehören möge, beitrügen«.[13] In diesem Sinne pflegten die jüdischen Schulen weiterhin die deutsche Klassik,[14] ergänzt und vervollständigt durch kulturelle Schöpfungen anderer Völker. Sie gingen aber vorsichtiger mit der neuesten deutschen Literatur um, da sie inhaltlich Tendenzen aufwies, die mit der jüdischen Schule nicht zu vereinbaren waren.[15] Statt dessen konnte es sich die jüdische Schule leisten, Werke von Schriftstellern zu behandeln, die in Deutschland verfemt oder öffentlich verbrannt worden waren.[16] Dabei wurde eine Bereitschaft der Schüler zur Mitarbeit vorausgesetzt, die in Anbetracht der herrschenden feindseligen Atmosphäre in Deutschland nicht selbstverständlich war. Schulleiter wie Gaertner und Stern berichteten, daß die Schüler menschliche Reife zeigten, indem sie keinesfalls Abschied von der deutschen Kultur nehmen wollten, sondern eher den Wunsch erkennen ließen, »sich gerade dem zuzuwenden, was schön und wertvoll in der Vergangenheit war und nun verurteilt und zerstört wurde«.[17]

Konnten sich die Erzieher leicht über die Rolle des deutschen Humanismus im Schulunterricht einigen, so erwies sich die Frage nach der erwünschten jüdischen Durchdringung als komplizierter. Der Kulturbund von Berlin erprobte eine Synthese zwischen allgemeiner und jüdischer Literatur, indem er sowohl Veranstaltungen mit Werken jüdischer Autoren oder über jüdische Themen als auch Vorlesungen über nichtjüdische Autoren und deren Verhältnis zum Judentum anbot.[18] In der Schule, wo vor allem auch pädagogische und didaktische Erwägungen berücksichtigt werden mußten, konnte eine solche Behandlung nicht ausreichen. Vier Kriterien stellte Stern für die Stoffauswahl in der jüdischen Schule auf: Das Jüdische sollte natürlich gewachsen sein, und die Kinder sollten die dazugehörende Welt und ihre Menschen verstehen können. Darüber hinaus sollte dieses jüdische Schrifttum literarisch wertvoll und pädagogisch bedeutsam sein.[19] Diese formellen Kriterien boten aber noch keine Antwort auf zwei zentrale Fragen: Welcher Stoff konkret ausgewählt werden und wie das Verhältnis zwischen dem Jüdischen und dem Allgemeinen gestaltet sein sollte. Da aufgrund der fortgeschrittenen Emanzipation in Deutschland viel zu wenig geschrieben worden war, was im engeren Sinne die jüdische Problematik behandelte und für die jüdische Schule geeignet schien, griffen die Lehrer auf die ostjüdische Literatur zurück. Zwar gelang es in manchen Fällen, mit Hilfe bestimmter Werke, wie z. B. der von Buber bearbeiteten chassidischen Legenden, den Schülern die Welt des Ostjudentums nahezubringen und ihren geistigen Inhalt zu aktualisieren,[20] im großen und ganzen aber war diese Literatur »in hohem Maße milieugebunden, begrenzt auf den engen Bezirk des galizisch-wolhynischen Städtels mit seinen proletarisch-kleinbürgerlichen Existenzen«.[21] Die Kinder beklagten sich darüber, daß es immer das gleiche sei. Eine ganz andere Atmosphäre war in der Literatur zu spüren, die aus Palästina kam und z. T. aus dem Hebräischen übersetzt wurde: »Ton und Rhythmus strömen Kraft und Hoffnung aus, und selbst da, wo Not und Sorge, Zorn und Klage die Themen stellen, ist die Haltung nicht gedrückt und nicht gebrochen.«[22] Daß eine solche Haltung – soweit sie nicht durch andere Motive ausgeglichen wurde – auch gefährlich sein konnte, machte ein aus dem Hebräischen übersetzter Aufsatz in der Jüdischen Rundschau deutlich. Darin beklagte sich der Verfasser, wahrscheinlich Erzieher in Palästina, über die dortige Gestaltung des Literaturunterrichts. Durch den völligen Mangel an Konsequenz, was Stoffauswahl und Didaktik angehe, zeige sich die »zionistische Erziehung« als eine »formelhafte beschränkte Angelegenheit«, die die Kinder zwar mit Patriotismus erfülle, sie aber »prosaisch« mache. Mit Bedauern stellte der Verfasser fest, daß »der Intellektualismus und die Abstraktion der früheren Erziehung eine starke Reaktion gegen jeden Intellektualismus in der Erziehung« hervorgerufen habe.[23] In der jüdischen Schule in Deutschland stellten sich in jenen Jahren aber eher Probleme wie Mangel an Selbstsicherheit und Orientierung, wodurch solche prinzipiell an sich wichtige Kritik ihre Relevanz verlor.

Auch die Orthodoxie versuchte, in ihrem Deutschunterricht einen Ausgleich zwischen dem Deutschen und dem Jüdischen herzustellen, wobei sie »das Schwergewicht auf das jüdische Gedankengut legen«[24] wollte. Dabei war die Frage offen, wie eng diese Lehrstoffe auf die orthodoxe Weltanschauung abgestimmt werden sollten. Ein Leiter einer orthodoxen Arbeitsgemeinschaft in Frankfurt meinte dazu: »Ich glaube, wenn wir unsere Kinder zu gefestigten Jehudim erziehen, kann ihnen eine Geschichte oder ein Buch, die nicht voll und ganz unserer Tendenz entsprechen, nicht schaden. Besser wir lesen diese Lektüre mit der Jugend und können auf die Problematik verweisen, als sie liest es später ohne uns und wird stutzig und schwankend.«[25] In »Der Israelit« kamen aber durchaus auch andere Meinungen zu Wort. Rabbiner Merzbach aus Darmstadt äußerte z. B. Enttäuschung über die vom jüdischen Lehrerverband herausgegebenen Lesebogen. Er sah in ihnen eine Verfälschung des Religionsgesetzes und sprach sich dafür aus, daß die deutsche orthodoxe Lehrerschaft nach ihren Kriterien eine eigene Stoffsammlung zusammenstellen solle.[26]

In anderen Kreisen wurden die Lesebogen kritisiert, weil sie, wie ein Lehrer in der »Jüdischen Schulzeitung« schrieb, »jüdischen Kitsch« böten.[27] 1938 machte Heinemann Stern die folgende Feststellung: »Alles in allem genommen ist die Ausbeute an jüdischem Kulturgut für die Bedürfnisse des Deutschunterrichts, und besonders der unteren Klassen, nicht sehr groß. Vieles, das von weitem verlockend erscheint, erweist sich unter der pädagogischen Lupe als ungeeignet, und so bleibt vieles Wunsch und Hoffnung, was schon Erfüllung sein sollte.«[28] Diese Tatsache und das Unbehagen vieler Lehrer über die Ausweitung des Jüdischen im Deutschunterricht führten dazu, daß bei der »Pädagogischen Woche«, die für die jüdische Lehrerschaft in diesen Jahren ein zentrales Ereignis war, Ende 1934 in Frankfurt ein Beschluß gegen den »judaisierten« Deutschunterricht gefaßt wurde.[29] Ende 1937 war das Problem immer noch nicht gelöst. Auf einer Fortbildungstagung des jüdischen Lehrervereins Bayerns in Würzburg zeigten sich scharfe Gegensätze zwischen denen, die »eine möglichst weitgehende, oder gar ausschließliche Anwendung von Lesestoffen jüdischer Verfasser und jüdischen Inhalts« forderten, und denen, die sich »gegen die Versteifung des Deutschunterrichts in der jüdischen Volksschule« durch die Aufstellung solcher starren Grundsätze wehrten: »denn Deutschunterricht sei eben in erster Linie einmal Deutschunterricht«.[30]

Geschichte

War im Bereich des Deutschunterrichts die Frage nach der Behandlung der deutschen Stoffe zentral, so stellte sich dies beim Geschichtsunterricht anders dar. Die Kenntnis der deutschen und der europäischen Geschichte wurde als Grundstein jeglicher Bildung akzeptiert. In der »Didaktik der jüdischen Schule« schrieb Heinemann Stern: »Nichtsdestoweniger behält die Allgemeine Geschichte ihren Wert und ihre Bedeutung für die jüdische Schule, weil sie die Entwicklung des westeuropäischen Kulturkreises, dem wir angehören, darstellt. Damit ist schon das erste große Stoffgebiet festgestellt, zugleich aber auch die Aufgabe des Unterrichts in der Allgemeinen Geschichte: ein Bild vom Werden des modernen Staates, der modernen Kultur und endlich der wirtschaftlich-sozialen Verhältnisse, die auch unsere Lebensbedingungen bedeuten, zu entwerfen. [...] Und da unsere Beziehungen zur Allgemeinen Geschichte im deutschen Raum bestanden und bestehen, haben wir den Stoff zur Lösung der Bildungsaufgabe der Allgemeinen Geschichte zum wesentlichen der deutschen Geschichte zu entnehmen, die – nun rein didaktisch betrachtet – für uns die anschaulichste, durchschaubarste und darum lehrbarste ist.«[31]

Diese sachlichen Erwägungen ermöglichten es, die allgemeine und insbesondere die deutsche Geschichte ohne Ressentiments in der jüdischen Schule zu lehren.[32] Als schwieriger erwies sich die Vermittlung der jüdischen Geschichte. Deren traditionelle Behandlung an den jüdischen Schulen bis 1933 entsprach nicht den methodischen Anforderungen eines modernen Geschichtsunterrichts. Die jüdische Geschichte wurde in zwei große Abteilungen, die der biblischen und die der nachbiblischen Zeit, unterteilt, wobei die biblische Geschichte in den unteren Klassen größtenteils wie im Religionsunterricht gelehrt wurde. Mit Rücksicht auf das altersmäßig begrenzte Auffassungsvermögen der Kinder war die Darstellungsweise verhältnismäßig naiv, und das religiös Beispielhafte wurde stark in den Vordergrund geschoben. Eine andersartige Auswertung der historischen Bücher der Bibel fand in der Schule keinen Platz. Die nachbiblische Geschichte hatte im Unterricht überhaupt nur untergeordnete Bedeutung.[33] Die stark durch die Assimilation geprägten Lehrer betonten oftmals die religiösen und nicht die nationalen Akzente in der jüdischen Geschichte. Dementsprechend behandelten sie in der Schule eher literaturhistorische als soziale, wirtschaftliche und politische Ereignisse.[34]

Der Aufstieg des Nationalsozialismus brachte viele Juden dazu, den nationalen Charakter des Judentums anzuerkennen. Im Zuge dieser nationalen Renaissance wurden auch Forderungen nach einer Neugestaltung des Geschichtsunterrichts laut. Die Konkurrenz der Jugendbünde, deren Beschäftigung mit der Geschichte durch ein klares nationales Interesse geprägt war, beschleunigte den Prozeß des Umdenkens in der jüdischen Schule.[35] Nun sollte auch in ihr die nationale Zusammengehörigkeit nicht nur durch die Verbindung von Vergangenheit und Gegenwart, sondern auch durch die Verknüpfung der Geschichte der einzelnen, räumlich weit getrennten Teile der zeitgenössischen Judenheit verdeutlicht werden.[36]

Die Diskussion über den jüdischen Geschichtsunterricht drehte sich vor allem um zwei Themen: die Trennung von Geschichts- und Religionsunterricht sowie die Verbindung von jüdischer und allgemeiner Geschichte.[37] Die erste Frage stellte sowohl für die Orthodoxen als auch für die Säkularen ein Problem dar. Pädagogen aus der Gruppe der Junglehrer waren 1936 wie auch später der Meinung, daß die Geschichte weiterhin religiös aufgefaßt werden sollte.[38] Dies hing mit ihrem Erziehungsziel zusammen: der »Festigung des Willens zu Kabbolass aul malchus schomajim und Kabbolass aul mizwauss« (sich dem Himmelreich und der Bürde der Gebote zu unterwerfen) und »des Willens, als treues Glied des jüdischen Volkes sich zu bewähren«.[39] Auch andere Pädagogen, die nicht unbedingt dem orthodoxen

Spektrum entstammten, sondern liberal eingestellt waren, hielten die Behandlung der biblischen Geschichte in der religiösen Erziehung immer noch für unverzichtbar.[40] Um so mehr wuchs aber der Druck, den übrigen Geschichtsunterricht zu säkularisieren, und im Lauf der Jahre geschah dies mit immer größerem Erfolg.[41] Anteil daran hatten wahrscheinlich die Lehrer aus den allgemeinen Schulen, die mit der Methode des modernen Geschichtsunterrichts vertraut waren und nun nach Absolvierung der Fortbildungskurse der Reichsvertretung auch jüdische Geschichte lehrten.[42]

Neben der Frage nach dem religiösen Charakter des Geschichtsunterrichts stellte sich das Problem der Behandlung der Martyriologie. Auch hier waren die Meinungen sehr unterschiedlich. Für die Orthodoxie war die Lage einfach. So schrieb ein Schulrektor in »Der Israelit«: »Im Golus [Diaspora] sind wir Juden ein Objekt der Geschichte. Uns fehlen die Höhepunkt der Entwicklung, die die Geschichte anderer Völker aufweist. [...] Wir führten keine Kriege, machten keine Eroberungen, kolonisierten nicht. Es fehlen uns die Blüteperioden von Herrschergeschlechtern. [...] Wir sind, um mit Franz Rosenzweig zu sprechen, ›eine mit den Gnaden des Unterliegens begnadete Gemeinschaft‹. Aktiv waren wir nur durch ›geistige Betätigung auf dem Innenraum‹, und das um so stärker, je bedrängter unser Dasein wurde.«[43]

Für bewußt nationale Juden, die in der Geschichte einen Wegweiser suchten, erwies sich der Mangel an Heldenvorbildern dagegen als schwierig, und sie versuchten, ihn auszugleichen, indem sie gewisse Kapitel der jüdischen Geschichte in den Vordergrund, andere hingegen eher in den Schatten stellen wollten. So schlug beispielsweise ein Lehrer vor, die Zeit der Könige als die Epoche der Unabhängigkeit des jüdischen Volkes stärker zu behandeln, das Mittelalter aber, in dem die Geschichte der Juden von zahlreichen Pogromen belastet war, eher zu vernachlässigen.[44]

Die Versuche, den Geschichtsunterricht zu säkularisieren und ihn aus den Schablonen einer Märtyrergeschichte zu befreien, ermöglichten einen neuen Blick auf die jüdische Geschichte und ihre Einordnung in wirtschaftliche, soziale und politische Zusammenhänge. Der wichtigste Schritt in diese Richtung aber war der Versuch einer Synthese von jüdischer und allgemeiner Geschichte. Diese Entscheidung weckte viele Befürchtungen: Zum einen wurden Bedenken geäußert, ob dabei die Eigenart der jüdischen Geschichte, wie sie von vielen Juden verstanden wurde – nämlich als Realisierung einer religiös-metaphysischen Idee –, den Schülern nicht verborgen bleiben würde.[45] Zum anderen bestand die Gefahr, daß die allgemeine Geschichte der jüdischen untergeordnet werden könnte.[46] Vor allem wurde nach Kriterien gefragt, unter denen die Synthese erfolgen sollte. Um den Unterricht nicht der Gefahr der Lächerlichkeit auszusetzen, durfte eine Verbindung nur dort hergestellt werden, wo tatsächlich ein Zusammenhang bestand.[47]

Zwei Möglichkeiten standen zur Debatte: die chronologische und inhaltliche

Einordnung der jüdischen Geschichte in die allgemeine Geschichte oder die Behandlung von jüdischer Geschichte in zeitlicher Parallele zur allgemeinen Geschichte.[48] Andere Vorschläge, wie z. B. die Weltgeschichte durch den Wertmaßstab der biblischen Ethik zu erfassen oder den Gang des jüdischen Volkes durch die Zeiten einfach zum Mittelpunkt der Geschichtsbetrachtung zu machen, wurden zwar vorgetragen, aber nicht ernsthaft diskutiert.[49] In ihren Richtlinien von 1937 entschied sich die Reichsvertretung für das System der parallelen Behandlung. Dafür wurden die schon in den zwanziger Jahren von Dr. Julius Höxter zusammengestellten »Vergleichenden Zeittafeln«, die die Beziehung der jüdischen Geschichte zum allgemeinen Weltgeschehen aufzeigten, in hoher Auflage unter den Lehrern verteilt.[50]

Im großen und ganzen erfuhr der Unterricht über jüdische Geschichte in jenen Jahren eine Modernisierung. Durch die schrittweise Trennung vom Religionsunterricht und die Einordnung der jüdischen Entwicklung in die allgemeine Geschichte blieb er nicht bei einer bloß biographisch-literarischen Darstellung stehen, sondern knüpfte an andere Möglichkeiten der geschichtlichen Betrachtung an. Dabei wurden die politisch-rechtlichen, die wirtschaftlich-sozialen wie auch die geistig-religiösen Entwicklungen des jüdischen Lebens neu beleuchtet.

Religion

Schon lange vor 1933 wurde der Religionsunterricht, den jüdische Jugendliche erhielten, als beklagenswert empfunden. Die sittlich-religiöse Charakterbildung, die als Erziehungsziel proklamiert wurde, konnte nicht erreicht werden.[51] Eher zeigte sich bei den Jugendlichen ein Zuwachs an »Religionsfeindschaft« und »Gottlosigkeit«.[52] Die Frage wurde laut, ob der Religionsunterricht nicht daran einen gewissen Teil der Schuld trage, »ob nicht doch auch hier noch oft an die Stelle des freudigen ›ich will‹ des Kindes das harte ›Du sollst‹ tritt, indem nur darauf Bedacht genommen wird, Stoffmassen an das Kind heranzubringen und sie dem Gedächtnisse einzuprägen, gerade als ob der Stoff an sich erzieherisch wirken könnte«.[53]

Die Situation des Religionsunterrichts spiegelte klar die Entwicklungen innerhalb des deutschen Judentums wider. Die langsame Ablösung der meisten deutschen Juden von der religiösen Praxis einerseits und die ständige Ablehnung eines jüdischen Nationalismus seitens der liberalen Juden andererseits schufen auf die Dauer eine indifferente Haltung und verursachten einen Mangel an Orientierung bei den Jugendlichen. Der Bericht eines Juden aus Emden über seinen Religionsunterricht im Kaiserreich kann dies illustrieren: »Da haben wir die Bibel gelesen und Gebete übersetzt. Da fehlten auch nicht die Gebete für das Vaterland und für den deutschen Kaiser, ja, die hat er [der Rabbiner] sehr ernst genommen. Einmal, während des Ersten Weltkrieges, hat er eine Predigt gehalten für die Kriegsteilnehmer.«[54]

Manche jüdischen Pädagogen machten sich ernsthafte Gedanken über eine mögliche methodische Verbesserung des Religionsunterrichts. Ein Beispiel dafür sind die 1924 von einem jungen Religionslehrer namens David Carlebach zusammengefaßten Überlegungen zur Selbsttätigkeit der Schüler im Religionsunterricht. Carlebach sah die Gefahr darin, daß die Lehrer den Kindern religiöse Gedanken vordächten, und suchte eine Methode, die Kinder aus ihrer Passivität zu holen.[55] Hilflos waren die Lehrer auch gegenüber der Tatsache, daß trotz des vermittelten religiösen Wissens bei den Schülern der Mangel an religiösem Interesse blieb.[56] Trotz neuer Vorschläge und Versuche, den Religionsunterricht zu veranschaulichen, blieb das Problem bis zum Jahr 1933 ungelöst.[57]

Man könnte vermuten, daß gerade die Religion im Zentrum der Bewegung zur Erneuerung der jüdischen Schule nach 1933 gestanden hätte. Die Realität sah aber anders aus. Es zeigte sich eher, daß die durch den langen Emanzipationsprozeß hervorgerufene Säkularisierung nicht innerhalb kurzer Zeit rückgängig gemacht werden konnte. Der Religionsunterricht stand unter dem Zwang, mit anderen Disziplinen zu konkurrieren, vor allem – wie wir schon sahen – mit jüdischer Geschichte und jüdischer Gegenwartskunde sowie dem Hebräischen. Die intensive Art, in der der Unterricht des Hebräischen in der Schule betrieben wurde, betrachteten viele Lehrer mit Skepsis. Sie meinten kritisch, »so wenig die Luft Palästinas schon weise macht, so wenig bedeutet eine Fülle von hebräischem Wissen schon Jüdischkeit«.[58] Auch in der orthodoxen Zeitung »Der Israelit«, die sonst keinesfalls gegen die Beschäftigung mit religiösen Originaltexten war, wurde stark betont, daß der Religionsunterricht der Vermittlung jüdischen Wissens diene und das Hebräische in Sonderstunden abgehandelt werden solle. »Wir müssen uns jedoch über eines klar sein«, hieß es: »Religion ist nicht Sprachunterricht und Sprachunterricht nicht Religion.«[59]

Die Lehrer gaben sich viel Mühe, um ein religiöses Gefühl bei ihren Schülern zu erwecken. Dies betraf auch die Kinder, die keine jüdische Schule besuchten. 1934 wurde der Sonnabend zum Staatsjugendtag bestimmt und damit für die Aktivitäten der Hitlerjugend zur Verfügung gestellt.[60] Jüdische Schüler konnten auf Antrag der Erziehungsberechtigten vom Schulbesuch an diesem Tag befreit werden. Die Reichsvertretung empfahl den Eltern, von der gebotenen Möglichkeit Gebrauch zu machen und ihre Kinder statt zur Schule zu der nach den Vorschlägen der Reichsvertretung gestalteten Schabbatfeier zu schicken.[61] Sie bestand aus einem Jugendgottesdienst und einer Jugendstunde, in der erzählt und gesungen wurde.[62] Der Jugendgottesdienst, der in der gleichen Zeit auch in anderen Ländern eingeführt wurde,[63] versuchte, bei den Kindern, die zum größten Teil aus religiös indifferenten Elternhäusern stammten, Religiosität durch religiöse Erfahrungen zu wecken. Den Hintergrund dafür bildete das jüdische Religionsverständnis, das Glauben nur als praktizierten Glauben im Rahmen des Gesetzes akzeptiert. Bei der Gestaltung der Jugendgottesdienste spielte der Gesang eine zentrale Rolle, der Monolog der Predigt sollte durch »ein überlegen geführtes religiöses Gespräch« ersetzt werden, in dem über einen Gebetstext, einen jüdischen Brauch oder den Wochenabschnitt aus der Bibel diskutiert wurde.[64]

Auch in der jüdischen Schule erhielten der Schabbat und die jüdischen Festtage eine zentrale Stellung. Dabei wurde die Schule manchmal zum Zentrum des gesamten Gemeindelebens. Aus Königsberg z. B. berichtete der Schulleiter: »Wir [können] zu jeder einzelnen ›Schabbatstunde‹ eine große Anzahl von Eltern, ältere Geschwister, ja oftmals Menschen aus der Provinz bei uns begrüßen, die sich allesamt – das spüren wir Lehrer deutlich – neuen Lebensmut und neue Kraft aus dieser Stunde gemeinsamen Jung- und Jüdisch-Seins mit unseren Kindern holen.«[65]

Die Orthodoxie betrachtete diese sich in der Schabbatgestaltung (Oneg-Schabbat) manifestierende Hinwendung zum Judentum mit großer Skepsis. Sie sah darin eine im luftleeren Raum schwebende Mode. Solange der Oneg-Schabbat nicht »organisch aus der Sphäre einer vom Willen zum lebendigen Judentum getragenen Geschlossenheit zwischen Elternhaus und Jugend« hervorwachse, müsse er scheitern.[66]

Die Haltung des Elternhauses konnte in dieser stark von der Assimilation geprägten Zeit in vielen Fällen der Religiosität der Kinder nicht förderlich sein. Viele Eltern konnten und wollten die schnelle Hinwendung zum Judentum nicht mitmachen. Dabei blieben sie gegenüber der Religion weiterhin indifferent, skeptisch und ironisch. Andere, die sich allzu schnell dem Judentum zuwandten, wirkten dabei unglaubhaft.[67] Auch der Einfluß der Jugendbünde machte sich bei den Schülern bemerkbar. Dort wurde der nationale Charakter des Judentums so stark betont, daß die Schüler aus »rein politische[r] Einstellung zu jüdischen Fragen das Judentum als eine Glaubenshaltung verneint[en]«.[68]

Die oppositionelle Haltung der Elternhäuser und der Jugendbünde zur religiösen Erneuerung konnte von den Lehrern nur schwer bekämpft werden. Viele von ihnen standen den Werten der Religion selbst fern und waren daher nicht in der Lage, sie zu vermitteln.[69] Ein Schüler des Landesschulheims Herrlingen berichtet: »Der Majorität der Lehrer und Mitarbeiter fehlte es weder an gutem Willen noch an der notwendigen Bereitschaft zum Verständnis jüdischer Religiosität und jüdischen Brauchtums. Es waren vielmehr die festgeformten Anschauungen und Überzeugungen reifer Menschen, denen ihre Herkunft und ihre westeuropäische Bildung im Wege standen und gewissermaßen den Zugang zu einer ihnen fremdartigen Welt versperrten.«[70]

Die Orthodoxie sah im liberalen Judentum die Ursache für die Vorbehalte der jungen Generation gegenüber der Religion. Ihrer Meinung nach war »die religiösliberale Idee [...], von außen gesehen, ein Kompromiß. Und nichts ist dem jungen Menschen verhaßter als Konzessionen.«[71] Darüber hinaus vermuteten die Orthodoxen bei den Liberalen den aktiven Versuch, den emotionalen, intuitiven Drang der Kinder zur Religiosität durch intensive Einprägung einer rationalen Kritik einzudämmen.[72] Für sie hatte die Religionslehre nur insofern Bedeutung, als sie zum Gottesgehorsam führte.[73] Dieser Weg war aber vielen deutschen Juden versperrt. Sie suchten andere Formen jüdischer Existenz jenseits von Orthodoxie und Liberalismus.[74]

Ein interessanter Versuch in dieser Richtung wurde in dem Landesschulheim Herrlingen mit der Schaffung einer einzigartigen Synthese von gelebtem Judentum und europäischem Humanismus unternommen.[75] Schulleiter Hugo Rosenthal schrieb: »Wenn es uns nicht gegeben ist, nach dem Gesetz zu leben, so können wir doch ein jüdisches Leben aufbauen, das sich seiner Trümmer als Baumaterial bedient.«[76] Dabei bezweckte er eine Erneuerung der Tradition, ohne sich dem Religionsgesetz zu verpflichten. In der Praxis versuchte Rosenthal, das alte Muster autonomer jüdischer Gemeindeverwaltung den Bedürfnissen einer modernen Jugendgemeinschaft anzupassen. Der jüdische Kalender wurde in den Brennpunkt des Gemeinschaftslebens von Herrlingen gestellt, und nach ihm richteten sich die »Lernzeiten« – Schulwochen mit verschiedenen, konzentriert dargebotenen Themen. Anders als bei der orthodoxen Ausprägung der Religion durften Frauen und Männer sich gleichermaßen aktiv an der Führung der Gottesdienste beteiligen.[77]

Im großen und ganzen blieb in allen diesen Jahren die Frage offen, ob es möglich sei, Religion zu lehren. Sogar die Orthodoxie zweifelte daran. In einem Artikel in »Der Israelit« schrieb ein Rabbiner, daß die Religion erlebt und eingelebt werden könne, gelernt werden könne nur die Vorstellung von der Religion.[78] Für die säkulare jüdische Schule blieb diese Frage unbeantwortet. In gewisser Weise scheint die Einschätzung Hans Gaertners, des Leiters der Theodor-Herzl-Schule in Berlin, zu stimmen, der meinte, daß dabei »das wohl zentralste aller Erziehungsprobleme einer jüdischen Schule ohne Lösung« blieb.[79]

Hebräisch

Die Kenntnis des Hebräischen wurde in der Weimarer Zeit hauptsächlich in orthodoxen und zionistischen Kreisen gepflegt. Dabei verfolgten sie ganze verschiedene Ziele. Die Zionisten pflegten im Sinne der erwachenden nationalen Bewegung das in Palästina gesprochene Neuhebräisch. Die Orthodoxie hingegen sah im Erlernen des Hebräischen den zentralen Zugang zu den Gebeten und den biblischen und talmudischen Texten und damit die Voraussetzung für die »Anbahnung einer gefestigten jüdischen Welt- und Lebensanschauung«.[80] Infolgedessen lag ihr Hauptinteresse beim Althebräischen. Trotz der traditionellen Ziele der Orthodoxie zeigte sie aber große Bereitschaft, sich moderne Lehrmethoden anzueignen. Bei einer Konferenz im Jahr 1924 in Hamburg setzten sich Vertreter der jüdischen Real- und Volksschulen mit der Frage einer möglichen Modernisierung des hebräischen Sprachunterrichts lebhaft auseinander. Stark beeinflußt von den pädagogischen Entwicklungen in den allgemeinen Schulen Deutschlands, sprachen sie sich klar gegen die Methode reiner Übersetzung aus. Auch die Grammatik sollte ihre zentrale Stellung zugunsten der Aneignung eines reichhaltigen Wortschatzes einbüßen. Hebräischunterricht in hebräischer Sprache wurde an sich bejaht, für die jüdische Schule aufgrund des Mangels an Kenntnissen bei den Schülern aber für nicht durchführbar erklärt.[81] Trotz dieser Bereitschaft zur Modernisierung war jedoch Hebräisch bei der Orthodoxie bis zum Jahr 1933 vornehmlich ein Teil des jüdischen Religionsunterrichts.[82] Dadurch wurde die Methode des Sprachunterrichts in der Praxis häufig vernachlässigt. Davon abgesehen, war das Hebräische ständig der Gefahr ausgesetzt, daß bei einem Nachlassen des Interesses an der Religion in den höheren Klassen gleichzeitig das Interesse an der Sprache erlahmte.[83]

1933 gewann die Diskussion um das Hebräische binnen weniger Wochen neue Aktualität. Am heftigsten entbrannte der Streit in Berlin. Die Liberalen lehnten nach wie vor die Forderung der Zionisten, Neuhebräisch als Pflichtfach in den jüdischen Schulen einzuführen, ab: »Für die überwiegend große Zahl unserer Gemeindemitglieder, die ja wohl in Deutschland bleiben werden, in dem sie geboren und erzogen sind, und auch für alle Jugendlichen, die ihre Heimat verlassen, aber nicht nach Palästina auswandern, sehen wir im Hebräischsprechen lernen einen zwecklosen Kraftaufwand.«[84]

In die Anfang 1934 nach langen Diskussionen innerhalb des Erziehungsausschusses verabschiedeten Richtlinien wurde das Hebräische zum ersten Mal als obligatorisches Fach an jüdischen Schulen aufgenommen. Dies rief in liberalen und orthodoxen Kreisen scharfe Kritik hervor. Die Lehrerorganisationen hingegen – sogar die orthodoxen – sprachen sich für die Entscheidung aus.[85] Die Diskussion drehte sich um Fragen, die eng miteinander verbunden waren: um die Beziehung zwischen Religions- und Hebräischunterricht, zwischen Alt- und Neuhebräisch und zwischen sephardischer und aschkenasischer Aussprache.

Bei Gebet und Ritus wurde in Deutschland die aschkenasische Aussprache verwendet, die sich vor allem in der Artikulation der Vokale und ihrer Betonung von der in Palästina gebräuchlichen sephardischen Aussprache unterschied. Daraus ergab sich ein Gegensatz zwischen den beiden Zielen, die die Reichsvertretung bei der Erlernung des Hebräischen verfolgte, nämlich dem Kind die Teilnahme am Gottesdienst und die Ausübung der Religion zu ermöglichen und ihm zugleich den Zugang zum gesprochenen, lebendigen Hebräisch zu öffnen. Die von Rabbinern und Sprachwissenschaftlern diskutierte Frage, welches Hebräisch der ursprünglichen, biblischen Sprache am meisten ähnele, war dabei von begrenzter Bedeutung.[86] Als Kompromiß versuchten einige, die Auffassung durchzusetzen, daß Gottesdienste durchaus in unterschiedlicher Aussprache durchgeführt werden könnten.[87] Vorherrschend war aber immer noch die Meinung, daß religiöse Impulse von Bibel- und Gebetbuchtext nicht ausgehen könnten, wenn sie sephardisch ausgesprochen würden.

Als 1935 fast allen deutschen Juden klar wurde, daß die Jugend emigrieren müsse, erkannten sogar Nicht-Zionisten die Bedeutung der sephardischen Aussprache und votierten entgegen den religiösen Überlegungen für sie, zumal viele Eltern zur gleichen Zeit selbst in Kursen für Erwachsene hebräische Sprachkenntnisse erwarben, um sich auf die Emigration vorzubereiten.[88] In verschiedenen Kreisen, die eine Auswanderung nach Palästina keinesfalls für gesichert hielten, herrschte aber immer noch Skepsis gegenüber einer bevorzugten Vermittlung des sephardischen Hebräisch: »Schließlich ist mit dem heutigen Palästina noch lange nicht das Judenproblem gelöst, als daß wir uns nur nach diesem Lande orientieren lassen.«[89]

Da es keine zentrale Entscheidung gab, begannen Schulen und Gemeinden, selbst Kompromisse zu suchen. So entschied sich z. B. die Gemeinde Berlins für die Vermittlung der aschkenasischen Aussprache im Religionsunterricht am Morgen und der sephardischen Aussprache im Sprachunterricht am Nachmittag. Die Zionisten Berlins waren mit dieser Entscheidung nicht zufrieden: Ihrer Meinung nach gehörte das sephardische Hebräisch in das Hauptprogramm der Schule und nicht in den fakultativen Unterricht am Nachmittag.[90] Kritisch schrieb Siegfried Braun: »[...] es mutet doch wie eine Groteske an, wenn angesichts der Tatsache, daß viele unserer Kinder in absehbarer Zeit ausschließlich Hebräisch werden sprechen müssen, ihnen das Rüstzeug auf dem Umwege über eine im Lande nicht gebräuchliche Aussprache gegeben werden soll.«[91] Auch die Eltern sahen in der Zweiteilung eine Überforderung ihrer Kinder.[92]

Angesichts dieser Situation sah sich die Reichsvertretung veranlaßt, einzugreifen und eine einheitliche Regelung vorzuschlagen. Ihre Empfehlung lautete, grundsätzlich von Ostern 1936 an die sephardische Aussprache einzuführen und außerdem ab dem 5. Schuljahr Gebetstexte auch in aschkenasischer Sprache zu lesen.[93] Der Vorschlag stieß auf heftige Kritik. Dr. Spier, der Leiter der Hamburger Talmud-Tora-Schule, sah keine Möglichkeit, den Kindern die aschkenasische Aussprache unter solchen Umständen annähernd korrekt beizubringen, und das widersprach seinem wichtigsten Ziel, die Übereinstimmung des religiösen Lebens in Schule, Haus und Synagoge zu gewährleisten. »Wenn es erreicht werden könnte, daß sich die deutschen Juden im religiösen Leben des Hauses und der Synagoge der sephardischen Aussprache bedienen, dann wäre das im Sinne einer Vereinheitlichung und einer Erleichterung des pädagogischen Problems gewiß außerordentlich zu begrüßen«, schrieb er.[94] Er zweifelte aber daran, daß die Schule imstande sein würde, die tiefgreifende Umwandlung durch eine Umgestaltung ihrer Lehrmethoden und ihres Lehrplans zu bewirken. Sein Vorschlag lautete, sich bei den religiösen Instanzen beraten zu lassen und ansonsten, wie in der Talmud-Tora-Schule, zuerst die aschkenasische und dann die sephardische Aussprache einzuführen.

Auch Kompetenzstreitigkeiten ergaben sich aus dem Vorschlag der Reichsvertretung. Die Interessenvertretung der höheren jüdischen Lehranstalten sah sich in den Entscheidungsprozeß nicht miteinbezogen.[95] In deren Forderung, die Materie den Rabbinerverbänden zur gutachterlichen Stellungnahme zuzuleiten, erblickte wiederum die Reichsvertretung die Einführung einer »geistlichen Schulaufsicht«.[96] Auch die Orthodoxie fühlte sich von der Reichsvertretung in dieser Angelegenheit überrollt und lehnte deren Argument, es handele sich um eine Empfehlung und keine Anordnung, scharf ab. Sie äußerte die Hoffnung, daß die Reichsvertretung in Zukunft keine weltanschaulichen Angriffe unter dem Vorwand einer »Empfehlung« unternehmen werde.[97] Die Orthodoxie scheint mit ihrer Einschätzung in diesem Fall das Richtige getroffen zu haben. Die Schulabteilung hätte in diesem Jahr gewiß kein Schulreferat für Hebräisch errichtet, wenn sie in der Vermittlung dieser Sprache nicht eines ihrer Hauptziele gesehen hätte.[98]

Es gab aber innerhalb der Orthodoxie auch abweichende Meinungen zu dieser Frage. In einer Serie in der Zeitschrift »Der Israelit« mit dem auffallenden Titel »Die hebräische Sprache und das gesetzestreue Judentum« äußerte Pinchas Wollmann aus Frankfurt Ansichten, die z. T. ganz im Sinne der nationalen Erneuerung waren. Er sah für die Orthodoxie eine heilige Pflicht, »uns der zum Leben erwachenden hebräischen Sprache anzunehmen, damit dieses Leben den Stempel des altjüdischen Geistes trage«.[99] Darüber hinaus betrachtete er das Hebräische als die Sprache, die nach den natürlichen, psychologischen und historischen Gesetzen die Rolle der nationalen Sprache übernehmen sollte.[100] Er rief die Orthodoxie dazu auf, in dem Kampf um die Eroberung des Landes für die Tora sich der Waffen der Gegner, der Zionisten, zu bedienen – in diesem Falle der hebräischen Sprache.[101]

Es konnte unter den geschilderten Umständen nur ein Kompromiß erzielt werden. In Deutschland mangelte es nach wie vor an Möglichkeiten, eine lebendige hebräische Kultur zu pflegen.[102] Obwohl auf das Hebräische als ein Schulfach unter anderen ein großer Stundenanteil entfiel,[103] waren das Niveau und damit auch die Effektivität des Unterrichts nicht gesichert.[104] Die Befürchtung mancher Liberaler und Orthodoxer hingegen, der Religionsunterricht werde zum Sprachunterricht umfunktioniert, erwies sich in einigen Fällen als richtig.[105] Manche Orthodoxe hofften, durch die Trennung zwischen den heiligen Texten, die in der aschkenasischen Aussprache gelesen wurden, und den Dingen des Alltags, die in der Schule in sephardischer Aussprache behandelt wurden, eine längst erwünschte Unterscheidung zwischen dem Religiösen und dem Säkularen erreichen zu können.[106] Ob dies gelang, ist fragwürdig. Beim Lesen des Artikels über Hebräisch als lebendige Sprache in Sterns »Didaktik der jüdischen Schule« entsteht der Eindruck, daß die jüdische Schule sich zwar von alten Methoden des Spracherwerbs wie der Übersetzung zum größten Teil verabschiedete, im Grunde aber in Fragen der Trennung zwischen dem Alt- und Neuhebräischen sowie der verschiedenen Aussprache keine eindeutige Lösung fand.[107]

Palästinakunde

Die Entwicklung dieses Faches hing stark von der wachsenden Bedeutung Palästinas als Hauptauswanderungsziel für die jüdische Jugend ab. In dieser Hinsicht herrschte in den ersten zwei Jahren der nationalsozialistischen Herrschaft noch längst keine Klarheit. Vor allem die nichtzionistischen Kreise – und diese stellten damals die Mehrheit der deutschen Juden – sahen keine Notwendigkeit, Palästina ins Schulprogramm einzubeziehen. Eher schätzten sie das Thema als eine »intellektualistische« Angelegenheit ein, von der sie wenig hielten.[108] Die von Recha Freier schon 1932 ins Leben gerufene Jugendalijah rief bei diesen Kreisen starke Ablehnung hervor. In ihren Erinnerungen erzählt Eva Michaelis, Gründerin und Leiterin der Arbeitsgemeinschaft für Kinder- und Jugendalijah in Berlin, daß Bertha Pappenheim, die Leiterin des Jüdischen Frauenbundes, noch 1935 die Jugendalijah als »Kinderkreuzzug« abqualifizierte.[109] So konnte sich in dieser Zeit die Palästinakunde nicht als eigenes Fach konstituieren. Die Beschäftigung mit Palästina fand im Rahmen des Geographieunterrichts statt, soweit es sich um das Land als Zufluchtsort handelte, oder im Rahmen des Religionsunterrichts, soweit es um die Tradition ging.[110]

1935 veränderte sich die Situation grundlegend. Es war vor allem die Verabschiedung der Nürnberger Gesetze, die viele Juden dazu brachte, Palästina als Ausweg anzuerkennen.[111] Bei der Gestaltung des Lehrplans wurden die Themen Palästina und Auswanderung in der Folgezeit stärker berücksichtigt.[112] Diese Entwicklung vollzog sich bei den meisten »wohl nicht aus dem Drang innerer Begeisterung für das zionistische Aufbauwerk, sondern aus einem unumgänglichen Zwang«.[113] Daraus erklärt sich, daß diese Kreise besorgt waren, die Schule könnte zum Werkzeug »einer Partei oder bestimmten Richtung« – des Zionismus – werden.[114] Konnte Palästinakunde unter solchen Umständen losgelöst von Parteilichkeit und Weltanschauung unterrichtet werden, wie dies von den Erziehern proklamiert wurde?[115]

Die Schule nahm sich vor, die Kinder und Jugendlichen zur Vorbereitung auf eine mögliche Emigration mit der geopolitischen Situation des Landes vertraut zu machen. Dementsprechend wurde Palästina als Teil des Vorderen Orients behandelt. Gegenstand des Unterrichts waren die Beziehungen zu den umliegenden Ländern, die Stellung Palästinas innerhalb des britischen Imperiums sowie die jüdischen und arabischen Nationalbewegungen.[116] Solche Fragen konnten aufgrund ihres brisanten politischen Charakters kaum unparteiisch behandelt werden. So können wir in den Überlegungen eines Lehrers über den Stellenwert der Palästinakunde lesen: »Er [der Schüler] begreift auch die Lage der heute dort kämpfenden Juden umfassender, wenn er sich klar macht, wie der Zionismus als nationale jüdische Erneuerungsbewegung tragisch hineingestellt ist in den Gegensatz zwischen dem englischen Imperialismus und dem arabischen Nationalismus – und zwar als unfreiwilliger Verbündeter des Imperialismus.«[117] Damit stellte der Lehrer eine Meinung als objektive

Tatsache dar, die zwar von der Majorität der jüdischen Nationalbewegung geteilt, von anderen Kreisen, welche sich von vornherein ganz und gar auf die britische Mandatsregierung stützten, aber abgelehnt wurde. Genauso parteilich waren die Ziele, die die deutsche Orthodoxie mit der Vorbereitung ihrer Jugend auf die Emigration nach Palästina verfolgte. Sie erstrebte die »Schaffung eines politischen Gemeinwesens mit einem nach der Verfassung der Thora geregelten staatlichen Leben unter der Herrschaft der Rabbonim [Rabbiner], in deren Händen die Ausübung aller sich auf die Innenlenkung des Staatswesens beziehenden Gewalten liegt«.[118]

Den Wunsch nach Unparteilichkeit der Palästinakunde zu erfüllen, wurde auch dadurch erschwert, daß das Thema überall – zu Hause, in den Zeitungen und vor allem in den Jugendbünden – politisch behandelt wurde.[119] Die Jugendbünde waren ihrerseits ja stark politisiert, um nur die zionistischen als Beispiel zu nehmen, die in Deutschland jeweils mit einer politischen Bewegung in Palästina verbunden waren.[120] Manchmal wurden die Impulse, die ein Kind außerhalb der Schule bezüglich Palästinas erhielt, so intensiv, daß es noch stärker als der jeweilige Lehrer an dem Fach interessiert war.[121]

Außer den weltanschaulichen Problemen mußten bei dem neugeschaffenen Fach methodische Fragen geklärt werden. Trotz der Einführung der Jugendlichen in die geographischen, ethnographischen, wirtschaftlichen, politischen und sozialen Gegebenheiten Palästinas war es klar, daß es sich dabei um »reichlich Theorie« handelte, die mit der Wirklichkeit, die die Jugendlichen dort erwartete, nicht ganz übereinstimmte.[122] Dies hinderte die Lehrer nicht daran, ihr Bestes zu tun, um den Jugendlichen die Verhältnisse Palästinas zu veranschaulichen. Zum Teil gingen diese Versuche in Richtung einer Synthese zwischen Heimat- und Palästinakunde. Dahinter stand die Vorstellung, daß die Liebe und der Zugang zu Umwelt, Natur, Landschaft usw. nicht theoretisch erlernbar, sondern nur im unmittelbaren Erleben zu gewinnen seien. Daher schlugen die Lehrer vor, deutsche Heimatkunde zu lehren und dabei die Parallele zu Palästina zu ziehen.[123] Davon erhofften sie sich, die Fähigkeit der Jugendlichen zur Verwurzelung zu stärken.[124] Hans Gaertner warnte in diesem Zusammenhang vor künstlichen Verbindungen zwischen den Bereichen. Die Gestaltung des Purimfestes (des jüdischen Karnevals) in der Mädchenschule in der Auguststraße in Berlin im Jahr 1934 veranschaulichte diese Gefahr: Dort kostümierten sich viele Mädchen mit bäuerlichen Trachten, um die Bäuerinnen in Palästina nachzuahmen.[125] Dabei hat und hatte die europäische Trachtentradition nichts mit dem Bauerntum Palästinas zu tun.

Eine andere methodische Frage betraf die Intensität, mit der das Fach gelehrt werden sollte. In manchen Schulen wurde es als integraler Bestandteil in den verschiedensten Unterrichtsfächern und Altersstufen behandelt.[126] Hans Gaertner sprach sich gegen eine solche Methode, aber auch gegen das völlige Aufgehen der Palästinakunde in einem einzigen Fach aus. Vielmehr gehöre sie in mehrere Fächer wie Geschichte, Erdkunde, Heimatkunde und den allgemeinen kulturkundlichen

Unterricht. Deswegen schlug er vor, die Palästinakunde als Unterrichtsprinzip und nicht als Unterrichtsfach zu betreiben. Allein die Beschreibung des gegenwärtigen Palästina und des Lebens in ihm sollten separat unterrichtet werden, wobei »eine Wochenstunde in einer bestimmten Klasse« genügen würde.[127]

1935 vertrat das Israelitische Familienblatt die Meinung, daß Palästina im Schulplan so viel Raum gegeben werden solle, »wie das der Bedeutung von Eretz Israel für Gegenwart und Zukunft der deutschen Juden entspricht«.[128] Im Lauf der Jahre vollzog sich aber der Wandel, vor dem die Liberalen am meisten gewarnt hatten: Die Beschäftigung mit Palästina beschränkte sich nicht auf Palästina als aufgezwungenes Emigrationsziel, sondern entwickelte sich zur Ideologie im Sinne des Zionismus. In der »Didaktik der jüdischen Schule« schrieb Hans Gaertner: »So erscheint es heute gerechtfertigt, der Beschäftigung mit diesem Land in unseren Schulen einen breiten Raum zuzuweisen, nicht etwa nur der Kinder wegen, die selbst einmal dort leben werden, sondern um aller Kinder willen, die, wo auch immer sie ihre eigene Zukunft finden mögen, in diesem Land den Mittelpunkt unseres Lebens und in diesem Aufbau die große geschichtliche Aufgabe unserer Gegenwart sehen sollen.«[129]

Damit wurde die Palästinakunde dem Bereich der »Realien« entzogen. Sie wurde von da an als zentraler Impuls lebendigen Judentums verstanden.[130] Einen wichtigen Beitrag zu dieser Entwicklung leistete die Reichsvertretung, die, wie in dieser Arbeit bereits gezeigt wurde, mit Personen besetzt war, die, auch wenn sie nicht der zionistischen Bewegung angehörten, dem Aufbauwerk in Palästina wohlwollend gegenüberstanden.[131] Im September 1938 rief die Schulabteilung die Schulen auf, sich an einem Projekt des jüdischen Bodenfonds für Palästina Keren Kajemet Leisrael (KKL) zu beteiligen. Zum jüdischen Neujahr des gleichen Jahres sollte in den Schulen für eine Bepflanzungsaktion in Palästina gespendet werden. Die Bäume sollten ein Gedenkbuch – »Sefer Sikaron« – für die Juden Deutschlands darstellen. Dem Leiter des KKL, Josef Weiss, fiel es allerdings nicht leicht, seinen Vorschlag durchzusetzen. Benno Cohn, eine der leitenden Persönlichkeiten unter den Zionisten Deutschlands, hielt die damalige Situation »nicht für so schlimm«. Andere Zionisten befürchteten, daß damit eine Panikstimmung erzeugt würde. Schließlich wurde die Aktion durch die Gestapo unterbunden.[132] Zur Begründung seiner Empfehlung hatte Leschnitzer an die Schulen geschrieben: »Die Aktion des KKL bietet eine pädagogisch wertvolle Gelegenheit, die Verbundenheit der Schulen und des einzelnen Schülers mit dem Palästina-Aufbau zum Ausdruck zu bringen.«[133] Eineinhalb Monate später verlieh die Pogromnacht diesem Aufruf eine zusätzliche Tragik.

Rassenkunde

In eine besondere Kategorie fällt das den Schulen von den Nationalsozialisten aufgezwungene Fach Rassenkunde.[134] Schon im ausgehenden 19. Jahrhundert zeigten die deutschen Juden, vor allem die Zionisten, ein wachsendes Interesse an der Anthropologie und der Rassenthematik. Dabei spielte einerseits der Wille, den Antisemitismus zu bekämpfen, andererseits der Wunsch, die Einheit des jüdischen Volkes auch außerhalb von Geschichte und Religion zu belegen, eine zentrale Rolle. Auch die entsprechende Terminologie wie Rasse und Stamm gewann an Popularität. Trotzdem wurden die vulgären und absurden Behauptungen über die Vor- und Nachteile verschiedener Rassen strikt abgelehnt.[135] Die intellektuelle Frühreife jüdischer Kinder wurde z. B. von jüdischen Erziehern mit der familiären Sozialisation und gesellschaftlichen Situation und nicht mit rassischen Merkmalen erklärt.

Im krassen Gegensatz dazu standen die staatlichen Richtlinien für den Unterricht in Rassenkunde, die im Januar 1934 veröffentlicht wurden. Hierzu äußerte sich das Aufklärungsamt für Bevölkerungspolitik und Rassenpflege, das spätere Rassenpolitische Amt der NSDAP: »Auf dem Gebiet der Rassenkunde soll das Gefühl des jungen Volksgenossen für die Bedeutung der Rasse als Trägerin einer besonderen seelischen Einstellung geweckt werden, ohne daß durch Überspitzung des Begriffes der reinen Rasse Gefühle rassischer Minderwertigkeit bei dem einzelnen hervorgerufen werden können. Am Beispiel der Judenfrage soll die Gefahr der fremdrassischen Vermischung und ihr zersetzender Einfluß auf den Volkskörper, besonders in seelischer Beziehung, deutlich gemacht werden.«[136]

Die Schulabteilung der Reichsvertretung machte sich große Sorgen um die Kinder, die zu dieser Zeit gezwungen waren, in den allgemeinen Volksschulen zu verbleiben, und äußerte die Hoffnung, daß die Lehrer die Richtlinien des Reichsinnenministeriums beachten würden, nach denen »der eigene Rassenstolz nicht mit Geringschätzung anderer Rassen verbunden sein« sollte.[137] Die jüdische Schule konnte damit die »unabänderliche Andersartigkeit« und nicht die »Schlechtigkeit« als ihren Ausgangspunkt für die Beschäftigung mit der Rassenkunde wählen.[138] Die jüdische und die allgemeine Schule beschäftigten sich mit dem ihnen aufgezwungenen Fach unter verschiedenen Gesichtspunkten; an der jüdischen Schule erhielt es einen besonderen Charakter. Auch in ihr wurden zwar Genealogie[139] und Erbhygiene unterrichtet.[140] Wie an den allgemeinen Schulen fragten die Lehrer nach »allzu niedrigen Geburtenziffern gerade in den kulturell, begabungsmäßig und sozial höheren Schichten; Vergreisung in abnormem Altersbau, Niedergang der Gesamtqualität durch Weiterzüchtung erblicher Krankheiten und erblicher Minderwertigkeiten« usw.[141] Die Rassenzugehörigkeit wurde aber nicht als Kriterium für die Einstellung zu den Mitmenschen gesehen, und die Rassenlehre konnte daher in der jüdischen Schule kaum Fuß fassen. Für den Juden seien Sprache, Kultur und Geschichte die Kriterien, die für seine Verbundenheit mit der Umwelt – damit war die deutsche

Umwelt gemeint – entscheidend seien, schrieb ein Lehrer Ende 1933. Allein die neue Definition von »Volk« in Deutschland zwinge ihn, die Rasse als Kriterium für die Zugehörigkeit zum Judentum anzusehen.[142] Schärfer formulierte ein anderer Lehrer: »Für uns ist die ›Rasse‹ keine Weltanschauung; wir brauchen sie nicht. Denn unsere Religion, die Thora und die Lehre der Propheten, sind es, die uns an das Judentum, Gefühl und Wille, die uns an das Deutschtum binden, stärker und fester als andere Seinsverhalte.«[143]

7. Schule als Identitätsstifter

Zum Verhältnis von Schule und Jugendbewegung

Die Spannungen zwischen Jugendbewegung einerseits und Schule und Elternhaus andererseits existierten schon lange vor 1933. Wie auch in der nichtjüdischen deutschen Gesellschaft beobachteten Lehrer und Eltern die Verlagerung des Lebensschwerpunktes der Jugendlichen »aus den natürlichen Kollektiven Familie und Klasse in den künstlich geschaffenen Bund« kritisch. Hinzu kamen in der jüdischen Gesellschaft zusätzliche Aspekte: Wegen ihres wachsenden Interesses an Zionismus und Sozialismus schienen manche jüdischen Jugendbünde der liberalen Mehrheit der deutschen Juden zu radikal. Außerdem herrschte in der Jugendbewegung eine gewisse Areligiosität, die als Beeinflussung der Kinder im antireligiösen Sinn z. T. scharf kritisiert wurde.[1] Die ältere Lehrergeneration war keinesfalls bereit, diese Verschiebung der Autorität einfach hinzunehmen, und sah den Führungsanspruch weiterhin bei sich und bei den Eltern.[2]

1933 gewann die jüdische Jugendbewegung binnen kürzester Zeit enorm an Bedeutung.[3] Die zunehmende Isolation der jüdischen Kinder und Jugendlichen in der Gesellschaft und besonders in der deutschen Schule brachte viele dazu, Geborgenheit in der jüdischen Jugendbewegung zu suchen. So stiegen die Mitgliederzahlen, vor allem der zionistischen Jugendbewegung, rapide an.[4] Unter dem Druck der Ereignisse zeigten viele vor 1933 zersplitterte Bünde eine weitgehende Bereitschaft zur Zusammenarbeit und schlossen sich zum Teil zusammen, blieben aber weiterhin in drei Richtungen gespalten: in die deutsch-jüdische, die neutrale und die zionistische.[5] Am 3. November 1933 wurde der 1924 geschaffene Reichsausschuß der jüdischen Jugendverbände Deutschlands von den Nationalsozialisten als allein verantwortliche Zentralorganisation der jüdischen Jugend anerkannt.[6] Es war die erste Anerkennung einer jüdischen Organisation auf Reichsebene.[7] Die Verantwortlichen an der Spitze des Reichsausschusses wie Ludwig Tietz und Friedrich Brodnitz versicherten, daß er »die berechtigte Eigenart der Bünde zu achten« wisse, vor allem aber sich bemühen werde, »alle lebendigen Kräfte der jungen jüdischen Generation zusammenzufassen«.[8]

Unter diesen Umständen sah sich die Reichsvertretung genötigt, die Jugendbewegung in ihre Erziehungsarbeit zu integrieren. Im Dezember 1933 nahm sie zwei Vertreter der Bewegung in die Schulabteilung auf. Außerdem schuf sie mit der »Mittelstelle für Erwachsenenbildung« den organisatorischen Rahmen für eine übergreifende bündische Zusammenarbeit auf dem Gebiet der Führerschulung, die die verschiedenen Bewegungen vom »Schwarzen Fähnlein« bis zu den »Werkleuten« umfaßte.[9] Dies hätte im Sinne der Schule sein sollen, da die Lehrer der Reife und dem Verantwortungsbewußtsein derer, die an der Spitze der Bünde standen, große Bedeutung beimaßen.[10] In manchen Fällen beeinflußte die jüdische Jugendbewegung durch ihr klares Bekenntnis zum Judentum die Kinder in ihrer Entscheidung, von der allgemeinen in die jüdische Schule zu wechseln.[11] Trotz dieser positiven Signale betrachteten viele Erzieher die Jugendbewegung in den dreißiger Jahren aber als die größte Konkurrenz. Woraus resultierte diese Haltung?

Im Grunde waren es die gleichen Argumente wie in den Jahren vor 1933. Weiterhin wurde die Jugendbewegung wegen der »übermäßige[n] Beanspruchung der Jugendlichen und [der] daraus sich ergebenden Bagatellisierung der häuslichen Erziehung und der Schularbeit« kritisiert.[12] Die meisten Lehrer waren der Meinung, daß die in der Jugendbewegung betriebene intensive Schulung der Jugendlichen in Hebräisch und Judentumskunde zu umfangreich sei und deshalb zwangsläufig zur Vernachlässigung der Schulvorbereitung führe.[13] Die Jugendbewegung genoß bei den Jugendlichen bei weitem größere Popularität als die Schule, weil sie als die »Repräsentantin des eigenen Willens« gegenüber Schule und Elternhaus empfunden wurde.[14] Durch ihre ideologische Geschlossenheit vermochten die Jugendbünde jener Jahre auch mehr Geborgenheit zu bieten als diese anderen Institutionen. So genossen die Jugendführer größere Autorität als die Lehrer, und die Gruppe bot eher das Gefühl einer Lebensgemeinschaft als das Elternhaus.[15] Vor allem registrierten die Lehrer die antireligiöse Beeinflussung der Jugendlichen durch die Bünde nach wie vor mit Mißfallen. Als Beispiel kann die Äußerung eines fünfzehnjährigen Jugendlichen aus Berlin dienen: »Die jüdische Religion bedeutet mir heute überhaupt nichts. Nicht lange danach trat ich in einen nichtreligiösen Bund ein, und hier wurde natürlich jedes noch vorhandene Gefühl für Gott erstickt. Ich bin jetzt ein Jahr im Bund, habe nicht die geringste Beziehung zur Religion.«[16]

Die Reaktionen der Lehrer auf die oben beschriebene Situation waren sehr unterschiedlich. Kompromißbereit schrieb ein Lehrer: »Wir haben dafür zu sorgen, daß Schule und Bund eine Front bilden und nicht gegeneinander marschieren. Wir können das erreichen, wenn wir den reifen Führern, den verantwortungsbewußten, das Rückgrat stärken: wenn wir mit ihnen an einem Tisch sitzen und alle wesentlichen und auch strittigen Punkte in kameradschaftlicher Weise durchsprechen. Die Jungen und Elastischen unter uns sollten in verstärktem Maße aktiven Anteil nehmen an dem Leben der Bünde. Nicht von oben herab in jugendpflegerischer Art alten Stils, sondern als einer der ihren, mit ihnen, zwischen ihnen!«[17]

Auch andere Lehrer sahen Möglichkeiten zur Zusammenarbeit, wie z. B. bei der gemeinsamen Veranstaltung von Ausflügen in den Schulferien.[18] Eine gewisse Entschärfung des Konflikts ergab sich dadurch, daß eine neue Lehrergeneration in die Schulen einrückte, die z. T. selber aus den Reihen der Jugendbünde stammte und Verständnis für sie zeigte.[19] Trotzdem scheint die Äußerung von Georg Lubinski – dem Mitherausgeber der »Jüdische Wohlfahrtspflege und Sozialpolitik« – von Ende 1933 voreilig gewesen zu sein, daß der Streit mit der fortschreitenden Anerkennung der Jugendbewegung an Erbitterung und Schärfe verloren habe und diese oft genug ihren kämpferischen Elan vermissen lasse, weil sie von der älteren Generation so restlos akzeptiert worden sei.[20] Zwar wurde die Anerkennung der Jugendbünde durch die Schule erreicht, doch blieb eine Zusammenarbeit weiterhin aus.[21] Der Generationskonflikt spielte dabei nach wie vor eine zentrale Rolle. Es wurden zum Beispiel die »zu vielen Diskussionen« kritisiert, die angeblich das Leben der Bünde beherrschten und zu Lasten des »Inhalts« gingen.[22] Die Abneigung gegen das Wirken der Jugendbewegung ging zum Teil so weit, daß sich Dr. Klibansky 1937 im Namen der Interessenvertretung der Höheren jüdischen Lehranstalten an die Reichsvertretung wandte und deren klare Unterstützung bei der Auseinandersetzung mit angeblich ungeeigneten Führern und Führerinnen der Jugendbünde verlangte.[23]

Wie sich die Situation nach 1938 hätte entwickeln können, ist nicht ganz klar. 1938 nahm das Interesse der Jugendlichen an der jüdischen Jugendbewegung stark ab. Dies hing zum einen mit der verstärkten Emigration der Führerschicht, zum anderen damit zusammen, daß sich die Möglichkeiten zur Auswanderung (auch mit Hilfe der Jugenbewegung) immer mehr verringerten. Damit verlor die Jugendbewegung an Attraktivität, und der Zulauf der Jugendlichen ging zurück. Die Zeitgenossen registrierten diese Entwicklung mit Aufmerksamkeit.[24] Die Ereignisse vom November 1938 taten ein übriges, daß dieses Thema wie viele andere Probleme an Relevanz verlor.

Kann eine Schule Identität stiften?

Die Vermutung, daß sich das jüdische Erziehungswesen in der Zeit des Nationalsozialismus unabhängig von dem deutschen entwickelt hat, so daß es gleichsam eine Enklave in der deutschen Schullandschaft darstellte, hat sich bei der vorliegenden Untersuchung bestätigt. Da der nationalsozialistische Staat der geistigen Ausrichtung der jüdischen Schule wenig Interesse entgegenbrachte, konnte sie sich, was Inhalt und Form betrifft, frei entwickeln. Die Entstehungsgeschichte der Richtlinien der Reichsvertretung für die Schulpläne und die Probleme, die bei ihrer Umsetzung in der Schulrealität entstanden, zeigen, daß sich die inhaltlichen Schwerpunkte in den jüdischen Schulen sehr weitgehend von den damaligen Themen der deutschen Schule unterschieden. War die deutsche Schule damit befaßt, die Identität der Kinder durch eine klare Abgrenzung von anderen Völkern, das heißt durch Negation, zu festigen, so lag das Hauptinteresse der jüdischen Schule darin, den durch die Emanzipation entstandenen Verlust an jüdischer Identität dadurch wieder auszugleichen, daß sie mit positiven Werten besetzt wurde. Die andersartige Unterrichtung des Pflichtfachs »Rassenkunde«, das den Geist des Nationalsozialismus am stärksten widerspiegelte, in der jüdischen und der deutschen Schule konnte dies ansatzweise belegen.

Nicht nur in ihren inhaltlichen Schwerpunkten, sondern auch in ihren Formen unterschied sich die jüdische Schule von der deutschen. Dies zeigte sich vor allem in der Fortsetzung der Reformpädagogik an den jüdischen Schulen gerade in den Jahren, in denen sie an den deutschen Schulen verfemt war.[25]

Inwieweit ist die jüdische Schule ihren Zielen gerecht geworden? Eine große Sorge jüdischer Erzieher war die »Proletarisierung« der ihnen anvertrauten Kinder. Die Behinderung der intellektuellen Entfaltung durch die restriktiven schulpolitischen Maßnahmen des Staates und die daraus entstehende Notwendigkeit, im Hinblick auf die Emigration eine Umschichtung zu vollziehen, führten die deutschen Juden konsequenterweise dazu, ihren Kindern eine betont praktische Erziehung zu erteilen. Hinzu kam die ständig wachsende Isolierung innerhalb der deutschen Gesellschaft, die einen kulturellen Austausch, von dem jede intellektuelle Auseinandersetzung lebt, ausschloß. Unter solchen Bedingungen erhielt die Beschäftigung mit geistigen Problemen einen ganz anderen Charakter und galt zwangsläufig eher als ein Versuch, sich gegen die »Gefahr des Untergehens im Alltag« zu rüsten.[26] Sogar unter den Orthodoxen machte sich ein Drang zum Praktischen – und zwar im Sinne einer auf Praktizierung statt auf Religionsphilosophie bedachten religiösen Erziehung – bemerkbar.[27]

Die Jugendbewegung übte teilweise einen noch stärkeren Einfluß auf die intellektuellen Neigungen der Jugendlichen aus. Sie befaßte sich weitgehend mit ideologischen und politischen Fragen und richtete ihr Hauptaugenmerk darauf, die Jugendlichen zu befähigen, ihre neu erworbenen theoretischen Erkenntnisse in Taten umzusetzen. Ein Gedicht eines Mädchens aus den Kreisen der deutsch-jüdisch gesinnten Jugendbünde vermittelt diesen Geist. Die Jugend definierte sie mit Hilfe dreier Begriffe: glauben, hoffen, siegen.[28] Dies kann als ein Indiz für die Verschiebung des Interesses vom Geistigen zum Praktischen interpretiert werden. Eine solche Deutung deckt sich mit der Einschätzung Heinz Franks, derzufolge »das Niveau der geistigen Interessen« der jüdischen Jugendlichen stark abgesunken war.[29]

Eine zentrale Aufgabe im Bereich jüdischer Erziehung war die Festigung der jüdischen Identität. Wie schon gezeigt, erzielte die jüdische Schule bei der Vermittlung von jüdischem Glauben und jüdischer Religion keine allzu großen Erfolge. Dies lag an der Antireligiösität, die die Jugendlichen im Elternhaus und in den Bünden erlebten, zum Teil auch an dem Mangel an religiöser Bindung bei den Lehrern und vor allem daran, daß der rationalen Erlernbarkeit von Religion überhaupt enge Grenzen gesetzt sind. Diese Erfahrung machte eine junge Frau aus der »Werkleute«-Bewegung: »Später habe ich hier im Kibbuz gemerkt, wenn man ein Fest nicht als Kind gefeiert hat, geht das eben nicht. Ein Fest ist eine Sache von Tradition. Das muß man als Kind erlebt haben, und nachher wiederholt man es, und diese ganzen Erinnerungen hängen da dran, und das verschönt die Sache und erhöht die Dinge. Aber plötzlich anzufangen mit irgendeinem Fest, das wirkt albern. Auf mich jedenfalls. Ich mach das zwar mit, aber ich komme mir vor, als ob ich mich dabei verkleide. Es ist sehr hübsch, aber mein Herz macht nicht mit.«[30]

Wenn die jüdische Schule den Kindern trotzdem zur Festigung einer klaren Identität verhalf, so lag es an anderen Qualitäten. Indem sie den jüdischen Kalender zur Orientierung nahm, wurde die Tradition zum Zentrum des Schulalltags. Dabei verlor die Frage nach der wahren Religiösität ihr Gewicht, was die Wirksamkeit der Erziehung anbelangt. Ein Grundprinzip kam zum Tragen, das schon 1920 in der Kindersiedlung für jüdische Kriegswaisen in Wien-Baumgarten erkannt worden war: »Eine Schule kann nicht dadurch jüdisch werden, daß sie auch jüdische Inhalte vermittelt, sie muß es in ihrer Gestalt sein.«[31]

Durch die Verwirklichung dieses Grundsatzes unterschied sich die jüdische Erziehung vor und nach dem Aufstieg des Nationalsozialismus. Für die Zeit des Kaiserreichs ist Schatzker zu einem paradoxen Ergebnis gekommen: »Beinahe sämtliche jüdische Sozialisations- und Erziehungsagenturen bezweckten und bewirkten die Sozialisation der jüdischen Jugend in die deutsche Gesellschaft und ihre Integration in die deutsche Kultur, während beinahe alle deutschen Sozialisationsagenturen, bewußt oder unbewußt, einen zusätzlichen Sozialisationsprozeß in die entgegengesetzte Richtung bewirkten, der die jüdischen Jugendlichen zum Judentum und zum jüdischen Bewußtsein zurückführte.«[32] Ähnliches kann über die Erziehung von jüdischen Kindern und Jugendlichen im Nationalsozialismus nicht behauptet werden. Zwar führte die Diffamierung jüdischer Kinder in der allgemeinen Schule – so wie im Kaiserreich – bei manchen von ihnen zur Entstehung einer eigenen Identität. Anders aber als damals verstand sich die jüdische Schule unter dem Nationalsozialismus zunehmend als »wesensjüdisch« und erzielte mit dieser Prägung mehr Erfolg.

In ihrem Tagebuch schrieb Lucie Schachne 1933 als fünfzehnjähriges Mädchen: »Neulich sagte ich zu meiner Mutter: ›Ich möchte nach Palästina gehen so wie Edith; ganze Familien gehen schon weg.‹ Dr. Wolff, der gerade da war, fragte mich sofort: ›Warum, was willst du denn da?‹ ›Da kann ich dann lernen, jüdisch zu sein, und alles, was das bedeutet.‹ Das klang wahrscheinlich sehr kindisch, aber keiner von den beiden hat mir darauf gewantwortet.«[33]

Die jüdische Schule wurde vor eine schwierige Aufgabe gestellt: Sie sollte zum Jude-Sein in Deutschland erziehen, ohne sich klar an Palästina orientieren zu können, weil nicht sicher war, ob alle Jugendlichen dorthin emigrieren könnten oder wollten. Die Erzieher wurden gezwungen, ihre Schüler – auch wenn sie sie nicht »altklug« machen wollten – mit der Realität zu konfrontieren, und dies bedeutete vor allem, mit dem Zwang zur Emigration.[34] Daß viele Lehrer glaubten, sich unter solchen Umständen von der früheren Verbundenheit der jüdischen Schule mit der deutschen Heimat freimachen und den Bildungsstoff in aller Welt suchen zu müssen, »weil ja die Welt die künftige Heimat unserer Kinder sei«, war in pädagogischer Hinsicht zu voreilig. Die Diskrepanz zwischen der Bildungswirklichkeit und der späteren Lebenswirklichkeit konnte auf diese Art und Weise nicht aufgehoben werden. Früher oder später mußten die Lehrer verstehen: »Echte Bildung ist – in ihrem Kern wenigstens – organisch gewachsenes Wissen, Verstehen und Können aus dem Lebensraum heraus, dem auch das Kind angehört.«[35]

Die jüdische Schule vermochte es nicht, für diese Widersprüche eine einheitliche Lösung zu finden. Die Diskussionen um das wünschenswerte Verhältnis von Deutschtum und Judentum, die in der jüdischen Öffentlichkeit und in der Schulabteilung der Reichsvertretung im Rahmen der Richtliniendebatte und im Zusammenhang mit der Beschaffung von Lehrmaterial geführt wurden, brachten kein klares Ergebnis und konnten daher auch nicht in präzise Schulpläne umgesetzt werden. Gerade in Anbetracht der Kompliziertheit der Fragen, mit denen sich die jüdische Schule jener Jahre zu beschäftigen hatte, mag es von Vorteil gewesen sein, daß die Reichsvertretung der deutschen Juden und vor allem die Schulabteilung keine unangefochtene Autorität und keine Möglichkeit zur Zwangausübung besaßen[36] und daher mit den verschiedenen Institutionen im Erziehungsbereich weitgehend auf freiwilliger Basis verhandeln mußten. Im Lauf der Jahre vertiefte sich die Diskrepanz zwischen Lebens- und Bildungswirklichkeit, und die jüdische Schule gewann mehr und mehr den Charakter einer Übergangsstation.

Ein Teil der Erziehung zum Jude-Sein bestand aus der Erziehung zum Gemeinschaftssinn. Diese wurde dadurch zusätzlich erschwert, daß jüdische Kinder in der Regel als besonders »verwöhnt« galten. Die egozentrische, individualistische Art des jüdischen Kindes wurde häufig von Erziehern beklagt[37] und mußte zugunsten des von nun an hoch gelobten Gemeinschaftssinnes zurückgedrängt werden. Hier versuchte die Schule, sich hervorzutun und sich für die Klassengemeinschaft, die Schulgemeinschaft und auch die Gemeinschaft der Gemeinde stark zu machen.[38] Auf diesem Gebiet mußte die Schule vor allem mit der Jugendbewegung stark konkurrieren, die als Weltanschauungsgemeinschaft weiterhin einen größeren Reiz ausübte als die Bildungsgemeinschaft Schule.[39] Das Unbehagen, das viele Lehrer gegenüber der bündischen Gemeinschaft verspürten, resultierte nicht nur aus deren Konkurrenz zur Klassengemeinschaft. Hinzu kam die Erkenntnis, daß die Religion, die ursprünglich die zentrale Komponente jeder jüdischen Gemeinschaft gewesen war, in der bündischen Gemeinschaft durch Ideologien wie Zionismus und Sozialismus ersetzt wurde.[40]

Schluß

Diese Arbeit hatte sich zum Ziel gesetzt, die jüdische Erziehung als Spiegel der Entwicklungen und Veränderungen in der deutschen Judenheit zu untersuchen. Dabei wurde deutlich, wie die deutschen Juden trotz alter und tiefgreifender ideologischer Gegensätze in allen Jahren zwischen 1933 und 1938 im Bereich der Erziehung weitgehend und recht gut miteinander kooperierten.[1] Mit Ausnahme der Austrittsorthodoxie integrierten sich die stark assimilierten Kreise, die Zionisten und die liberalen Juden aus dem Umfeld des Central-Vereins in die Aktivitäten der Schulabteilung der Reichsvertretung und halfen bei der Schaffung und Erhaltung eines stärker vereinheitlichten Schulwesens. Wesentliche Auseinandersetzungen, bei denen die ideologischen Gegensätze zum Tragen kamen – wie z. B. die Diskussion um die Einheitsschule, um die personelle Besetzung von Ausschüssen, um die Benennung von Amtsträgern und um die Richtlinien –, wurden nur bis zum Jahr 1935 geführt und fanden mit der Verkündung der »Nürnberger Gesetze« ihr Ende. Da von nun an allen deutschen Juden klar wurde, daß die Jugend emigrieren mußte, verloren die Auseinandersetzungen ihre Brisanz. 1937 schrieb Dr. Walter Breßlau, früher Leiter der Berliner Gemeindeverwaltung und Mitglied des C.V.: »Für die Gemeinschaftsschule werden die dem C.V. nahestehenden Gemeindevertreter als Anhänger des Diasporagedankens ganz bestimmte Forderungen stellen. Sie betreffen nicht das Maß des jüdischen Wissens. Daß der heutigen Jugend ein gediegenes jüdisches Wissen und eine gründliche Kenntnis des Hebräischen, und zwar auch der lebendigen Sprache, vermittelt werden soll, ist allgemeine Forderung. Ebenso, daß der Palästina-Kunde ein genügender Raum zu gewähren ist. Daneben aber sollen [...] auch die Sprachen der wichtigen Diasporaländer [...] gepflegt werden. Vor allem aber soll der Geist, der in der Schule herrscht, diejenige Weltoffenheit bewahren, die aus dem besonderen Wesen der jüdischen Gemeinschaft fließt. Der jüdische Nationalismus kann nur eine, nicht die Geistesrichtung sein.«[2]

Auf den ersten Blick scheint hier ein praktisches Arrangement zwischen zwei ideologischen Polen gefunden worden zu sein: Die Liberalen mußten unter dem Druck der Ereignisse anerkennen, daß Palästina sich als geeigneter Zufluchtsort für die Juden und insbesondere für die Jugend anbot. Trotz ihres Glaubens an den Diaspora-Gedanken war ein Engagement für das Aufbauwerk in Palästina unabdingbar. Die Zionisten ihrerseits erkannten, daß unter den gegebenen geopolitischen Umständen die Emigration aller deutschen Juden nach Palästina undenkbar war. Sie mußten von daher die Aufgabe der Schule akzeptieren, die Jugendlichen auch auf ein anderes Land vorzubereiten.

Es mag einleuchtend erscheinen, daß eine neue Realität alte Richtungsgegensätze überwinden und die Entstehung von neuen Bündnissen bewirken kann. Für die deutschen Juden jener Jahre war dies angesichts des ständig zunehmenden Drucks der nationalsozialistischen Herrschaft um so notwendiger. Der Grund für die Verwischung der Grenzen zwischen »Liberalen« und »Zionisten« – den Anhängern des Diaspora-Gedankens einerseits und den Vertretern der nationaljüdischen Bestrebungen andererseits – lag meiner Meinung nach aber tiefer als auf der rein praktischen Ebene. Vor allem das entschiedene Eintreten von Persönlichkeiten wie Leo Baeck, Otto Hirsch, Ludwig Tietz u. a. für ursprünglich zionistische Ziele und Projekte zeigt, daß ideologische Zuordnungen aus der Zeit des Wilhelminischen Reiches und der Weimarer Republik den Verhältnissen ab 1933 nicht mehr gerecht werden.

In seiner Untersuchung über den jüdischen »Abwehrkampf« gegen den Antisemitismus in der Weimarer Republik zeigt Arnold Paucker, daß innerhalb des Central-Vereins ein Generationenwechsel stattfand, in dessen Folge die Organisation eine positivere Einstellung zur bewußten Bewahrung und Betonung jüdischer Identität gewann.[3] Die erwähnten Persönlichkeiten aus den Kreisen des liberalen Judentums nahmen in den letzten Jahren der Weimarer Republik an der Arbeit der Jewish Agency in Deutschland aktiv Anteil und standen an der Spitze von Keren Hajessod,[4] einem Nationalfonds zur Unterstützung des Aufbauwerks in Palästina. Dies taten sie zwar nicht aus zionistischer Überzeugung; denn nach wie vor waren sie der Meinung, daß der Zionismus keine Lösung für die Probleme der deutschen Juden anbiete. Trotzdem wollten sie das Aufbauwerk in Palästina fördern.

Meine Auffassung, daß die Annäherung und Zusammenarbeit zwischen Zionisten und Liberalen in den dreißiger Jahren nicht nur aus dem Zwang der Ereignisse resultierte, sondern ein Indiz für einen Paradigmenwechsel der beiden Richtungen war, wird durch die interessante Dissertation von Abraham Margaliot über die Reaktion der jüdischen Organisationen auf das Anwachsen des Antisemitismus in den Jahren 1933 bis 1935 verstärkt. Margaliot zeigt, wie der C.V. als Antwort auf den Aufstieg des Nationalsozialismus die Idee der »Zweiten Emanzipation« – einer kollektiven Gruppenemanzipation anstatt der gescheiterten individuellen Emanzipation – entwickelte und sie weitgehend vom Assimilationsgedanken trennte.[5] Damit war der C.V. in seiner Haltung zur Stellung der Juden in der deutschen Gesellschaft nicht mehr weit entfernt von der Auffassung der Zionisten, die eine klare Trennung zwischen Juden und Nichtjuden befürworteten. Gleichzeitig setzte der C.V. alle seine Kräfte dafür ein, den einzelnen Juden unter den veränderten Umständen zu unterstützen. Dazu gehörten die starke Förderung der jüdischen Schule und der beruflichen »Umschichtung« sowie die wirtschaftliche Hilfe bei der Emigration.[6] Auch die deutschen Zionisten gaben seit dem Winter 1933, als die antijüdische Hetze leicht zurückging und eine gewisse Stabilität einzutreten schien, der Emigration nicht mehr erste Priorität, sondern konzentrierten ihre politische Arbeit auf die Bemühung, für die Juden Deutschlands im Rahmen des Völkerbunds eine Anerkennung als nationale Minderheit zu erreichen.[7] Sie betätigten sich bis 1935 hauptsächlich auf dem Feld der Sicherung des jüdischen Lebens in Deutschland und nicht etwa im Bereich der Emigration nach Palästina; darüber hinaus plädierten sie für eine zahlenmäßig begrenzte – d.h. für eine qualitative statt quantitative – Emigration nach Palästina.[8] Dies zeigt, daß die deutschen Zionisten in den ersten Jahren nach 1933 keinesfalls unaufhörlich auf die Emigration nach Palästina hinwirkten, wie sich die Liberalen auch nicht stets für das Verbleiben in Deutschland einsetzten.[9] Die Situation war viel komplizierter, und die ideologischen Überzeugungen und Handlungen hingen viel stärker von den Persönlichkeiten ab, die führende Rollen in der jüdischen Öffentlichkeit spielten, als von den traditionellen Prägungen der Organisationen. Daher sollte die weitgehende Zusammenarbeit der deutschen Juden auf dem Gebiet der Erziehung nicht erstaunen, sondern eher dazu anregen, bei der Erforschung der jüdischen Geschichte in der Phase zwischen 1933 und 1938 andere Kategorien zu verwenden als die herkömmlichen Parteigegensätze zwischen Zionisten und Liberalen.[10]

Verzeichnis der Dokumente

1. Marianne Elsässer — 117
Wie sagen wir es unseren Kindern?

2. Martin Buber — 119
Die Kinder (Mai 1933)

3. Rudolf Stahl — 121
Berufswünsche der jüdischen Jugend

4. Adolf Leschnitzer — 127
Die jüdische Schule im Jahre 5694 (1933/34).
Rückblick und Ausblick.

5. Martin Buber — 129
Unser Bildungsziel (Juni 1933)

6. Heinemann Stern — 133
Bildungsprobleme der jüdischen Schule

7. Julius Galliner — 137
Die jüdische Schule

8. Hermann Falkenberg 140
Artikel zur Eröffnung einer neuen Volksschule der jüdischen Gemeinde in Berlin

9. Martin Buber 143
Entwurf für ein »Bildungsamt« (Mai 1933)

10. Martin Buber 144
Überlegungen für eine deutschjüdische Lehrerbildungsanstalt
a) das Programm (Mai 1933)
b) Schreiben an Otto Hirsch (5. Dezember 1933)

11. Beratungen des Erziehungsausschusses der Reichsvertretung 147
a) Protokoll der Sitzung des Erziehungsausschusses am 20. 7. 1933
b) Protokoll der Sitzung des Unterausschusses III des Erziehungsausschusses am 2. 10. 1933
c) Protokoll der Sitzung des Unterausschusses II des Erziehungsausschusses am 19. 10. 1933

12. Richtlinien für Lehrpläne der jüdischen Volksschulen, April 1934 (überarbeitet 1937) 157

13. Adolf Leschnitzer 161
Die Bedeutung der »Richtlinien«

14. Kommentare zu den Richtlinien 162

15. Siegfried Braun 170
Lesebuch und jüdische Volksschule

16. Zwei Briefe zur Verteidigung der Reichsvertretung, Juni 1937 173

17. Siegfried Braun 175
Die jüdische Volksschule

18. Raphael Rosenzweig 181
Erinnerungen an die letzten Jahre des Philantropins (Dezember 1955)

Dokumente

1. Marianne Elsässer
Wie sagen wir es unseren Kindern?

Wir Eltern, die heranwachsende Kinder besitzen, stehen vor der Aufgabe, unseren Kindern die Ereignisse der letzten Monate so zu erläutern, daß in ihre bislang unberührten, noch unerschlossenen und ungebrochenen Seelen kein zerstörender Rauhreif fällt. Unsere Jugend hat unbedingt ein Recht, informiert zu werden. Allerdings nur so, wie sie es dank ihres Intellekts, ihrer Einfühlungsgabe und ihrer Jahre zu verstehen vermag.

Jedenfalls ist es viel, viel besser, daß unsere Kinder von uns, den Eltern, über diese öffentlichen Dinge aufgeklärt werden, als daß dies von schlecht informierter, gehässiger oder gar mitleidiger Seite aus geschieht. Diese Aufklärung müßte bei Kindern eines Alters, in dem sie schon Verständnis dafür aufbringen können, also etwa bei Neun- bis Zwölfjährigen, etwa so vor sich gehen:

»Seit vielen, vielen Jahren hatte ich einen guten treuen Freund, mit dem ich alles Leid und alle Freud teilte. Wir wohnten und arbeiteten zusammen in einem großen schönen Hause, in unserem gemeinsamen Vaterland: in Deutschland. Ihr alle, Kinder, kennt ja dieses Deutschland: Es ist ein weites fruchtbares Land, geschmückt mit Bergen, Seen, Äckern und Wiesen, bebaut mit Fabriken, Palästen und Hütten. Hier in diesem Deutschland wohnten die verschiedensten Stämme, Rassen und Konfessionen friedlich nebeneinander. Alles teilte ich mit meinem Freund, dem christlichen Deutschen, ehrlich: Arbeit und Mühe, Spiel, Kunst und Wissenschaft. Das eine verstand er viel besser als ich, zu dem anderen dagegen wiederum hatte ich eine besondere Geschicklichkeit, so daß wir uns in der schönsten Weise ergänzten. Genau so, wie euer Vater und eure Mutter jeder eine andere Arbeit hat und sie beide trotzdem an einem gemeinsamen Werk schaffen.

Als es eines Tages meinem Freund sehr schlecht ging, als ihn fremde Nachbarn bedrohten, da nahm ich genauso wie er das Schwert in die Hand, zog mit ihm gemeinsam hinaus, stritt, litt, duldete genauso wie er, mit derselben Tapferkeit, mit demselben Mute und derselben Begeisterung. Daß die Deutschen den Weltkrieg verloren, wißt ihr ja. Deutschland wurde ein armes gequältes Land, erfüllt von inneren Unruhen, von Inflation, Krisen und Arbeitslosigkeit. Auch der jüdische Deutsche blieb davon nicht unberührt. Er teilte auch hier alles redlich mit seinem Freund.

Eines Tages kam in Deutschland eine neue Regierung. Sie hatte es wahrlich nicht leicht, auf dem Trümmerhaufen des verlorenen Krieges, einer überschuldeten Wirtschaft und einer ungeheuren Arbeitslosigkeit aufzubauen. Aber sie hat hierzu einen kräftigen Willen mitgebracht. Bei jeder neuen Regierung ändert sich vielerlei. Genauso, wie es bei jedem neuen Lehrer etwas Neues gibt. Für uns Juden aber ist besonders wichtig, daß uns diese neue Regierung anders als die frühere behandelt: Sie betont bewußt die verschiedene Abstammung, die man heute ›Rassenunterschied‹ nennt. So wurde uns Juden viel, was wir gemeinsam zu besitzen glaubten, nur spärlich belassen oder ganz entzogen: das Studium und die Belehrung in Universitätssälen, die Betreuung von Kranken und Kindern bei öffentlichen Krankenkassen und Schulen, die Arbeit am Gericht, die Pflege von Kunst, Sport und Spiel. Die Arbeitslosigkeit der letzten Jahre hat alle Berufe übersättigt. Was Wunder, daß der christliche Deutsche, unser Freund, zunächst denen Arbeit verschaffen möchte, von denen er glaubte, daß sie ihm auch als Stammesgenossen näherstehen als wir jüdischen Deutschen?

Dadurch sind aber viele Juden gezwungen, sich in anderen Ländern einen neuen Beruf, einen anderen Wirkungskreis oder auch gar nur einen knappen Lebensunterhalt zu suchen. Viele Juden wanderten auch nach Palästina aus. Aber die meisten lieben ihre deutsche Heimat doch so stark, daß sie trotz aller Bedrängnis hier bleiben.«

(Israelitisches Familienblatt, Nr. 29, 22. 6. 1933, S. 9)

2. Martin Buber Die Kinder (Mai 1933)

Die Kinder erleben, was geschieht, und schweigen, aber nachts stöhnen sie aus dem Traum, erwachen, starren ins Dunkel: die Welt ist unzuverlässig geworden.

Man hatte einen Freund, der Freund war selbstverständlich wie das Sonnenlicht. Nun plötzlich sieht er einen fremd an, die Mundwinkel spotten: Hast du dir etwa eingebildet, ich machte mir wirklich was aus dir?

Man hatte einen Lehrer, unter allen den einen; man wußte: es gibt diesen Menschen, also ist alles in Ordnung. Nun hat er keine Stimme mehr, wenn er zu einem spricht; auf dem Hof ist der Raum zu ihm hin nicht mehr offen.

Die gute Landschaft selber, in der man wanderte und spielte, ist unheimlich geworden.

Was ist geschehen? Man weiß ja so allerlei, aber man versteht dennoch nicht, wie das zusammenhängt.

Um an der Seele dauern und wachsen zu können, braucht das Kind das Stetige, das Verläßliche. Da muß etwas sein, das nicht versagt.

Das Haus genügt nicht, die Welt gehört dazu.

Was ist mit der Welt geschehen? Aus dem vertrauten Lächeln ist eine Fratze geworden.

Das Kind ängstigt sich, aber es kann seine Verängstigung keinem sagen, auch der Mutter nicht. Das ist nicht etwas was sich sagen läßt. Es kann auch keinen fragen. Niemand weiß ja Bescheid, warum alles so ist wie es ist.

Das Kind empört sich, aber für diese Empörung gibt es keinen Ausbruch, sie schlägt in die Tiefe zurück. Das ist eine Leidenschaft, die nicht auflodern darf; sie schwelt und verderbt. Die Seele mündet nicht mehr in die Welt, sie verstockt sich. So wird man schlecht.

Eltern, Erzieher, was ist gegen das Schlechtwerden, gegen das »Ressentiment« zu tun?

Ich weiß nichts anderes als dies: ein Unerschütterliches in der Welt des Kindes sichtbar zu machen. Etwas, was nicht versagen kann, weil es den Wechselfällen der geschehenden Geschichte, ihrer Labilität, nicht unterworfen ist, nicht von der Stunde ist, sondern von urher. Etwas, das unser ist, unentreißbar unser. Wir müssen dem Kind in seiner Welt, als ein Vertrautes, Vertrauliches, ewigen Vertrauens Wertes, Israel erfahrbar machen.

Das heißt nicht: einem völkischen Menschenbild reaktiv ein andersvölkisches gegenüberstellen. Es heißt nicht: sagen, wir seien »auch« ein Volk, wir hätten auch unsere Art, auch unseren Wert. Wir sind nicht ein anderes Exemplar der Gattung Nation, wir sind das einzige Exemplar unserer Gattung. Wir sind Israel. Heruntergekommen, preisgegeben, sind wir uneinreihbar geblieben. Alle Gewalten der Erde haben den Zugriff auf uns, die Kategorien der Begrifflichkeit haben ihn nicht.

Ich sage das nicht in selbstsicherem Stolz, ich sage es mit Furcht und Zittern. Zu »Israel« gehört geschichtlich dieses Schicksal, so in das Schicksal der Völker verflochten und so aus ihm entlassen zu sein – so aus ihm geworfen zu werden und so ihm eingetan zu bleiben. Aber zu Israel gehört auch die Gnade, je in solcher Not den Urbund zu erneuern, durch den es entstanden ist. Den Kindern ist Israel nicht als ein Ersatz aufzuschließen, sondern als die wahre Einzigkeit, aus der wir leben und die wir vergessen haben. Wieder einmal läßt uns die Not unseren Namen wiederfinden. Nicht als ein Ding des Berühmens: »so was haben wir auch«, nicht als eines der Zeichen auf den Fahnenwimpeln der Erde, vielmehr als die Bezeichnung eines Bundes, mit Bundesrecht und Bundespflicht.

Israel bedeutet: um einer Verbundenheit willen, in der unser Sein begründet ist, Gemeinschaft üben. Die Gemeinschaft zwischen Wesen und Wesen, zwischen Mensch und Mensch, auf die hin die Schöpfung erschaffen ist, lebensmäßig üben. Und das bedeutet heute: Unmittelbarkeit hüten in einer immer mittelbarer werdenden Menschenwelt. Der Selbstgerechtigkeit der Kollektivitäten gegenüber das Geheimnis der Beziehung wahren, ohne das ein Volk dem Eisestod verfallen muß.

Aber haben wir uns nicht selber auf den Weg begeben, eine selbstgerechte Kollektivität zu werden? Dürfen wir noch der Gnade gewärtig sein, den Urbund zu erneuern? Steht es uns noch zu, jene Einzigkeit zu vertreten? Vermögen wir noch den Kindern das Unerschütterliche sichtbar zu machen? Sind wir noch Israel?

An uns ist es, diese Frage zu beantworten. Nicht durch pathetische Erklärungen, die nichts beweisen, aber durch unsere Wesenshaltung im Gang des Alltags, mitten in seinen bestürzenden Anomalien. Es gilt viel, daß wir wahrhaft inne seien unserer Grundwerte, unserer Sprache und unserer Geschichte; das muß uns allen nicht bloß ins Bewußtsein, sonderns ins Blut eingehen. Aber mehr noch gilt, daß wir als Israel leben: Gemeinschaft üben und Unmittelbarkeit wahren.

Nach außen ist das tausendfältig erschwert oder unterbunden. Dennoch, nichts darf uns davon abbringen, grollfrei, in ungebrochener persönlicher Ganzheit zu den Menschen des deutschen Volkstums zu stehen, wo immer wir ihnen so begegnen, daß man einander zu sehen, einander zu erkennen vermag. Auch heute, gerade heute, so grausam sie uns erschwert ist, tut menschliche Aufgeschlossenheit not.

Innerhalb der Judenheit, sollte man meinen, seien alle Riegel gesprengt. Aber, wenn ich von all den kleinen Gemeinden absehe, die in der Notzeit zu großen Familien zusammen- und emporgewachsen sind: ich nehme mehr Organisationsgetriebe, ja Organisationsleerlauf wahr als personhaftes Draufloshandeln, mehr »Fürsorge« als brüderliches Sorgen, mehr Routine als Initiative, mehr Erledigung als Hingabe. »Wer weiß«, sagte der Berditschewer Rabbi von den unbarmherzigen Sodomitern, »vielleicht hatten auch sie eine Gemeindebüchse, darein die Wohlhabenden ihr Almosen taten, um den Armen nicht ins Auge zu schauen!« Die Büchsen heißen heute Fonds. Niemand meine sich durch seinen Beitrag loskaufen zu können! Wer hier nicht Unmittelbarkeit bewährt, verleugnet Israel.

Ist auf einen Umschwung, auf einen Durchbruch zu hoffen? Ich frage euch, die ihr dies lest. Lehrt eure Kinder jüdische Gehalte, sucht ihnen das Leben jüdisch zu formen – aber daran ist's nicht genug. Ihr müßt mit euch selber beginnen. Israel ist mehr als Form und Gehalt, es will in unserer ganzen persönlichen, mitmenschlichen, gemeinschaftlichen Wirklichkeit verwirklicht werden.

Es liegt an uns, den Kindern die Welt wieder zuverlässig zu machen. An uns, ob wir ihnen, uns zusprechen dürfen: »Getrost, die Mutter ist da.«

(Die Stunde und die Erkenntnis. Reden und Aufsätze 1933–1935, Berlin [Schocken-Verlag] 1936, auch in: Der Jude und sein Judentum, Köln 1963, Abdruck mit freundlicher Genehmigung des Verlags Lambert Schneider, Heidelberg)

3. *Rudolf Stahl*
Berufswünsche der jüdischen Jugend

I.

In Frankfurt am Main wurden auf Veranlassung der jüdischen Berufsberatung in der Zeit von Anfang September bis Ende Oktober 1935 von etwa 130 Schülern und Schülerinnen Haus- oder Klassenaufsätze über das Thema geschrieben: »Was will ich werden, warum will ich diesen Beruf ergreifen, wie denke ich mir seine Ausübung?«

In Betracht kamen die Abgangsklassen der Frankfurter jüdischen Volksschulen sowie die zwei Untersekunden der jüdischen höheren Schule, deren Schüler bis auf wenige Ausnahmen Ostern die Schule verlassen. Die einzelne Klasse ist durchschnittlich mit etwa 25 Schülern besetzt. Es wurden im ganzen Arbeiten von 58 Jungen und 67 Mädchen geschrieben. Die Niederschriften sind natürlich von Elternhaus und Schule und in geringerem Umfang auch von den Jugendbünden beeinflußt. Es ist auch schon die Einwirkung der Berufsberatung zu spüren, sei es, daß die betreffenden Schüler oder Schülerinnen sich bereits persönlich dorthin gewandt haben oder daß ein Freund oder eine Freundin schon beraten wurden. Vielfach verläßt sich auch der Schüler auf die Beratung durch die jüdische Stelle und trifft deshalb in seinem Schulaufsatz noch keine Berufsentscheidung.

II.

Die gesellschaftliche Schichtung der Abgangsklassen wurde in einer besonderen Statistik erfaßt, zu der von 65 Schülern und 70 Schülerinnen Fragebögen ausgefüllt wurden. Von den 135 Kindern gehen 91 in die Volksschule, 44 in die höhere Schule. Von den 135 Eltern dieser Kinder haben 85 kaufmännische, 24 handwerkliche und

13 freie und Beamten-Berufe. Bei 13 Eltern ist kein Beruf angegeben, da zum Teil Arbeitslosigkeit vorliegt oder der Vater nicht mehr lebt.

Elterl. Berufe	von Schülern der Volksschule	Höheren Schule	Zusammen
Kaufmann	52	33	85
Handwerker	23	1	24
Freie Berufe, Beamte	4	9	13
ohne Angabe und Arbeitslose	12	1	13
	91	44	135

30 der erfaßten Kinder sind einzige Kinder, 53 haben je 1, 32 je 2, 11 je 3 und 9 mehr als 3 Geschwister.

Geschwister	Volksschule	Höhere Schule	Zusammen
keine	16	14	30
1	30	23	53
2	28	4	32
3	8	3	11
4 und mehr	9	–	9
	91	44	135

Da die Geschwister meist noch im schulpflichtigen Alter sind, haben sie noch keinen Beruf. Vielfach sind auch in den Fragebögen keine Berufe der Geschwister erfaßt. Von 30 Geschwistern sind die Berufe angegeben. Davon entfallen 10 auf kaufmännische, 17 auf handarbeitende und 3 auf freie und Erziehungsberufe – ein weiteres Anzeichen dafür, daß die jüngere Generation sich von den bei den Eltern bevorzugten kaufmännischen Berufen abgewandt hat.

Die Erhebung über die Staatsangehörigkeit ergibt folgendes Bild:

Staatsangehörigkeit	Volksschule	Höhere Schule	Zusammen
Deutsch	45	42	87
Polnisch	30	1	31
staatenlos	11	1	12
sonstige Ausländer	5	–	5
	91	44	135

Für den Gemeinschaftswillen der Kinder ist die Zugehörigkeit zu einem Jugendbund ein charakteristisches Zeichen. Von den 135 Kindern sind:

Jugendverbände	Volksschule	Höhere Schule	Zusammen
Aguda	4	1	5
Misrachi	14	1	15
deutsch-jüdisch	1	1	2
Staatszion.	7	–	7
versch. zion. Bünde	2	17	19
Sportvereine	6	–	6
Nicht organisiert	57	24	81
	91	44	135

III.

Die Berufswünsche stehen vielfach im Widerspruch zu den Wünschen der Eltern; das tritt besonders bei den Mädchen in Erscheinung, in deren Aufsätzen der Standpunkt der Eltern vielfach erwähnt oder verworfen wird. Während die Eltern häufig den Beruf der Schneiderin oder eine hauswirtschaftliche Tätigkeit planen, möchte die Tochter gern Kindergärtnerin oder Büroangestellte werden.

Viele Kinder gehen bei der Betrachtung ihrer Berufswünsche von dem erträumten Berufsideal aus, das sie nur ungern ganz der Wirklichkeit opfern. Sie suchen auf einem Kompromißweg eine sie halbwegs befriedigende Lösung. Als Ersatz der juristischen Laufbahn wird die kaufmännische, für die medizinische die chemische Laborantentätigkeit, statt des Sprachstudiums die Ausbildung als Photographin oder Bibliothekarin gewählt. Ein Mädchen, das eigentlich Pilotin werden will, schreibt nach längeren Erörterungen anderer Möglichkeiten: »Wahrscheinlich werde ich jedoch in einem Büro landen, denn man muß doch ein geordnetes Leben haben.«

Vor besonders schwierige Aufgaben wird die Berufsberatung durch die Schüler gestellt, die in ihren Berufswünschen völlig unentschieden sind. Ein Mädchen, das Kinderärztin werden wollte, »will einen anderen Beruf wählen, der mir nicht liegt und der mich auch nie ganz befriedigen kann«. Eine andere ist »noch sehr ratlos«. Vielfach gestehen die Kinder, daß die Berufsfrage sie »in Verlegenheit« bringt. Ein Junge will »schaffen, was kommt, arbeiten, was ich kann, den Beruf ergreifen, von dem ich denke, daß ich etwas leisten kann und meinen Lebensunterhalt verdienen kann«. Ein anderer Junge hofft auf den Rat der jüdischen Berufsberatung, die ihm eine Lehrstelle »anweisen« soll. Er ist noch darüber im unklaren, ob er etwas Kaufmännisches oder Handwerkliches anfangen oder ob er vielleicht Musiker werden soll.

Diese Unentschiedenheit tritt hauptsächlich bei den Kindern der höheren Schule in Erscheinung, während die Kinder der Volksschule fast durchweg einen ganz bestimmten Berufswunsch äußern. Die Unentschiedenheit gerade der Schüler und Schülerinnen der höheren Schule erklärt sich natürlich aus der Tatsache, daß die Kinder z. T. noch bis vor kurzem gar nicht die Absicht hatten, die Schule zu verlassen und schon in das Berufsleben einzutreten. In vielen Aufsätzen gerade dieser

Klassen kommt sehr deutlich zum Ausdruck, wie die Kinder von der Berufsfrage geradezu überrascht wurden.

Die Berufswünsche im einzelnen gliedern sich wie folgt:

Knaben

Berufswünsche	Schüler der Volksschule	Schüler der Höheren Schule	Gesamtzahl
Schlosser	1	–	1
Autoschlosser	5	–	5
Flieger	1	–	1
Schreiner	7	1	8
Elektrotechniker	4	2	6
Feinmechaniker	1	1	2
Versch. Handwerker	12	3	15
Landwirtschaftl. Gärtner	6	1	7
Chemiker	–	1	1
Kaufleute	1	5	6
Unbestimmt	2	4	6
	40	18	58

Mädchen

Berufswünsche	Schülerinnen der Volksschule	Schülerinnen der Höheren Schule	Gesamtzahl
Schneiderin	17	–	17
Modistin	3	–	3
Gärtnerin	7	–	7
Friseuse	1	–	1
Hauswirtschaft	7	3	10
Photographin	1	1	2
Kranken- u. Säuglings-Schw.	1	2	3
Kindergärtnerin	2	2	4
Kaufm. Berufe	6	1	7
Gymnastiklehrerin	–	1	1
Pilotin	–	1	1
Unbestimmt	–	10	10
	45	21	66
Knaben s. o.	40	18	58
	85	39	124

IV.

Bei den meisten Aufsatzschreibern ist das Bewußtsein deutlich spürbar, daß die Judenheit sich in einer beruflichen Umgestaltung befindet und daß der bisherige jüdische Berufsaufbau ungesund war. Ein Junge, der mit der Jugendalijah als Arbeiter nach Palästina auswandern will, schreibt folgendes wörtlich: »Das ist ja gerade unsere Unnatürlichkeit, daß wir immer an ›freie‹ Berufe und leitende Stellungen denken und uns nur schwer vorstellen können, daß jemand sein ganzes Leben lang Arbeiter ist.«

Auch die Unentschiedensten sind sich bewußt, daß sie in einem größeren sozialen Umschichtungsprozeß stehen. Am deutlichsten kommt dies bei einem Jungen zum Ausdruck, der den Wunsch hat, Kaufmann zu werden, und der zum Schluß seines Aufsatzes schreibt: »Ich bin Jude und habe auch Judenschicksal zu tragen und – ich will es tragen.« Besonders diejenigen Jugendlichen, die nach Palästina gehen wollen, haben sehr stark das Bewußtsein, an einem großen Aufbau mithelfen zu können, und möchten diese Möglichkeit unbedingt in die Tat umsetzen. Auch bei dem Mädchen, das Pilotin werden will, kommt dieser Wunsch zum Ausdruck, sie hofft, in diesem Beruf für Palästina arbeiten zu können.

Viele der jungen Menschen wollen ihren Beruf zum Existenzaufbau und zum Erwerb ihres Lebensunterhaltes ergreifen. Bei wenigen kommt zum Ausdruck, daß der Beruf auch eine »Berufung« sein soll. Viele sind sich über den Sinn des Berufes noch sehr im unklaren und weichen in die allgemeine Berufsphilosophie aus, etwa mit den Worten: »Der Ernst des Lebens tritt bald an mich heran« oder »Mit der Entlassung aus der Schule beginnt das eigentliche Leben des Menschen«.

V.

Bei der Frage, warum ein bestimmter Beruf ergriffen werden soll, gehen die allermeisten Aufsatzschreiber von den objektiven Gegebenheiten aus und erörtern die praktischen Berufsaussichten. Sie wählen ihn z. B. deshalb, »weil der Beruf für die heutige Zeit sehr nützlich ist«. Nur verhältnismäßig selten gehen sie von ihrer persönlichen Eignung aus. Auch hier wieder sind die Unterschiede zwischen den Mädchen und Jungen erheblich. Von den Jungen versuchen nur etwa 20 Prozent, an ihre persönlichen Befähigungen anzuknüpfen, während bei den Mädchen der Prozentsatz 40 beträgt. Vielfach wird nur mitgeteilt, daß ein besonderes Interesse an diesem Beruf bestehe. Öfter aber knüpft der Aufsatzschreiber an seine bisherigen Liebhabereien an, z. B. an das Basteln im Haushalt und beim Puppenspielen. Viele begnügen sich bei der Erörterung ihrer Befähigung auch nur mit der Angabe derjenigen Eigenschaften, durch die bestimmte Berufe für sie ausscheiden.

VI.

Bei der Frage, wie sich der Schüler die Berufsausübung denkt, teilen natürlicherweise sehr viele Aufsatzschreiber das Land mit, in dem sie den Beruf ausüben wollen. Hier unterscheiden sich wieder die Mädchen stark von den Jungen. Während bei den Mädchen nur etwa 40 Prozent das Land nennen, ist der Prozentsatz bei den Jungen ungefähr 80. Selbstverständlich steht Palästina bei denen, die sich überhaupt über das Land ihres zukünftigen Berufes auslassen, an erster Stelle. Unter den 58 Jungen wollen 27 nach Palästina, unter den 67 Mädchen nur 20. Die Schüler und Schülerinnen der höheren Schule tendieren im allgemeinen weniger nach Palästina als nach dem übrigen Ausland, wo sie vielfach an verwandtschaftliche Beziehungen anzuknüpfen hoffen. Wie vage oft die Vorstellungen sind, geht aus dem Satz eines Jungen hervor, der auf ein Schiff gehen will, das ihn nach Palästina führt »oder nach anderen Ländern, die ich nur vom Atlas her kenne«.

Ob der Beruf in abhängiger Stellung oder selbständig ausgeübt werden soll, darüber sind sich die Aufsatzschreiber im allgemeinen nicht klar. Die, die sich äußern, wollen »selbständig« arbeiten, gehen aber dabei vielfach von unrichtigen Vorstellungen aus. Ein Junge, der Portefeuiller werden will, schreibt, daß er sich im Ausland »ein Geschäft aufmachen« will. Ein Schreiner will in Palästina eine große Fabrik gründen.

Über die Art, wie der Beruf in einzelnen aussieht, bestehen weitgehende Unklarheiten. Viele Aufsatzschreiber verwechseln die Lehrzeit mit dem Beruf selbst, eine große Anzahl schreibt überhaupt nur von der Lehrzeit und denkt gar nicht an die spätere Ausübung des Berufes. Manchmal wird auch die Grenze zwischen dem Handwerk und dem Handel mit dem handwerklich verfertigten Produkt verwischt. Bei den Mädchen bestehen im allgemeinen konkretere Berufsvorstellungen. Viele äußern sich über die Art, wie sie die Kundschaft im Geschäft als Verkäuferin bedienen wollen und wie sie auf diese Weise am besten vorwärtskommen.

VII.

Die vorliegenden Aufsätze sind für den jüdischen Berufsberater von großer Bedeutung und geben über den Kreis der Frankfurter Schüler hinaus Anhaltspunkte für die Berufsberatung der kommenden Monate. Es ergibt sich insgesamt, daß die Aufsatzschreiber der höheren Schule nicht so starke geistige Neigungen zeigen, daß der Berufsberater ihnen zur Fortsetzung ihres Schulwegs trotz der bestehenden objektiven Schwierigkeiten raten könnte. [...]

Wie die Berufsausbildung für den jungen Menschen aussehen wird, wird noch weitgehend von der gesetzlichen Regelung abhängen, es kann jedoch als feststehend angenommen werden, daß die Ausbildung zu einem überwiegenden Teil auf die Berufsausübung im Ausland hin zu erfolgen hat. Hieraus ergeben sich für den Berufsberater wieder besondere Aufgaben. Die Berufswünsche müssen in Einklang gebracht werden mit den tatsächlichen Auslandsmöglichkeiten. Der Berufswunsch des Elektrotechnikers und Feinmechanikers wird z. B. für eine berufliche Tätigkeit in einem Kolonialland nicht zweckmäßig sein, während in einem Zivilisationsland gerade diese Berufe stärker gesucht sind. Zwischen den vielfach unausführbaren

Wünschen und den tatsächlichen Aussichten muß der Berufsberater eine Verbindung herstellen und in vielen Fällen eine Umberatung vornehmen. Im ganzen ergibt das vorliegende Material jedoch schon den Beweis für eine starke eigene Umstellung der Jugend auf die Gegebenheiten.
[...]

(Jüdische Wohlfahrtspflege und Sozialpolitik, N.F., Jg. 5, H. 6, November–Dezember 1935, S. 185–189)

4. Adolf Leschnitzer Die jüdische Schule im Jahre 5694 [1933/34]. Rückblick und Ausblick

Was bedeutete uns in den letzten Jahren die jüdische Schule – was schien sie uns zu bedeuten? Wir durchlebten eine Zeit gesteigerter Assimilation, eine Periode der Massenaustritte und der Mischehen in einem nahezu beispiellosen Ausmaße, kurz: einen Entjudungsprozeß, der an jene gefährlichen 14 Jahre von 1810 bis 1823 erinnerte, in denen ein Drittel aller Berliner Juden sich taufen ließ. In diesen letzten, jetzt hinter uns zurückliegenden 14 Jahren vom Ende des Weltkrieges bis zum Siege des Nationalsozialismus war demgemäß unser Ruf nach der jüdischen Schule Ausdruck unseres Willens, ein Bollwerk zu schaffen gegen den Ansturm der Assimilation. Die jüdische Schule war – so schien es uns – das letzte, vielleicht das einzige Mittel, das wir besaßen, um dem Zersetzungs- und Auflösungsprozeß, der unseren Volkskörper bedrohte, zu steuern: Dadurch, daß in der heranwachsenden Generation die großen Kulturwerte des Judentums zu lebendiger Geltung gebracht werden sollten, hofften wir, den jüdischen Lebens- und Selbstbehauptungswillen mehr und mehr zu steigern.

Die jüdische Schule bedeutet heute unendlich viel mehr. Die Gefahr der Assimilation ist gebannt – auf andere Weise und durch andere Mächte, als die nichtzionistischen Teile des deutschen Judentums es sich jemals hätten träumen lassen. Aber an Stelle der Gefahr, durch Assimilation zugrunde zu gehen, erheben sich heute riesengroß andere Gefahren. Während der Entjudungsprozeß von vielen als »historisch notwendig« hingenommen oder als »einfachste Lösung der Judenfrage« begrüßt wurde, jedenfalls auf leichtfertiges Entgegenkommen stieß, ist jetzt die schicksalhafte Gefahr der Vernichtung emporgestiegen und hat das deutsche Judentum gezwungen, furchtbarster Not ins Auge zu sehen und sich mit ihr auseinanderzusetzen. Schlimmer aber vielleicht noch als alles, was uns von außen her bedrohen kann, ist die innere, die seelische Gefahr: daß viele Menschen dem, was auf sie einstürmt, erliegen und daß sie, im Innersten erschüttert durch die täglich gegen uns erhobenen

Angriffe, schließlich selbst an die Wahrheit aller der Vorwürfe und Beschuldigungen glauben. Das wäre das Schlimmste, die innere Vernichtung, die Demoralisation.

Wenn schon der Erwachsene in dieser Weise gefährdet ist, um wieviel mehr das Kind, um wieviel mehr vor allem der Jugendliche in den Entwicklungsjahren, in denen schon an und für sich die innere Sicherheit leicht zu erschüttern ist und in denen alles darauf ankommt, daß die noch zarte und leicht verwundbare Psyche des jungen Menschen nicht Narben davonträgt, die die Charakterbildung für das ganze Leben unheilvoll beeinflussen können. Wie entsetzlich, wenn in den Seelen junger Juden sich der Gedanke festsetzt: »Es ist eine Schande, es ist ein Fluch, daß ich in diese Gemeinschaft hineingeboren bin; ich schäme mich, Jude zu sein.«

Den Kindern der vielen Zehntausende jüdischer Familien, die nicht auswandern können oder wollen, das Rüstzeug zu geben für den heute so unerhört erschwerten Existenzkampf und vor allem sie seelisch zu wappnen, ihnen Selbstvertrauen und von jeder Überheblichkeit freien jüdischen Stolz zu geben, als »den Fußbreit festen Grund, auf dem sie stehen« – das ist der tiefe, wahre und einfache Sinn der jüdischen Schule in diesem furchtbar ernsten Augenblick unserer jüdischen Existenz.

Das jüdische Elternhaus ist erschüttert: Materiell bedroht und seelisch zermürbt, sind viele Erwachsene nicht mehr imstande, ihren Kindern das zu sein, was zu sein sie brennend und sehnlich wünschen, ihnen Halt und Stütze in Nöten und Irrungen zu geben, sie freundlich, gütig, kraftvoll und zielbewußt zu leiten. Unendlich viel schwerer als in ruhigen, unerschütterten Tagen ist deshalb die Aufgabe der Schule, unendlich viel schwieriger die Leistung, die sie vollbringen muß, unendlich viel größer die Verantwortung des Lehrers.

Groß ist die Zahl der Einzelaufgaben, die einer Lösung harren und sie, wie wir hoffen, bald finden werden. Erhaltung und Ausbau der bestehenden Schulen; Schaffung neuer Schulen, nicht nur für die Kinder, die öffentliche deutsche Schulen verlassen müssen, sondern auch für die zahlreichen Kinder derjenigen Eltern, die aus freien Stücken und aus klarer Einsicht in die innerlich gegebene Notwendigkeit ihre Kinder jüdischen Schulen zuführen wollen. Umbau und Neuordnung der Unterrichtsarbeit unter dem Gesichtspunkt der Berufsumschichtung, die wir nicht als Zwang hinnehmen, sondern in gewissem Umfange begrüßen, weil wir zutiefst davon überzeugt sind, daß die bisherige berufliche Gliederung nur ein Produkt der anormalen soziologischen Situation des Judentums war und daß ein planvoll und vorsichtig gelenktes Einströmen unserer Jugendlichen in handwerkliche und landwirtschaftliche Berufe die unumgängliche Voraussetzung für eine Gesundung des jüdischen Volkskörpers bildet. Dann die Hebraisierung, die einen Doppelzweck erfüllt, zugleich von kultureller und von eminent praktischer Bedeutung ist: den Weg zum Judentum und ins Ausland ebnet, ja eigentlich erst öffnet. Ferner die »Erziehung der Erzieher«, die Ausbildung und Fortbildung der Lehrer, denen heute in vielen Fällen das nötige jüdische Wissen mangelt und die in der gegenwärtigen Situation besonderer pädagogischer und jugendpsychologischer Schulung bedürfen. Alle diese Aufgaben werden nur unter äußerster Anspannung unserer Kräfte geleistet werden können und vor allem nur durch straffste Zusammenfassung unter einer zentralen Leitung, die nicht lediglich die Bürozentrale einer Schulverwaltungsorganisation sein darf, sondern gleichsam Herz und Hirn eines lebendigen Erziehungsorganismus darstellen muß, mit anderen Worten: in möglichst persönlichem Konnex mit Lehrern und Eltern selbst miträt und mithilft.

Nur wenn alle diese Voraussetzungen geschaffen werden, wird es uns gelingen, das Ziel zu erreichen, das heute, beim Beginn des Jahres 5694, deutschen Juden vorschweben muß. Wir wollen unsere Kinder zu Menschen erziehen, die aus tiefstem Verständnis für die unendlich großen sittlichen und kulturellen Werte der jüdischen Gemeinschaft, in die hineingeboren zu sein sie dem Schicksal dankbar sind, die Kraft finden, tätigen Anteil am Leben der Gegenwart und an der Gestaltung der jüdischen Zukunft zu nehmen. Zu Menschen, deren Beziehung zu jenen Werten der jüdischen Vergangenheit darin besteht, daß sie – um es mit dem schönen Wort eines großen deutschen Denkers auszudrücken – fähig sind, »die Vergangenheit aus der höchsten Kraft der Gegenwart zu deuten«. Zu Menschen, die mit dem Gewordenen verbunden sind und doch wirklichkeitsnah, gegenwartsfroh, der schönen Zukunft gewiß.

Und für welches Land wollen wir sie erziehen? Auf diese Frage wissen wir keine bessere Antwort als die, die vor einigen Wochen Martin Buber in diesen Blättern gegeben hat: »Für Palästina, wem es das Land sein darf. Für irgendeine Fremde, wem sie das Land sein muß. Für Deutschland, wem es das Land sein kann. Es ist ein Bild, ein Ziel, eine Erziehung.«

(Jüdische Rundschau, Nr. 75/76, 20.9.1933)

5. Martin Buber
Unser Bildungsziel (Juni 1933)

Ich habe – bisher ohne Erfolg – vorgeschlagen, zu einer bei aller Mannigfaltigkeit einheitlich bestimmten Ordnung des jüdischen Bildungswesens in Deutschland ein Bildungsamt der deutschen Juden zu errichten. Damit meine ich keine Notstandsbaracke, sondern ein standfestes Haus, wenn's auch die Not ist, die drängt, es zu bauen. So meine ich ja auch mit der jüdischen Schule selbst, auf deren Erstehen ich hoffe, nicht ein Asyl für Kinder, die in der allgemeinen nicht verweilen dürfen oder nicht gedeihen können, sondern ein echtes Heim, auf Urgrund gesetzt, unserm Wesen gerecht und zu dauern bestimmt.

Das heißt: Ich stelle in dieser Stunde und in sie die Frage nach unserem Bildungsziel. Unterrichtsnot treibt uns an, aber die Schau des Bildungsziels muß uns leiten, wollen wir uns nicht im Kreis drehen, sondern einen Weg abschreiten. Von der Situation aus müssen wir handeln, aber nicht ihr verhaftet.

Freilich, wenn wir uns jetzt erst ein Ziel zurechtzumachen hätten, stünde es übel um uns. Ein wahres Ziel im Leben der Gemeinschaft wird nicht aufgesteckt wie eine Stange beim Rennen: es war schon da und wird nun wahrgenommen. Wir haben ein Bildungsziel. Wir brauchen es nur wahrzunehmen.

Bildung kommt von bilden und bilden von Bild. »Bilden« heißt ein geschautes Bild im irdischen Stoff verwirklichen, so daß es in die Welt der Dinge tritt. Menschen bilden heißt ein geschautes Menschenbild in lebenden Personen verwirklichen. Der Erzieher ist dann ein Menschenbildner, wenn er an den ihm anvertrauten bildsamen Wesen, ihre Personhaftigkeit achtend und fördernd, eben dies vollbringt. Er kann es aber nur dann vollbringen, wenn das Bild, dem er dienen will, nicht seiner individuellen Phantasie entstammt: wenn es ein allgemeingültiges ist.

Ein »allgemein«, richtiger: für die Allgemeinheit eines Zeitalters gültiges Bild nenne ich eines, das einem Volk oder mehreren Völkern in diesem Zeitalter »vorschwebt« als das des rechten Menschen. Begrifflich braucht es keineswegs formuliert zu werden. Es steht gleichsam über aller Köpfen in der Luft, man schaut zu ihm auf: so ist der rechte Mensch beschaffen, so will ich, so wollen wir sein. Je wurzelechter eine Kultur, um so sichtbarer ist ihr Bild: der Polites des klassischen Athen, der Christenmensch des abendländischen Mittelalters.

Eins der letzten Bilder im modernen Europa war, in der Welt Rousseaus entstanden, aber in der Lessings und Herders zur vollkommenen Gestalt geklärt, der weltoffene Mensch, der »Weltbürger«, der die Gegenstände und Werte einer ganzen Menschheit aufnimmt und in seine eigentümliche, organische, volksbedingte Form verarbeitet. Aus dem Zerfall dieses Bildes – denn auch Bilder zerfallen – ist das hervorgegangen, was wir »allgemeine Bildung« nennen; eine Bildung ohne Bild, eine Aberbildung. Nicht länger organisch eingeformt, liegen hier die Gegenstände und Werte der Menschheit in einem scheinbar systematisch gegliederten, tatsächlich aber verworrenen, weil nicht mehr in lebendige Gestalt gebundenen Haufen beisammen. Das Zerfallsprodukt »allgemeine Bildung« beherrscht ein Jahrhundert ungeheurer Stofferweiterung, ungeheurer technischer Bezwingung, aber niedergehenden Geistes und niedergehenden Bildnertums.

Unsere Zeit, die am Ende dieses Jahrhunderts steht, ist durch Versuche gekennzeichnet, ein neues Menschenbild zu erzeugen, vom bewußten Willen her also den Mangel des unwillkürlichen Wachstums zu füllen. Einer dieser Versuche ist der, den »völkischen Menschen« zu schaffen. Die deutschen Juden leben heute im Angesicht solch eines Versuchs, der sie, weil er auf eine blutmäßige Reinkultur des deutschen völkischen Menschen gerichtet ist, ablehnen und ausschließen muß. Das vom bewußten deutschen Staatswillen unserer Tage gesetzte Bildungsziel kann seinem Wesen nach nicht das ihre sein.

Haben sie ein eigenes? Oder sind sie ziellos, richtungslos dem Wirbel preisgegeben?

Sinnlos und nichtig wäre das Unterfangen, uns dem völkischen Bild gegenüber als Hüter der »allgemeinen Bildung«, etwa einer durch etliche jüdische Inhalte verbrämten, zu behaupten, in einem Raum bewußter Bild-Erzeugung das bildlose Zerfallsprodukt als unser Monopol bewahren zu wollen.

Aber es steht uns auch nicht an, auf die Aktivität, die uns umgibt, reaktiv: mit einem jüdischen völkischen Bild zu antworten. Es steht uns nicht an, weil wir durch keinen völkischen Begriff zu umreißen sind – einst als Glaubensgemeinschaft volkgeworden, als Glaubensvolk seither dauernd, so daß unsere »nationale« Bindung an Natur und Geschichte von unserer »religiösen« Bindung an die Manifestation, die unsere Volkswerdung und unsere Volksbürgerschaft bedeutet, nicht abgetrennt werden kann. Zu dem Bild Israels gehört unwegdenkbar die Hand, die von drüben her die Tafeln uns reicht, unwegdenkbar die sichtbare Majestas unseres unsichtbaren Königs.

Jenes steht uns aber deshalb nicht an, weil wir zwar dem Blute nach, wenn auch nicht »rein«, so doch wesentlich selbständig, aber geistseelisch hundertfältig vermischt sind, eingemengt in das Leben, die Sprachen, die Strukturen, die Geschicke der Völker – eine Tatsache dies nicht der flüchtigen Oberfläche, sondern der geschichtlichen Tiefe unserer Existenz, in besonderer Steigerung bei den deutschen Juden, deren Begegnung mit dem deutschen Volk eine elementar ernste, schicksalhafte, fruchtbare und tragische gewesen ist. Es wäre leichtfertige Willkür, sich über dieses großartig und unheimlich Faktische hinwegzusetzen. Auch die von hier nach Palästina gehen, um in hebräischer Gemeinschaft zu leben, tragen in ihrer Beschaffenheit deutsches Seelengut mit hinüber.

Unser Bildungsziel kann keins der völkischen sein. Aber es wäre auch vergeblich, uns vorzunehmen, jenes allgemeingültige jüdische Menschenbild zu erneuern, das unseren abendländischen Ahnengeschlechtern bis zur Emanzipation vorgeleuchtet hat: das Bild des zugleich wahrhaft frommen und wahrhaft gelehrten Mannes, der, in Israel naiv beheimatet, der »Weisung« in all ihrer Kasuistik kundig ist und zugleich ihrer Verwirklichung in Gottes- und Menschenliebe unbefangen-gelassen obliegt. Wohl hat dieses Bild sich noch in unsere Zeit hin in manchen kindlich mächtigen Personen verkörpert; aber ein Bildungsziel läßt sich daraus nicht mehr holen: an jener unangefochtenen Naivität hing alles, und sie ist nicht wiederherzustellen.

Dennoch sage ich, daß wir ein Bildungsziel haben und es nur wahrzunehmen, es nur zu entdecken brauchen. Diese Entdeckung kann nicht romantisch, sondern nur realistisch vollzogen werden, also vom heutigen Menschen und seiner Lage aus. Wir nehmen unser Bildungsziel wahr, wenn wir die gegenwärtige Weltsituation und uns in ihr wahrnehmen.

Die Situation kann etwa dahin ausgesprochen werden, daß die Geschichte der

Erdbevölkerung wieder »labil« geworden ist, und anscheinend labiler als je. Die »festen Verhältnisse«, die vor zwei Jahrzehnten noch den einigermaßen gleichbleibenden Hintergrund all der wechselnden Ereignisse, Entwicklungen, Konflikte und Krisen abgaben, sind allsamt mit ins Gleiten geraten. Die »Sicherheit der Voraussetzungen«, das Werk der von der Französischen Revolution emporgetragenen bürgerlichen Gesellschaft, ist entschwunden. Der Mensch ist exponiert.

Die exponierteste Menschensippe aber sind die Juden. Die bürgerliche Gesellschaft hatte ihnen um den Preis einer Selbstentäußerung, die zu Triumphen des individuellen Geistes, aber auch zu schweren typologischen Entartungen geführt hat, eine Sekurität verliehen, die sich nun als eitel erweist. Am Juden entladen sich die Spannungen der Gegenwart, die äußeren und inneren, am stärksten, sie drohen ihn zu zersprengen. Die Labilität geht ihm an den Kern des Wesens. Hier wird der Kampf des Menschen exemplarisch ausgefochten. Was wird daraus werden?

Hier, wenn irgendwo, entdecken wir unser Bildungsziel, das Bild, das wir verwirklichen sollen. Es ist der der Situation an dem exponiertesten Punkt gewachsene Mensch. Es ist der überwindende Jude.

Überwinden aber können wir nur von einem Unüberwindlichen her, das der Labilität nicht untertan ist, das von ihr nicht erfaßt werden kann, das ihr unbedingt überlegen bleibt. Einzig von den Urkräften seines jüdischen Daseins, von der Urverbundenheit »Israels« her, untereinander und mit dem Ursprung, untereinander, weil mit dem Ursprung, wird der Jude auf bebendem Boden standhalten und sein bebendes Herz zur Ruhe bringen.

Daß der jetzt heranwachsende Jude sich auf den Urbestand seines geschichtlichen Wesens besinne und sich aus ihm neu aufbaue zu dem Menschen, der die Problematik der Gegenwart am exponiertesten Punkte bewältige, das ist das Ziel unseres Bildens, ihr jüdischen Erzieher auf deutscher Erde!

Wir wollen ungespaltene, unbefangene, unabhängige Geschlechter erziehen. Wodurch sonst sollten sie es werden als durch die Wiedererweckung der Urkräfte in ihnen, durch die Wiederknüpfung der Urverbundenheit? Als dadurch, daß die Urkräfte ihnen normativ werden und ihrem Leben eine selbständige Ordnung spenden, daß die Urverbundenheit ihnen fundamental wird und ihrem Leben einen unterschütterlichen Halt schenkt, eine Gewißheit, die nicht zerstört werden kann?

Man frage nicht, für welches Land wir erziehen wollen.

Für Palästina, wem es das Land sein darf. Für irgendeine Fremde, wem sie das Land sein muß. Für Deutschland, wem es das Land sein kann. Es ist ein Bild, ein Ziel, eine Erziehung.

(Die Stunde und die Erkenntnis. Reden und Aufsätze 1933–1935, Berlin [Schocken-Verlag] 1936, auch in: Der Jude und sein Judentum, Köln 1963; Abdruck mit freundlicher Genehmigung des Verlags Lambert Schneider, Heidelberg)

6. Heinemann Stern
Bildungsprobleme der jüdischen Schule

Über die künftige und endgültige Organisation des jüdischen Schulwesens in Deutschland sind wir heute noch genau so im unklaren wie vor Wochen, als ich die Kollegen zur Geduld mahnte. Nur so viel läßt sich heute mit einer gewissen Sicherheit sagen, daß der Schwerpunkt unserer künftigen Schularbeit in der Volksschule liegen wird.

Freier und zuverlässiger können wir über die innere Gestaltung unserer Schule sprechen, weil sie wohl im wesentlichen in unsere Hand gegeben sein wird. Dieser Fragenkomplex beschäftigt naturgemäß unsere Gemeinschaft in allen ihren Kreisen und Organisationen in der öffentlichen Diskussion wie in privaten Unterhaltungen aufs angelegentlichste. Nicht nur, weil die geistige Aktivität auf ein enges Gebiet eingeschränkt ist, sondern weil man die entscheidende Bedeutung der Schul- und Erziehungsfrage für die Existenz und den Neubau des deutschen Judentums erkannt hat. Dabei hat sich schon heute manches herauskristallisiert, was einer Klärung der Probleme dient und der künftigen Gestaltung der Dinge den Weg weist. Anderseits aber läßt sich nicht verkennen, daß die Diskussion in der Presse hier und dort eine Leidenschaftlichkeit angenommen hat, die sachlich nicht begründet erscheint. Es werden gewissermaßen Gegensätzlichkeiten herausgearbeitet, die in der Wirklichkeit gar nicht bestehen, und Anschauungen verteidigt, die gar nicht angegriffen werden. Sollten diesen Auseinandersetzungen die alten Parteigegensätze zugrunde liegen, dann werden wir Lehrer ihnen das Eindringen in die Schule und die entstehende jüdische Pädagogik mit aller Deutlichkeit und Entschiedenheit wehren müssen. Nicht als ob wir, als die zünftigen Pädagogen, uns anmaßten, Form und Inhalt der Erziehung oder auch nur der Schule autoritär zu bestimmen. Wir wissen und fühlen uns als Beauftragte der Gemeinschaft, deren Denken und Wollen in der Richtung auf Prägung ihres seelischen Seins wir zu erkennen und zu gestalten haben. Anderseits aber entnehmen wir dieser hohen Berufung das Recht und die Pflicht, alle Einflüsse abzuweisen, welche die Schule und ihre Arbeit stören und hemmen würden.

I.

Die Möglichkeit einer gesunden Entwicklung des jüdischen Schulwerks erscheint uns deswegen gegeben, weil sich in der Hauptfrage, nämlich in der Erziehungs- und Bildungsaufgabe, eine grundsätzliche Übereinstimmung erwiesen hat: Jeder will den jüdisch-bewußten Menschen, und niemand will das deutsche Kulturgut, und damit doch den deutschen Zug im jüdischen Menschen, ausschalten. Jeder will die Ertüchtigung der jüdischen Jugend für den erbarmungslosen Kampf um ihre Existenz, und niemand verschließt sich darum den Notwendigkeiten, die das Leben auch außerhalb Deutschlands, und vor allem in Palästina, von einer jüdischen Erziehung verlangt. Damit ist der deutsch-jüdische Charakter der Erziehungs- und Bildungaufgabe festgelegt. Aber glauben wir nun nicht, daß mit diesem Wollen und dieser Erkenntnis die Schwierigkeit unserer Aufgabe überwunden sei. Sie beginnt erst. Denn aus der doppelten Zweigesichtigkeit unserer Aufgabe müssen sich Spannungen ergeben, die genau denen entsprechen, unter denen unser Leben im künftigen Deutschland verlaufen wird. In diesem Parallelismus der Dynamik von Leben und Schule erweist sich gerade die Lebensnähe der jüdischen Schule, die wir aufbauen wollen, und die Unmöglichkeit, jene Spannungen von ihr und ihren Schülern fernzuhalten. Und weil wir uns den Luxus der Illusion in keiner Gestalt leisten können, müssen wir uns auch sagen, daß in der neuen jüdischen Schule der absolute jüdische Mensch ebensowenig denkbar ist wie in der alten. Dieser jüdische Mensch, von dem heute nicht wenige träumen, ist eben nur im absoluten jüdischen Milieu möglich, nirgends sonst. Daran können auch noch so glückliche Formulierungen eines Erziehungs- oder Bildungszieles [kaum] etwas ändern. Will diese Formel lebensgemäß sein, dann muß sie die Mannigfaltigkeit der Wirklichkeits- und Seelenstruktur enthalten; verschließt sie sich dieser Tatsache, dann ist sie theoretisch inhaltslos und praktisch gegenstandslos. Solche Bedenken erweckt auch das Bildungsziel (es ist eigentlich ein Erziehungsziel), das Martin Buber aufgestellt (»Jüd. Rundschau« Nr. 54) und mit dem sich schon Siegfried Braun an anderer Stelle beschäftigt hat. »Es ist der der Situation an dem exponiertesten Punkt gewachsene Mensch. Es ist der überwindende Jude.« Unleugbar ist dies eine überaus geschickte Formulierung; denn niemand wird etwas gegen die alles beherrschende Notwendigkeit einwenden können, den deutschen Juden der Gegenwart um jeden Preis aus der Gefahr der buchstäblichen Vernichtung zu retten. Darum soll auch nicht davon gesprochen werden, daß dieses Bildungsziel – und ein Bildungsziel ist doch immerhin so etwas wie ein Ideal – an der äußerlichsten und veränderlichsten Gegebenheit orientiert ist, die sich denken läßt, nämlich an einer von außen aufgezwungenen Situation. – Aber welches ist nun die konkrete Prägung des überwindenden Juden? Welches sind die positiven Kräfte, die den Geburtsjuden zum überwindenden machen? Das müssen wir nämlich wissen, wenn wir an die praktische Erziehungs- und Bildungsarbeit herangehen. Wir erfahren es aber nicht; wir erfahren nur, was der überwindende Jude nicht sein kann: nicht der völkische und nicht der orthodoxe Jude. Welcher ist es aber? Vielleicht hat Buber selber keine deutliche Vorstellung von seinem Bildungsziel – wie hätte er sonst an der historischen Tatsache vorbeigehen können, daß der völkische wie auch der orthodoxe Jude sich doch als Überwinder bewährt haben, wenn ihre Wesensform vielleicht auch nicht derjenigen Bubers (und auch nicht der meinigen) entspricht. So teilt Martin Bubers Zielbestimmung das Schicksal jener Definitionen, die in ihrer Allgemeinheit zu leeren Umschreibungen geworden sind und darum über die Natur des Begriffs, den sie bestimmen wollen, nichts auszusagen vermögen.

Den wunden Punkt in der Zielbestimmung Martin Bubers hat auch Siegfried

Braun erkannt: Er vermißt Klarheit darüber, wie beschaffen die Sachverhalte sind, um die es hier geht. Aber indem er dem Bildungsziel Bubers die konkrete Gestalt des orthodoxen Juden gibt, wird er der Aufgabe nicht gerecht. Zwar hat die Form einen Inhalt erhalten, aber dieser Inhalt entspricht nicht der wirklichen Lage des Judentums. Es ist nicht einzusehen, warum von den verschiedenen Möglichkeiten eines konkreten Bildungszieles – die Braun übrigens gar nicht untersucht – gerade eines herausgegriffen wird. Der Anspruch der thoratreuen Judenheit und die Zustimmung des Beobachters geben keine tragfähige Unterlage für ein lebenswirksames Bildungsziel. Denn daß es lebenswirksam sei, ist Voraussetzung und wesentlicher Inhalt eines Bildungszieles, das mehr sein will und soll als ein Wunschbild oder der logische Abschluß eines pädagogischen Systems. Lebenswirksam ist aber ein Bildungsziel nur dann, wenn es den Notwendigkeiten und Sehnsüchten einer Zeit oder einer Gemeinschaft Erfüllung verspricht. Daß aber die deutsche Judenheit der Gegenwart die Tendenz zur Orthodoxie verriete, wird auch deren überzeugtester Anhänger nicht behaupten wollen.

Ein allgemeingültiges konkretes Bildungsziel ist aus der gegenwärtigen jüdischen Situation nicht zu deduzieren, und ein allgemeingültiges formales hilft uns nicht weiter. Daraus folgt, daß wir ohne die gesuchte Formel arbeiten müssen. Fragt sich nur, ob wir es können. Nun, wenn wir schon nicht wüßten, was wir müssen, dann würden die außerschulischen, heute so deutlich wie noch nie gerichteten Mächte den Weg weisen. Bewußtes Judentum und uniformiertes Judentum sind ja nicht identisch; darum braucht die Mannigfaltigkeit jüdischer Prägung keine Gefahr für die deutlich erkennbare einheitliche Grundtendenz zum Judentum schlechthin zu bedeuten.

II.

Auch darüber herrscht Einigkeit, daß die Kultur der deutschen Juden, folglich auch das Bildungsgut der jüdischen Schule, deutsch und jüdisch sein wird. Muß aus dieser Tatsache nun unbedingt die Streitfrage nach dem Primat des einen oder anderen Faktors herausspringen? Überlassen wir darum die Antwort der Entwicklung der Dinge, die ja in allen Lebensbeziehungen ihre eigene Dynamik hat, die allen vorgefaßten und aufgestellten Postulaten gegenüber so oft ihr Recht und ihre Macht behauptet. Aber wir wollen die Augen nicht verschließen vor den Schwierigkeiten, die das Nebeneinander und die Fülle der Aufgaben bereiten werden. Zunächst das Hebräische. Neuhebräisch werden wir als selbstverständliches Lehrfach aufnehmen müssen. Kann und darf aber daneben das Althebräisch als die Sprache der Bibel und des Gebetbuches in den Hintergrund gedrängt werden? Und wird es möglich sein, beiden Aufgaben nebeneinander gerecht zu werden? Abgesehen von der natürlichen Begrenztheit der Leistungsmöglichkeit der Schüler – ist die unausbleibliche Überlastung der Schüler mit Lern- und Übungsarbeit der Weg zur Abkehr vom Intellektualismus, dem wir die Vereinseitigung unseres seelischen Lebens aufs

Konto setzen? Wir werden da viel Wasser in unseren Wein gießen müssen, selbst wenn wir die Erleichterung, die das Neuhebräische für die Erlernung der Bibel- und Gebetbuchsprache mit sich bringt, in Rechnung stellen.

Nicht so schwierig, wie es auf den ersten Blick scheinen könnte, ist die Problematik des Deutschunterrichts. Das deutsche Kulturgut birgt solch unerschöpfliche Schätze, die unserem jüdischen Empfinden und Streben adäquat sind, daß wir uns um Material für die künftige deutsche Bildung in der jüdischen Schule nicht zu sorgen brauchen. Dabei wollen wir uns durchaus nicht dem sehr ernsten Einwand verschließen, den Martin Buber in seinem Vortrag vor den Berliner Lehrern erhoben hat: ob man eine Kultur, von deren Leben und Entwicklung man ausgeschlossen ist, zum tragenden Pfeiler einer Bildung machen kann. Auch wenn man die Möglichkeit zugeben wollte, daß die jüdische Schule manches aus der Gegenwartskultur akzeptieren könnte, bleibt die Gefahr einer Verabseitigung und damit Erstarrung der deutschen Bildung in ihr doch bestehen.

Das schwierigste Problem bildet aber doch wohl die Geschichte. Der Geschichtsunterricht ist zwar immer ein Problem gewesen, und zwar nicht nur ein methodisches, sondern auch ein materiales. Heute erscheint für uns ihr Sinn gefährdet. Denn Geschichte hat als Bildungs- und Erziehungsfaktor doch nur dann einen Sinn, wenn sie den Weg bahnt und erleuchtet, der aus der Vergangenheit zur lebendigen Gegenwart der Gemeinschaft führt. Sind wir deutschen Juden aber heute dieser »Sinngebung« fähig? Selbst wenn die bekannten »Richtlinien« keine Geltung für die jüdische Schule haben sollen? Dazu ein zweites: Geschichte, die mehr ist als eine Sammlung von Geschichten, gewinnt für den Nichthistoriker nur Interesse, wenn sie in irgendeiner Hinsicht aktuell ist. Können wir aber unseren Kindern, die unter dem Erlebnis der Gegenwart stehen, die deutsche Geschichte, soweit sie nicht unmittelbar in die Problematik des Heute hineinführt, aktualisieren? Ja, und zwar durch die jüdische Geschichte. [...]

Die jüdische Geschichte, die schon längst eine Neuorientierung braucht, kann in wesentlichen Teilen in die allgemeine Geschichte eingebaut werden; denn es gibt kaum eine Epoche, die nicht in lebendigen Beziehungen zu ihrer Umwelt gestanden hätte – und umgekehrt. Um diese Verflechtungen sichtbar werden zu lassen, muß die jüdische Geschichte allerdings mehr und anderes sein als vornehmlich Leidens- und Geistesgeschichte. Diese letztere würde dem Religionsunterricht zugewiesen werden; manches aus der neueren Geschichte könnte seinen Platz auch im Deutschunterricht finden. Diese Verbindung ist aber nicht so gemeint, als solle nun die Weltgeschichte unter jüdischen Aspekt gestellt werden; denn ein richtiges Verstehen und gerechtes Beurteilen geschichtlicher Vorgänge und Persönlichkeiten ist nur aus ihrer eigenen Struktur und ihrer eigenen Gesetzlichkeit heraus möglich. Der Geschichtsunterricht, der allgemeine wie der jüdische, wird uns die schwierigsten, aber auch dankbarsten Aufgaben stellen, nicht zuletzt auch im Hinblick auf die neuen Lehrbücher, um deren Schaffung wir nicht herumkommen werden.

Was hier über schwerwiegende Fragen im Rahmen eines Zeitungsaufsatzes gesagt werden konnte, will die Probleme mehr aufzeigen und abstecken als lösen. Aber auch die Lösung wird zunächst eine vorläufige sein; die endgültige wird aus der Entwicklung der jüdischen Lage herauswachsen und erst mit deren Klärung und Festigung Gestalt und Charakter gewinnen.

(Jüdische Schulzeitung, Nr. 10/11, 15.11.1933, S. 3–4)

7. Julius Galliner Die jüdische Schule

Wer die Jugend hat, hat die Zukunft. Das bedeutet einmal, daß nur diejenigen Bestrebungen, für die die Jugend sich begeistern kann, Aussicht auf Erfolg haben. Um einem Gedanken Kraft und Bestand zu verleihen, müssen wir ihn der Jugend ans Herz legen. Zum andern bedeutet das Wort, daß jede Gestaltung der Zukunft eine Erziehungsaufgabe ist, weil erst in der Jugend die Ziele und Aufgaben unserer Kultur lebendig werden. Die Gestaltung der Zukunft ist eine Erziehungsaufgabe. So haben das Wort alle jene jüdischen Männer verstanden, die an den Wendepunkten unserer Geschichte unsere Führer gewesen sind. Es würde von unserem Thema zu weit wegführen, wollten wir dies für die einzelnen Perioden unserer Vergangenheit nachweisen. Es mag für das Altertum genügen, auf den Kampf zwischen Judentum und Griechentum hinzuweisen, der zwar von den Alten begonnen, aber im letzten Grunde von der Jugend getragen und von ihr zur Entscheidung gebracht worden ist, und so unsere Zukunft verbürgt hat. Aus der Neuzeit genügt es, an unseren Eintritt in die deutsche Kultur zu erinnern, der unsere Emanzipation vorbereitet hat. Auch in diesem entscheidenden Augenblick der Geschichte wußte man, daß die Zukunft eine Erziehungsaufgabe ist. Nur daraus ist die Begründung jener Schulen zu erklären, die nach den Worten Israel Jakobsons die Befreiung der Juden aus der allgemeinen Unbildung und ihre Erlösung aus der Verkennung bei ihrer Umwelt zum Ziele hatten. Daß diese Schulen, die am Anfang des 19. Jahrhunderts begründet worden sind, eine Grundlage für unsere Zukunft bedeutet haben, soll in diesem Augenblick, da wir vor etwas Neuem stehen, ganz besonders betont werden. Es ist falsch, wenn ein neuerer Geschichtsschreiber von jenen Schulen gesagt hat, daß sie der jüdischen Jugend keine jüdische Erziehung vermittelt hätten. Sie waren im Gegenteil die Stätten, an denen man den hemmungslos gewordenen Emanzipations- und Assimilationsbestrebungen entgegentrat, die Zusammenhänge mit der Tradition zu wahren wußte und die Verbindung von der alten zur neuen Zeit gesucht hat.

Es ist darum ein Selbstverständliches, daß in dem Augenblick, in dem unsere Existenz, unsere Zukunft in Frage gestellt ist, die Erziehung unserer Jugend zum zentralen Problem wird. Durch die neuen Formen, die Staat und Gesellschaft sich gegeben haben, durch die neue Schule, die für die neue Staatsform vorbereiten soll, ist die Frage der jüdischen Schule etwas Entscheidendes für uns geworden. Die neuen gesetzlichen Bestimmungen, nach denen ein Numerus clausus für die jüdischen Schüler festgelegt ist, beziehen sich zwar nur auf die höheren Schulen, während die Volksschulen im Hinblick auf die allgemeine Schulpflicht von den neuen Verordnungen nicht berührt werden. Das trifft aber nur in formaler Hinsicht zu. Es ist möglich, daß die Richtlinien für das gesamte Schulwesen so gefaßt werden, daß ein Teil unserer jüdischen Kinder in jüdischen Schulen zu erziehen und zu unterrichten sein werden. Für die Begründung jüdischer Schulen kann nicht die Frage entscheidend sein, ob sich zur Zeit für unsere Kinder wenig oder gar nichts in den öffentlichen Schulen geändert hat, vielmehr muß die Frage unserer Zukunft in den Mittelpunkt gerückt werden. Wir müssen auch an diesem Wendepunkt der Geschichte von dem Gedanken beseelt sein, daß unsere Zukunft eine Erziehungsaufgabe ist. Die Gründung jüdischer Schulen bedeutet keineswegs eine Abkehr von unserer prinzipiellen Anschauung, daß unsere jüdische Jugend mit der gesamten Jugend in den öffentlichen Schulen gemeinsam unterrichtet werden muß, um gegenseitiges Verständnis zu fördern und, soweit dies möglich ist, bestehende Gegensätze zu überbrücken. Die jüdische Schule wird demnach überall dort ihre Berechtigung haben, wo die jüdischen Kinder, sei es infolge des Numerus clausus oder durch Einwirkung seelischer Art, genötigt sind, von der allgemeinen Erziehung sich loslösen zu müssen. Daraus dürfte sich auch die Aufgabe einer jüdischen Schule ergeben.

Sie kann nur dieselbe sein, die die jüdischen Gemeinden Deutschlands bisher in ihren Schulen zu erfüllen gesucht haben. Als letztes und höchstes Ziel kann wie bisher auch in unseren Tagen die jüdische Schule kein anderes haben als die Erziehung zum reinen Menschentum. Sie hat als deutsche Schule die jüdische Jugend zu guten Deutschen zu erziehen, sie hat sie mit den ewigen Werten deutscher und allgemein-menschlicher Kultur zu erfüllen und hat in diese auch unser jüdisches Kulturgut, die ewige Wahrheit unserer Religion, einzugliedern. Dadurch allein dürfte eine Jugend heranreifen, die ebenso stark mit Vaterland und Heimat wie mit Juden und Judentum verbunden ist. Eine neue Aufgabe ist dennoch sowohl den bestehenden als auch den neu zu gründenden Schulen gegeben, nämlich die Aufgabe, die Jugend für das neue Leben vorzubereiten. In den Schulen bereits müssen Einrichtungen getroffen werden, die zu einer Umschichtung der Juden in Deutschland führen. Körperliche Ertüchtigung, Vorbereitung für das Handwerk und für die Landwirtschaft müssen einen neuen wesentlichen Bestandteil des Lehrplans bilden. Fremdsprachlicher Unterricht in den jüdischen Schulen ist etwas so Selbstverständliches, daß es kaum besonders zu betonen sein dürfte. Länder, die durch die Bevölkerungsdichtigkeit ihre Bewohner nicht ausreichend ernähren können, müssen Möglichkeiten zur Auswanderung schaffen; grundlegend dafür ist die Kenntnis fremder Sprachen.

Ebenso selbstverständlich ist aber auch, daß der Religionsunterricht in jüdischen Schulen eine ganz besondere Vertiefung und Ausdehnung erfahren muß. Es ist schon richtig, was methodische Handbücher für den Religionsunterricht einleitend zu sagen pflegen: Religion kann nicht gelehrt und gelernt werden. Aber ebenso richtig ist auch, daß religiöses Leben nicht nur aus spontanen Trieben hervorwächst, sondern in das Kind hineingelegt werden muß. Spranger sagt in seiner »Psychologie des Jugendalters«: »Die religiöse Einstellung des Kindes ist wie sein Verhalten überhaupt durchaus egozentrisch. Alles, soweit es überhaupt gesehen wird, wird gesehen als eine Veranstaltung auf das eigene kleine Ich hin.« Was wäre wohl geeigneter, das Kind von seiner egozentrischen Art abzubringen und in ihm das soziale Gefühl zu wecken und zu stärken, als der jüdische Religionsunterricht, der – im Hinblick auf unser altes Erziehungsideal, das in der Aneignung des Monotheismus, in der Durchdringung des Menschen mit Gottesgedanken besteht – zu den Kindern spricht von dem Gott, dem Vater aller Menschen, von dem Sinn des Lebens, der erst durch den Begriff des Mitmenschen erfaßt wird, und von den Menschen, die zur Menschheit werden sollen. Von besonderer Bedeutung für die jüdische Schule ist die Kenntnis des jüdischen Schrifttums in der hebräischen Sprache. Dadurch wird den Kindern die Teilnahme an den Kulthandlungen ermöglicht, die ihren wertvollen Sinn darin haben, das religiöse Erlebnis des einzelnen zu einem Gesamterlebnis der Gemeinde zu steigern. Noch bedeutsamer ist die Kenntnis des Hebräischen, vor allem zum Verständnis unserer Bibel. Übersetzungen können irren und haben geirrt. Die Kenntnis der Urschrift allein schützt vor Irrtümern und vermittelt uns den wahren Schriftsinn. Solch ein Religionsunterricht kann an der jüdischen Schule nur von Lehrerpersönlichkeiten gegeben werden, die nicht nur eine jüdisch-wissenschaftliche Durchbildung erfahren haben, sondern auch tief religiöse Menschen sind. Es ist sicher nicht zufällig, daß die schöpferischen Pädagogen auch tief religiöse Naturen gewesen sind. Es will uns sogar scheinen, daß ihre Religiosität sie erst zum Jugenderzieher gemacht hat. Weil sie ihr eigenes Ich aus der Kindheit noch einmal erlebten, hatten sie Verständnis für die Kindesseele, wurden sie angetrieben, das in der Jugend aufzubauen, was ihnen selbst das Heiligste und Innerste bedeutete. Nur religiöse Persönlichkeiten können das jüdische Ich im Kinde wachrufen und zu lebensvoller Gestaltung bringen.

Die jüdische Schule darf keine nationale Minderheitsschule werden. Denn diesen Schulen ist es nicht um die Hegemonie des Jüdisch-Religiösen zu tun, sondern vielmehr um die Beherrschung aller Bildungs- und Erziehungsarbeit durch das Jüdisch-Volkliche. Diese wollen die Erfassung des gesamten Weltbildes vom Judentum aus, Einordnung alles Kulturgutes in die jüdische Weltanschauung.

Die Sorge um unsere Jugend ist die Sorge um unsere Zukunft. Sag mir, wie du deine Jugend erziehst, und ich will dir sagen, was aus dir werden wird.

(Der Morgen, Juli 1933, S. 188–191)

8. Hermann Falkenberg
Artikel zur Eröffnung einer neuen Volksschule der jüdischen Gemeinde in Berlin

[...]

Die neue Volksschule ist aus den gegenwärtigen Verhältnissen entstanden; sie ist zunächst bestimmt, den ersten Ansturm der Kinder aufzunehmen, die die öffentlichen, meist höheren Schulen verlassen wollten oder mußten.

Was aber äußerer Anlaß war, wird Anstoß zum inneren Umbruch. Es wird jedem, der die Zusammenhänge überschaut, klar, daß hier der Beginn eines neuen Schulwerks sich abzeichnet, dessen Ausbau die Aufgabe der nächsten Zukunft sein wird.

Wie man auch grundsätzlich zur Schulfrage stehen mag – nachdem die Staatsverwaltung entschieden hat, ist die Berliner Jüdische Gemeinde gezwungen und verpflichtet, die Erziehung und unterrichtliche Versorgung ihrer Jugend in die eigene Hand zu nehmen.

Der von ihr jetzt geschaffenen Schule ist die Aufgabe gestellt, unsere jüdische Jugend, die in und mit unserer deutschen Heimat, die durch und für sie leben will und muß, für dieses Schaffen und Wirken in Deutschland vorzubereiten, unseren jungen Menschen das seelische Rüstzeug zu geben, daß sie all das als jüdische Menschen erfüllen können.

Aus solcher Einstellung ergibt sich die Zielrichtung der neuen jüdischen Schule und darüber hinaus der jüdischen Schule in Deutschland überhaupt. Aus drei Quellen fließt die Kraft unserer jüdischen Schule:

1. aus der unlöslichen Verbundenheit mit all dem, was uns Heimat und Vaterland, Leben und Kultur Deutschlands gibt und gegeben hat;
2. aus der Hingebung und Liebe zu dem, was die Offenbarung des Sinai uns war, ist und sein wird, und
3. aus dem unerschütterlichen Glauben an die Verwirklichung des Allheitsgedankens, den uns die Propheten als unveräußerliches Erbgut übergeben haben.

Aus diesen drei Quellen wird die Arbeit der Schule schöpfen und bauen.

Die Jüdische Schule in Deutschland wird eine deutsche Schule sein. Ihr Inhalt und ihre Form, ihre allgemeinen Erziehungsgrundsätze wie ihre spezielle Unterrichtslehre sind von der allgemeinen Pädagogik nicht zu lösen, und alle Errungenschaften moderner Erziehungsarbeit gelten auch für sie. Was an Bildungsgütern die deutsche Dichtung und Kunst aufweist, soll nicht bloß gelehrt, sondern der Jugend weiter zum Seelenbesitz werden, wie es einst uns geworden ist. Das gesamte Leben Deutschlands, die deutsche Vergangenheit und die deutsche Zukunft wird in den Lehrplan hineingestellt werden. Wolfram von Eschenbach und Walther von der Vogelweide sollen auch weiter die Liebe unserer Jugend sein wie Lessing, Schiller, Goethe, wie Kleist und Hauptmann, wie Keller und Raabe, wie Reuter und Storm.

Mozart und Beethoven, Bach und Händel, das deutsche Volkslied und Silcher sollen weiter in der Seele unserer Jugend singen und ihr Leben begleiten. »Die große und kleine Welt« Menzels muß ihr erschlossen werden wie der zarte Heimatduft des Thomaschen »Stillen Tälchens« und der romantischen Märchenwelt Schwinds. Ja, vor allem die Liebe zum Heimatboden, die Verwurzelung mit ihm soll gerade jetzt mit doppelter Intensität gepflegt werden, jetzt, wo sie uns so schwergemacht, wo die Gefahr besteht, daß die Jugend wirtschaftlich und seelisch in Bedrängnis gerät.

Auch an der Gegenwart und an der Umwelt wird die Jüdische Schule nicht vorbeigehen können, so bedrückend sie auch für uns oftmals sein mag. Freilich wird sie versuchen müssen, unseren Kindern den Weg durch die Schwierigkeiten des Lebens zu bahnen, sie zur Betrachtung der Ewigkeitswerte zu führen. Im Geschichtsunterricht wie auch sonst wird die Jüdische Schule nicht umhin können, den Begriff zu vertiefen, den die Bibel mit dem Prophetenwort geprägt hat: Lau w'echajil w'lau w'chauach, ki im b'ruchi! Nicht durch Kraft, nicht durch Macht, sondern durch meinen Geist.

Und wenn die Jüdische Schule auch an der jüngsten Forderung des biologischen Unterrichts, der Rassenforschung, nicht vorübergehen darf und will, so hat sie hier gerade die dankbarste Aufgabe, ihren Kindern deutlich zu zeigen, daß wir keine mindere Rasse sind, und so die Kinder stark zu machen und ihnen den Rückhalt zu geben für die Wirklichkeit, deren Druck schon in ihrer Kindheit ihnen täglich fühlbar wird, in der sie aber in der Zukunft sich behaupten müssen – trotz alledem –, gleich ihren Vorfahren.

Daß sie das aus innerem Wesen – wie jene – tun können, dafür hat die Jüdische Schule ihnen die Kraft zu geben, vor allem aus der zweiten Quelle, aus der sie schöpft: aus der Liebe und Hingebung zu dem, was uns die Offenbarung am Sinai gewesen ist und sein wird.

Die Schule der Jüdischen Gemeinde zu Berlin wird eine jüdische Schule sein, aber nicht in dem Sinne, in dem dieser Begriff parteimäßig oft mißbraucht wird. Über ihr leuchten als Symbol die von starken Löwen getragenen Gesetzestafeln, nicht so sehr der Davidstern, der gar zu oft zum Symbol des rein Nationalen geworden ist. Der Kern dessen, was die jüdische Schule pflanzen soll, ist das Religiöse, das Ewige, nicht das zeitlich und örtlich Begrenzte, nicht Tages- und Modestrebungen. In unserer Jugend soll wieder das lebendig werden: Die alte naive Gläubigkeit, die unseren Vätern einst die Kraft gegeben, auch die schwersten Zeiten zu überstehen, sie soll wieder Seelenbesitz der neuen jüdischen Jugend werden. Sie sollen wieder verstehen und etwas im eigenen Herzen fühlen lernen von der mystischen Versunkenheit, wie sie uns in den heiligsten Momenten des Jom Kippur umfängt, von dem beseligenden Hauch der Sabbatflammen, von dem innigen Zusammenklang der Seelen am Sederabend.

Dazu ist Wissen vom Religiösen notwendig.

[…]

So soll der Religionsunterricht die Jugend allmählich wieder dahin erziehen, daß sie stolz sagt: Iwri onauchi! Ich bin ein Jude! Aber dieses Iwri-Bekennen soll – selbst in dieser Zeit – kein Trotzjudentum sein, sondern Ausdruck tiefster unlöslicher Hingabe an das, was die Offenbarung am Sinai uns ist.

Und die dritte Quelle, aus der unsere Jüdische Schule ihre Kraft schöpft, ist der unversiegbare Glaube an die Verwirklichung der Ideale, die unsere Propheten geprägt haben.

Das muß sich im gesamten Unterricht auswirken.

In allen Unterrichtsfächern, wo es möglich ist, werden auch die Weltzusammenhänge aufgezeigt werden müssen im Deutschen wie in der Geschichte, in der Erdkunde wie in den Naturwissenschaften.

Und deutlich können vor allen Dingen die Zusammenhänge zwischen uns deutschen Juden und denen der Welt besonders in der biblischen und jüdischen Geschichte gemacht werden. Hier sind auch wir imstande, die seelische Verbundenheit unserer Glaubens- und Stammesbrüder in allen Ländern der Welt aufzuweisen. Und wenn das Weltwandern der Juden zur Behandlung kommt, wird reichlich Gelegenheit sein, seelische und wirtschaftliche Bedeutung, äußeren und inneren Wert Palästinas für das gegenwärtige Judentum, für seine Zukunft nicht bloß dem Wissen, sondern auch dem Herzen nahezubringen.

Die Aufgabe dieser neuen Schule wird nicht leicht sein. Unter ungünstigsten Umständen geboren, wird sie mit Schwierigkeiten aller Art zu kämpfen haben. Gilt es doch, das Konglomerat von Schülern, das aus verschiedensten Schulen und Verhältnissen einströmt, allmählich zu einheitlichem Arbeiten, zu einheitlichem Wollen zusammenzuschweißen. Und es bedarf für sie, die fast alle aus höheren Schulen kommen und – gleich ihren Eltern – einzig den Weg durch diese als Zugang zum Beruf zu sehen gewohnt waren, einer starken seelischen Umstellung für Art und Arbeit der Volksschule. Diese neue Schule wird im Westen Berlins die Grundlage schaffen müssen für die andere Einstellung, für die Umschichtung unserer Jugend, die nicht bloß aus der Not der Zeit geboren ist, sondern notwendig kommen mußte, weil sowohl die wirtschaftliche als auch die innere Entwicklung des Judentums der letzten 50 Jahre einen Irrweg gegangen war. Hier wird zugleich auch eine neue jüdische Jugend gewandelt und seelisch wieder freigemacht. Die neue Jüdische Schule findet im Bereich dieser Jugend ein reiches, ein dankbares Feld. Hier können die Bezirke des Religiösen geweitet werden, das für fast alle bisher nur geringe Bedeutung hatte. Hier kann, hier soll die seelische Grundlage geschaffen werden für den Aufbau einer neuen, starken, wurzelechten jüdischen Jugend.

(Gemeindeblatt Berlin, November 1933, S. 350–352)

9. *Martin Buber*
Entwurf für ein »Bildungsamt« (Mai 1933)

Das Bildungsamt der deutschen Juden hat die Aufgabe, alle Bestrebungen und Bemühungen nach Schaffung einer echten jüdischen Erziehung für unsere in Deutschland heranwachsenden Generationen zu verbinden, zu stärken und in ihrer Fruchtbarkeit zu steigern. Es wird dabei auf die Vielfältigkeit einerseits der örtlichen und regionalen, anderseits der gruppenmäßigen Bedingungen sowie auf das mancherorts bereits Geleistete oder Begonnene ernstlich eingehen, aber zugleich alledem gegenüber die fundamentale Wahrheit zur Geltung bringen, daß in einer so außerordentlichen und so labilen Lage ein großes Gemeinschaftswerk nur in einheitlichem Geiste und unter einheitlicher Führung gelingen kann. Wo bereits gebaut worden ist, wird das Bildungsamt raten, wie das Vorhandene weiter auszubauen ist; wo erst die Grundlagen errichtet sind, wird es dafür Sorge tragen, daß die Arbeit in einer dem Gesamtgedanken entsprechenden Weise fortgerate; und wo noch nichts da ist, wird es anregen, Grundrisse liefern, fordern und fördern.

Das Bildungsamt soll in einer Stunde, wo die Not gebietet, Schulen für jüdische Kinder zu schaffen, das zentrale Postulat durchsetzen, daß dieses Schulwerk nicht nur ein formaljüdisches, sondern ein wesensjüdisches sei, d. h. daß es nicht bloß einem äußeren Notstand abhelfe, sondern auch einen großen inneren Mangel der deutschen Judenheit ausfülle, indem es unserer Jugend den unerschütterlichen Halt gewährt, mit der Ewigkeit des Judentums verbunden zu sein. Die Urkraft der hebräischen Sprache, das klassische Schrifttum Israels, Macht und Leid jüdischer Geschichte, die hohen Werte eines einzigartigen Glaubensvolkes müssen in die lebendige Substanz der neuen Geschlechter eingehen. Aber auch der Unterricht in den außerjüdischen Fächern soll, soweit das innerlich und äußerlich angeht, von elementar jüdischem Geiste bestimmt sein.

Die Tätigkeit des Amtes wird grundsätzlich alle Stufen der Erziehung, des Unterrichts und der Jugendbildung vom Kindergarten bis zu Hochschulkursen zu umfassen haben. Dabei wird es sowohl von den Verhältnissen her als auch um unseres besonderen Bildungsziels willen notwendig sein, neue Schultypen – eine neue Art Volksschule, eine neue Art Berufsschule usw. – hinzustellen, die das uns gesetzlich Gewährte unseren inneren Bedürfnissen gemäß ausgestalten. Es wird sich dabei stets darum handeln, eine Menschenart heranzuziehen, die durch eigene hochqualifizierte Arbeit, durch vorzügliche Leistungen in Handwerk, Gewerbe, Landwirtschaft, Handel auch unter den schwersten Bedingungen den Daseinskampf zu bestehen vermag (für eine ohne Rücksicht auf Stand und Besitz zu befördernde Auslese wird daneben der Zugang zur akademischen Bildung auf die sich als möglich ergebende Art zu erschließen sein), und diese Menschen sollen jüdisch gesinnt, von jüdischen Gehalten erfüllt, vom Willen zu einem großen Judentum und zur eigenen aktiven Teilnahme daran beseelt sein. Im Zusammenhang mit diesen seinen Zwekken wird das Bildungsamt die rechtlichen Voraussetzungen seiner Tätigkeit dauernd erforschen und bearbeiten, und es wird jeweils diejenigen Verhandlungen mit Reichs- und Landesbehörden führen, die das Werk erfordert.

(Die Stunde und die Erkenntnis. Reden und Aufsätze 1933–1935, Berlin [Schocken-Verlag] 1936, auch in: Der Jude und sein Judentum, Köln 1963, Abdruck mit freundlicher Genehmigung des Verlags Lambert Schneider, Heidelberg)

10. *Martin Buber* *Überlegungen für eine deutschjüdische Lehrerbildungsanstalt*

a) *Das Programm (Mai 1933)*

Die deutschjüdische Lehrerbildungsanstalt hat die Aufgabe, die Lehrer, die an den jüdischen Schulen in Deutschland wirken sollen, in den für ihre Tätigkeit wesentlichen Fächern der Judentumskunde auszubilden und ihnen dabei den Geist, von dem die jüdische Schule bestimmt sein muß, konkret zu übermitteln. Sie ist daher eine unerläßliche Voraussetzung für ein planvolles jüdisches Schulwerk. Unter Judentumskunde ist die Kenntnis des Judentums in allen seinen Erscheinungsformen, und zwar in steter unmittelbarer Verknüpfung von Geschichte und Gegenwart, zu verstehen. Es ist daher nichts Historisches in seiner bloßen Gewesenheit zu lehren, sondern durchaus auch in seiner Bedeutung für das jetzt Geschehende, Gültige und Notwendige. Anderseits soll die soziale, wirtschaftliche, politische, kulturelle, religiöse Gegenwart des Judentums so den Zöglingen zugänglich gemacht werden, daß darin die großen Kräfte unserer Geschichte als in allen Wandlungen dauernd, als trotz allem auch heute noch waltend und tragend offenbar werden. Es geht nicht um ein Aggregat von Kenntnissen, sondern um ein normatives Wissen. Dieses Wissen soll lehren, die gegenwärtige Situation zu begreifen und zu bewältigen.

Der Problematik der Lage gemäß wird die Lehrerbildungsanstalt zunächst eine vorbereitende Phase durchzumachen haben, die von Oktober 1933 bis März 1934 dauert. In dieser Phase wird in einer Folge von etwa vier- bis sechswöchigen »Schnellkursen« möglichst vielen der Lehrer, die uns bereits (an Entlassenen usw.) zur Verfügung stehen, das Wichtigste von dem zu geben sein, was ihnen, von dem Bildungsziel unserer Schule aus betrachtet, noch fehlt. Es wird dabei davon ausgegangen, daß alle Lehrer an unseren Schulen, gleichviel welches ihr Unterrichtsfach ist, ein gewisses Maß von »Jüdischkeit«, von jüdischem Geist und jüdischem Wissen besitzen müssen.

Aus dieser vorbereitenden Phase soll die Anstalt im April 1934 in ihren endgültigen Zustand treten, in dem sie die jungen Leute, die Lehrer an den jüdischen Schulen werden wollen, unabhängig von ihrer sonstigen Ausbildung in einem zentralen, etwa einjährigen Lehrgang zusammenfaßt.

In ihrem Minimalstand sollen an der Anstalt gelehrt werden: 1. Bibel- und Religionskunde, 2. Volkskunde und Geschichte, 3. Gegenwartskunde (vornehmlich soziologische) des Judentums. Diese Fächer sollen von je einem Hauptdozenten verwaltet werden, um dessen Vorlesungen und Seminar sich Kurse anderer Vortragenden gruppieren. Daneben sollen möglichst systematisch hebräische Sprachkurse erteilt werden.

Es wird geplant, die Anstalt sich aus diesem ihrem Minimalstand allmählich zu einem Institut für Judentumskunde in drei Abteilungen – 1. Religionskunde, 2. Kulturkunde, 3. Gesellschaftskunde – entwickeln zu lassen.

b) *Schreiben an Otto Hirsch (5. Dezember 1933)*

Sehr verehrter Herr Dr. Hirsch –
Bei unserem gestrigen Gespräch sagte ich Ihnen zu, Ihnen eine kurze briefliche Darlegung zu senden, wie ich mir die von mir angeregte Lehrerbildungsanstalt – die ich am liebsten »Schule für Judentumskunde« genannt sehen möchte – denke.

Die Anstalt soll dazu dienen, die an jüdischen Schulen in Deutschland unterrichtenden und fernerhin unterrichten sollenden Lehrer, soweit ihre Kenntnis des geschichtlichen und gegenwärtigen Judentums unzureichend ist, darin auszubilden. Ich gehe dabei von der Voraussetzung aus, daß jeder an einer jüdischen Schule wirkende Lehrer mit den großen Gegenständen des Judentums vertraut sein muß, auch wenn sein Unterrichtsfach mit diesem keine oder nur geringfügige Berührung hat. Denn es kommt an unseren Schulen mehr als an irgendwelchen anderen und in unserer Zeit mehr als in vorangegangenen auf den auch außerhalb der spezifischen Unterrichtsobliegenheiten erfolgenden Kontakt zwischen Lehrern und Schülern an. Es kommt darauf an, wie der Lehrer dem Schüler auf eine gelegentliche Frage nach jüdischen Dingen antwortet, wie er, wo ein Anlaß es erwünscht erscheinen läßt, den Schüler spontan auf jüdische Zusammenhänge hinweist. Es kommt darüber hinaus auf die in einem echten Wissen um das Judentum wurzelnde jüdische Persönlichkeit des Lehrers an, die sich als solche auswirkt, die im Schüler ein positives Verhältnis zum Judentum erweckt und pflegt. Um solche jüdische Lehrerpersönlichkeiten auszubilden, genügt es freilich nicht, ihnen judaistische Kenntnisse zu vermitteln; dies muß vielmehr so geschehen, daß die Elemente jüdischen Wissens sich zu einem großen organischen Geisteszusammenhang verbinden, und ferner, daß die Ausbildung sich in einer Atmosphäre lebendiger jüdischer Gesinnung, jüdischer Existenz und jüdischer Zielsetzung vollziehe. Von einer solchen Atmosphäre muß die »Schule für Judentumskunde« erfüllt sein, um ihr Werk zu tun. Dabei ist es durchaus nicht notwendig, ja nicht einmal zweckentsprechend, daß an der Anstalt eine bestimmte Richtung, eine bestimmte Auffassung des Judentums herrsche; gerade die Verschiedenheit der Auffassungen kann, wenn sie nur auf dem gleichen festen Grunde des Glaubens an unsere Wesenheit und unsere Bestimmung ruhen, einen lebenswichtigen Eindruck von der einheitlich-vielfältigen Totalität des Judentums erzeugen.

Unter normalen Umständen wäre zu verlangen, daß die auszubildenden Lehrer etwa zwei Jahre an der Anstalt verbringen. Die gegenwärtigen Umstände gebieten eine Kürzung des Zeitraums auf ein Jahr, bis eine verhältnismäßige Normalisierung eingetreten ist.

Den Unterricht an der Schule denke ich mir in fünf Hauptabteilungen aufgebaut: Sprachkunde, Bibelkunde, Gemeinschaftskunde, Geschichte und Glaubenskunde. Die Sprachkunde umfaßt einerseits Grammatik, anderseits Typologie und Entwicklungsgeschichte der hebräischen Sprache (ein Kurs für Anfänger soll außerhalb des regulären Stundenplans stattfinden). Die Bibelkunde soll auf ein selbständiges Verständnis des Textes nach seiner Form und nach seinem Gehalt hin gelehrt werden, wobei die jüdischen Exegeten mit ihrer das Gegebene ernstnehmenden Methode intensiv heranzuziehen sind. Die Gemeinschaftskunde setzt sich aus einer Soziologie der jüdischen Gemeinschaftsformen, einer Darstellung der sozialen Normen und des sozialen Lebens im Judentum und einer analytischen Behandlung der gegenwärtigen jüdischen Gemeinschaftsprobleme zusammen. Geschichte soll nicht so getrieben werden, daß in das eine Jahr die Gesamtmaterie gepreßt würde, sondern daß in diesem Zeitabschnitt sich den Lernenden ein wesentliches und fruchtbares Verhältnis zu Charakter und Sinn jüdischer Geschichte, zu ihren führenden Gestalten und ihren entscheidenden Vorgängen und Entwicklungen eröffnet. In der Glaubenskunde schließlich soll unsere Religion als ein geschichtliches und gegenwärtiges Leben, als eine Wirklichkeit, an der die Person und die Gemeinschaft teil hat, als ein all unser Dasein tragendes Sein behandelt werden.

In allen Abteilungen soll nichts Geschichtliches als nur-geschichtlich und nicht Gegenwärtiges als nur-gegenwärtig gelehrt werden. Die Unterrichtsweise muß auf innigster Verschmelzung von Geschichte und Gegenwart, auf stetem Bezogensein der einen auf die andere sich gründen.

In jeder Abteilung müssen die Vorlesungen durch seminaristische Übungen unterstützt und ergänzt werden, wie überhaupt die aktive Teilnahme des Hörers an der Erarbeitung des Wissens für ihn nach Möglichkeit aufgerufen und gefördert werden soll.

Es erscheint mir wünschenswert, daß außer dem Unterricht in den genannten Gegenständen Kurse in allgemeiner Erziehungskunde (Individual- und Sozialpädagogik) an der Anstalt gehalten werden, selbstverständlich unter besonderer Berücksichtigung der jüdischen Situation und der jüdischen Aufgaben.

Im ganzen denke ich an 25 reguläre Wochenstunden, die sämtlich obligatorisch sein müssen; nur die pädagogischen Kurse dürften eventuell als fakultative gelten.

Als Sitz der Schule habe ich, wie Sie wissen, und aus Gründen, die Sie kennen, Mannheim in Betracht gezogen.

Für ein zielgemäßes Zustandekommen der Anstalt und ihre gedeihliche Entwicklung halte ich es für höchst wichtig, daß in allen Kreisen, aus denen sich die Schülerschaft rekrutieren soll, die fundierte Überzeugung herrscht, daß die Absolventen vorzugsweise für die zu besetzenden Stellen herangezogen werden.

Meiner Ansicht nach muß die Schule, damit sie ihre Aufgabe erfüllen könne, nicht als privates Unternehmen, sondern als eine Sache und ein Werk der deutschen Judenheit entstehen.

Ihre Frage danach, ob ich bereit wäre, die Leitung einer solchen Anstalt zu übernehmen, kann ich heute nicht mehr, wie ich es zu der Zeit, als ich sie zuerst anregte, tun konnte, mit einem einfachen Ja beantworten. Objektiv und subjektiv hat sich mancherlei gewandelt. Doch darf ich Ihnen dies zusichern, daß ich heute noch, wenn die konkrete Frage in Zusammenhang mit einer gesicherten Realisierung meines Plans an mich heranträte, aufs ernsteste prüfen würde, ob es mir möglich ist, mich zur Verfügung zu stellen.

Herzlich grüßend

Ihr

gez. Buber

(Die Stunde und die Erkenntnis. Reden und Aufsätze 1933–1935, Berlin [Schocken-Verlag] 1936, auch in: Der Jude und sein Judentum, Köln 1963, Abdruck mit freundlicher Genehmigung des Verlags Lambert Schneider, Heidelberg)

11. Beratungen des Erziehungsausschusses der Reichsvertretung

a) *Protokoll der Sitzung des Erziehungsausschusses am 20.7.1933*

Elbogen eröffnet die Sitzung und begrüßt die Erschienenen. Er bespricht die Entstehung und umreißt die Aufgaben des Erziehungsausschusses. Nach außen habe dieser die Aufgabe, in Schulangelegenheiten die Verhandlungen mit den zentralen Regierungsstellen zu führen oder durch von ihm Beauftragte führen zu lassen. Soweit Reichsbehörden in Betracht kommen, dürften derartige Verhandlungen nur durch den Erziehungsausschuß und die Reichsvertretung geführt werden. – Das Schwergewicht der Arbeit des Erziehungsausschusses liege jedoch bei den Aufgaben nach innen, die in enger Fühlungnahme mit der neu gegründeten »Interessenvertretung der höheren jüdischen Schulen in Deutschland« in Angriff genommen werden sollen.

Die erste Aufgabe sei, alles daran zu wenden, die bestehenden jüdischen Schulen zu erhalten und da, wo die Möglichkeit besteht, zu erweitern.

Die zweite Aufgabe sei es, den Schülern, die nicht jüdische Schulen besuchen, den Schutz zu gewähren, dessen sie bedürfen, abgesehen von dem Rechtsschutz, wie z. B. dem gerade jetzt wieder zugelassenen Schuldispens an den Feiertagen, auch den Schutz nach der seelischen Seite hin, um ihnen das Leben an den allgemeinen Schulen erträglich zu machen.

Die 3. Aufgabe soll sein die Errichtung neuer Schulen. Hierzu wird über eine Rücksprache im Reichsinnenministerium in der Schulfrage berichtet. Diese habe ergeben, daß Aussicht auf die Genehmigung zur Gründung neuer höherer Schulen mit den bisherigen Berechtigungen nicht bestehe, wohl aber habe der Referent Verständnis dafür gezeigt, daß wir mit Rücksicht auf die seelische Vorbereitung der Berufsumschichtung und eine etwaige Auswanderung eines Teils der Kinder über die übliche Volksschulbildung hinaus eine Hinlenkung auf handarbeitende Berufe und den Unterricht in lebenden Sprachen brauchten. Die bestehenden höheren jüdischen Schulen seien nicht als gefährdet zu betrachten. Der Referent habe versprochen, unsere Wünsche mit den Länderregierungen zu erörtern.

Grundsätzlich müsse ferner betont werden, daß heute mehr denn je das Erziehungsproblem im Mittelpunkt aller Aufgaben steht. Man darf in der Erziehungsarbeit nicht stehenbleiben bei den Kindern, sondern muß sie erstrecken auch auf die Eltern und Lehrer. Insbesondere die Erzieher müssen sich heute umstellen und ein anderes Erziehungsideal ins Auge fassen als bisher. Wir müßten mit allen Kreisen, die guten Willens sind, zusammenarbeiten. Es ist auch schon der Wunsch nach solcher Zusammenarbeit aus den Kreisen der Eltern (der neu gegründete Elternhilfsbund), der Lehrerschaft, des Rabbinerverbandes, der Jugend nach Mitarbeit in dem Erziehungsausschuß laut geworden.

Notwendig sei, daß das Augenmerk bei der Arbeit auf das ganze Reich gerichtet werde und der Ausschuß sich immer seiner ungeheuren Verantwortung bewußt bleibe. Der Redner schlägt vor, Fachausschüsse in der folgenden Einteilung zu bilden:

1. einen Organisationsausschuß. Hier müssen Statistiken gefertigt werden über die Verteilung der Schüler auf die verschiedenen Schulen und die Lehrkräfte. Es muß genaues Material darüber beschafft werden, wie diese Dinge in den einzelnen Bezirken liegen, wie die Verteilung der Bevölkerung und auch die Alterseinteilung dort ist.

2. den Ausschuß für Lehrpläne und Lehrbücher, der sich mit der Unterrichtsgestaltung befassen soll;

3. den Ausschuß, der sich mit Fragen der Erziehung und Fortbildung befassen soll.

Ferner seien zwei weitere Angelegenheiten dringlich:

a) die Frage des Schulrechts. Hier werde sich, hoffe er, Dr. Kollenscher bereit finden, unter Assistenz von ihm heranzuziehender Mitarbeiter seine Sachkunde zur Verfügung zu stellen.

b) die Frage der Neugründung jüdischer Schulen. Die Aufgabe soll unmittelbar von der Leitung des Erziehungsausschusses bearbeitet werden.

Elbogen betont in diesem Zusammenhang, daß der Erziehungsausschuß nur aus Persönlichkeiten und nicht aus Vertretern von Richtungen zusammengesetzt und daher um so eher befähigt ist, die so dringend notwendige Gemeinschaftsarbeit zu leisten.

Driesen weist darauf hin, daß selbstverständlich die Vertretung in den Schulfragen bei den Reichsbehörden von der Zentralstelle aus erfolgen muß, daß aber unabhängig davon die Verbindungen der Schulen mit den einzelnen Ländern bleiben müssen, daß also der bisherige Instanzenweg in keiner Weise tangiert werden dürfe.

Wichtig sei die Frage von Veröffentlichungen über den Erziehungsausschuß. Es müsse unbedingt darauf geachtet werden, daß nur amtliche Mitteilungen an die Presse gegeben werden, da durch nichtamtliche Mitteilungen unangenehme Konsequenzen entstehen könnten. In diesem Sinne habe er bereits eine Formulierung vorgesehen, die der Presse übergeben werden soll. Er liest den Entwurf der Presseveröffentlichung vor.

In der Frage der Arbeitseinteilung schlägt er eine solche nach zwei Richtungen vor:

1.) die bestehenden Anstalten zu erhalten,

2.) neue Anstalten einzurichten.

Spier berichtet über die Schulverhältnisse in Hamburg. Dort ist der Numerus clausus bisher nicht durchgeführt. Er hält es nicht für richtig, über die Ausgestaltung unserer Schulen zuviel Verhandlungen zu führen. Das, was wir brauchen, ist zu einem großen Teil ohne weiteres im Rahmen der Volksschulen möglich und zulässig, vor allem der Handfertigkeitsunterricht. Im übrigen sei die Frage der Neugründung von Schulen eine Frage zweiter Ordnung. Das Wesentliche sei die weitere Ausgestaltung der bestehenden Schulen, da auch die Erlaubnis zur Ausgestaltung des Bestehenden leichter zu erhalten sein werde als zur Schaffung von neuen. Im übrigen liegen die Verhältnisse hinsichtlich neuer jüdischer Schulen verschieden in Berlin und in der Provinz. Im Reich sind Neugründungen vielleicht nicht zweckmäßig, es dürfte sich mehr empfehlen, mit den bestehenden Schulen Internate und Landerziehungsheime zu verbinden, in denen die Kinder aus den kleinen Gemeinden gesammelt werden.

In der Frage der organisatorischen Einteilung der Arbeit schließt er sich dem Vorschlag Driesens an. Besondere systematische Erörterungen über Lehrpläne scheinen ihm nicht erforderlich. Aus der Arbeit der bestehenden Schulen und ihrer Ausgestaltung werde sich von selbst das Notwendige ergeben.

Carlebach schließt sich in der Frage der Neugründung der Ansicht Spiers an und betont, daß die Erhaltung und Unterstützung der bestehenden Schulen im Augenblick das Wichtigste sei. Was jedoch dringend einer Änderung bedürfe, sei die geistige Ausrüstung des jüdischen Lehrers. Die Fähigkeit des jüdischen Lehrers, jüdisch zu lehren, sei heute nicht immer ausreichend. Selbst aus Lehrerkreisen werde heute der Wunsch und das Verlangen nach Änderung laut. Demzufolge solle uns der Punkt Lehrerbildung–Lehrpläne intensiv beschäftigen. Besonders der Lehrer in den kleinen Orten muß mehr mit Wissen ausgestattet werden, da er dort schwer die Möglichkeit zur eigenen Weiterbildung hat. Eine jüdische Vertiefung der Lehrerpersönlichkeit ist nötig, um den Einfluß auf das jüdische Kind, auf den es ankommt, auszuüben.

Galliner weist in eindrucksvollen Worten darauf hin, daß der Erziehungsausschuß, der mit einer der wichtigsten jüdischen Aufgaben betraut sei, sich der hohen Verantwortung, die auf ihm ruhe, bewußt sein müsse. In der Frage der Erhaltung der bestehenden Schule kann er den Vorrednern nur zustimmen. Auch den Ausführungen Driesens über die Pressefrage und den Ausführungen Spiers in der Frage der Internate tritt er bei. Er bittet auch, die Ausbildung und die Leistung der bisherigen Lehrer nicht zu unterschätzen.

Lilienthal weist darauf hin, daß sich das Schulproblem keinesfalls in der Erhaltung des Bestehenden erschöpfen könne. Denn, wenn auch heute der Numerus clausus noch nicht durchgeführt sei, so sei doch späterhin und sicher bei Neuaufnahmen mit ihm sehr ernst zu rechnen und daher rechtzeitig eine Vorbereitung notwendig, denn in den vorhandenen Schulen werden dann einfach die Plätze fehlen.

Davon aber abgesehen, müsse damit gerechnet werden, daß der Geist für die Kinder an den öffentlichen Schulen schwer tragbar sein werde. Viele Eltern werden deshalb den Wusnch haben, ihre Kinder aus dieser Atmosphäre zu befreien, man müsse sich darauf einstellen, daß ein großer Teil der jüdischen Kinder in Zukunft jüdische Schulen besuchen wird. Hier Abhilfe zu schaffen, wird wesentliche Aufgabe des Erziehungsausschusses sein. Bei der Errichtung höherer Schulen wird mit rechtlichen Hindernissen zu rechnen sein, wogegen eine Gefahr für den Bestand der vorhandenen jüdischen höheren Schulen sich kaum ergeben dürfte. Bei der Frage von Neugründungen wird es sich hauptsächlich um Volksschulen handeln, bei denen von Reichs wegen keine Hindernisse bestehen. Bei den höheren Schulen wird allerdings das Problem der bestehenden Schulen im Vordergrund stehen. Rein organisatorisch dürften sich für die Gründung neuer Schulen in den größeren Gemeinden keine besonderen Schwierigkeiten ergeben, wenn die Frage der Finanzierung gelöst ist, was hoffentlich mit Hilfe ausländischer Gelder geschehen wird. In der Provinz müßten zentrale Schulheime für die Kinder aus den kleinen Gemeinden errichtet werden und zwar besser nicht in den Großstädten, sondern auf dem Lande.

Was den Inhalt der Schulbildung anbetrifft, so reicht die heute übliche Volksschulbildung für einen großen Teil unserer Kinder nicht voll aus. Allerdings nicht unter dem Gesichtspunkt, daß wir die Kinder für akademische Berufe vorbereiten müßten. Es ist zwar richtig, daß geistige Bildung ein untrennbarer Bestandteil des jüdischen Wesens ist. Das braucht aber seinen Ausdruck nicht immer in der Ausübung geistiger Berufe zu finden. Wenn wir wieder in eine tragbare soziale Stellung innerhalb Deutschlands und innerhalb des deutschen Volkes kommen wollten, so sei, darüber müßten wir uns klar sein, eine andere berufliche Gruppierung der deutschen Juden notwendig. Wenn wir zu eigenen Schulen kommen, sollten wir diesen Gesichtspunkt sehr berücksichtigen und durch die Erziehung auf eine andere Einstellung der Kinder zu den künftigen Berufen hinzielen. Auch das müsse bei den Schulplänen berücksichtigt werden, daß ein erheblicher Teil unserer Menschen ins Ausland wandern müssen wird, daß also lebende Sprachen auf den Schulen gebraucht werden. Hinsichtlich der Ausbildung neuer Lehrer scheinen ihm die Verhältnisse für eine endgültige Regelung noch nicht reif.

[...]

b) *Protokoll der Sitzung des Unterausschusses III des Erziehungsausschusses am 2. 10. 1933*

Elbogen eröffnet die Sitzung, begrüßt die Erschienenen und stellt das Einverständnis mit der Zuwahl von Dr. Gutmann, Dr. Leschnitzer, Dr. Strauss und Fräulein Schiratzki fest. Er teilt mit, daß die Arbeitsgemeinschaft der jüdischen Lehrer an den Volksschulen der Jüdischen Gemeinde Berlin Richtlinien zur Aufstellung von Lehrplänen an jüdischen Volksschulen ausgearbeitet und dankenswerterweise dem Ausschuß als Material für seine Beratungen zur Verfügung gestellt habe. Er bittet Fräulein Schiratzki, diese Richtlinien näher zu erläutern.

[...]

Carlebach regt an, für die Arbeiten des Ausschusses auch die Erfahrungen der schon seit vielen Jahren bestehenden jüdischen Volksschulen nutzbar zu machen, so z. B. der Talmud Tora in Hamburg. Ferner weist er darauf hin, daß der Ausschuß auch die besonderen Schwierigkeiten der kleineren Schulen, in denen mehrere Jahrgänge in einer Klasse zusammengefaßt werden müssen, zu berücksichtigen haben werde. – An den vorliegenden Richtlinien bemängelt er vor allem den Fortfall des Religionsunterrichts als eines besonderen Fachs und seine Aufteilung unter die übrigen Unterrichtsgegenstände, insbesondere das Hebräische. Die Religion müsse für eine jüdische Volksschule der zentrale Ausgangspunkt und die Basis des gesamten Unterrichts sein. Gerade unter den gegenwärtigen Verhältnissen müßte die Beheimatung der Schulkinder im Religiösen das wichtigste Erziehungsziel sein. Unsere religiöse Welt muß den Kindern als lebendige Wirklichkeit vermittelt werden.

[...]

Lilienthal spricht sich dringend dafür aus, einen Lehrplan zu schaffen. Man müsse sich doch über die realen Bedürfnisse im klaren sein. Die Möglichkeit, mehrere Schulen der verschiedenen Richtungen nebeneinander zu schaffen, bestehe – ganz abgesehen davon, ob man diesen Weg überhaupt für richtig halte – nur in den wenigen Großgemeinden. Im übrigen aber gelte es, Schulen zu schaffen, in die die meisten jüdischen Eltern ihre Kinder schicken können. Dem müssen auch die Richtlinien für die Lehrpläne Rechnung tragen. Wir müssen uns darüber klar sein, daß wir das gesamte jüdische Schulwerk gefährden, wenn wir verschiedene Lehrpläne ausarbeiten. – Im übrigen habe bei den Vorrednern offenbar ein gewisses Mißverständnis über die Bedeutung des vorliegenden Entwurfs bestanden. Dieser Entwurf habe, wie in der Einleitung ausdrücklich gesagt ist, die allgemeinen staatlichen Richtlinien zur Grundlage und stelle nur eine Ergänzung dieser allgemeinen Grundlage dar. Er selbst vermisse gerade deshalb in dem Entwurf eine Behandlung des Problems, das auch gelöst werden müsse, nämlich die Schaffung einer organischen Verbindung zwischen dem jüdischen und dem deutschen Unterrichtssektor. Außerdem müsse man wohl ganz allgemein das durchschnittliche intellektuelle Niveau der jüdischen Kinder, die die jüdische Volksschule künftig besuchen werden, bei der Gestaltung des Lehrplans berücksichtigen. Man dürfe sich nicht ohne weiteres mit dem üblichen Volksschulstoff begnügen. – Eine systematische Behandlung jüdischer Religionsfragen in einem besonderen Religionsunterricht halte er gleichfalls für erforderlich. Beim Unterricht des Hebräischen müsse man sich darüber klar sein, was man bezwecken wolle, eine Kenntnis der hebräischen Sprache oder lediglich ein Verständnis der Gebete und religiösen Quellenschriften.

[...]

Leschnitzer: [...] Im übrigen bemerkt der Redner, daß neue staatliche Richtlinien für die Lehrpläne der Volksschulen herauskommen werden, die wahrscheinlich für die weiteren Beratungen des Ausschusses von größter Bedeutung sein dürften. – Was die grundsätzliche Gestaltung der Lehrpläne betrifft, so können wir nur allgemeine Richtlinien geben, nach denen dann entsprechend den jeweiligen besonderen lokalen Bedürfnissen ein detaillierter Lehrplan aufgestellt wird. Wir müssen deshalb den Rahmen weit fassen – das sei keine flaue Gleichmacherei. Es gelte, ein Haus zu bauen, in dem alle wohnen können. Nicht nur die Schule erzieht, sondern vor allem auch das Elternhaus. Wir müssen es daher den lokalen Schulen ermöglichen, die Erziehung der Kinder in Auseinandersetzung mit dem Elternhaus und in Zusammenarbeit mit ihm durchzuführen. Wir dürfen nicht von der Zentrale aus in einer Richtung, die dem einen oder anderen naheliegt, eine Vergewaltigung ausüben.

Täubler wendet sich gegen die in dem allgemeinen Teil des vorliegenden Entwurfs enthaltenen Formulierungen über die Judentumsverbundenheit des Kindes. Das Kind habe zwei Urerlebnisse erfahren: das jüdische und das deutsche. Diese beiden Urerlebnisse sind in ihm und müssen im Unterricht aus ihm herausgeholt werden. Dem genüge nicht die »Heimischmachung des Kindes im jüdischen Kulturkreis«. – Er vermisse gleichfalls die, wenn man so sagen will, Überbetonung des Religiösen. Wie soll man dem Kind die jüdische Geschichte nahebringen, die eine dauernde Folge der Erniedrigung und des Leidens sei, wenn man nicht von der Religion als der Grundlage unserer Geschichte ausgehe? Nur aus dem Urerlebnis, das am Sinai beginnt, sind wir imstande, jüdische Vergangenheit zu verstehen, jüdische Gegenwart und Zukunft zu tragen. – Den Unterricht des Neuhebräischen halte er für unbedenklich. Es führe nicht nur eine Brücke vom Alten zum Neuen, sondern auch vom Neuen zum Alten. Auch auf diesem Wege könne die Verbundenheit der geschichtlichen Entwicklung lebendig gemacht werden. Beim Deutschunterricht müsse die Gefahr der Verjüdelung vermieden werden. Man müsse sich immer bewußt sein, daß der Deutschunterricht in erster Reihe die Kenntnis deutschen Geistes und deutschen Wesens zu vermitteln habe. Nur dort, wo eine Verbindung mit jüdischem Stoff organisch gegeben sei, z. B. bei der Darlegung der Bedeutung der Bibel für die Prägung deutscher Art und deutschen Denkens, sei sie am Platze. – Bei der Geschichte der nachbiblischen Zeit dürften die Beziehungen zwischen deutscher und jüdischer Geschichte nicht, wie dies in dem Entwurf geschehen sei, in Äußerlichkeiten bestehen. Es müßte vielmehr die geschichtliche Sendung des jüdischen Volkes aufgezeigt werden. Es müsse den Kindern zum Bewußtsein gebracht werden, wie dieses kleine orientalische Volk in der Zerstreuung einen entscheidenden Beitrag zum Aufbau des europäischen Kulturkreises geleistet hat.

[...]

Er warnt wiederholt davor, eine Beziehung zwischen den Profanfächern und den jüdischen Stoffen in einer Weise herzustellen, die eine Harmonie vortäuscht, die gar nicht vorhanden ist. Man müsse im Gegenteil die Spannung aufzeigen, in der der jüdische Mensch immer lebe. Diese Spannung müsse den Kindern verständlich gemacht und als Inhalt und Aufgabe der jüdischen Diasporaexistenz dargestellt werden. Dazu gehöre, daß wir das Deutschtum als Deutschtum kennenlernen.

Leschnitzer: Wenn ich die Eigengesetzlichkeit des Deutschen im Deutschunterricht betone und den Kindern damit ein Doppeltes gebe, so mag das richtig im Sinne einer wissenschaftlichen Analyse unserer Situation sein. Es ist aber die Frage, ob eine polare Spannung als Erziehungsziel gestellt werden kann. Das erscheint mir gerade für die Volksschule ungemein gefährlich, es mag anders für die Oberstufe höherer Lehranstalten sein. In den Altersstufen, mit denen wir in der Volksschule zu rechnen haben, müssen wir den Kindern vor allem Festes geben, damit sie späterhin die zwangsläufig eintretenden Spannungen ertragen können.

Gutmann erklärt, daß er die Schwierigkeiten des Deutschunterrichts in der heutigen Situation für außerordentlich groß halte, andererseits müsse man davon ausgehen, daß ein großer Teil unserer Kinder hier bleiben wird und hier so glücklich werden soll, wie das nur möglich sei. Dem muß die jüdische Schule in geeigneter Weise dienen. Er sehe hier eine Divergenz zwischen der Wirklichkeit und dem Ziel, die zu überbrücken ihm bisher noch nicht gelungen ist.

Täubler führt auf Aufforderung eine Formulierung des jüdischen Da-Seins an, die er vor einiger Zeit an anderer Stelle gegeben habe: »Universale Existenz und ideelle Mitte (Palästina)«. Diese Doppelexistenz müssen wir den Kindern zum Bewußtsein bringen.

Schiratzki dankt im Schlußwort für die Anregungen, die sich aus der Debatte ergeben haben. Einige Mißverständnisse, die in Bezug auf die Bedeutung der Richtlinien bestanden hätten, seien bereits in der Diskussion geklärt worden. Die Rednerin gibt dann noch zu einigen weiteren Punkten Erläuterungen aus der Praxis der von ihr geleiteten Schule, die sich zum Teil mit dem decken, was in der Diskussion gefordert worden ist, insbesondere auch bezüglich der Heranziehung religiöser Stoffe und der Durchdringung des ganzen Schullebens mit dem Geist der jüdischen Religion und ihrer Gebräuche.

[...]

Es wird beschlossen, eine Kommission aus Dr. Strauss, Fräulein Dr. Barschak und Direktor Dr. Gutmann einzusetzen, die ersucht wird, unter Berücksichtigung der heutigen Aussprache in Zusammenarbeit mit der Arbeitsgemeinschaft der jüdischen Lehrer an den Volksschulen der Jüdischen Gemeinde Berlin einen neuen Entwurf für die Richtlinien zur Aufstellung von Lehrplänen für jüdische Volksschulen auszuarbeiten.

Zu Punkt 2 der Tagesordnung: »Die Frage der jüdischen Fortbildung der schulentlassenen Jugend«

weist Elbogen darauf hin, daß ein starker Exodus der jüdischen Schüler aus den höheren Schulen an verschiedenen Orten eingesetzt habe. Der Erziehungsausschuß habe es für nötig gehalten, sich mit der Frage zu beschäftigen, auf welche Weise diese jungen Menschen erfaßt und ihnen jüdische Erziehung gewährt werden kann. Er habe zu diesem Zweck an die Gemeinden über 3000 Seelen ein Rundschreiben gesandt, in dem die Gemeinden gebeten werden, zunächst Namen und Adressen dieser Jugendlichen zu erfassen. – Ein Teil Schüler werde vielleicht in geschlossenen Gruppen ins Ausland gehen, um sich dort weiterzubilden. Mit diesen Gruppen müßte die Verbindung aufrecht erhalten werden. – Der Hauptteil der von den höheren Schulen abgehenden Schüler werde sich praktischen Berufen zuwenden oder auf Hachscharah gehen. Das Ziel müsse sein, diese jüdischen Menschen nicht zu geistigen und seelischen Proletariern herabsinken zu lassen. Soweit die Jugend in Bünden organisiert sei, dürfe eine solche Befürchtung nicht bestehen. Man müsse Einfluß auf die Leitung der Bünde zu gewinnen suchen und sich auch mit dem Problem der jüdischen Erziehung der Führer dieser Bünde ernstlich befassen. Allgemein wären die Gemeinden zu veranlassen, die Bünde aller Richtungen wohlwollend zu behandeln. – Für die jüdische Erziehung derjenigen Jugendlichen aber, die nicht in Bünden organisiert sind, müßten die Gemeinden sorgen. Aufgabe des Erziehungsausschusses sei es, hierfür die nötige Anleitung und das nötige Erziehungsmaterial zu geben. Die Form der Verbindung mit den Jugendlichen dürfte nicht dem Unterricht ähneln, es müßte vielmehr weitgehend Selbstverwaltung eingeführt werden. In freien Ausspracheabenden könnten dabei aktuelle Zeitfragen, jüdische Probleme,

Feiertage usw. behandelt und über gemeinsame Lesestoffe, die von uns in der Form kleiner Schriften geschaffen werden müßten, gesprochen werden. Die hierfür notwendigen Mittel müßten die Gemeinden durch Umstellung ihrer Etats aufbringen.

Carlebach glaubt, daß aus der Fülle der soeben gegebenen Anregungen besonders eine herausgegriffen und sofort verwirklicht werden sollte, weil sie wirklich einem Bedürfnis entspreche und sehr fruchtbar sich auswirken könne: das sei die Herausgabe kleiner aktueller Schriften, die ein bestimmtes jüdisches Thema in lebendiger und, trotz Kürze, gründlicher Weise behandeln, so daß sie Anregung zu weiterer Arbeit geben. Solches gemeinsame Lesematerial wäre der beste Kristallisationspunkt für die Bildung einer Gemeinschaft zwischen den jungen Menschen. Die Schriften müßten billig sein, es müßten grundsätzlich Ein-Bogen-Schriften sein, die etwa 20 Pf. kosten dürften. Die Verwirklichung dieser Anregungen wäre besser als große Etatposten für Jugendpfleger.

Leschnitzer teilt mit, daß er über ein solches Projekt bereits mit einem Verleger gesprochen habe, der es für durchaus diskutabel hielt.

Lilienthal schlägt vor, diese Angelegenheit gemeinsam mit dem Reichsausschuß der jüdischen Jugendverbände zu behandeln. Demgemäß wird beschlossen.

Ferner sollen in einem weiteren Rundschreiben an die Gemeinden die für die Betreuung der von der Volksschule abgehenden Jugendlichen notwendigen Maßnahmen näher dargelegt werden.

In Ergänzung der Tagesordnung wirft Täubler die Frage auf, ob es nicht nötig wäre, mehr für die Berufsumschichtung zu tun, als bisher geschehen sei, und zwar durch Errichtung einer jüdischen Handels- und Gewerbeschule in Berlin, die den jüdischen Handwerkern durch gleichzeitige Vermittlung kaufmännischer und gewisser wirtschaftspolitischer Kenntnisse erhöhte Berufschancen, die sie gerade als Juden besonders nötig haben, geben könnte. Die Kosten für eine solche Anstalt dürften nicht unerschwinglich sein. Die Verwirklichung des Plans wäre auch eine Lösung der Existenzfrage für die stellungslos gewordenen jüdischen Handels- und Gewerbelehrer.

Gutmann teilt Näheres über die in ähnlicher Richtung bereits geführten Verhandlungen mit dem Berliner Provinzialschulkollegium mit.

Es wird beschlossen, Professor Täubler zu bitten, zunächst einen Lehrplan für eine solche Anstalt und sonstiges Material einzuschicken. Ebenso soll Fräulein Dr. Barschak das von ihr in Aussicht gestellte Material übermitteln.

c) *Protokoll der Sitzung des Unterausschusses II des Erziehungsausschusses am 19.10.1933*

Lilienthal eröffnet die Sitzung, stellt das Einverständnis des Ausschusses mit der Zuwahl von Hannah Karminski fest und schlägt vor, Punkt 3 der Tagesordnung,

Bericht über den Stand der Organisationsarbeiten, zuerst zu behandeln. Der Ausschuß stimmt dem zu.

Leschnitzer erstattet den Bericht: Der Erziehungsausschuß hat sich an rund 90 größere Gemeinden in Deutschland gewandt, und zwar an rund 50 Gemeinden wegen der Gründung neuer jüdischer Volksschulen, an rund 40 Gemeinden wegen der Erweiterung und Ausgestaltung bereits bestehender jüdischer Volksschulen. Von etwa der Hälfte der Gemeinden liegen bereits Rückäußerungen vor, von denen keine grundsätzlich ablehnend ist. Der Referent geht dann auf die einzelnen Antworten ein und faßt das Ergebnis der bisherigen Verhandlungen dahin zusammen, daß schon heute die Neugründung von 8–10 jüdischen Volksschulen in verschiedenen größeren Gemeinden feststehen dürfte. Die Schulen sollen mit Beginn des neuen Schuljahrs eröffnet werden.

Nach eingehender Aussprache, an der sich alle Anwesenden beteiligten, wird beschlossen:

1) Die Schulen sollen grundsätzlich als Einheitsschulen für alle Richtungen geschaffen werden, wobei dahingestellt bleibt, ob im Einzelfall eine Teilung des Religionsunterrichts sich als notwendig erweisen sollte.

2) Die Schulen sollen, solange die Lage in schulrechtlicher Beziehung nicht geklärt ist, zunächst als private Volksschulen gegründet werden, wobei aber die spätere Umwandlung in öffentliche jüdische Volksschulen vorbehalten bleibt.

3) Grundsätzlich soll die jüdische Gemeinde Träger der Schulen sein. Nur wo aus lokalen Gründen dies einer schnellen Verwirklichung der Schulgründung hinderlich sein sollte, wird empfohlen, als Träger der Schule einen Schulverein zu wählen. Es besteht Übereinstimmung darüber, daß, auch wenn die Gemeinde Schulträger wird, die Schaffung von »Vereinen der Freunde der jüdischen Schule« sich empfiehlt, die dort, wo es ein Elternhilfswerk gibt, mit diesem identisch sein sollen (s. auch Ziff. 5.).

4) Die Schaffung von Zwergschulen soll aus allgemeinen und pädagogischen Gründen vermieden werden. Die Frequenz der einzelnen Klassen soll nicht an die derzeitigen Richtlinien für öffentliche Schulen gebunden sein; die Einrichtung einer eigenen Klasse soll vielmehr schon bei geringerer Kinderzahl erfolgen.

5) Sowohl für die Finanzierung der Schule als auch für die Durchführung der allgemein als dringend notwendig erachteten Propaganda soll eine enge Zusammenarbeit mit dem Elternhilfswerk angestrebt werden.

6) Der Erziehungsausschuß behält sich die zentrale Aufsicht über das neu zu schaffende Schulwerk vor, um für die Einhaltung der von ihm aufgestellten Richtlinien für die Gestaltung der Lehrpläne und die Ordnung der sonstigen Schulfragen (Besoldung, Auswahl der Lehrkräfte usw.) zu sorgen.

7) Der Ausschuß begrüßt das Angebot des Frauenbundes, dadurch an der Förderung der Schulgründungen mitzuwirken, daß er die Frage der Aufnahme auswärtiger Kinder besonders behandelt, und zwar auch in Verbindung mit etwa bereits bestehenden Jugenderziehungseinrichtungen.

8) Es wird dringend gewünscht, daß die Presse häufig und ausgiebig über die Arbeiten des Ausschusses unterrichtet wird.

9) Es wird davon Kenntnis genommen, daß die Herausgabe einer Informationsschrift über alle bei der Gründung der Schulen zu beachtenden rechtlichen und praktischen Fragen vorbereitet wird.

[...]

(Hebräische Universität Jerusalem: Quellensammlung Kulka/Hildesheimer: »Dokumente zur Geschichte der Zentralorganisation der Juden in Deutschland 1933–1945«)

12. Richtlinien für Lehrpläne der jüdischen Volksschulen, April 1934 (überarbeitet 1937)

[Varianten, die sich nur in der Fassung von 1934 finden, sind kursiv, Abweichungen und Ergänzungen im Text von 1937 halbfett gedruckt.]

Richtlinien zur Aufstellung von Lehrplänen für jüdische Volksschulen **(Neue Fassung)**
(In Ergänzung der allgemeinen staatlichen Richtlinien)

Vorbemerkung:
Zweck der vorliegenden Richtlinien ist, Erziehungs- und Unterrichtsziele für die jüdischen Volksschulen in Deutschland aufzustellen.

Es ist hierbei davon ausgegangen worden, daß die Lehrpläne der jüdischen Volksschulen sich einerseits in den Rahmen der für alle Volksschulen geltenden Bestimmungen einzuordnen haben, andererseits den besonderen Aufgaben der jüdischen Schule gerecht werden müssen.

Die Richtlinien bringen demgemäß erstens eine Klarstellung der allgemeinen Ziele der jüdischen Schule; zweitens Hinweise für die Behandlung derjenigen Lehrstoffe, deren unterrichtliche Auswertung für die Bewältigung der besonderen erzieherischen Aufgabe der jüdischen Schule bedeutsam ist.

Die staatlichen Richtlinien sind bei der Ausarbeitung von Lehrplänen für jüdische Schulen unbedingt heranzuziehen.

Allgemeine Ziele

1) Die jüdische Schule erfährt ihre besondere Prägung aus dem doppelten Urerlebnis, das jedes in Deutschland lebende jüdische Kind in sich trägt: dem jüdischen und dem deutschen. Diese beiden Grunderlebnisse sind gleichmäßig zu entwikkeln und ins Bewußtsein zu heben; sie sind in ihrem Neben- und Miteinander wie auch in ihrer Spannung fruchtbar zu machen und zu entfalten.

2) Die Schule soll von einem sich selbst begreifenden jüdischen Geiste durchdrungen sein. Das heranwachsende Kind soll seines Judeseins in gesundem Bewußtsein sicher werden; es soll sich des Namens freuen lernen, mit allem Stolz und aller Entbehrung, die damit verbunden sind. Zur Erreichung dieses Zieles ist das Jüdische in den Mittelpunkt aller dafür in Betracht kommenden Unterrichtsfächer zu stellen. Lebendiges Verständnis für die Ewigkeitswerte der jüdischen Religion und für das jüdische Leben der Gegenwart, insbesondere für das Aufbauwerk in Palästina, sollen im Kinde geweckt und gepflegt werden, damit es seine Aufgaben in Haus und Synagoge, in der Gemeinde und der jüdischen Gesamtheit zu erfüllen in den Stand gesetzt wird.

3) In Ergänzung der staatlichen Richtlinien für den Deutsch-Unterricht soll all das, was jüdisches Sein und Denken dem deutschen Geiste zu danken hat, wie umgekehrt das, was jüdischer Geist und jüdische Arbeit zum Aufbau der deutschen Kultur beigetragen haben, in seiner Wechselwirkung aufgezeigt werden.

4) Unbeschadet der Ausbildung aller intellektuellen Fähigkeiten ist stets im Auge zu behalten, daß die gesamte Erziehung auf die Erzielung willensstarker und in sich gefestigter jüdischer Charaktere abgestellt sein muß. Von allem anderen abgesehen, mahnen hierzu die dringenden Notwendigkeiten der Gegenwart; das jüdische Kind muß **für die Auswanderung, insbesondere nach Palästina, vorbereitet und** fähig gemacht werden, den seiner wartenden *besonders* schweren Lebenskampf aufzunehmen *und zu bestehen.*

5) Daher wird eine sorgfältige körperlicher Erziehung, insbesondere die Pflege von Turnen und Sport, zu den wichtigsten Aufgaben der Schule gehören. Der notwendigen Berufsumschichtung wird durch die Pflege manueller Ausbildung (Zeichnen, Nadelarbeit, Werkunterricht) die Bahn bereitet werden. Um der besonderen Situation der *deutschen Judenheit* **[Judenheit in Deutschland]** gerecht zu werden, soll den Volksschülern auch die Möglichkeit geboten werden, mindestens eine moderne westeuropäische Fremdsprache sowie ganz besonders auch das Neuhebräische zu erlernen.

Religion und Hebräisch

Die Erhöhung der für Religion und Hebräisch vorgesehenen Stundenzahl von 4 auf 6 Stunden ist zu erstreben.

Dem hebräischen Unterricht fällt die Aufgabe zu, das Kind für die Teilnahme am häuslichen und öffentlichen Gottesdienst vorzubereiten. Darüber hinaus soll das Kind befähigt werden, religiös und kulturell bedeutsames Schrifttum zu erarbeiten und den Zutritt zum gesprochenen lebendigen Hebräisch zu finden.

Der Unterricht muß nach den Prinzipien des modernen Sprachunterrichts erteilt werden. In der Grammatik soll das Verständnis der Wortformen, insbesondere des Verbs und Substantivs, erreicht werden. Der Befestigung dieser Kenntnisse dienen die auf allen Stufen vorzunehmenden Sprechübungen und Übungen im schriftlichen Ausdruck.

Im Mittelpunkt des hebräischen Unterrichts steht die Lektüre biblischer *Stoffe* **[Bücher]**; aus der nachbiblischen und modernen hebräischen Literatur sollen Werke jüdisch-religiöser Grundhaltung ergänzend hinzutreten.

Die Erhöhung der für Religionsunterricht (Hebräisch und bibl.-jüdische Geschichte) vorgesehenen Stundenzahl von 4 auf 6 ist zu erstreben.

Biblische und jüdische Geschichte

Der Unterricht in der Biblischen Geschichte und der Jüdischen Geschichte bildet ein untrennbares Ganzes.

Die Unter- und Mittelstufe vermittelt die Kenntnis der Biblischen Geschichte in der für Volksschulen üblichen Auswahl. Die Darstellung des religiösen Ideengehaltes erfordert einen nochmaligen Gang durch die Biblische Geschichte auf der Oberstufe (Bibellesen!), wobei die Behandlung der gesetzlichen Teile der Thora sowie der Psalmen und Propheten im Vordergrund steht. Das Lesen geeigneter Bibelstellen soll möglichst im Urtext erfolgen.

Auf der Oberstufe bildet der Unterricht in der jüdischen Geschichte die natürliche Fortsetzung des Bibelstoffes. Die Geschichte der Juden in Deutschland ist besonders ausführlich darzustellen. Der Aussprache über jüdische Gegenwartsfragen ist breiter Raum zu gewähren. Das jüdische Kalenderjahr mit seinen Festen und Halbfesten, religiöse Vorschriften, Sitten und Bräuche sollen systematisch behandelt werden.

Um zu vermeiden, daß die Unterrichtspensen in allgemeiner und jüdischer Geschichte in einem Jahrgang verschiedene Zeiträume umfassen, soll die Stoffverteilung so erfolgen, daß in allgemeiner und jüdischer Geschichte Stoffe desselben Zeitraums, aber in getrennten Unterrichtsstunden, zur Behandlung kommen. Eine Konzentration von allgemeiner und jüdischer Geschichte (Vereinigung in der Hand eines Lehrers) oder der Fächer Biblische Geschichte bzw. Jüdische Geschichte und Hebräisch ist anzustreben.

Deutsch

Das allen deutschen Volksschulen gesteckte Ziel der sprachlichen Schulung muß auch an der jüdischen Schule erstrebt werden. *Ebenso soll auch dort der Deutsch-Unterricht die Kinder in das ihrer Altersstufe entsprechende deutsche Schrifttum einführen.*

Außer Prosa und Gedichten aus dem deutschen Kulturkreis sollen jüdische Lesestoffe behandelt werden, seien es Werke deutscher Dichter oder aber wertvolle Übersetzungen aus dem Schrifttum biblischer und nachbiblischer Zeit. Dieses in

Inhalt und Form bedeutsame Schrifttum kann nach Art der Lesebogen ergänzend neben das Lesebuch oder die etwa eingeführten Ganzschriften treten.

Heimatkunde

Heimatkunde will den Standpunkt schaffen helfen, von dem aus das Kind die Welt erfahren, *den Boden aufreißen, in dem es wurzeln* soll. Daher muß *auch das jüdische Heimatserlebnis* in den heimatkundlichen Gesamt*anschauungs*unterricht einbezogen werden, um das Kind durch Vertrautwerden mit allem Jüdischen der näheren und weiteren Umgebung für eine bewußte Erkenntnis des Judentums vorzubereiten.

Daher muß in den heimatkundlichen Gesamtunterricht all das einbezogen werden, was geeignet ist, das Kind durch Vertrautwerden mit den jüdischen Elementen der näheren und weiteren Umgebung für eine bewußte Erkenntnis des Judentums vorzubereiten.

Das jüdische Familien- und Gemeinschaftsleben soll Gegenstand ungezwungener Aussprache sein und durch jede im heimatkundlichen Unterricht übliche Art der Darstellung lebendig gemacht werden. Die Feier der Feste soll immer wieder zu erlebnisfreudiger Gestaltung von Höhepunkten im Leben des Kindes führen. Stätten, mit denen Erinnerungen an unsere Vergangenheit verknüpft sind oder die noch heute Bedeutung für das Gemeindeleben haben, werden auf Lehrspaziergängen besucht. Im vierten Schuljahr ist *die Behandlung von Sagen und der Geschichte des Heimatgebietes* durch Stoffe aus der Geschichte der jüdischen Gemeinde und einzelner jüdischen Persönlichkeiten *zu ergänzen.*

Im vierten Schuljahr ist Stoffen aus der Geschichte der jüdischen Gemeinde und Betrachtungen einzelner jüdischer Persönlichkeiten besondere Beachtung zu schenken.

Musik

Auch der Musikunterricht ist möglichst mit dem jüdischen Unterricht in Verbindung zu bringen.

Neben der Pflege des deutschen Liedes steht die des liturgischen Gesanges und des hebräischen Liedes, **[Der liturgische Gesang und das hebräische Lied sollen gepflegt werden,]** wobei namentlich auf eine Veredlung des häuslichen Gottesdienstes hingearbeitet werden kann.

Erdkunde

Der Palästinakunde ist auf allen Klassenstufen besondere Beachtung zu schenken.

Bei der Behandlung der meisten Länder wird die Schilderung der politischen, wirtschaftlichen und kulturellen Verhältnisse des jüdischen Bevölkerungsanteiles einen gewissen Raum beanspruchen dürfen.

Der Palästinakunde ist besondere Beachtung zu schenken.

Zeichnen
Der Zeichenunterricht hat seine Stoffe in allen Schuljahren auch aus dem jüdischen Lebenskreis des Kindes zu nehmen.

Bilder aus dem religiösen Familien- und Gemeinschaftsleben, Gegenstände des Kultus, biblische und andere jüdische Stoffe finden zeichnerische Darstellung.

13. Adolf Leschnitzer
Die Bedeutung der »Richtlinien«

Die jetzt veröffentlichten »Richtlinien zur Aufstellung von Lehrplänen für jüdische Volksschulen in Deutschland« bedeuten einen wesentlichen Fortschritt. Die Reichsvertretung bekundet damit ihren Willen, ein einheitliches jüdisches Schulwerk aufzubauen.

In der Reichsvertretung haben sich weltanschaulich verschiedene Gruppen zu gemeinsamer Arbeit zusammengeschlossen. Daß bei der Abfassung der Richtlinien keine unüberbrückbaren Gegensätze aufgetaucht sind – diese Tatsache bedeutet unendlich viel. Die Herausarbeitung eines Bildungszieles vollzieht sich an der Grenze zwischen der Erziehung und den anderen Lebensmächten. Die Pädagogik kann im günstigsten Falle zeigen, auf welche Weise man bestimmte Ziele am besten erreicht. Welche Ziele aber erstrebenswert sind – diese Frage liegt streng genommen bereits außerhalb des Gebietes der Pädagogik. Ihre Beantwortung wird stets beeinflußt sein von der Rücksichtnahme auf die unmittelbaren praktischen Notwendigkeiten. Im übrigen gründet sich die Antwort auf Glaubensüberzeugungen sittlicher, religiöser und allgemein weltanschaulicher Art und ist abhängig von Willensentscheidungen.

Wenn wir uns also in einer so lebenswichtigen Frage, wie es die der Erziehung der heranwachsenden Generation ist, einigen können, so besagt das, daß wir zu einheitlicher Willensbildung fähig sind, daß wir einen gemeinsamen Willen besitzen, daß wir wirklich eine Gemeinschaft sind, – oder doch wenigstens eine werden können. Dann nämlich, wenn all das, was beschlossen worden ist, nicht auf dem Papier stehen bleibt. Deshalb muß die Reichsvertretung den von ihr erlassenen Richtlinien Geltung verschaffen.

Zwei Gefahren werden bereits heute sichtbar. Erstens: in einigen Großgemeinden wird es zwei oder mehr Schulen nebeneinander geben; es darf nun nicht dahin kommen, daß die auf dem Boden grundsätzlicher Einheitlichkeit mögliche Nuancierung zu weit getrieben wird, so daß doch wieder einseitig parteigebundene Schulen entstehen. Zweitens: neuerdings tritt gelegentlich die Neigung hervor, den Parteigeist, den man eben erst grundsätzlich aus der Schulstube verbannt hat, in die Lehrerbildung hinüberretten zu wollen. Lehrerbildungsanstalten entgegengesetzter Richtungen – das hieße, der grundsätzlichen Einheitlichkeit unseres Schulwerks das Grab schaufeln!

Wir wollen Schulen, in denen Kinder aus liberalem, orthodoxem oder zionistischem Elternhaus zunächst einmal lernen, daß sie Juden sind, Glieder einer und derselben Gemeinschaft. Dazu brauchen wir Lehrer, die sich ihrer jüdischen Verantwortung bewußt sind, die stolz sind auf ihr Recht, dem Schüler das zu geben, was zu geben ihnen besonders am Herzen liegt, die aber auch die tiefe Verpflichtung spüren, der Jugend – wie es in den Richtlinien heißt – »aus dem doppelten Urerlebnis, dem jüdischen und dem deutschen«, alle die Werte nahezubringen, deren Übermittlung unbedingt notwendig ist.

(Der Morgen, H. 8, Februar 1934, S. 483)

14. Kommentare zu den Richtlinien

a) *Dr. Elias, Frankfurt / M.*

[...] So sehr ich die Richtlinien als Symptom des Bemühens und als Zeichen des guten Willens anerkennen möchte, vom pädagogischen und jüdischen Standpunkt aus muß ich sie ablehnen. An Wertvollem enthalten sie nichts Neues, vieles dagegen, was überholt oder bedenklich oder beides ist. Doch das betrifft schon den Inhalt, und davon möchte ich erst später sprechen.

I.

Die Frage läßt sich doch nicht unterdrücken: War es jetzt nötig und ist es jetzt möglich, mit neuen Richtlinien für die jüdischen Schulen herauszukommen? Sind die Verhältnisse heute schon so fest, so durchsichtig, daß wir an ein ihnen angepaßtes Reformschulprogramm denken müßten, denken dürften?

Man bedenke doch: Die deutsche Schule steht vor grundlegenden Veränderungen. Soweit Richtlinien für sie vorhanden sind, sind sie im Effekt, was den Geist des Unterrichts und Erziehungs- und Lehrziele anbetrifft, längst überholt und kaum mehr von Bedeutung. Denoch sind sie offiziell nicht außer Kraft gesetzt, auch die darauf gegründeten Lehrbücher sind noch da. Man beläßt beides, weil man über kurz oder lang das gesamte Schulwesen neu organisieren will. In einer solchen Stunde muß die Veröffentlichung von jüdischen Richtlinien, die auf der einen Seite die staatlichen voraussetzen und sie auf der andern Seite ignorieren, zum mindesten als ein Schlag ins Wasser angesehen werden.

Aber selbst angenommen, daß wir die Richtlinien, Pläne und Bücher, die jetzt in den allgemeinen Volksschulen gelten, auch weiterhin behalten, wissen wir denn, wie weit die jüdischen Schulen frei sein werden? Nehmen wir selbst den günstigsten Fall an, daß wir in der Frage des äußeren und inneren Aufbaus Freiheit erhalten, dann sehe ich nicht ein, warum wir sie nicht ganz und gar nach dem Bedürfnis der deutschen Juden lösen sollen?

Aber soweit sind wir noch lange nicht. Wir wissen noch nicht einmal, wie die rechtliche, gesellschaftliche, politische und wirtschaftliche Stellung der Juden nach dem zu erwartenden Judengesetz sich gestalten wird, und da wollen wir heute schon wissen, welche Schule wir brauchen?

Aus all diesen Erwägungen heraus bedauere ich den Erlaß der Richtlinien als übereilt und betrachte sie, wenn nicht als schädlich, zum mindesten als unzeitgemäß.

II.

Ein Blick auf die Richtlinien im Ganzen und gar im Einzelnen bestätigt dieses Urteil. Ich will gar nicht von den Wendungen und Formulierungen sprechen, die mich stören. Daß gewisse Dinge schon oft und besser gesagt und verwirklicht worden sind, beweist noch nichts gegen ihre Berechtigung.

Aber wenn die »Reichsvertretung der deutschen Juden« nach wochenlangen Vorbereitungen ein Schulprogramm herausgibt, dann muß man doch vor allem und zum mindesten ein Wort über Erziehung erwarten, das tiefer gründet und aus einheitlichem Guß ist, das wert ist und fähig ist, über der Wiege eines neuen Geschlechtes zu stehen. Nichts wäre leichter gewesen als dies.

Es gibt keine tiefere Verwurzelung der Erziehungskräfte als im Religiösen, sie allein bringt die Versöhnung im Streite der Gefühle, von denen wir uns hin- und hergeschleudert sehen, sie allein bringt die Einheit, aus der heraus gelebt werden kann und erzogen werden muß. Aus ihr kann die Treue zu Glauben, Geschichte und Blut so gut wie zur deutschen Heimat und Kultur ihre stärkste Nahrung ziehen.

Geht man in dieser Erwartung an die Richtlinien heran, so erlebt man die schmerzlichste Enttäuschung.

An den Anfang stellen sie den Zwiespalt: Zwei »Urerlebnisse«, die angeblich jedes in Deutschland lebende (!) jüdische Kind in sich trägt, sollen gleichmäßig entwickelt und ins Bewußtsein gehoben werden.

Und gleich darauf sprechen sie von dem »sich selbst begreifenden« jüdischen Geist, der die Schule durchdringen soll, und fordern zu diesem Zweck, daß das Jüdische in den Mittelpunkt aller dafür in Betracht kommenden Fächer (nicht der Erziehung?) treten solle.

Ist das nicht ein seltsamer Widerspruch?

Nein, nur ein Kompromiß.

Und der Preis?

Die Ausmerzung des Religiösen aus der Zielbestimmung des jüdischen Schulideals, des einheitlichen Mutterbodens jüdischen und nichtjüdischen Seins.

Dementsprechend wird auch in Satz 4, merkwürdigerweise mit rein praktischen Erwägungen verkoppelt, ernst gemahnt, stets im Auge zu behalten, daß die gesamte Erziehung »auf die Erziehung willensstarker und in sich gefestigter Charaktere« abgestellt sein muß. Der gläubige Jude ist vergessen.

[...]

In einer Zeit wie der unsrigen und bei der Zerklüftung, die im Judentum herrscht, ist es gewiß schwer, etwas Großes und Einheitliches zu schaffen.

Aber wozu waren diese Richtlinien überhaupt nötig? Soviel Zeit und Energieverschwendung und soviel – Eile?

Sollte es wahr sein, daß sie von oben herab regeln sollten, was nur von der pädagogischen Praxis her geregelt werden kann, um einen neuen Weg zur Proklamierung des Einheitsjudentums zu bahnen? Sollte damit vorweggenommen werden, was dem Sinnen und Streben gewisser Gemeindepolitiker als Ziel vorschwebt und wohl auch von der »Jüdischen Rundschau« gemeint war, wenn sie den Erziehungsausschuß zur Kontrollinstanz gemacht sehen will, darüber zu wachen, daß die Schulen auch wirklich im wesentlichen den Richtlinien entsprechen. Wenn dem so wäre, so kann man sich nur freuen, daß sie in ihrer ganzen Nacktheit veröffentlicht wurden.

So wenig wie die weltanschauliche Einheit des Judentums diktiert werden kann, so wenig können pädagogische Richtlinien von oben her erlassen werden. Pädagogische Dinge müssen von unten her werden und wachsen und in der pädagogischen Praxis ihre Bewährung finden. Dort aber sind die Richtlinien bereits längst da. Wollte die R. V. für die neuzugründenden Schulen und für ihre innere Ausgestaltung Lehrprogramme, so konnte sie sie in den bestehenden Schulen finden. Sie haben langjährige Erfahrung, in der Praxis geprüfte Lehrpläne konservativer und liberaler Richtung. Es ist möglich, daß sie nicht mehr in allem der heutigen Lage entsprechen, aber diese Lage ist zu ungeklärt, als daß sie heute schon das Recht und die Möglichkeit gäbe zu wesentlichen Änderungen, selbst wenn sie viel sorgfältiger durchgearbeitet sind, wie es bei den vorliegenden der Fall ist.

Was heute schon geschehen kann und sollte, das ist die Sammlung und Veröffentlichung von Materialien zur Intensivierung des jüdischen Unterrichts und zur Durchdringung des kulturkundlichen mit jüdischen Elementen, wie es z. Zt. von der Interessenvertretung der höheren Schulen geplant ist. Gibt die Reichsvertretung ihr die Mittel, durch Herausgabe wertvoller Bausteine ihre reiche Erfahrung den neuen Schulen zugute kommen zu lassen, dann wird sie sich ein wirkliches Verdienst erwerben.

Wir brauchen nicht tönendes Erz und klingende Schelle, was wir brauchen, sind: Mittel zum Leben, um ein neues Geschlecht, den Träger der Zukunft zu schaffen. Denn das ist – jenseits aller Politik – die Sendung der jüdischen Schule.

(Der Israelit, Nr. 5, 1.2.1934)

b) *»Die Basis der jüdischen Schule«*

[...]

Es scheint uns, daß diese Ausführungen an Klarheit nicht zu wünschen übrig lassen und daß sie eine Basis darstellen, auf der es für alle jüdischen Gruppen möglich sein sollte zusammenzuarbeiten, falls wirklich bei allen Teilen des deutschen Judentums die Grundvoraussetzung besteht, die junge Generation mit einem möglichst umfangreichen jüdischen Wissen und einem starken Willen zum Judesein auszustatten.

Leider besteht die begründete Vermutung, daß diese Voraussetzung nicht allgemein zutrifft. Sonst wäre es doch nicht möglich, daß ein bekannter Vertreter des liberalen Judentums, der als Rabbiner über die seelische Situation der deutschen Juden und insbesondere der jüdischen Jugend doch sehr gut informiert sein dürfte, sich dagegen wendet, daß die Richtlinien von dem »doppelten Urerlebnis« ausgehen, das jedes in Deutschland lebende jüdische Kind durch seine Beziehung zu Deutschtum und Judentum besitzt. Dazu sei gesagt: Es handelt sich hierbei nicht um eine »Zweiseelentheorie«, sondern durchaus um etwas im Kinde als Einheit Lebendes, das aber aus mehreren Quellen gespeist wird. Wenn die Richtlinien diese Tatsache an den Anfang gestellt haben, so haben sie eine psychologische Erkenntnis als Basis der pädagogischen Arbeit akzeptiert, über die es eigentlich keine Diskussionen geben sollte. Auch die Forderung dieser Seite, daß »das Jüdische auf die Welt der Religion beschränkt bleiben solle«, scheint in einer Zeit einigermaßen antiquiert, in der es wohl jedem deutschen Juden aus persönlicher Erfahrung heraus spürbar geworden ist, daß Judesein eine Tatsache ist, die für alle Bereiche des Lebens wesentliche Bedeutung hat.

Aus ganz entgegengesetzter Richtung kommt eine Kritik an den Richtlinien, die vor kurzem im »Israelit« erschienen ist und einen bekannten orthodoxen Schulmann zum Verfasser hat. Wir wollen nicht darüber diskutieren, ob jetzt der rechte Augenblick gekommen war, um die Richtlinien herauszubringen; immerhin glauben wir, daß man es dem Erziehungsausschuß der Reichsvertretung gewiß verdacht hätte, würde er geschwiegen und in einer Zeit, in der die Gründung zahlreicher neuer jüdischen Schulen dringend erforderlich ist, keine Richtlinien für diese bereitgestellt haben. Wie man aber von dieser Seite die Behauptung aufstellen kann, daß das Religiöse aus der Zielbestimmung des jüdischen Schulideals ausgemerzt sei, ist nicht recht verständlich. Eine Schule, die unter dem pädagogischen Gesichtspunkt der Konzentration den Versuch unternimmt, von allen Seiten her den jüdischen Blickpunkt dem Kinde nahezubringen, wird niemals das religiöse Element negieren können – wenn man nicht etwa annimmt, daß jüdische Religion losgelöst von allen übrigen jüdischen Inhalten gleichsam in der Luft schwebt und daher abgetrennt von ihnen lehrbar wäre. Eine solche Annahme dürfte aber innerhalb des jüdisch-traditionellen Lagers nicht gut gemacht werden.

Wir glauben daher, daß diese Diskussion über die Richtlinien der Reichsvertretung nicht gerade fruchtbar ist. Gewiß soll eine aufbauende Kritik nicht unterdrückt werden. Auch wir glauben, daß vom zionistischen Standpunkte aus vieles an diesem Schulprogramm unbefriedigend bleibt, aber es gilt im gegenwärtigen Augenblick, Sonderwünsche zurückzustellen und die Basis für ein einheitliches jüdisches Schulwerk in Deutschland zu schaffen. Wenn auch auf diesem Gebiete wiederum parteipolitische Aspirationen auftreten, so würde eine schwere Gefährdung für diese zentrale Frage der jüdischen Arbeit nicht zu vermeiden sein. Das aber sollten alle, die für die Zukunft der jüdischen Jugend und des deutschen Judentums verantwortlich denken, zu vermeiden suchen.

(Jüdische Rundschau, Nr. 12, 9. 2. 1934)

c) Robert Hirschfeld

[...] Wenn auch zuzugeben ist, daß die »Richtlinien« nicht den Wünschen aller Beteiligten entsprechen können, so muß doch gesagt werden, daß sie im großen und ganzen geeignet sind, alle vernünftigen Wünsche zu befriedigen.

Bei der Entstehung der »Richtlinien« hat es sich, wie jedem Einsichtigen klar sein wird, nicht so sehr um den Streit pädagogischer Anschauungen gehandelt, als vielmehr darum, daß jede der großen Gruppen im deutschen Judentum – die jüdisch-liberale, die zionistische und die orthodoxe Gruppe – ihren Anschauungen möglichst breiten Raum zu verschaffen versuchte. Schon die ersten Sätze der »Richtlinien« zeigen deutlich, daß sie das Produkt von Kompromissen sind. Dabei tritt klar hervor, daß der Gegensatz zwischen nationalem und religiösem Judentum den Hauptstreitpunkt gebildet zu haben scheint. Wenn in dem Endprodukt, wie es der Öffentlichkeit jetzt vorliegt, an verschiedenen Stellen darauf hingewiesen wird, daß das Aufbauwerk in Palästina und alles, was damit zusammenhängt, den Schülern nahegebracht werden soll, wenn wiederholt davon die Rede ist, daß Hebräisch gesprochen bzw. verstanden werden soll, so scheint das ein voller Sieg der nationaljüdisch eingestellten Seite zu sein. Und in der Tat will auch mir scheinen, daß in dieser Beziehung ein wenig des Guten zuviel getan ist. Ich bin der Meinung, daß es besser gewesen wäre, den Vorschlag eines unserer bekanntesten liberalen Führer an die Spitze der Richtlinien zu stellen, der etwa folgenden Wortlaut hatte: »Die Schule soll den Kindern die nötigen sittlichen und geistigen Kräfte vermitteln, die sie sowohl befähigen, ihre Zukunft in der deutschen Heimat als aufrechte jüdische Deutsche zu suchen, wie auch ihre Zukunft mit dem Aufbau einer neuen öffentlichrechtlich gesicherten Heimstätte in Palästina zu verbinden, wie auch sonst in der Welt sich durch Leistung und Charakter als sittliche Persönlichkeit zu behaupten und Achtung zu verschaffen.« Die Annahme dieses Vorschlags hätte nicht nur den Vorzug gehabt, daß der allgemein-menschliche und ethische Gedanke ganz klar zum Ausdruck gekommen wäre, sondern auch den Vorzug, daß die nationaljüdische Seite nicht nötig gehabt hätte, ihre Ideen an verschiedenen Stellen der »Richtlinien« besonders zu betonen. Vielleicht wäre allerdings dann auch nicht nötig gewesen, den religiösen Geist und die religiösen Forderungen besonders herauszuheben, aber die Einheitlichkeit der Schulen wäre wohl gefördert worden.

Auf einen Streitpunkt, der die Parteien auf den Plan gerufen hat und weiter herausfordern wird, will ich wenigstens mit ein paar Worten eingehen. Es ist die Frage des Neuhebräisch, das besser Sprech-Hebräisch genannt würde. Wenn man heute gewissen Rufern im Streit nachgeben würde, so würden die Kinder während ihres ganzen Schullebens im hebräischen Unterricht vor allen Dingen zum Sprechen des modernen Hebräisch angehalten werden, »weil man doch nicht weiß, ob sie nicht einmal hinübergehen werden«. Es wird meiner Ansicht nach mit diesem Argument beinahe ein grober Unfug getrieben; denn jeder Kundige weiß, daß es sich bei dem Sprech-Hebräisch letzten Endes um eine Anzahl leicht zu erlernender Vokabeln und der noch leichter zu erlernenden sephardischen Aussprache handelt. Man sollte also in aller Ruhe und mit aller Bestimmtheit darauf bestehen, daß die Schüler natürlich nach modernen sprachunterrichtlichen Methoden unterrichtet würden, aber daß der Inhalt des Unterrichts in der Volksschule – und nur um diese handelt es sich hier – nur Bibel und Gebetbuch sein dürfen und sein müssen. Wer selbst den Inhalt dieser beiden Quellen unseres jüdischen Lebens wirklich kennt, der weiß, daß ihm zum Erlernen des gesprochenen Hebräisch nicht allzuviel fehlt. Mir erscheinen daher die für das Hebräische gestellten Aufgaben und das für diesen Unterricht gesteckte Ziel für eine Volksschule viel zu weit.

Mit den Forderungen, die für die einzelnen Unterrichtsfächer aufgestellt worden sind, kann sich jeder Fachmann, soweit er überhaupt auf dem Boden der jüdischen Volksschule steht, einverstanden erklären. Es ist aber vielleicht nicht ganz überflüssig, auf einen Umstand hinzuweisen. Es gibt gewisse »Unentwegte«, die fordern, daß keine Unterrichtsstunde in einer jüdischen Volksschule vergehe, ohne daß sie »mit jüdischem Geist durchtränkt« würde. Darauf fragen die Gegner spöttisch: »Wie soll man jüdisch turnen oder Raumlehre und Naturkunde treiben?« Sie haben nicht ganz unrecht. Es ist ja noch lange kein »jüdischer Geist« in einer Unterrichtsstunde, wenn etwa der Rauminhalt eines Kidduschbechers berechnet wird oder ähnliche Scherze getrieben werden. Aber man muß doch zugeben, daß in einer jüdischen Volksschule auch in den nicht als kulturkundlich bezeichneten Fächern mancherlei besprochen, berechnet oder berührt werden kann, was den Kindern zum Bewußtsein bringt, daß sie in einer jüdischen Volksschule sind. Wesentlich sind aber die kulturkundlichen Fächer, und diese sind in den Richtlinien ziemlich ausführlich behandelt. Wenn dabei manchem meiner liberal-jüdischen Freunde eine Gänsehaut über den Rücken gelaufen ist, wenn er gesehen hat, was alles im Deutschen oder in der Heimatkunde oder gar in der Musik getrieben werden soll, so kann ich ihm das einigermaßen nachfühlen. Aber zu seinem Troste und zu seiner Beruhigung sei gesagt, daß die allgemeinen vom Staate aufgestellten Richtlinien ein starkes Gegengewicht gegen eine allzu scharfe

Betonung des Jüdischen bewirken werden. Andererseits muß besonders den liberal-jüdischen Lehrern gegenüber betont werden, daß sie eigentlich nur dann in einer jüdischen Volksschule unterrichten dürften, wenn sie sich mit ganzem Herzen dem Standpunkt des Jüdisch-religiösen anschließen.
[...]

(Israelitisches Familienblatt, Nr. 5, 1.2.1934)

d) *Rose Katzenstein, Berlin*

[...] Es ist zu begrüßen, daß diese »Richtlinien« geschaffen sind und daß man heute weiß: wir Juden müssen stärker als je die Erziehung unserer Kinder selbst in die Hand nehmen. Auch die Grundrichtung der »Richtlinien« ist zu bejahen: daß das Jüdische im Mittelpunkt des gesamten Unterrichts zu stehen hat und – was vielleicht noch hinzuzufügen ist – das ganze Schulleben durchdringen soll. Unter anderem ist vor allem auch der Gedanke pädagogisch wertvoll, daß in jüdischer und deutscher Geschichte zur gleichen Zeit die gleichen Zeitabschnitte – möglichst vom gleichen Lehrer – besprochen werden. Bisher entstand oft eine unheilvolle Verwirrung in den Gehirnen der Kinder, wenn sie in der einen Stunde von den alten Germanen und in der folgenden von den Königen Israels hörten. Auch daß man die Forderung der amtlichen preußischen Richtlinien für Heimatkunde, die »Stoffe der näheren Erfahrungswelt des Kindes« zu entnehmen, stark auf die jüdische Umwelt des Kindes, »das jüdische Familien- und Gemeinschaftsleben«, »die Feier der Feste«, die Einrichtungen der Gemeinde usw. bezieht, zeigt, daß man weiß, wie stark tatsächlich die Welt des Kindes – heute mehr denn je – von jüdischen Eindrücken geprägt wird.
[...]

An dieser Stelle aber möchte ich einer Sorge Ausdruck geben: In immer stärkerem Umfange gehen junge, positiv jüdisch eingestellte Lehrer nach Palästina, und die verhältnismäßig wenigen in Deutschland bleibenden Lehrer werden demzufolge derartig stark von allen Seiten beansprucht, daß sie Gefahr laufen, nach einigen Jahren der Arbeit völlig leer, ausgepumpt und kraftlos zu sein. Ich sehe hier nur einen Ausweg, der großzügig und von zentraler Stelle aus in die Hand genommen werden müßte: intensive Zusammenarbeit mit Palästina. Lehrer aus Palästina müßten nach Deutschland geschickt werden und hier an den Volksschulen der jüdischen Gemeinden arbeiten dürfen, und andererseits müßten jüdische Lehrer aus Deutschland die Möglichkeit haben, für etwa ein Jahr nach Palästina zu gehen und dort – vielleicht nicht einmal als Lehrer, sondern als Arbeiter – zu leben und neue Kraft und Freude zu finden.

Die Richtlinien sind ein Anfang. Es kommt darauf an, sie in lebendigem jüdischen Geist zu erfüllen und durchzuführen.

(ebenda)

e) *Rektor Max Sinasohn, Berlin, Leiter der Volksschule der Berliner Adaß-Jisroel-Gemeinde*

Wenn mir die Frage gestellt wird, welche Stellung die gesetzestreue Lehrerschaft zu den »Richtlinien« einnehmen wird, so gibt es darauf nur eine Antwort: Wir begrüßen die Richtlinien als einen bedeutsamen, ersten Schritt vorwärts zur Schaffung der spezifisch jüdischen Volksschule, wir freuen uns herzlichst des Anfangs. Gern erkennen wir den guten Willen in der allgemeinen Zielsetzung an, ein neues jüdisches Geschlecht heranzubilden, empfinden es als grundlegend, daß dem jüdischen Kultur- und Sprachgut die Vormachtstellung eingeräumt wird, die ihm gebührt, und daß die jüdische Schule die jüdischen Probleme der Vergangenheit und der Gegenwart in den Vordergrund ihrer Betrachtungen rücken soll.

Wir vermissen aber die letzte Konsequenz, die Erziehung zum glaubensstarken, thoratreuen, für die Ideale unserer Sittenwelt begeisterten Juden, des Gottesfürchtigen, des ירא שמים.

Erst der Glaube an die göttliche Führung, die Erkenntnis, daß das Schicksal des einzelnen Menschen wie auch das Geschick der Völker von der göttlichen Allmacht gemeistert wird, wird das Kind befähigen, sich »des Namens Jude freuen zu lernen mit allem Stolz und aller Entbehrung, die damit verbunden sind«. Wir vermissen die klare Forderung, die Jugend an die freudige Erfüllung der Mizwoth, der täglichen religiösen Pflichten, zu gewöhnen, damit die künftige Generation durch die bewußt geschaffene Unterscheidung zwischen ihr und der Umwelt allen äußeren Stürmen zum Trotz, in sich stark und unerschüttert bleibt.

[...]

Nach meiner persönlichen Auffassung ist es unmöglich, die beiden Grunderlebnisse des jüdischen Kindes – das jüdische und das deutsche – gleichmäßig zu entwikkeln. Wenn wir eine wahrhaft jüdische Schule wollen, so muß das Jüdische das Primäre sein.

Dann gehen wir schon in der ersten Schulstunde vom jüdischen Erlebnis, von dem Leben der jüdischen Familie aus, verdrängen »Hänsel und Gretel«, »Schneewittchen« und »Die sieben Raben« aus ihrer Vormachtstellung durch biblische Geschichte und Midraschim und legen oft auch den Diktaten und erst recht den Aufsätzen jüdisches Geschehen und Erleben zugrunde. Der gesamte Gesinnungsunterricht stehe im Zeichen der jüdischen Ethik und Problemstellung; wo es nur angeht, sollen Parallelen aus biblischer und jüdischer Geschichte, aus Midraschim und jüdischen Sagen gezogen werden. Wir müssen – die Genehmigung der Aufsichtsbehörden dazu natürlich vorausgesetzt – eine jüdische Schule mit deutscher Unterrichtssprache werden.

[...]

(ebenda)

15. Siegfried Braun Lesebuch und jüdische Volksschule

Zu Ostern 1936 ist in den deutschen Volksschulen das neue Reichslesebuch – und zwar vorerst nur der Band für das 5. und 6. Schuljahr – eingeführt worden. Es trägt den Titel »Deutsches Lesebuch für Volksschulen«. 22 staatliche Ausschüsse haben sich um das Werden dieses Werkes gemüht; in 22 Ausgaben liegt es vor. Allen Ausgaben gemeinsam ist ein Kernteil, der zwei Drittel des Inhalts umfaßt. In ihn hineinverwoben sind Lesestücke, die dem Schrifttum der einzelnen deutschen Gaue entstammen und die, den Heimatteil bildend, jeder Ausgabe einen eigenen Zug verleihen. So glaubten die Bearbeiter allen Erfordernissen, die an ein Lesebuch gestellt werden müssen, gerecht zu werden.

Für den äußeren Aufbau des Werkes und für seine inhaltliche Ausgestaltung hat seinerzeit der Herr Reichsminister für Wissenschaft, Erziehung und Volksbildung Richtlinien erlassen. Nach ihnen waren solche Lesestücke auszuwählen, die als Muster deutschen Schrifttums gelten dürfen und die zugleich der völkisch einheitlichen Ausrichtung der deutschen Jugend dienen können. Diese Ausrichtung mußte an einem Vorbild geschehen, das als gültig vor dem Bewußtsein des deutschen Menschen steht, und so ergab sich eine Sammlung literarischen Volksgutes aus alter und neuer Zeit, die in selten erreichter Folgerichtigkeit um ein Thema kreist und es nach allen Richtungen hin auszuschöpfen versucht: um das Thema vom heldischen Menschen, wie er typisch dem Leser schon entgegentritt in den Holzschnitten, die den Bucheinband zieren.

In elf Abteilungen wird in reicher Variierung das Bild eines Menschen herausgearbeitet. Indem alle Stücke, die nur von Maßstäben der Ästhetik her ihren Wert erhalten, und auch die, die Ausdruck einer weichen und schwächlichen Sentimentalität sind, herausgelassen wurden, ist das neue Lesebuch in der Tat zum getreuen Spiegel der Auffassungen geworden, wie sie diese Zeit in Deutschland hat reifen lassen.

[...]

Das Lesebuch wird in unsern jüdischen Volksschulen auch in Zukunft zu den wichtigsten Schulbüchern gehören. Es wird nicht nur den Übungsstoff liefern, an dem die Kinder dauernd die Lesefertigkeit erproben und das sprachliche Gewissen schärfen; es wird darüber hinaus einen beträchtlichen Teil der Bildungsarbeit überhaupt mitfördern helfen. Indem das Lesebuch wertvolle Proben schöpferischen Bemühens an die Kinder heranbringt, führt es sie mitten hinein in die Welt des Geistigen und hilft mit, das Personhafte der jungen Menschen prägen. Seit der Zeit, da die Juden in den Kulturkreis der deutschen Umwelt eingetreten sind, hat das allgemeine Lesebuch in dem hier umrissenen Sinne auch der jüdischen Schule seine Dienste geleistet. Das neue Buch will, soweit die sprachliche und literarische Seite seiner Aufgabe in Frage steht, eine alte Tradition fortsetzen. Indem seine Schöpfer aber das rein Stoffliche der Lesestücke in strenger Folgerichtigkeit so auswählten, daß das Ganze eine Weltanschauung repräsentiert, die der Natur des deutschen Menschen gemäß ist, hoben sie ihr Werk in eine Ebene, in der der jüdische Mensch als Glied einer besonderen Gemeinschaft nicht steht und nach dem Willen der maßgeblichen Instanzen nicht stehen darf. Dabei ist es unerheblich festzustellen, ein nicht geringer Teil des Lesebuchinhalts vermöge auch die Seele des jüdischen Kindes zu ergreifen. Nicht das Prinzip des Auswählenkönnens gilt hier, sondern die Entscheidung, die das Taktgefühl uns Juden fällen läßt: Für uns ist das neue Lesebuch nicht geschaffen; wir haben Distanz zu halten dem Ganzen gegenüber.

Handelte es sich nur darum, von dieser Entscheidung her einen Weg zu suchen, der uns als Menschen, die dem Kulturkreis der Umwelt auch fernerhin verhaftet bleiben, über die Schwierigkeiten im Hinblick auf das Lesebuch hinwegführen könnte, so ließe sich die Situation wohl leicht meistern. Denn noch besitzen wir die bisher eingeführten Lesebücher, noch können wir sie, soweit die Mittel reichen, von Verlegern und Buchhändlern beziehen. Zur Not auch ließe sich geeigneter Lesestoff, in hinreichender Menge in Lesebogen gesammelt, beschaffen. Allein es drückt uns eine Problematik, die herrührt von unserer Existenz als Juden, die ihr Eigenleben in einem stärkeren Maße zur Entfaltung bringen möchten als in der Vergangenheit, die aber immer noch des literarischen Schatzes entbehren, aus dem her dem Trieb zu kräftigem Wachstum Nahrung zufließen könnte. Es mag angesichts der gewaltigen Fülle jüdischen Schrifttums absurd klingen, wenn behauptet wird, dem jüdischen Kinde fehle die spezifisch jüdische Lektüre. Und dennoch ist es so. Man prüfe, strengen Maßstab anlegend, die Versuche, die früher unternommen wurden und heute fortgesetzt werden, geeigneten Lesestoff für jüdische Schulen zusammenzustellen, und man wird finden, daß sie alle ohne Ausnahme im Ganzen nicht geglückt sind und auch gar nicht glücken konnten. Dieser Tatbestand darf nicht auf eine etwa vorliegende Unfähigkeit der Bearbeiter zurückgeführt werden, sondern vielmehr auf das Fehlen der Voraussetzungen für das Vorhandensein guter, für die Schule brauchbarer jüdischer Literatur. Eine volkstümliche, das heißt einer der Jugend gemäße Literatur, wächst nur aus einer Menschengemeinschaft hervor, die von einem lebendigen Volksbewußtsein erfüllt ist. Uns Juden in Deutschland ist dieses Bewußtsein seit mehr als hundert Jahren verloren gegangen; wir haben keine eigene Geschichte mehr gelebt und stehen so im Gegensatz zu jenen Teilen der Diaspora, in denen die Juden noch im Vollbesitz ihres Volkstums leben und diesem Faktum in schöpferischer Arbeit Ausdruck verleihen.

Auf der Suche nach »jüdischer« Literatur ist allerlei Verwirrung entstanden und infolgedessen manch bedenkliche Verkrampfungserscheinung zutage getreten. Man durchsuchte die Werke älterer und jüngerer jüdischer Autoren, die zwar das deutsche Schrifttum gemehrt haben, deren Beziehungen zur jüdischen Geisteswelt indes häufig nur lose waren. Nun ist es durchaus in Ordnung, wenn der jüdischen Jugend gute Proben aus dem Schaffen jüdischer Dichter und Schriftsteller vorgelegt werden. Ein verhängnisvoller Fehlgriff aber ist es, wenn minderwertige Erzeugnisse nur deshalb in Sammlungen aufgenommen werden, weil ihre Verfasser Juden sind oder weil sie Motive aus dem jüdischen Leben behandeln. Beinahe alle unsere jüdischen Jugend- und Lesebücher sind infolge dieses Mißgriffs in eine allzu intime Nähe zur Kitsch-Literatur gerückt worden. [...]

Organisch aus dem Volkstum hervorwachsendes Schrifttum muß Zeit zur Reife haben; der Schaffensprozeß läßt sich nicht bedrängen. Was entsteht, wenn es dennoch geschieht, das trägt die Zeichen der Unechtheit an sich. Es ist der Jugend nicht zuträglich, wenn man sie in der Schule mit diesen Erzeugnissen verkrampfter Seelen befaßt. Viel besser ists, in aller Sorgfalt nach Gediegenem Ausschau zu halten, sich mit dem Wenigen zu bescheiden, das man möglicherweise findet, und der Stunde entgegenzusehen, da die Zeit Echtes gebiert. Vielleicht ist sie näher als wir ahnen. Schon rührt der Genius des jüdischen Volkes vom Schaffen in hebräischer und jiddischer Sprache aus Osteuropa und aus dem jungen Palästina her unsere Welt an. Sprachmächtige Übersetzer finden verständnisvolle Förderung bei Verlegern und Lesern. Drüben in den Zentren jüdischer Geistigkeit begegnen sich bereits die deutsche und die hebräische Sprache, und es mag uns bald Gutes aus dieser Begegnung zufließen. Ob daneben das Geschehen in unsern Tagen um uns her einmal echten künstlerischen Ausdruck im Wort finden wird, darüber läßt sich nichts aussagen.

Und damit kommt diese Betrachtung zurück auf das Thema, von dem sie ausging: Lesebuch und jüdische Schule. Das Lesebuch, das die jüdische Schule braucht, kann nach Lage der Dinge nur ein Werk sein, in dem neben einem reichen Schatz deutscher Dichtung, dessen Grundstock übrigens festliegt, ein bescheidenes Quantum von Prosastücken und Gedichten steht, die die Kinder als jüdische Kinder besonders ansprechen. Hochgespannte Erwartungen im Hinblick auf die Verwendungsmöglichkeit der Schriften jüdischer Autoren dürfen nicht gehegt werden, weil deren Sprache durchweg nicht die Sprache der Jugendlichen ist. Die »Umschichtung« jüdischer Schriftsteller von der Arbeit innerhalb des deutschen Kulturkreises auf die innerhalb des jüdischen ist fragwürdigen Wertes. Formgerechte Übertragungen aus der echten volkstümlichen jüdischen Literatur des Ostens und Palästinas sind vorläufig nur in beschränktem Umfange vorhanden. Der vielfach vernehmbaren Auffassung, es müsse insbesondere die neueste Publizistik, wie sie die Schicksalswende der Judenheit in Deutschland hervorgebracht hat, in der Schule gelesen werden, ist zu entgegnen, daß das Lesebuch nur sprachlich und sachlich ausgereifte Proben enthalten darf; daß keine Konzessionen gemacht werden sollten etwa des wichtigen Inhaltes wegen. Wenn es sich darum handelt, die Schüler mit den Strömungen innerhalb des jüdischen Volkes in unserer Zeit bekanntzumachen – und es ist nötig, daß es geschehe – so pflege man die Lektüre der Zeitungen und der Tages-Literatur, die auch in den Jugendbünden eingehend behandelt wird. Nicht aber entwerte man die exemplarische Darstellungskunst im wichtigsten Schulbuch durch Aufnahme von Stücken, die für den Tag geschrieben sind.

(Jüdische Schulzeitung. Monatsschrift für Erziehung, Unterricht und Schulpolitik. Organ des Reichsverbandes der jüdischen Lehrervereine, 12. Jg., Nr. 8, 1. 8. 1936)

16. Zwei Briefe zur Verteidigung der Reichsvertretung, Juni 1937

Vorstand der Deutsch-Israelitischen Gemeinde in Hamburg

Hamburg, den 10. Juni 1937

An die Reichsvertretung der Juden in Deutschland,
Berlin-Charlottenburg 2
Kantstraße 158

Der Vorstand der Deutsch-Israelitischen Gemeinde hat in seiner heutigen Sitzung folgende Entschließung einstimmig angenommen:

»Der Vorstand der Deutsch-Israelitischen Gemeinde in Hamburg hat in seiner Sitzung vom 10. Juni 1937 mit größter Besorgnis Kenntnis genommen von dem Inhalt des Briefwechsels zwischen der Reichsvertretung und dem Vorstand der Berliner Gemeinde.

Der Vorstand der D. I. G. in Hamburg wendet sich mit aller Entschiedenheit gegen jeden Versuch, die Reichsvertretung in ihren Grundlagen zu erschüttern. Er weiß sich einig mit der überwiegenden Mehrzahl der jüdischen Gemeinden und Verbände in der Auffassung, daß die in Deutschland lebende Judenheit kein Verständnis dafür haben würde, wenn die in der Not der Zeit entstandene autorisierte Vertretung der Gesamtjudenheit in Deutschland in der Erfüllung ihrer Aufgabe gestört werden sollte.

Der Vorstand der Deutsch-Israelitischen Gemeinde in Hamburg spricht der Reichsvertretung sein uneingeschränktes Vertrauen aus.«

Als Vertreter der Hamburger Gemeinde wird Herr Dr. E. Loewenberg an der Sitzung des Rats der Reichsvertretung teilnehmen.

Wir bitten Sie, diese Entschließung der jüdischen Presse weiterzugeben.

gez. David Dr. Ernst Loewenberg

Der Vorstand
der Synagogengemeinde
An die
Reichsvertretung der Juden in Deutschland
Berlin-Charlottenburg

Düsseldorf, den 11. Juni 1937
Bilker Straße 25

Wir haben mit tiefem Bedauern von den Angriffen gehört, die der Vorstand der Jüdischen Gemeinde Berlin gegen die Reichsvertretung der Juden in Deutschland gerichtet hat, und von Bestrebungen, die die Reichsvertretung in ihrer jetzigen Zusammensetzung gefährdet.

Wir sind entrüstet, daß in einer Zeit, die die geschlossene Einheit der Juden in Deutschland erfordert, gerade die größte jüdische Gemeinde durch ihre Machenschaften diese Einheit gefährdet.

Wir legen Verwahrung dagegen ein, daß die jüdische Gemeinde Berlin sich anmaßt, im Namen der Juden in Deutschland zu sprechen. Sie hat hierzu keinerlei Berechtigung.

Wir legen Verwahrung dagegen ein, daß die Jüdische Gemeinde Berlin die Organisation der Reichsvertretung unter Umgehung der zuständigen Stellen zu ändern sucht.

Wir legen schärfste Verwahrung dagegen ein, daß die Jüdische Gemeinde Berlin die Erledigung von Aufgaben für sich in Anspruch nimmt, die ihre Zuständigkeit überschreiten, und damit für sich eine Stellung beansprucht, die ihr nur von der Gesamtheit der Juden in Deutschland übertragen werden könnte.

Wir sprechen der Reichsvertretung und ihrem Vorsitzenden unser volles Vertrauen und unseren Dank für die geleistete Arbeit aus. Wir hoffen, daß die Reichsvertretung in ihrer jetzigen Zusammensetzung noch viele Jahre für die Juden in Deutschland ersprießliche Arbeit leisten wird.

Der Vorstand der Synagogengemeinde Düsseldorf:
gez. Felsenthal
gez. Dr. Franken

(Yad Vashem Central Archives: 0–8/1)

17. Siegfried Braun
Die jüdische Volksschule

[...]

Die jüdische Volksschule von heute zeigt sozusagen ein Doppelgesicht. Sie trägt, dem Gesetz des Beharrungsvermögens entsprechend, noch sehr deutlich die Züge des nicht mehr gültigen Ideals ruhigerer Zeitläufte; sie weist aber auch schon Merkmale auf, die ihr von der aufgewühlten, alle Bereiche des jüdischen Daseins mächtig bewegenden Gegenwart aufgeprägt sind – fast möchte man sagen – tagtäglich hinzugeprägt werden. Die jüdische Volksschule der Vergangenheit war im Kernhaften eine allgemeine Schule, in der jüdische Kinder von jüdischen Lehrern nach den behördlichen Lehr- und Stundenplänen betreut wurden. Was an Jüdischem Eingang fand, das wirkte nicht von der Mitte her ins Ganze hinein, es trat als Randerscheinung hinzu, deren innerer Gehalt aber keineswegs so gering gewesen ist, wie es eine verallgemeinernde Rückschau zuweilen darstellt. Nicht in dem Religionsunterricht an höheren Schulen fand die jüdische Tradition ihre Hüterin und Mehrerin, sondern in dem oft anspruchslos und eng anmutenden Wirken des jüdischen Volksschullehrers. Was an jüdischem Erbgut heute noch in den Gemeinden lebendig ist und fortwirkt, das ist der Fundus jüdischer Kenntnisse, den die Männer und Frauen einmal in den schlichten Räumen irgendeiner Volksschule zu eigen erhielten. Dennoch besteht die Auffassung zu Recht, daß diese Volksschule das Schwergewicht ihrer Bemühungen nicht auf das Jüdische legen konnte, sondern daß sie gehalten war, den Forderungen nachzukommen, die von der Staatsgewalt an alle Volksschulen gestellt wurden. De jure besteht diese Verpflichtung auch heute noch, nicht nur innerhalb des Bereiches der vom Staat und den Städten unterhaltenen öffentlichen jüdischen Volksschulen, sondern auch für alle Privatschulen, die ja nur mit Zustimmung der staatlichen Behörden gegründet werden dürfen und deren Lehrpläne von ihnen zu genehmigen sind. Allein, de facto hat es die jüdische Volksschule schwer, ihren Verpflichtungen unverkürzt nachzukommen. Denn die Grundsätze der vom Staat geregelten Erziehung sowie die Prinzipien für die Auswahl und Gestaltung der Unterrichtsstoffe sind ausschließlich auf die deutsche Jugend zugeschnitten. So ergibt es sich, daß die jüdische Volksschule heute eine Institution zwischen den Zeiten ist, eine Schule, in der die jüdische Jugend noch immer von zwei Quellen her ihre Bildung empfangen soll, in der indes die jüdische Komponente stärker herausgearbeitet werden darf, weil das den Intentionen nicht nur der jüdischen Gemeinschaft, sondern auch denen der nichtjüdischen Instanzen entspricht. Diese Vorwegnahme einer gesetzlichen Neuregelung hat der jüdischen Volksschule die Möglichkeit gegeben, ihre Lehrpläne stark zu modifizieren. Auf der einen Seite müssen in den allgemeinen Fächern Themen unberücksichtigt bleiben, die die jüdische Jugend nicht berühren; auf der anderen Seite darf der geistigen Bewältigung der jüdischen Welt in all ihren Bezügen weit mehr

Raum gegeben werden als bisher, und so weist heute der Gesamtunterricht in der jüdischen Volksschule schon Merkmale auf, wie sie jene Ideal-Institution kennzeichnet, die Martin Buber die jüdische Wesensschule genannt hat.

Es hat nicht an Versuchen gefehlt, die neuartigen Aufgaben, die unsere Zeit an die jüdische Schule stellt, gedanklich herauszuarbeiten und in ein lehrplanartiges System einzufassen. Hier sind insbesondere die Richtlinien der Reichsvertretung der Juden in Deutschland zu nennen, die ein großes Gewicht deshalb erhielten, weil viele Schulen von der Reichsvertretung begründet wurden oder materiell oder ideell betreut werden. Diese Richtlinien wurden anfangs des Jahres 1934 gegeben, zu einer Zeit also, da das hergebrachte Bildungsideal keine volle Gültigkeit mehr hatte, und viel Unsicherheit und Ratlosigkeit auf dem Felde der Pädagogik herschte. [...]

Allein, die Voraussetzungen, unter denen die Reichsvertretung ihre Kundgebung erlassen hatte, waren einem Wandel unterworfen, der sich unerwartet rasch vollzog. Es erfolgte die völlige Ausgliederung der Juden aus der deutschen Kulturgemeinschaft und damit Hand in Hand gehend die Herausbildung einer jüdischen Eigenwelt. Es begann die Wanderbewegung innerhalb Deutschlands und über seine Grenzen hinaus nach Palästina und nach Übersee; das ganze Gefüge der jüdischen Welt geriet in bedenkliche Schwankungen, und alles Planen und Sorgen geschah für den Tag und heischte immerfort der Korrektur. Wir stehen mitten in diesem schicksalsträchtigen Prozeß, der seine Spuren tief auch in das Antlitz der Schule eingraben mußte. Die Richtlinien und alle Auffassungen, die ihnen ähnlich waren, haben so nur noch in einem Teilbezirk Gültigkeit, und schon heute arbeitet die jüdische Lehrerschaft nach andersgearteten Zielsetzungen, die diktiert sind von den sich zwangsläufig ergebenden Konstellationen, und die nicht darauf warten, bis sie eine vor irgendeiner Autorität sanktionierte Fassung erhalten haben.

Zwei Sachverhalte sind es, die der Arbeit in der jüdischen Schule die Richtung geben. Die Juden in Deutschland sind zu Objekten gesetzgeberischer Maßnahmen geworden, die eine klare Scheidung zwischen dem deutschen Volke und den Juden herbeiführen sollten. Dieser Prozeß mußte bestimmte Folgeerscheinungen innerhalb der Juden hervorrufen. Sie bestehen darin, daß in den Einzelgliedern unserer Gemeinschaft das historische Gedächtnis wieder lebendig geworden ist, daß ein jeder sich wieder erinnert, einer Menschengruppe anzugehören, die Trägerin eines werthaltigen Geschichtsprozesses ist und deshalb einer Aufgabe zu dienen hat. Dabei ist es ganz gleichgültig, in welchen Formen sich dieses Bewußtsein äußert. Genug, daß es da ist und irgendwie wirkt. Das ist die ideelle Seite der Problematik, vor die unsere Volksschulen hingestellt wurden. Es herrscht heute keine Meinungsverschiedenheit mehr darüber, daß die jüdische Jugend wird auswandern müssen; auch nicht darüber, daß sie wird versuchen müssen, ein Leben als Bauern und Handarbeiter zu führen unter Inkaufnahme eines Rückschrittes im Bildungsmäßigen. Indem die Volksschule ihren Blick auf beide Sachverhalte hingerichtet hält, formt sich ihr neuartiges Gesicht. Was immer sich als geeignet erweist, das Geschichtsbewußtsein zu stärken und damit den Volksleib gesund zu erhalten, das findet Aufnahme in der Volksschule. Es versteht sich von selbst, daß hier der »Religionsunterricht« in seiner Blässe und seiner Abseitigkeit keinen Raum mehr hat. Schon die Richtlinien kennen diesen Terminus nicht mehr, und es ist bemerkenswert, daß keine der versuchten Wortneuprägungen, die in sich fassen sollten, was gemeint ist, einen unumstrittenen Platz in dem Vokabular der jüdischen Pädagogik hat finden können, nicht der Ausdruck »Judentumskunde« und auch nicht die Bezeichnung »jüdischer Unterricht«. Dennoch steht dem jüdischen Lehrer seine Aufgabe klar vor Augen. Er hat im Rahmen des Erreichbaren, ohne sich in utopischen Zielüberspannungen zu ergehen, den Boden zu bereiten, auf dem das Maß an Wißbarem erwachsen kann, aus dem sich jüdisches Leben in seiner einzigartigen Struktur erbaut. Aus Kindern soll man nicht durchaus Gelehrte machen wollen, sondern aufgeschlossene Menschen, mit einem gediegenen Schatz an Kenntnissen erfüllt, deren Quantum und deren Qualität zwar fortdauerndes »Lernen« ermöglichen, die aber – so verlangt es des Volksschülers Natur – sich im Bereiche des leicht Eingängigen halten. [...]

Über all das hinausgehend hat der Lehrer das Jüdische schlechthin zum übergreifenden Thema werden zu lassen, von dem her die Gesamtarbeit in der Volksschule ihre Belichtung und ihre Sinngebung erhalten soll. Das bedeutet freilich eine Erschwerung der Arbeit, die indes gemildert werden könnte durch die Einengung, die der Unterricht auf dem Gebiet der allgemeinen Fächer erfahren hat, erhöben sich nicht auch da neue Schwierigkeiten, die zu meistern bisher nicht zufriedenstellend gelungen ist. Das gilt namentlich für die Gesinnungsfächer Geschichte und Deutsch. Es gilt aber auch mit gewissen Einschränkungen für alle anderen Fächer. Jeder ältere Lehrer verspürt in seiner Seele einen herbstimmenden Rest des Bewußtseins, er habe das Historische, das er an die Jugend heranträgt, aus einem Bezirk entnommen, der ihn irgendwie angehe, in dem er selber einmal gestanden, in den einzutreten jedoch den jungen Menschen verwehrt sei. Da tut sich eine Diskrepanz zwischen dem darstellenden Wort und der Situationswirklichkeit auf, die noch fühlbarer wird angesichts der Tendenzen, welche heute in der Umwelt dem Geschichtsunterricht seinen sachlichen Gehalt und seinen erzieherischen Schwung verleihen. Die jüdischen Volksschüler – das sei hier als psychologische Eigenart vermerkt – spüren diese Spannungen nicht; sie lieben die deutsche Geschichte; ja, sie bringen ihr nicht selten mehr Interesse entgegen, als der jüdischen, in der so vieles unverständlich bleibt. Und so helfen sie, wie so oft, ihren Lehrern über psychische Hemmungen hinweg. Dennoch bleibt es dem jüdischen Lehrer auferlegt, Distanz zu wahren und mit pädagogischem Takt an die Behandlung der deutschen Geschichte heranzutreten. Nur mit Vorsicht wird etwa eine Verknüpfung der deutschen mit der jüdischen Geschichte im Unterricht hergestellt werden dürfen, und es soll hier nicht verschwiegen werden, daß Versuche nach dieser Richtung bisher fragwürdigen Wertes geblieben sind. – Die deutsche Dichtung ist immer ein Lieblingskind der jüdischen Volksschule gewesen. Und was je und je an klar und edel gefügtem Sprachgut in Prosa und Vers der jüdischen Jugend nahegebracht wurde, das fand die Ohren und die Herzen weit geöffnet, das ward ins Gedächtnis eingeschlossen, und es hat Tausende von jüdischen Menschen, mit Jakob Grimm zu sprechen, »einem guten Engel gleich« in die weite Ferne geleitet. So soll es auch weiterhin bleiben. Es ist uns nicht verwehrt, von dem alten Schatz zu zehren, auch nicht verwehrt, den Kindern das in die deutsche Sprache gegossene Werk jüdischer Männer und Frauen nahezubringen. Das neue Reichslesebuch ist nicht für jüdische Schulen geschaffen. Eine kurze Frist noch werden sie die alten Bücher benutzen müssen. Dann aber soll ihnen ein Lesebuch für jüdische Schulen zur Verfügung stehen, zu dem in Gestalt einer Fibel die Vorstufe bereits vorhanden ist, und dessen 1. Teil (5. und 6. Schuljahr) in allernächster Zeit erscheinen wird. Wir wollen uns nicht verhehlen, daß es keinem jüdischen Schriftsteller deutscher Zunge gegeben war, einem Claudius, einem Kleist, einem Uhland und Hebel gleich zu Erwachsenen und zu Kindern zu sprechen. Nur so ist es erklärlich, daß auf der Suche nach geeignetem Lesestoff für die jüdische Schule viel des Mittelmäßigen gefunden, und diesem so viel des Minderwertigen an »Jugendliteratur« zugesellt wurde. Ganz von selbst richtete sich da die Aufmerksamkeit einsichtiger Erzieher auf die Volkskunst des jüdischen Ostens und Palästinas, aber auch auf Darstellung und Bericht jüdischer Menschen längst vergangener Zeiten. Wenn es gelingt, hebräisch geschriebenes Edelgebild treffsicher zu übertragen und volkstümlich geformtes Altgut aufzuspüren, dann werden die jüdischen Volksschulen Ersatz finden für die Dichtungen, zu denen ihnen der Zugang verwehrt ist.

Beschließen wir in dem Bewußtsein, Lücken zu lassen, diesen Teil unserer Darlegungen und wenden wir uns der Erörterung einiger Gedanken zu, die uns beschäftigen, wenn wir uns vor die Aufgabe hingestellt sehen, unsere Jugend lebenstüchtig zu machen.

Ganz von selbst taucht dann vor uns das vom Schein des Unheimlichen umkleidete Wort »Auswanderung« auf. Nicht der eine und nicht der andere unter den uns anvertrauten Schülern wird in kurzer Zeit in die Fremde ziehen, sondern alle, die heute noch in der Klasse vor uns sitzen, die noch die Luft Deutschlands atmen, die sich in deutscher Sprache mitteilen und zu denen wir in deutscher Sprache reden. Ihrer aller wartet ein schweres mühereiches Leben, und uns Lehrern ist es auferlegt, zu unserm Teil daran mitzuhelfen, daß sie alle tüchtig werden zum Führen der Pflugschar, zum Schwingen des Hammers und des Beils, zur Eroberung unwirtlichen und harten Bodens, zum Ertragen ungewohnter Temperaturen und tückischer Sumpfkrankheiten und zur Besiegung vielfältiger Widerstände, von deren Beschaffenheit nur vage Vorstellungen vorhanden sind. Aus dieser Sicht heraus fördern wir in der Volksschule mehr als sonst die turnerische und sportliche Betätigung, gewähren wir allen Einrichtungen zur Pflege der Handfertigkeit unsere Unterstützung und suchen wir den Plänen zu Aufbauklassen für die Berufsvorlehre zur Verwirklichung zu verhelfen. Mit besonderem Nachdruck aber bemühen wir uns, die Knaben und Mädchen geistig zur Auswanderung vorzubereiten durch Einführung des Fremdsprachenunterrichts und der Auswanderungskunde.

Wir Lehrer wissen nicht, in welche Länder unsere Schüler einmal übersiedeln werden, und die Kinder wissen es häufig selber nicht. Es ist deshalb schwer, die Frage zu beantworten, welche Fremdsprache gelehrt werden solle. Uns scheint es, es sei zweckmäßig, den Unterricht in Hebräisch und in Englisch als ordentliche Lehrfächer in die Schularbeit einzufügen, im übrigen es den Eltern und Kindern anheimzustellen, andere Sprachen in privaten Kursen zu erlernen. Die Versuchung liegt nahe, dem Hebräisch-Unterricht eine bevorzugte Stellung einzuräumen, weil er nicht nur einem praktischen Zweck dient, sondern weil er den Zugang zur Kultur des eine Wiedergeburt erlebenden jüdischen Volkes in Erez Jisrael freilegen hilft. Allein, so sehr wir wünschen, daß es so sein könnte, so sehr sind wir uns der Grenzen des Möglichen bewußt. In der Volksschule ist kein Raum für zwei Fremdsprachen, und deshalb muß den Eltern die Entscheidung darüber eingeräumt werden, an welchem Unterricht ihre Kinder teilnehmen sollen, ob am englischen oder am hebräischen.

Die Auswanderungskunde ist ein Kind unserer Zeit, dazu ein Gebiet, das aus verständlichen Gründen der Arbeit gerade unserer jüdischen Volksschule zugewachsen ist. Es wartet freilich noch auf eine gründliche methodische Durchdringung. Ihre natürlichsten und ertragreichsten Anknüpfungspunkte findet die Auswanderungskunde in der Geographiestunde; doch liefern auch geschichtliche und biologische Sachverhalte ihr wichtige Bausteine. Leo Baeck hat in einer Rede auf die Horizontweitung hingewiesen, die unsere Kinder erfahren haben. Sie lebten, so meinte er, mit ihren Gedanken nicht mehr im engen Bereich der Heimat allein, sondern in der Weite der Welt schlechthin. Diese tiefe Wahrheit führt uns zu der Erwägung hin, ob es nicht angebracht sei, im geographischen Unterricht die Behandlung der europäischen Länder zugunsten Palästinas und der überseeischen Welt einzuschränken. Es kann keine Meinungsverschiedenheit darüber herrschen, daß die Palästinakunde aufs gründlichste gepflegt werden muß. Ganz abgesehen davon, daß sich eine erhebliche Anzahl von Knaben und Mädchen einmal wird einfügen dürfen in die große und ans Heiligste unseres Judeseins rührende Bewegung der nationalen Wiedergeburt, sollen auch die jungen Menschen, die in andere Himmelsstriche versetzt werden, seelisch aufs innigste verknüpft bleiben mit dem Kern ihres Volkes, soll sie an keinem Tage ihres Lebens das Bewußtsein verlassen, jenem Volke anzugehören, das nach tausendjähriger unruh- und leidvoller Wanderschaft sich aufgerafft hat, auf eigener Scholle seinem Auftrag zu dienen. In diesem Sinne ist Palästinakunde mehr als ein Teilstück der Auswanderungskunde, ist sie ein Gesinnungsfach von höchstem Range. Das schließt nicht aus, sie einzuordnen auch in den umfassenden Komplex der Auswanderungskunde; denn auch das tägliche Leben in Palästina mit seinen vielen Anliegen verlangt ein nicht geringes Maß von Kenntnissen, die den Kindern schon hier beigebracht werden können und die man ihnen nicht vorenthalten sollte, weil ihrer genug der Schwierigkeiten warten, wenn sie den Fuß auf Palästinas Boden setzen. Soweit rein ins Praktische gerichtete Überlegungen in Frage stehen, ist die Vertrautheit mit der Länderkunde für Übersee notwendiger als die mit Palästina. Denn drüben in Amerika und in Afrika oder wo immer fehlt vielfach die volkhaft zusammengefaßte jüdische Gemeinschaft, die die Neuankömmlinge seelisch und wirtschaftlich zu tragen vermöchte. Keinem Kinde in Deutschland ist Erez Jisrael eine Terra incognita; dagegen verschlägt der Zufall tausende von jüdischen Menschen in Gebiete, die ihnen nicht einmal dem Namen nach bekannt sind. Deshalb muß die Volksschule die Materialien durcharbeiten, die ihr heute mehr denn je von der Publizistik zufließen und die weit mehr auf die Bedürfnisse des Unterrichts zugeschnitten sind als die Lehrbücher für Erdkunde, die auf anderen Prinzipien aufgebaut sind.

Es sind keine leicht zu bewältigenden Aufgaben, die hier aufgewiesen werden. Die jüdische Volksschule in ihrer gegenwärtigen Gestalt wird sie nur in einem sehr bescheidenen Ausmaß lösen können. Erst eine tiefgreifende Umwandlung ihres Lehrplanes, die zu erfolgen hätte nach Übereinkunft mit der Aufsichtsbehörde, gäbe der Lehrerschaft die Möglichkeit, Neuland auf dem Felde der Unterrichtspraxis zu betreten. So wenig Neigung besteht, auf irgendein Bildungsgut der vergangenen Geschichtsepoche zu verzichten, so sehr drängt doch die Entwicklung dahin, eine Reihe von Fächern in ihrem stofflichen Umfang und in ihrer zeitlichen Beanspruchung einzuschränken, um so Platz zu schaffen für eine intensive Arbeit im Sinne unserer Darlegungen. Unsere Lehrerbildungsanstalten werden es sich angelegen sein lassen, die Studierenden so vorzubereiten, daß sie mit all den Kenntnissen versehen sind, über die die ältere Lehrergeneration durchweg nicht verfügt und ohne deren Besitz kein Erzieher seiner Aufgabe gewachsen sein kann. Die Lehrerschaft, die ihre Ausbildung unter andersgearteten Zielsetzungen erhalten hat, – das darf hier gesagt werden – hat keineswegs die Hände in den Schoß gelegt und ist nicht im altgewohnten Trott durch diese Zeit hindurchgeschritten. Sie hat tapfer zugegriffen und neuen Aufgaben gegenüber sich aufgeschlossen gezeigt. Dennoch weiß sie es sehr wohl, daß alles, was ihr der Jugend von heute zu geben möglich ist, gering an Umfang und innerem Gehalt bleiben muß, gemessen an der Fülle von neuartigen Aufgaben, denen die jüdische Volksschule unserer Tage gegenübergestellt ist. Es geht in dieser Zeit ein unruhvolles lastenreiches Suchen und Planen durch die Reihen nicht nur der Lehrer, sondern auch aller jüdischen Menschen, die es auf sich genommen haben, die Welt des Kindes vom Jüdischen her zu formen. Allmählich erst fügen sich die Wissensgebiete, um die es geht, in ihrer Breite und in ihrer Tiefe überschaubar nebeneinander, und aus dem Aspekt auf das große Ganze springt uns alle die Erkenntnis an, es könne nur Stückwerk bleiben, was uns zu erreichen beschert ist, Stückwerk freilich, das seinen vollen Wert erhalten kann, wenn es errungen wird in einer vom Amor fati getragenen Hingabe ans Werk.

(Jüdische Schulzeitung, Jg. 13, Nr. 9, 1. 9. 1937, S. 1–4)

18. Raphael Rosenzweig Erinnerungen an die letzten Jahre des Philantropins in Frankfurt a.M. (Dezember 1955)

Die jüdischen Schulen, die in der Emanzipationszeit in großer Zahl in Deutschland gegründet wurden, entstanden in einer Epoche des nationalen Erwachens des deutschen Volkes. Die rechtliche Gleichstellung der Juden, die diese Gründungen ermöglichte, wurde den Deutschen von außen aufgezwungen. Die geistige Basis dieses Werkes wurde infolgedessen von dem Volk, unter dem die Juden lebten, nicht in der gleichen Weise akzeptiert wie von ihnen selbst; und die Kluft zwischen dem Erstrebten und dem Erreichten war bis zum Untergang der jüdischen Schule in der Zeit der nationalsozialistischen Reaktion zu spüren.

Das Philantropin in Frankfurt a.M., das auf eine 130jährige ununterbrochene Tradition der Erziehung junger Menschen zur Treue gegenüber Deutschland und gegenüber dem Judentum zurückblicken konnte, schaffte es nie, die Spannung zwischen seinen beiden grundlegenden Zielen zu überwinden. Selbst als sich die Lage so verschärfte, daß dieser innere Bruch nicht mehr zu kaschieren war, wußte es sich der neuen Situation nicht anzupassen. Das Lehrerkollegium, das zum Teil von Sehnsucht nach dem goldenen Zeitalter unter Wilhelm II. erfüllt war, das seine wichtigste Aufgabe darin sah, die jüdische Jugend in der deutschen Kultur zu verwurzeln, konnte keine Antwort auf die Fragen geben, die sich nach 1933 unabweisbar stellten. Die wenigen Lehrer, die aufgrund ihrer zionistischen Einstellung ihren Schülern bei der Suche nach neuer Orientierung hätten helfen können, wurden von der Gemeindeleitung daran gehindert, weil sie im Eindringen des Zionismus in die Schule eine gefährliche Politisierung sah. Der Streit, der innerhalb und außerhalb der Schule darüber geführt wurde, ob das Hebräische als Sprache des Gebets oder als moderne gesprochene Sprache gelehrt werden solle, endete scheinbar mit einem Sieg der Zionisten. Tatsächlich war es aber eine beschämende Niederlage. Die »Neu-Hebräisch«-Stunden, die endlich 1937 eingeführt wurden, entarteten schnell zu einem Wettbewerb im Schnell-Lesen von Bibelkapiteln in sephardischer Aussprache, wobei der Lehrer – der Rabbiner – mit der Stoppuhr in der Hand die Zeit maß.

Es war nicht möglich, die vielen Fenster in dem großen Schulhaus gegen die Stürme der Außenwelt und den hereindringenden Gestank abzudichten. Schon Ende 1937 zeigte sich, daß die provisorische Existenz von Lehrenden und Lernenden den normalen Verlauf des Unterrichts schwer beeinträchtigte. Woche für Woche schieden Schüler aus der Schule aus, weil sie emigrierten oder weil sie nach dem Willen der Eltern die letzte Zeit in Deutschland zur Erlernung eines Berufs benutzen sollten. Auch viele Lehrer, besonders die jüngeren unter ihnen, verschwanden, und an ihre Stelle traten andere, die aus den Provinzstädten vertrieben oder aus den allgemeinen Schulen entlassen worden waren. Ich will mich nicht mit der Beschreibung der persönlichen und organisatorischen Schwierigkeiten aufhalten, die dadurch entstanden; erwähnen will ich aber, daß der letzte Schulleiter des Philantropins, Dr. Hirsch (gesegnet sei sein Name), diese Schwierigkeiten in bewundernswerter Weise bewältigte. Die pädagogischen Probleme waren jedoch schwerer zu lösen, und nicht allen Klassenlehrern gelang es.

Für viele war es eine heilige, unaufgebbare Tradition, daß man sich an Lehrpläne halten müsse. Wahrscheinlich durchschauten sie gar nicht, daß die Kritik ihrer Schüler am Geschichtsunterricht oder am Inhalt der Pflichtlektüren in Deutsch ernster war als der normale, natürliche Widerstand junger Menschen gegen den Schulstoff, wie ihn jeder Lehrer, sei er durchschnittlich oder schlecht, kennt. Trotzdem sind die letzten Schüler des Philantropins manchen Lehrern, die den Zeitgeist und den Gefühlswirbel verstanden, dem die jungen Menschen ausgesetzt waren, zu Dank verpflichtet. Siegmund Hirsch unterbrach zum erstenmal in seinem langen Leben als Deutsch- und Geschichtslehrer den Grammatikunterricht und hielt ein ausführliches Universitätsseminar über Syntaxprobleme – nicht nur des Deutschen. Als er es nach ein paar Wochen beendete, sah der Schalk aus den Augen dieses klugen, liebenswerten Mannes: »Erzählt es bitte nicht draußen – aber alles, was wir jetzt gelernt haben, stimmt auch für die USA, für England, Chile, Palästina und sogar für Schanghai, und dort vielleicht noch mehr als anderswo.«

Als sich die Verfolgung im Sommer 1938 verschärfte, als die Juden mit polnischer Staatsangehörigkeit, darunter viele Schüler des Philantropins, ausgewiesen und zwischen der polnischen und deutschen Grenze als unerwünscht hin- und hergeschoben wurden, als in der »Kristallnacht« die Synagogen verbrannten, war jedem klar, daß das Ende des deutschen Judentums bevorstand. An einem frühen Morgen standen wir, die wenigen Schüler, die zum Unterricht erschienen waren, neben dem Klassenfenster und beobachteten den Rauch, der nach oben stieg. Ein Mädchen unterdrückte ihr Weinen, und wir schwiegen weiter: ein schweres Schweigen in Erwartung einer Katastrophe. Wir hörten die Tür öffnen, aber bemerkten nicht, wer hereinkam. Nur die schroffe und ungewöhnlich autoritäre Anrede: »Dreht euch!« zeigte uns, daß etwas passiert war. Neben dem Schulleiter standen ein Gestapo-Beamter und ein SS-Mann. Dr. Hirsch sprach mit leiser Stimme Abschieds- und Trostworte zu uns, während die beiden ihn ab und zu zu größerer Eile antrieben. Wir wußten genau, was diesem Mann, unserem Erzieher, der wie ein Häftling neben ihnen stand, bevorstand. Jeder drückte ihm beim Hinausgehen die Hand, bis die Männer ihn grob und ungeduldig in das letzte Zimmer des Stockwerks drängten.

Nach drei Wochen ging die Schule weiter, aber die Lehrer, die aus dem KZ zurückkehrten, und die Schüler, deren Väter und Brüder immer noch in Haft saßen, konnten nicht mehr die nötige Lernatmosphäre schaffen. Der Geist des Philantropins, dieser aus der Verbindung von allgemeiner deutscher Kultur und jüdischer Tradition entstandene Humanismus, der schon seit Jahren unterging, zerbrach in der »Kristallnacht« endgültig. Die offizielle Schließung der Schule nach einiger Zeit war nicht mehr als die formelle Bestätigung einer längst entschiedenen Tatsache.

(Unveröffentlichtes hebräisches Manuskript im Yad-Vashem-Archiv: 01/295. Raphael Rosenzweig, geb. 1922 in Frankfurt a. M., ist der Sohn des Religionsphilosophen Franz Rosenzweig.)

Anmerkungen

Einleitung

1 Bei der Volkszählung in Deutschland im Juni 1925 wurden 564379 Juden ermittelt. Die erfaßten Personen hatten sich in den Fragebogen als Glaubensjuden bezeichnet und gehörten gleichzeitig den organisierten und rechtlich anerkannten jüdischen Gemeinden an. Bei der im Juni 1933 folgenden Volkszählung zeigte sich eine Verminderung der Juden auf 499682 Personen. Ihr Anteil an der Gesamtbevölkerung war von 0,9 % auf 0,8 % zurückgegangen. Statistisches Jahrbuch für das deutsche Reich 1931, S. 15 und 1933, S. 14. Strauss und Barkai schätzen die Gesamtzahl der Juden in Deutschland im Jahre 1933 auf 525000 Personen. Strauss, Jewish Autonomy, S. 127; Barkai, Vom Boykott zur »Entjudung«, S. 11. Über die demographischen Merkmale der jüdischen Bevölkerung in Deutschland: Schmelz, Demographische Entwicklung, S. 15 ff.

2 Reinharz / Ben-Baruch, Zionisten und Liberale, S. 50. Vor allem traf die Beobachtung auf die zionistische Führung zu, die fast ausnahmslos in Deutschland geboren war und durch ihr »Assimiliertsein« ein Echo im jüdischen assimilierten, liberalen deutschen Mittelstand erweckte. Ebenda, S. 55.

3 Breuer, Jüdische Orthodoxie, S. 6, 47. Die Einschätzung der Orthodoxie als deutsch-angepaßt teilt auch Carlebach, der ihren kleinbürgerlichen Charakter hervorhebt. Er zeigt, wie wenig Einfluß die osteuropäische Orthodoxie auf die deutsche ausübte – im Gegensatz zu ihrem Einfluß auf die amerikanische und englische Orthodoxie. Carlebach, Orthodox Jewry, S. 82, 84.

4 Bennathan, Demographische und wirtschaftliche Struktur, S. 92 f, 96. Weiteres über die Lage der sog. »Ostjuden« in Deutschland in diversen Veröffentlichungen von Trude Maurer. Hier seien exemplarisch erwähnt: Maurer, Ostjuden in Deutschland; dies., Ausländische Juden in Deutschland.

5 Zimmermann hält die Frage nach jüdischem Widerstand nach 1933 für irrelevant. Als viel

wichtiger bezeichnet er die Beschäftigung mit dem jüdischen Widerstandspotential in den letzten Jahren vor dem Aufstieg des Nationalsozialismus, in denen es noch geschichtliche Relevanz besessen habe. Unter Widerstand versteht er vor allem das Eintreten von Juden für allgemeine Werte wie Demokratie und Liberalismus und nicht für spezielle jüdische Angelegenheiten. Er meint, vor allem ein allgemeines Desinteresse und Resignation bei der Mehrheit der Juden in diesem Zeitraum beobachten zu können. Zimmermann, Potential of Resistance, S. 121 ff.

[6] Diese Meinung teilen viele, unter anderem Margaliot, Politische Reaktion, S. 205; Simon, Aufbau im Untergang. Programmatisch kommt das auch im Titel des Buches von Konrad Kwiet und Helmut Eschwege zum Ausdruck: Kwiet/Eschwege, Selbstbehauptung und Widerstand. Eine andere Meinung vertritt Zimmermann, der diese Form jüdischen Handelns »innere Emigration« nennt. Zimmermann, Potential of Resistance, S. 137.

[7] Kulka, Deutsche Geschichtsschreibung, S. 635. Eine ähnliche Beobachtung macht Strauss, der von »Jewish autonomy« bzw. von »vibrant sub-culture« unter dem Nationalsozialismus spricht. Nach seiner Meinung entsprach die Autonomie, die den jüdischen Organisationen bis 1938 bei der Gestaltung der inneren Verhältnisse eingeräumt wurde, dem traditionellen Muster der Beziehung von Kirche und Staat in Deutschland; außerdem sei in diesem Zusammenhang der für das Dritte Reich überhaupt charakteristische administrative Polyzentrismus zu berücksichtigen. Strauss, Jewish Autonomy, S. 130, 138, 152.

[8] Nicht der Schulalltag ist also das Thema dieser Arbeit trotz des Einwands von Breyvogel und Lohmann »gegen die Reduzierung von Schule auf Lehrpläne, Erlasse, Schulbücher, als wäre das Handeln der Menschen in der Schule allein dadurch definiert«. Breyvogel/Lohmann, Schulalltag, S. 201. Der jüdische Schulalltag ist bereits in verschiedenen Schul- und Gemeindemonographien erforscht worden.

[9] Claudi (Hg.), Die wir verloren haben.

[10] Fliedner (Hg.), Judenverfolgung in Mannheim.

[11] Walk, Schulwesen in Köln, S. 415–426.

[12] Richarz (Hg.), Jüdisches Leben.

[13] Angress, Generation.

[14] Adler-Rudel, Jüdische Selbsthilfe.

[15] Lamm, Entwicklung des deutschen Judentums.

[16] Herrmann, Das dritte Reich.

[17] Wie Anm. 5.

[18] Kulka, »Jewish Question«.

[19] Hildesheimer, Central Organization.

[20] Kochavi, Cultural and Educational Activities.

[21] Walk, Education of the Jewish child.

[22] Walk, Schule und Erziehung. Einige Teile des bisher unveröffentlichten Manuskripts wurden mir dankenswerterweise von Joseph Walk vorab zur Verfügung gestellt.

[23] Gaertner, Probleme der jüdischen Schule.

[24] Stern, Warum hassen sie.

[25] Freier, Laß die Kinder kommen.

[26] Ball-Kaduri, Sammlung von Zeugenaussagen, Yad Vashem Central Archives, 0–1 sowie in Buchform bearbeitet: ders., Das Leben der Juden.

[27] Über die Sammlung: Kulka/Hildesheimer, Central Organisation and its Archives.

1. Kapitel

[1] Gaertner, Probleme der jüdischen Schule, S. 327.

[2] Walk, Education of the Jewish Child, S. 12.

[3] Angress, Jüdische Jugend, S. 215.

4 Angress, Generation, S. 19.

5 Die Träger dieser Schulen waren Synagogengemeinden oder besondere Stiftungen und Vereine, nicht selten aber auch die Stadtverwaltungen. Adler-Rudel, Jüdische Selbsthilfe, S. 20, sowie Walk, Jüdische Erziehung, S. 240.

6 Walk, Jüdische Erziehung, S. 240.

7 Israelitisches Familienblatt (im folgenden IsFam), Nr. 25, 23.6.1932, S. 14.

8 Walk, Education of the Jewish Child, S. 20ff.

9 Baeck, Gedenken an zwei Tote, S. 309.

10 Gaertner, Probleme der jüdischen Schule, S. 328; Angress, Jüdische Jugend, S. 214.

11 Moni Alon, in: Godenschweger/Vilmar, Rettende Kraft, S. 30f.

12 Ebenda.

13 Simon, Aufbau im Untergang, S. 22.

14 Es handelt sich dabei um Auszüge aus einem noch nicht veröffentlichten Buch »Volk im Fieber« von Josef Maria Frank. Das Material wurde ihm von einem jüdischen Jungen zur Verfügung gestellt. In: C.V.-Zeitung (im folgenden: CVZ), Nr. 52, 25.12.1931, S. 589ff. Schon am Ende der zwanziger Jahre berichtete die CVZ regelmäßig über Antisemitismus an den Schulen: Nr. 10, 1929, Nr. 16, 1929, Nr. 28, 1929, Nr. 50, 1929, Nr. 51, 1929, Nr. 1, 1930, Nr. 2, 1930, Nr. 20, 1930, Nr. 9, 1931, Nr. 14, 1931.

15 Dabei soll erwähnt werden, daß sich innerhalb des C.V.s am Ende der zwanziger und Anfang der dreißiger Jahre ein Generationenkonflikt bemerkbar machte, in dem die jüngere Generation zu einem massiven jüdischen Gegenangriff gegen den Antisemitismus aufrief. Paucker, Jüdischer Abwehrkampf, S. 30ff.

16 Oberschulrat Schlemmer (Berlin-Lichterfelde), Wie befreien wir die Schule vom Antisemitismus, in: CVZ, Nr. 14, 1.4.1932, S. 125, sowie: Kampf dem Schulantisemitismus, H. C., CVZ, Nr. 19, 6.5.1932, S. 186. Inwieweit die Aussagen der CVZ über die Beteiligung von Lehrern am Schulantisemitismus richtig waren, ist schwer zu sagen. Bis zur Ernennung Hitlers zum Reichskanzler am 30. Januar 1933 organisierten sich nur etwa 5% der Lehrer im NSLB (Nationalsozialistischer Lehrerbund) und in der NSDAP. Im Frühjahr 1933 vollzog sich aber bei vielen ein Umschwung; bis Mai 1933 beantragten ca. 25% aller Lehrer eine NSDAP-Mitgliedschaft. Breyvogel/Lohmann, Schulalltag, S. 204. Was die schnelle Gleichschaltung der Lehrer im Jahr 1933 über ihr Verhalten in der Zeit vor dem Aufstieg des Nationalsozialismus auszusagen vermag, bleibt offen.

17 Zit. nach: Was tut der C.V.? Kurzbericht über das Jahr 1932, CVZ, Nr. 53, 30.12.1932, S. 535. Mitte 1932 appelierte der C.V. an die Eltern, sich an den Elternbeiratswahlen am 26.6.1932 in Berlin zu beteiligen und die Einheitsliste von Sozialdemokraten und Bürgerlichen im Kampf gegen die Nationalsozialisten zu unterstützen. H. C., Kümmert euch um die Elternbeiratswahlen!, CVZ, Nr. 21, 20.5.1932, S. 208.

18 Ein Beispiel dafür ist die Höhere Israelitische Schule in Leipzig, die wegen ihres religiösen Charakters minimale Unterstützung von der liberalen Gemeinde erhielt. Rabb. Dr. Ephraim Carlebach (Schulleiter), in: IsFam, Nr. 25, 23.6.1932, S. 14.

19 Über die Machtkämpfe zwischen Liberalen und Zionisten in der Berliner Gemeinde vgl. Brenner, Jüdische Volkspartei, S. 221ff; Kochavi, Zwischen Zionisten und Liberalen, S. 41ff; Sandler bei Richarz, Jüdisches Leben, S. 189ff, sowie das vierte Kapitel dieses Buches.

20 Gaertner führt diese widersprüchliche Haltung auf den Charakter des deutschen Zionismus zurück, dessen Wurzeln viel stärker in der deutschen Kultur als in der jüdischen Tradition gelegen hätten. Hinzu kommt das soziale Milieu der Zionisten, das eher bürgerlich war. Gaertner, Probleme der jüdischen Schule, S. 329.

21 Zit. aus: Jüdische Liberale Zeitung, 5.11.1930.

22 Ball-Kaduri, Das Leben der Juden, S. 32ff.

23 Kochavi, »Jewish School in its Essence«, S. 32ff.

24 Folgende Beschreibung aus: Jüdische Rundschau (im folgenden: JR), 23.3.1932.

25 Nach einem Bericht aus einer Versammlung im Januar 1933, in: JR, 3.2.1933, S. 47.

26 Über die Art und Weise, wie die Beratung des Budgets in der Berliner Gemeinde erfolgte, berichtet Alexander Szanto, entschiedener Gegner des Zionismus, Sozialist und Mitglied der Reformgemeinde: »Es dauert in der Regel sehr lange, bis das fertige Budget vor das Plenum der Repräsentantenversammlung gelangte, und meist war bis dahin ein wesentlicher Teil des Etatjahres bereits verstrichen [...] Dieser Umstand verhinderte aber nicht, daß die Etatberatung im Plenum zur Austragung der großen weltanschaulichen Meinungsverschiedenheiten benutzt wurde. Die einzelnen Fraktionen, Liberale, Zionisten und Konservative, schickten ihre glänzendsten Redner vor, und erst nachdem diese ihr rhetorisches Feuerwerk abgebrannt hatten, kam es zur trockenen sachlichen Debatte.« In: Richarz, Jüdisches Leben, S. 219.

27 Ball-Kaduri, Das Leben der Juden, S. 34.

28 Freeden, Jüdische Presse, S. 130f.

29 Das Realgymnasium und Lyzeum des Adass-Jisroel besuchten im Jahr 1932 345 Schüler. IsFam, Nr. 25, 23.6.1932. Die Beziehungen zwischen dem jüdischen Lehrerverband und den Lehrern von Adass-Jisroel waren in der Weimarer Republik sehr gespannt. Nach dem Ersten Weltkrieg war der Jüdische Lehrerverband infolge einer Erziehungsreform in Preußen gezwungen, seine Lehrerbildungsanstalten zu schließen. Eine ähnliche Anstalt der Trennungsorthodoxie in Köln wurde aber weiterhin von der preußischen Regierung unterstützt. Nach ein paar Jahren Kampf gelang es dem Lehrerverband, das Erziehungsministerium dazu zu bringen, zum Beginn des Schuljahres 1933/34 die Genehmigung zur Ausbildung von Volksschullehrern zurückzunehmen und nur noch die Ausbildung von Religionslehrern an der Kölner Anstalt zulassen. Sogar diese wurde von offiziellen jüdischen Stellen ungerne gesehen. In: Stern, Warum hassen sie, S. 156f; Walk, Education of the Jewish Child, S. 101f.

30 Schulleiter Dr. N. Schlesinger in: IsFam, Nr. 33, 18.8.1932, S. 12.

31 Stern, Warum hassen sie, S. 132.

32 Cheder – eine in der osteuropäischen Tradition stehende Lernstube für jüdische Knaben zur Unterweisung in der Religion.

33 Über die jüdischen Schulen in Frankfurt ist eine Serie von Paul Arnsberg in der Frankfurter Allgemeinen Zeitung vom 30.6.1961, 1.7.1961 und 12.7.1961 erschienen. Tel-Aviv University, The Archives of the Diaspora Research Institute, P-30 Nachlaß von Paul Arnsberg (1899–1978).

34 In: IsFam, Nr. 25, 23.6.1932, S. 14.

35 Ebenda.

36 Albert Meyer, in: Offenberg, Adass Jisroel, S. 210. Dies erklärt sich vielleicht durch Breuers Ausführung: »Hyperorthodoxe Abweichung von den Gesellschaftsnormen galt als Verrat an der wichtigsten Errungenschaft der Orthodoxie: die Demonstration der Lebensfähigkeit jüdischer Gesetzestreue in der modernen Gesellschaft. Und nirgends wurden solche Abweichungen mit gleicher Vehemenz verurteilt wie auf dem Gebiet der Erziehung. Die Verbindung jüdischer mit allgemeine Bildung galt als einer der Hauptpfeiler der Orthodoxie; wer sie in Frage stellte, wurde als Außenseiter abgetan.« Breuer, Jüdische Orthodoxie, S. 24.

37 Nechama Leibowitz, Arbeitsunterricht im jüdischen Geschichtsunterricht, in: Jüdische Schulzeitung, Nr. 8, 15.8.1932, S. 1ff.

38 Selma, Schiratzki, Yad-Vashem 01/138, Juni 1956, S. 1.

39 Näheres zur Aussprache im Kapitel über den Hebräischunterricht in diesem Buch. Die zweite Generation deutscher Zionisten war gegen zionistische Schulen, z.T. auch gegen jüdische Schulen eingestellt. Im Hinblick darauf, daß die meisten Jugendlichen in Deutsch-

land bleiben würden und sich in die deutsche Wirtschaft einordnen müßten, sahen sie die jüdische Schule als unzweckmäßig an. Nur die dritte Generation um Kurt Blumenfeld sprach sich für die jüdische Schule aus. Vgl. dazu: Kurzweil, Hauptströmungen jüdischer Pädagogik, S. 92 f.

40 Nach der Beschreibung der Rolle des Lehrers in den Kleingemeinden, seiner Ausbildung, seines Status und der Vielzahl seiner Funktionen, die mit Erziehung im engeren Sinne nichts zu tun hatten, scheint die starke Kritik nicht ganz unberechtigt gewesen zu sein. Vgl. dazu: Ginat (Hans Gaertner, Y. W.), Jewish Teacher, S. 71 ff.

41 Kurzweil, Hauptströmungen jüdischer Pädagogik, S. 65 ff.

42 So Dr. Lewin in: Die Hamburger Erziehungskonferenz (Ausführliches Protokoll), in: The Wiener Library, Blätter des Keren Hatora. Heft Nr. 3: Erziehung und Unterricht, 1925, S. 19 ff. Über die Modernität des Schulwesens der Unabhängigen Orthodoxie in Berlin, der Adass Jisroel: Offenberg, Adass Jisroel, S. 185 ff.

43 Stern, Warum hassen sie, S. 156.

44 Ebenda, S. 123.

45 Walk führt eine Statistik aus Preußen von 1921 an, der zufolge nur 0–2 % der christlichen, aber 13–14 % der jüdischen Kinder am Religionsunterricht nicht teilnahmen. Walk, Education of the Jewish Child, S. 27.

46 Ebenda, S. 26.

47 CVZ, Nr. 1, 1. 1. 1932, S. 3.

48 Jüdische Schulzeitung, Nr. 1, 15. 1. 1932, S. 1 ff.

49 Stern, Warum hassen sie, S. 126 f.

50 Es gab wenige Ausnahmen, wie z. B. den Aufsatz von Dr. Hilde Ottenheimer über »Die psychologische Bedeutung der Umschulung für das jüdische Kind«, in dem sie zwar über die Eigenarten des jüdischen Kindes schrieb, aber mit dem Ziel, die Eltern von der Notwendigkeit zu überzeugen, ihre Kinder in jüdische Schulen zu schicken, um psychische Schäden bei ihnen zu verhindern. CVZ, Nr. 35, 30. 8. 1934.

51 Vollnhals, Jüdische Selbsthilfe, S. 330.

52 Die Angaben zur nationalsozialistischen Gesetzgebung stammen aus Walk, Das Sonderrecht, S. 256.

53 Joseph Walk schlägt eine Teilung der nationalsozialistischen Gesetzgebung in vier Phasen vor. Die erste Phase dauerte von der Machtergreifung bis zum Nürnberger Parteitag von 1935, die zweite bis zur »Reichskristallnacht«, die dritte bis zum 1. 10. 1939, als das jüdische Schulwesen vereinheitlicht und der Reichsvereinigung der Juden in Deutschland unterstellt wurde, und die vierte Phase bis zum Juli 1942, als jede Beschulung jüdischer Kinder untersagt wurde. Walk, Education of the Jewish Child, S. 32 ff. Da die Gemeinsamkeiten bei der von Walk bezeichneten ersten und zweiten im Unterschied zur dritten und vierten Phase überwiegen, scheint diese Vierteilung nicht erforderlich zu sein.

54 Walk, Das Sonderrecht, S. 17 f. Dieser Prozentsatz sollte dem Anteil der Juden an der Gesamtbevölkerung entsprechen, der tatsächlich bei knapp 0,8 % lag. Ausgenommen von dieser Regelung wurden die Kinder von Frontkämpfern, Kinder, bei denen ein Elternteil oder zwei Großeltern arischer Abkunft waren, sowie nichtarische Schüler mit ausländischer Staatsbürgerschaft. Zu beachten ist noch, daß dieser Numerus clausus nicht etwa auf das Reichsgebiet, sondern auf die einzelnen Schulorte bezogen wurde. Aufgrund der demographischen Verteilung der jüdischen Bevölkerung, die sich in einigen Großstädten konzentrierte, bedeutete diese Anwendung eine besondere Härte für die jüdischen Schüler in Städten mit einem hohen jüdischen Bevölkerungsanteil. Vgl. dazu Müller, Jüdische Schüler, S. 283.

55 Walk, Education of the Jewish Child, S. 45 f.

56 Ebenda, S. 46.

57 Ebenda, S. 35 f. Auch Strauss spricht von einer gewissen Offenheit konservativer Ministerien gegenüber den jüdischen Organisationen, die er jedoch relativiert; »If the reports left behind by Jewish leaders are to be believed, legal and administrative traditions were often kept alive in ways that openly or by implication suggested disagreement with the regime, especially on the part of government officials taken over from the Weimar period.« Strauss, Jewish Autonomy, S. 135.

58 Die nationalsozialistische Schulpolitik machte in diesem Zusammenhang teilweise lächerliche Wendungen, so z. B. als als Reaktion auf die antijüdische Gesetzgebung massenhaft jüdische Schüler aus den deutschen Auslandsschulen abwanderten. Um die Existenz dieser Schulen nicht zu gefährden, beeilte sich die deutsche Regierung, über das Auswärtige Amt mitteilen zu lassen, daß der Numerus clausus auf die deutschen Auslandsschulen selbstverständlich keine Anwendung finden würde. Walk, Jüdische Schüler, S. 102.

59 Eilers, Die nationalsozialistische Schulpolitik, S. 98. Siehe auch: Adler-Rudel, Jüdische Selbsthilfe, S. 30. Auch Bernhard Rust sprach sich wiederholt für die Förderung des besonderen jüdischen Schulwesens aus. Den jüdischen Schulen wurden gewisse Erleichterungen zugestanden, so durften z. B. jüdische Referendare an jüdischen Schulen praktizieren und jüdische Schulen weiterhin offizielle Reifezeugnisse ausstellen; die Neuaufnahme von Schülern wurde ihnen trotz der Beschränkungen des Numerus clausus erleichtert, und es wurden Zugeständisse bei der Änderung von Lehrplänen an jüdischen Schulen gemacht. Auch durften andere Schulbücher als an den deutschen Schulen benutzt werden. Walk, Education of the Jewish Child, S. 56.

60 Dies wird über Berlin berichtet bei: Gaertner, Probleme der jüdischen Schule, S. 337ff, sowie über Mannheim bei: Fliedner, Judenverfolgung in Mannheim, S. 90.

61 Nelly Wolffheim, Yad Vashem Central Archives, Wiener-Sammlung, 0–2/9.

62 Stern, Warum hassen sie, S. 232.

63 Dies geschah schon dadurch, daß Juden der Zugang zur Hochschule völlig verwehrt wurde. Außerdem konnte das jüdische Schulwesen, auch wenn es zunehmend ausgebaut wurde, das deutsche nicht ersetzen. Zwar wurde der Numerus clausus von 1,5 % teilweise umgangen, grundsätzlich wurden die jüdischen Schulen bei der Berechnung jedoch einbezogen. Jüdische Schüler wurden von jeglicher staatlicher Unterstützung nach und nach ausgeschlossen.

64 Walk, Education of the Jewish Child, S. 47. In Walks Sammlung der Sondergesetzgebung für Juden sind alle entsprechenden Erlasse verzeichnet.

65 Walk, Education of the Jewish Child, S. 57.

66 Walk, Das Sonderrecht, S. 219.

67 Jüdische Schulzeitung, Nr. 5, 1. 5. 1938, S. 1.

68 Dies geschah z. B. in der Talmud-Tora-Schule in Hamburg, deren gesamtes Kollegium und eine Anzahl älterer Schüler verhaftet und ins Polizeigefängnis Fuhlsbüttel überführt wurden. Vgl. dazu: Randt, Carolinenstraße 35, S. 79.

69 Walk, Das Sonderrecht, S. 256.

70 Lehberger, Unsichtbare Mauern, S. 305.

71 Die Durchführung dieser Anordnung wurde regional unterschiedlich gehandhabt, da Beihilfezahlungen der Ortsbehörden zunächst noch erlaubt waren; ebenda.

72 Walk, Education of the Jewish Child, S. 64.

73 Ebenda.

74 Diese Reichsvereinigung unterschied sich in Struktur und Funktion grundlegend von der aufgelösten Reichsvertretung. Sie war keine selbständige Organisation und wurde direkt dem Reichsministerium des Innern, d. h. faktisch der Gestapo unterstellt.

75 Walk, The Education of the Jewish Child, S. 64.

2. Kapitel

1 Der Redakteur für das Breslauer jüdische Gemeindeblatt und einer seiner Mitarbeiter wurden im Herbst 1933 wegen eines Artikels zu einem Jahr Haft verurteilt. Auch der Herausgeber des Gemeindeblatts für Rheinland-Westfalen wurde wegen eines Berichts ins Konzentrationslager geschickt. Das IsFam wurde im Sommer 1935 für drei Monate verboten. Zur gleichen Zeit wurde eine Ausgabe von »Der Morgen« verboten. Vgl. dazu: Kochavi, Cultural and Educational Activities. Die Seitenangaben stammen aus dem gleichen Text in Buchform: Jewish Spiritual Survival, S. 148 sowie 150ff.

2 Im nationalsozialistischen Deutschland gab es keine Vorzensur der jüdischen Presse, sondern eine Nachzensur. Im Gegensatz zu der deutschen Presse, die auch durch Nachzensur kontrolliert wurde, erhielten die jüdischen Redakteure keine Richtlinien und Hinweise. So mußten sie sich auf ihr eigenes Urteil sowie die Erfahrungen anderer Kollegen bei ihren Entscheidungen verlassen. Dies konnte zur verstärkten Selbstzensur führen. Freeden, Jüdische Presse, S. 20f.

3 Am verbreitetsten war die CVZ mit 40000 Exemplaren, es folgte die JR mit 38000 und das IsFam mit 36000. Ebenda, S. 139. Am schnellsten stieg die Auflage der JR nach 1933 an. Hatte sie früher Auflagen von 5000–15000 Exemplaren gehabt, so stiegen sie bis Dezember 1933 auf fast 40000. Dahm, Das jüdische Buch, S. 476.

4 Freeden ist aufgrund der Statistiken der Leserzahlen zu der Einschätzung gekommen, daß fast jede jüdische Familie eine von den vier am meisten verbreiteten jüdischen Zeitungen – JR, CVZ, IsFam und Der Schild – las. Freeden, Jüdische Prese, S. 32.

5 Das IsFam hatte schon vor 1933 die Beilage »Schule und Haus« herausgegeben. Auch in Der Israelit erschien schon vor 1933 die Beilage »Erziehung und Lehre«. Die JR besaß vor 1933 keine Beilage, und die erste Nummer ihrer Beilage »Die Jüdische Schule« erschien am 16.6.1933. Am 4.1.1934 folgte die CVZ mit einer Beilage der Jugendbünde: »Seite der Jugend. Blätter des Bundes deutsch-jüdischer Jugend« und seit dem 26.4.1934 mit einer Schulbeilage: »Erziehung – Eltern – Schule«.

6 Zeitungen, die kleinen Gruppen dienten, wie z. B. die vom Reichsbund jüdischer Frontsoldaten herausgegebene »Der Schild« mit einer Auflage von 17200 oder »Der nationaldeutsche Jude«, herausgegeben von der deutsch-patriotischen Gruppe um Naumann mit einer Auflage von 14500 (nach der Aussage von Naumann), wurden für diese Arbeit nicht benutzt, weil sie zu wenig repräsentativ waren und weil sie die jüdische Schule entweder ablehnten oder sich nur wenig mit ihr beschäftigten. Dagegen findet »Der Israelit« trotz seiner geringen Auflage von 4000 Exemplaren Berücksichtigung, weil er als Sprachrohr der Orthodoxie gerade an der Frage der Erziehung sehr interessiert war und aus langjähriger Erfahrung sehr viel Präzises zum Thema beitragen konnte. Die Auflagenangaben stammen aus: Kochavi, Jewish Spiritual Survival, S. 139f.

7 Dieser Artikel erschien im Gemeindeblatt 1930, zit. nach Randt, Carolinenstraße 35, S. 63.

8 Marianne Elsässer in: IsFam, Nr. 29, 22.6.1933, S. 9; vgl. Dok. Nr. 1.

9 Buber, Die Kinder (Mai 1933), in: ders., Die Stunde und die Erkenntnis, S. 18; vgl. Dok. Nr. 2.

10 Ernst Loewenberg, in: Limburg/Rübsaat, Sie durften nicht, S. 217f.

11 In: JR, Nr. 75/76, 20.9.1933, S. 548.

12 Erwin Isakowitz (Marienwerder), in: CVZ, Nr. 44, 16.11.1933.

13 In: CVZ, Nr. 46, 30.11.1933.

14 In: CVZ, Nr. 7, 15.2.1934.

15 In: CVZ, Nr. 46, 30.11.1933.

16 Es sind vor allem die Artikel von Heinz Cohn in: CVZ, Nr. 18, 4.5.1933, S. 156f und Nr. 28, 13.7.1933, S. 276.

17 Max Ephraim, in: IsFam, Nr. 37, 14.9.1933, S. 13.
18 Siegfried Braun, in: Jüdische Schulzeitung, Nr. 2, 1.12.1933, S. 1.
19 Ebenda.
20 Betty Markus, Von jüdischer Jugend, in: Der Morgen, Sonderausgabe, erste Julihälfte 1933, S. 212ff.
21 A. H., Zwei Grundsteine der Gemeinde, in: Der Morgen, Heft 9, März 1934, S. 485 ff.
22 IsFam, Nr. 18, 4.5.1933, S. 9.
23 Heinrich Stern, in: IsFam, Nr. 44, 2.11.1933, S. 19.
24 Manuel Joel (Breslau), in: Jüdische liberale Zeitung, 19.12.1933.
25 Buber, Bildung und Weltanschauung, in: Rundbrief der Mittelstelle für jüdische Erwachsenenbildung, Frankfurt, April 1937, Yad-Vashem 08/9.
26 Simon, Aufbau im Untergang, S. 57.
27 Der Israelit, Nr. 8, 21.2.1935, S. 1, 3. Es gab aber auch innerhalb der Orthodoxie eine Vielfalt von Meinungen. So schrieb J. Raphael: »Die Erringung der in sich harmonischen, einen jüdischen Schule ist letzten Endes auch noch immer eine wesentliche Aufgabe für gesetzestreue Kreise. [...] Die bis in ihre letzte Konsequenz durchgeführte jüdische Schule wird schließlich auch jene Kräfte erzeugen, die einmal nötig sein werden, Zersplitterungen, Parteien-Ehrgeiz und das Nebeneinander der ›Richtungen‹ zu überwinden. Diese Schule muß eines Tages das vollenden, was trotz aller Aufrüttelungen und Besinnungen ungetan geblieben ist: die Wiederherstellung der Einheit des jüdischen Geistes.« In: Der Israelit, 7.6.1934, S. 9f.
28 Heinrich Kuhn, in: CVZ, Nr. 12, 22.3.34.
29 Besonderes Interesse wurde dem Turnunterricht geschenkt. Vgl. dazu: Bernett, Die jüdische Turn- und Sportbewegung, S. 229ff.
30 Kurt Bergel, Unsere rationale Erziehungsaufgabe, in: Der Morgen, Sonderausgabe, erste Julihälfte 1933, S. 208ff.
31 Brief Adolf Leschnitzers an Assessor D. Walter Borchardt vom 4.6.1934, in: The Hebrew University of Jerusalem, Quellensammlung: Kulka-Hildesheimer, Dokumente zur Geschichte der Zentralorganisation der Juden in Deutschland 1933–1945 (im folgenden KH)
32 In: Jüdische Schulzeitung, Nr. 11, 15.11.1933, S. 3f.
33 Die Verwandtschaft zwischen dem deutschen und dem sich langsam bildenden jüdischen Nationalismus im Wilhelminischen Zeitalter wird an Hand der geistigen Entwicklungen innerhalb der jüdischen Studentenorganisationen in einem Aufsatz von Moshe Zimmermann ausführlich behandelt. Zimmermann, Jewish Nationalism, S. 129ff.
34 In: Der Morgen, Sonderausgabe, erste Julihälfte 1933, S. 208ff.
35 Die Kinder (Mai 1933), in: Buber, Die Stunde und die Erkenntnis, S. 19; vgl. Dok. Nr. 2.
36 In: CVZ, Nr. 21, 26.5.1933, S. 191.
37 Ein Beispiel ist der Aufsatz von Julius Galliner, Die jüdische Schule. In: Der Morgen, Sonderausgabe, erste Julihälfte 1933, S. 188ff; vgl. Dok. Nr. 7.
38 Der Mannheimer Rabbiner Heinrich Lemle sah in den politischen Ereignissen des Jahres 1933 den Zusammenbruch einer Welt, der »deutsch-jüdischen Welt auf dem Boden liberaler Emanzipation und individueller Emanzipation und individueller Assimilation«. Mannheimer Gemeindeblatt vom 22.6.1933, zit. nach Fliedner, Judenverfolgung in Mannheim, S. 89. Nachum Goldmann sprach schon Anfang September 1932 vom Ende des Emanzipationsprozesses. Vor den Delegierten der Zionistischen Vereinigung für Deutschland führte er bei einer Rede in Frankfurt aus: »Für die Lage in Mittel- und Westeuropa sei die unheilvolle Entwicklung in Deutschland besonders wichtig. Das schlimmste daran seien nicht die Brutalitäten und die drohende Entrechtung, sondern der Zusammenbruch des tiefen Glaubens, daß die Emanzipation eine dauernde Lösung hat schaffen können. Und an dieser Erkenntnis änderte die Tatsache nichts, daß der gegenwärtige Zustand vorübergehend sein

könne. Entscheidend sei, daß eine solche Atmosphäre des Hasses überhaupt entstehen habe können. Selbst wenn sie wieder verschwinden sollte, würde die frühere hoffnungsvolle Stimmung nicht wieder herzustellen sein.« Kommentiert in: CVZ, Nr. 38, 16.9.1932, S. 389.

39 Hanns Reissner, Geh aus und Lerne! In: Der Morgen, Sonderausgabe, erste Julihälfte 1933, S. 156ff.

40 Ebenda.

41 Dr. Georg Guttmann sprach in einem Vortrag vor der Vereinigung der Israelitischen Lehrer und Lehrerinnen in Frankfurt über die Wichtigkeit der jüdischen Volkskunde: »Sie lehrt, daß die Juden erst ihre Geschichte an sich erfahren. Die deutschen Juden begingen den Fehler, ihr Geschick losgelöst von der übrigen jüdischen Welt zu betrachten. Wir sind eine Schicksalsgemeinschaft, so hat die jüdische Volkskunde das Leben der Juden in der Welt zu betrachten. Dieses Fach lehrt die Kunde des Judentums vom politischen, wirtschaftlichen, geistigen und ökonomischen Gesichtspunkt.« Jüdische Schulzeitung, Nr. 2, 1.2.1934, S. 7.

42 CVZ, Nr. 1, 1.1.1932, S. 12. Im gleichen Geist referierte ein Jahr später der Vorsitzende des Landesausschusses des C.V. für Hessen-Nassau, Dr. Richard Mainzer, in: CVZ, Nr. 3, 19.1.1933, S. 21.

43 Die Kinder (Mai 1933), in: Buber, Die Stunde und die Erkenntnis, S. 20; vgl. Dok. Nr. 2.

44 Heinemann Stern, Bildungsprobleme der jüdischen Schule, in: Jüdische Schulzeitung, Nr. 11, 15.11.1933, S. 3f; vgl. Dok. Nr. 6.

45 CVZ, Nr. 43, 9.11.1933.

46 Yad-Vashem 0–8/9, Rundschreiben der Mittelstelle für Erwachsenenbildung, Juni 1934, S. 4f.

47 JR, Nr. 33, 25.4.1933, S. 1.

48 Die beiden Begriffe stammen aus dem Aufsatz: »Die Legitimität des Geistes gegenüber dem Glauben« von Ignaz Maybaum, in: Der Morgen, Nr. 11, Februar 1933, S. 488ff. Die Verfasserin benutzt diese Begriffe nicht in dem engen Sinn von Maybaum.

49 Die Kinder (Mai 1933), in: Buber, Die Stunde und die Erkenntnis, S. 21; vgl. Dok. Nr. 2.

50 Alle Begriffe entstammen dem Aufsatz von Galliner, Die jüdische Schule, in: Der Morgen, Sonderausgabe, erste Julihälfte 1933, S. 188ff; vgl. Dok. Nr. 7.

51 Gemeindeblatt der jüdischen Gemeinde zu Berlin, November 1933; vgl. Dok. Nr. 8.

52 Ebenda. Falkenberg propagiert eine Schule, die zwar jüdisch ist, aber dies nur in religiöser und keinesfalls in rein nationaler Hinsicht.

53 Jakob Horovitz, Die jüdische Schule, in: Der Morgen, Sonderausgabe, erste Julihälfte 1933, S. 192ff.

54 In dem Aufsatz von Horovitz tauchen auch andere Überlegungen auf, die für den späteren Beobachter verworren scheinen. Z. B. suchte er einen gemeinsamen Nenner zwischen der jüdischen Schule im Geiste der Religionsgesetze und dem neuen Staat: »Die eiserne Manneszucht, die Unterwerfung unter eine feste Autorität, der Gedanke des Dienstes am großen Ganzen finden in der strengen Schule des jüdischen Gesetzes, freilich in einer ganz anderen Art, eine tiefgreifende Pflege, die auch dem Staate nur willkommen sein kann.« Horovitz hat mit seinem Leben für seinen irrigen Glauben an Deutschland bezahlen müssen. 1939 starb er in Holland an den Folgen seiner Haft in einem Konzentrationslager in Deutschland. Arnsberg, Biographisches Lexikon, S. 212f.

55 Galliner, Die jüdische Schule, in: Der Morgen, Sonderausgabe, erste Julihälfte 1933, S. 188ff; vgl. Dok. Nr. 7.

56 Fritz Friedlaender, Grenzen der Kulturautonomie, in: Der Morgen, Nr. 11, Februar 1935, S. 492ff.

57 Kurt Julius Riegner, Brücken zum Deutschtum, in: Der Morgen, Heft 9, März 1934, S. 508.
58 CVZ, Nr. 7, 15.2.1934.
59 IsFam, Nr. 26, 25.6.1936.
60 Wilhelm Grätz, in: CVZ, Nr. 2, 12.1.1933, S. 13.
61 Am bekanntesten ist die von Recha Freier in Berlin im Jahre 1932 gegründete »Jugend-Alijah«, ein Einwanderungsprojekt für arbeitslose Jugendliche nach Palästina, das die organisatorische Voraussetzung für die spätere Massenemigration geschaffen hat.
62 Dieses Buch befaßt sich vor allem mit den weltanschaulichen Aspekten der jüdischen Erziehung. Themen wie die Berufsorientierung und die Emigration werden nur in ihrem ideologischen Zusammenhang behandelt. Weiteres über die praktische Umsetzung in der Schulerziehung ist zu lesen bei: Röcher, Jüdische Schule.
63 Heinz Cohn, in: CVZ, Nr. 18, 4.5.1933, S. 156f.
64 Walk, Jüdische Erziehung, S. 241.
65 Die Stellung der jüdischen Parteien zu den Fragen der Berufsumschichtung und Verlagerung auf produktive Tätigkeiten wird ausführlich diskutiert in: Margaliot, Umschichtung, S. 99ff. (Hebräisch)
66 Allzu häufig betrieben die deutschen Behörden eine sehr widersprüchliche Politik gegenüber dem Bestreben der Juden in Deutschland, eine Berufsumschichtung vorzunehmen. Juden wurden oft in deutschen industriellen und landwirtschaftlichen Ausbildungsstätten abgewiesen. 1936 zwang die Behörde die jüdische Berufsberatungsstelle (eine Einrichtung aus der Weimarer Republik), ihre Arbeit niederzulegen. Damit kam die Vermittlung von Einzellehrstellen für die Erstausbildung zum Erliegen. Adler-Rudel, Jüdische Selbsthilfe, S. 50.
67 Ebenda, S. 47.
68 Angress, Jüdische Jugend, S. 218. Viele Eltern konnten sich die Finanzierung eines Gymnasiumbesuches nicht mehr erlauben. Vgl. dazu: Walk, Education of the Jewish Child, S. 103.
69 Rudolf Stahl, Berufswünsche der jüdischen Jugend, in: Jüdische Wohlfahrtspflege und Sozialpolitik. Zeitschrift der Zentralwohlfahrtsstelle der deutschen Juden und der Abteilung Wirtschaftshilfe bei der Reichsvertretung der Juden in Deutschland (ZfjW), November–Dezember 1935, Jg. 5, Neue Folge Heft 6, S. 185ff; vgl. Dok. Nr. 3.
70 Heinrich Kuhn, in: JR, 6.2.1934.
71 Möglichkeiten und Aufgaben des jüdischen Bildungsrates, in: CVZ, Nr. 28, 13.7.1933, S. 276.
72 Näheres über die Haltung der verschiedenen jüdischen Gruppierungen zu der Auswanderung nach Palästina in: Freeden, Jüdische Presse, S. 56ff, sowie im abschließenden Kapitel. Über das demographische Profil der jüdischen Emigration aus Deutschland: Niederland, Emigration-Patterns.
73 JR, Nr. 30/31, 13.4.1933, S. 148.
74 Norbert Wollheim, Die Zielrichtung der deutsch-jüdischen Jugend, in: CVZ, Nr. 31, 3.8.1933, S. 312.
75 CVZ, Nr. 29, 20.7.1933, S. 288.
76 Heico (Heinz Cohen), Es ist wert, als Jude zu leben, in: CVZ, 7.6.1934.
77 JR, 7.7.1933.
78 In der CVZ wurde davon berichtet, daß gerade in dem Kreis der deutschbewußten Juden eine scharfe Kritik an der Auswanderung nach Palästina herrschte, die Planung einer Auswanderung nach Übersee davon aber unabhängig sei. Heico, in: CVZ, 7.6.1934.
79 In: CVZ, Nr. 9, 1.3.1934.
80 Angress, Jüdische Jugend, S. 216. Zariz setzt das Jahr 1938 als wesentliche Zäsur im jüdi-

schen Emigrationsverhalten unter dem Nationalsozialismus an. Bis zur »Reichskristallnacht« spricht sie von einer »beschleunigten«, aber in ihren Merkmalen normalen Emigration. Nach 1938 beobachtet sie eine »aufgezwungene Emigration«, die sich durch bestimmte Merkmale von der »normalen« unterschied, wie z. B. die Bereitschaft, in unbekannte Länder zu emigrieren oder sich zwecks Emigration von den Kindern zu trennen, sie ins Ausland zu schicken ohne Sicherheit, sie wiederzutreffen. Zariz, Escape before the Holocaust, S. 39.

81 Jüdische Schulzeitung, Nr. 3, 1. 3. 1936, S. 1.

82 Ebenda, Nr. 11, 15. 11. 1933, S. 3.

3. Kapitel

1 Werner Rosenstock, Die Bindung ans Judentum, in: CVZ, 17. 7. 1931, S. 3.

2 Die Informationen über die Entstehung der Reichsvertretung der deutschen Juden stammen aus: Hildesheimer, Central Organization, S. 17ff.

3 Nach Kochavi traf sich diese Reichsvertretung 1932 kein einziges Mal. Kochavi, Cultural and Educational Activities, S. 1.

4 Die Reichsvertretung der jüdischen Landesverbände Deutschlands schien wegen der vorrangigen Stellung, die die Berliner Gemeinde und der Preußische Landesverband in ihr innehatten, nicht geeignet, als Repräsentantin der gesamten Judenheit in der neu entstehenden Situation aufzutreten. Strauss, Jewish Autonomy, S. 133.

5 Vgl. dazu: Hildesheimer, Central Organization, S. 23.

6 Z. B. bei Hahn, Die Gründung der Reichsvertretung, S. 99ff; Adler-Rudel, Jüdische Selbsthilfe, S. 13. Auch Hildesheimer schätzt die zweite Version als plausibler ein. Seine Begründung stützt sich darauf, daß führende Politiker der Berliner Gemeinde sich schon wenige Tage nach der Entstehung der Reichsvertretung in Zeitungsartikeln kritisch zu ihr äußerten. Hildesheimer, Central Organization, S. 23. In manchen Darstellungen, wie z. B. bei Monika Richarz, wird der Zentralausschuß der deutschen Juden für Hilfe und Aufbau, der sich schon im April 1933 zum Zweck der Selbsthilfe formierte, als Vorläuferorganisation für die Reichsvertretung angesehen: Richarz, Jüdisches Leben, S. 43f. Zwar arbeitete der Zentralausschuß eng mit der Reichsvertretung zusammen und ging 1935 in ihr auf, die Reichsvertretung war aber eine sich parallel entwickelnde Organisation und keine Nachfolgerin des Zentralausschusses. Adler-Rudel, Jüdische Selbsthilfe, S. 13.

7 Diese Annahme leite ich ab von Brenner, Jüdische Volkspartei, S. 226ff. In der Weimarer Republik ergab sich die Spannung aus der »palästinazentrischen« Ausrichtung der ZVfD und der Konzentration der Volkspartei auf »Gegenwartsarbeit«, d. h. Gemeindepolitik.

8 Adler-Rudel, Jüdische Selbsthilfe, S. 14. Die Liste der Organisationen, die die Reichsvertretung unterstützten, umfaßt verschiedene zentrale Organisationen: die »Vereinigung für das religiös-liberale Judentum«, die »organisierte Gemeinde-Orthodoxie«, den »Jüdischen Frauenbund« und den »Reichsausschuß der jüdischen Jugendverbände«. Pressestelle der Reichsvertretung, in: Jüdische Schulzeitung, Nr. 10, 3. 10. 1935, S. 3.

9 Ebenda.

10 Gruenewald, Anfang der Reichsvertretung, S. 319.

11 Arbeitsberichte des Zentralausschusses der deutschen Juden für Hilfe und Aufbau, 1935, S. 6f.

12 Adler-Rudel, Jüdische Selbsthilfe, S. 15.

13 Simon, Aufbau im Untergang, S. 70f.

14 In der früheren Forschung wurde eine klare Trennung zwischen der Reichsvertretung als freiwilliger Organisation und der Reichsvereinigung als Zwangsorganisation, die eher an die unter deutscher Besatzung in Osteuropa entstandenen Judenräte erinnere, gezogen.

Dieser Trennung ist in späteren Untersuchungen widersprochen worden. Zwar waren alle Juden verpflichtet, sich der Reichsvereinigung unterzuordnen, doch lag die Initiative zu ihrer Errichtung nicht bei den nationalsozialistischen Behörden, sondern schon im Jahr 1938 bei den Juden Deutschlands selbst. Erst nach ihrer Entstehung wurde die Reichsvereinigung von den nationalsozialistischen Behörden anerkannt. Auch bei der personellen Besetzung gab es keine Unterschiede zwischen den beiden Organisationen. Vgl. dazu: Ball-Kaduri, From »Reich Representation to Reichsvereinigung«, S. 129ff. (Hebräisch); Kulka, Die Reichsvereinigung, S. 37–53; Hildesheimer, Central Organization, S. 112ff.

[15] Gemeindeblatt der jüdischen Gemeinde zu Berlin, Jg. 23, Nr. 5, Mai 1933. Arthur Lilienthal war Mitglied des jüdisch-liberalen Jugendvereins und später Vorsitzender des Liberalen Vereins der jüdischen Gemeinde Berlin. Bis zu seiner Entlassung 1933 war er Richter an einem Landgericht in Berlin. 1933 wurde er der Generalsekretär der Reichsvertretung. Lilienthal ist 1942 nach Rußland deportiert worden und umgekommen.

[16] Prof. Ismar Elbogen, geboren 1874, war Historiker, von 1902 bis zu seiner Emigration in die USA 1938 Rektor der Lehranstalt für die Wissenschaft des Judentums in Berlin. Leschnitzer, ein Schüler von Baeck, war bis zu seiner Entlassung 1933 Oberlehrer an einer allgemeinen Schule, 1933–1939 Leiter der Schulabteilung der Reichsvertretung; 1939 ist er nach England und später in die USA emigriert.

[17] Die Zitate stammen aus dem Informationsblatt der Reichsvertretung der Juden in Deutschland, Nr. 9, S. 6, 1933, zit. nach Adler-Rudel, Jüdische Selbsthilfe, S. 22.

[18] In der Tat existierte später eine Aufgabenteilung, der zufolge für die Erweiterung des zu Beginn der NS-Herrschaft bestehenden Schulwerks die Schulleiter, die Gemeindegremien und die örtlichen Behörden zuständig waren, während die Reichsvertretung für die Neugründung von jüdischen Schulen die Verantwortung trug. Walk, Jüdische Erziehung, S. 241. Im Januar 1934 wurden der erste und der zweite Unterausschuß zusammengelegt. Von nun an existierten nur noch zwei Ausschüsse. Protokoll der Sitzung des Erziehungsausschusses vom 10. 1. 1934, KH.

[19] Der Prozeß des ständigen Hinauszögerns der Gesetzgebung aufgrund wirtschaftlicher Überlegungen und der ständige Versuch, die Verantwortung für die Finanzierung der entstehenden jüdischen Schulen zwischen Kommunen und Reichsministerium hin- und herzuschieben, wird anhand des Briefwechsels der zuständigen Behörden bei Walk beschrieben. Walk, Education of the Jewish Child, S. 45f, 48ff.

[20] Ebenda, S. 91f.

[21] Die Mitglieder der Reichsvertretung, die sich bei jüdischen Organisationen im Ausland um Spenden bemühten, behaupten, daß es viel leichter falle, diese für die finanzielle Unterstützung von neuen Schulen zu motivieren als für die Deckung von Defiziten der alten Schulen. Erschwerend wirkte außerdem die Weigerung vieler jüdischer Organisationen im Ausland, Institutionen innerhalb Deutschlands zu unterstützen. Sie sahen die deutschen Juden als diejenigen an, die solche Aktivitäten zu finanzieren hätten. Darüber hinaus fürchteten sie, durch ihre Unterstützung die Illusion der deutschen Juden zu stärken, daß sie weiter in Deutschland leben könnten. Dies traf in stärkerem Maß auf die englischen als auf die amerikanischen Juden zu. Walk, Education of the Jewish Child, S. 92f.

[22] Trotz seiner kontinuierlichen Erweiterung konnte der Schulkinderfonds dem ständigen Anstieg der Ansprüche nicht mehr gerecht werden. Vgl. dazu: Adler-Rudel, Jüdische Selbsthilfe, S. 43.

[23] Seit November 1933 gab es in Berlin das »Elternhilfswerk«, dessen Aufgabe unter anderem darin bestand, Beihilfen zu leisten sowie besonders begabte jüdische Kinder zu fördern, da die Stadt Berlin keine Gelder für solche Zwecke mehr gewährte. Ebenda, S. 44. In Hamburg wurde die Talmud-Tora-Schule unter anderem durch den Verein zur Förderung der Talmud-Tora-Schule unterstützt. In: Varchim, Die Talmud Tora Schule, S. 21.

24 Im Gegensatz zu der in der Forschung verbreiteten These von einer mehrere Jahre lang anhaltenden »Schonzeit« für Juden in der deutschen Wirtschaft vertritt Barkai die Meinung, daß die Verdrängung aus ihr seit 1933 »unabwendbar voranging«. Barkai, Wirtschaftlicher Existenzkampf, S. 154f.

25 In den ersten Jahren ermöglichte der Zustrom von Kindern aus liberalen Elternhäusern in die jüdischen Schulen die Erhöhung der Schulgelder, denn diese Eltern waren zum größten Teil wohlhabender als die aus dem traditionellen Milieu. Walk, Education of the Jewish Child, S. 96; Angress, Generation, S. 20.

26 Ende 1937 mußten sich jüdische Sozialarbeiter um 30000 nicht einzuordnende Erwerbslose kümmern; im Frühjahr 1938 waren es bereits 60000. Die direkten und indirekten Ausgaben für das Wohlfahrtswesen nahmen gegen Ende 1937 fast die Hälfte der Gesamtausgaben der Gemeinden in Anspruch. Barkai, Wirtschaftlicher Existenzkampf, S. 156, 163.

27 Richtlinien für die Erhebung des Schulgeldes an jüdischen Schulen; Walk, Das Sonderrecht, S. 312.

28 Die Zahlen stammen aus Adler-Rudel, Jüdische Selbsthilfe, S. 28. Genaue Zahlen sind bei Walk, Education of the Jewish Child, Tabelle 2 im Anhang zu lesen.

29 Buber, Briefwechsel, S. 472. Zum Fall Buber vgl. auch Kochavi, Jewish Spiritual Survival, S. 95ff.

30 Näheres über die »Werkleute« in: Gerson, Werkleute.

31 Buber, Briefwechsel, S. 472.

32 Diese ausgearbeiteten Programme Bubers wurden den Vertretungsorganen der deutschen Judenheit unterbreitet. Buber, Entwürfe und Programme. Zwei Vorschläge (Mai 1933), in: Buber, Die Stunde und die Erkenntnis, S. 128ff. Das Programm für das »Bildungsamt« findet sich im Anhang als Dok. Nr. 9.

33 Brief Bubers an Baeck vom 22.6.1933, in: Buber, Briefwechsel, S. 491f.

34 Buber an Gerson, 1.6.1933, ebenda, S. 485.

35 Gerson an Buber, 13.6.1933, ebenda, S. 486.

36 Buber an Gerson, 15.6.1933, ebenda, S. 489. Die Überlegung, die nationalsozialistischen Instanzen würden die Berufung bestimmter Juden in leitende Funktionen ablehnen, ist an sich nicht falsch. Die Gestapo begünstigte generell die zionistischen Organisationen, weil sie die Sonderstellung der Juden betonten und die Auswanderung nach Palästina propagierten. Z. B. verhinderte sie die Ernennung von Nichtzionisten zu Mitarbeitern des Kulturbundes. Vgl. dazu: Kochavi, Jewish School in its Essence, S. 27f.

37 Sogar unter Zionisten war Buber eine umstrittene Figur. Dies erfahren wir aus einem Brief Gersons an ihn vom 24.7.1934, in dem Gerson die Perspektiven Bubers bei einer Emigration nach Palästina beschreibt. Was die Rezeption Bubers in Deutschland angeht, meinte Gerson: »Sie setzen bei ihrem Sprechen von Gott eine bei den Hörern nicht vorhandene Wirklichkeit voraus und treffen sie daher nicht voll.« Im Hinblick auf die Zionisten in Palästina berichtete Gerson von einer sehr großen Voreingenommenheit gegenüber dem »Mystiker und zweifelhaften Zionisten Buber, der ein unwirkliches, romantisch verklärtes Judentum» konstruiere. Buber, Briefwechsel, S. 543f.

38 Brief des Jüdischen Frauenbundes an Buber vom 24.5.1933, in: Buber Archiv, AB 80, Z/3. Der Frauenbund zählte in der Weimarer Republik bis zu 50000 Mitglieder. Vgl. dazu: Richarz, Jüdisches Leben, S. 33.

39 Buber, Briefwechsel, S. 491.

40 Buber an Gerson am 23.6.1933, ebenda, S. 494f.

41 Ebenda, S. 491f.

42 Buber an Gerson am 23.6.1933, ebenda, S. 494f. Buber hätte sich unter Umständen mit dem Vorschlag von Dr. Horovitz in den Beratungsgesprächen arrangiert: Falls es zu keiner Einigung über das Bildungsamt kommen sollte, würde er, Dr. Horovitz, einen Antrag

stellen, daß vorerst kein endgültiger Beschluß gefaßt werden, sondern nur ein temporärer Ausschuß entstehen solle. Buber selber sollte diesem Gremium, das mit der Vorbereitung von Vorschlägen für die Organisation des Bildungswesens für die Reichsvertretung beauftragt werden sollte, angehören und so die Möglichkeit bekommen, seine Pläne ausführlich vorzustellen. Buber an Baeck, 22.6.1933, ebenda, S. 491 f.

43 Buber an Baeck, 26.6.1933, ebenda, S. 495.

44 Wie unvorbereitet die Ablehnung Buber traf, können wir dem Brief an Ernst Simon entnehmen, in dem Buber noch am 30.5.1933 mit völliger Sicherheit von dem Bildungsamt erzählte, das er in der Reichsvertretung in Berlin durchgesetzt habe und führen solle. Ebenda, S. 482.

45 Ebenda.

46 Gemeindeblatt der jüdischen Gemeinde zu Berlin, Nr. 7, Juli 1933, S. 212.

47 IsFam, Nr. 3, 18.1.1934.

48 Deutsch-Israelitische-Gemeinde Hamburg an die RV am 22.6.1933, KH.

49 Protokoll der Sitzung des Erziehungsausschusses vom 6.7.1933, KH.

50 Klibansky an Rabbiner Jakob Horovitz am 23.6.1933, zit. nach Walk, Jüdische Erziehung, S. 241.

51 Die Verhandlungen zur Errichtung der Interessenvertretung waren langwierig und schwierig, da die Schuldirektion auf ihrer Unabhängigkeit beharrte. Walk, Schulwesen in Köln, S. 421.

52 Protokoll der Sitzung des Erziehungsausschusses vom 20.7.1933, KH; vgl. Dok. Nr. 11 a.

53 Ende Oktober 1935 beklagte sich Direktor Spier über die Schulabteilung, die Anregungen gebe, aber nicht auf die Antworten reagiere. Er betonte, daß die Zusammenarbeit zwischen den beiden Organisationen sehr zu wünschen übrig lasse. Aus der Schulvorstandssitzung der Talmud-Tora-Schule in Hamburg am 25.10.1935, KH.

54 Protokoll der Sitzung des Unterausschusses III des Erziehungsausschusses der Reichsvertretung am 2.10.1933, KH; vgl. Dok. Nr. 11 b.

55 Schreiben Lilienthals an die Mitglieder des Erziehungsausschusses vom 5.12.1933, KH.

56 Elbogen in der Sitzung des Erziehungsausschusses am 20.7.1933, KH; vgl. Dok. Nr. 11 a.

57 Die Reichsvertretung war in der Tat keine Versammlung von »Persönlichkeiten«, sondern ein Gremium von Repräsentanten der wichtigen jüdischen Gruppierungen. Die Mitglieder der Reichsvertretung wurden nie direkt gewählt, sondern waren durch ihre jeweiligen Organisationen demokratisch legitimiert. Strauss, Jewish Autonomy, S. 153.

58 Anonym an Lilienthal, 16.1.1934, KH.

59 JR, Nr. 45/46, 9.6.1933, S. 243.

60 Elbogen in der Sitzung des Erziehungsausschusses am 20.7.1933, KH; vgl. Dok. Nr. 11 a. In der gleichen Sitzung machte Lilienthal allgemeine Bemerkungen zu notwendig gewordenen Plänen für die Berufsumschichtung. Carlebach stellte seinen Lehrplanentwurf für die jüdischen Fächer und das Hebräische vor.

61 Protokoll der Sitzung des Unterausschusses III des Erziehungsausschusses der Reichsvertretung am 2.10.1933, S. 1, KH; vgl. Dok. Nr. 11 b. Die Schule der jüdischen Jugend war 1929 auf Initiative junger Leute in Berlin, die in den Kreisen des Verbands jüdischer Jugendbewegungen verkehrten, zustande gekommen. Maßgebende Persönlichkeiten waren unter anderem Gerson, Tietz und Lubinski. Ihr Ziel erblickte die Schule in der Annäherung von westlichen jüdischen Jugendlichen an die Tradition. Abseits von jüdischer Parteipolitik trafen sich Jugendliche in freien Arbeitsgemeinschaften, um Geschichte, Schrifttum, Hebräisch und Soziologie zu lernen. Kochavi, Jewish Spiritual Survival, S. 115; Schachne, Erziehung zum geistigen Widerstand, S. 22.

62 Ähnliche Beobachtungen machte Ernst Simon über die Mittelstelle für Erwachsenenbildung, die »mitten in einem totalitär und zentralistisch gerichteten Regime« unautoritär

vorzugehen versuchte. Sie sah ihre Aufgabe in der Vermittlung zwischen den vielfältigen Weltanschauungsgruppen und Bewegungen, deren Angehörige in voller Autonomie als Lehrer und Schüler an ihr mitwirkten. Nach Ernst Simons Meinung war die Autorität, die Buber, Baeck und vor allem Hirsch ausübten, eine rein geistige. Simon, Aufbau im Untergang, S. 41.

63 Protokoll der Sitzung des Unterausschusses III des Erziehungsausschusses der Reichsvertretung, 2.10.1933, Berlin, KH; vgl. Dok. Nr. 11b.

64 Galliner änderte seine Meinung nicht und blieb auch in der Sitzung am 7.2.1933 der Auffassung, daß die Richtlinien nicht für alle Schulen gelten sollten. Protokoll Unterausschuß III, 7.12.1933, KH.

65 Alle weiteren Stellungnahmen entstammen dem Protokoll der Sitzung vom 2.10.1933; vgl. Dok. Nr. 11b.

66 Prof. Eugen Täubler gründete als Historiker und ausgebildeter Rabbiner das »Gesamtarchiv der deutschen Juden«. Von 1925 bis 1933 war er Professor an der Universität Heidelberg. Nach seiner Entlassung lehrte er bis zu seiner Auswanderung in die USA an der Hochschule für die Wissenschaft des Judentums.

67 Dr. Erna Barschak war Lehrerin und Zionistin. Sie war im jüdischen Schulwesen und in der Erwachsenenbildung Berlins aktiv.

68 Protokoll der Sitzung des Unterausschusses III des Erziehungsausschusses, 7.12.1933, KH.

69 Richtlinien zur Aufstellung von Lehrplänen für jüdische Volksschulen (in Ergänzung der allgemeinen staatlichen Richtlinien), 15.1.1934, KH; abgedruckt in allen großen jüdischen Zeitungen, z. B.: Jüdische Schulzeitung, 1.2.1934, S. 1f; vgl. Dok. Nr. 12.

70 Dies stellte Alfred Fabian, ein Mitglied des Bundes deutsch-jüdischer Jugend (C.V.-Jugendbewegung), fest, in: CVZ, Nr. 9, 5.4.1934.

71 »Noch fühlt sich die Mehrzahl der deutschen Juden mit ihrem Heimatland trotz aller bitteren Erfahrungen [...] verwachsen, so daß sie dieses Doppelerlebnis aus tiefstem Empfinden ablehnen«, Jüdische liberale Zeitung, Nr. 11, 6.2.1934, S. 1. Die scharfe Kritik von Ringer wurde in den folgenden Nummern von Elbogen und Heinrich Stern abgelehnt.

72 Eugen Jacobi, in: Jüdische Schulzeitung, 1.3.1934.

73 Jüdische Schulzeitung, 1.4.1934, S. 1f. Eine interessante Stellungnahme zum »doppelten Urerlebnis« erschien im »Israelit« unter dem Einfluß der Veröffentlichung der Nürnberger Gesetze. Der Verfasser kennt nur ein jüdisches und ein menschliches Urerlebnis. Zum zweiten gehörten Gefühle und Eigenschaften, die Juden wie Nichtjuden miteinander teilten. Dies sei aber kein deutsches Urerlebnis. »Deutscher Boden, deutsches Gemüt und deutsches Denken sind oft genug mit dem jüdischen zusammengeflossen, aber nicht Urerlebnisse.« Realschuldirektor Dr. Elias, in: Israelit, 30.4.1936, S. 11.

74 In den Beratungen des Erziehungsausschusses wurde die Frage nach möglichen Auswanderungsländern von Lilienthal angesprochen, aber nicht entschieden. Protokoll der Sitzung des Erziehungsausschusses vom 20.7.1933, KH; vgl. Dok. Nr. 11a.

75 Rose Katzenstein, Mitglied des Erziehungsrats der Reichsvertretung, in: IsFam, Nr. 5, 1.2.1934, S. 2; vgl. Dok. Nr. 14d.

76 Robert Hirschfeld, ein Schulreferent an der Berliner jüdischen Gemeinde, in: IsFam, Nr. 5, 1.2.1934, S. 1; vgl. Dok. Nr. 14c.

77 Der Jugendführer Heinz Cohn, vom Bund deutsch-jüdischer Jugend, in: CVZ, Nr. 9, 5.4.1934.

78 Studiendirektor Dr. Elias (Frankfurt), in: Der Israelit, Nr. 5, 1.2.1934, S. 1; vgl. Dok. Nr. 14a.

79 Rektor Max Sinasohn, Leiter der Volksschule der Berliner Adass Jisroel Gemeinde, in: IsFam, Nr. 5, 1.2.1934, S. 2; vgl. Dok. Nr. 14e.

80 Eugen Jacobi, in: Jüdische Schulzeitung, 1.3.1934.
81 JR, 9.2.1934.
82 Leschnitzer, in: JR, 9.11.1934, S. 9.
83 Arbeitsbericht des Zentralausschusses der deutschen Juden für Hilfe und Aufbau, 1.1.–30.6.1934, S. 43.
84 Julius Stern, in: Jüdische Schulzeitung, 1.4.1934, S. 1 f.
85 Leschnitzer, »Die Bedeutung der Richtlinien«, in: Der Morgen, Heft 8, Februar 1934, S. 483; vgl. Dok. Nr. 13.
86 Die Zukunft der Juden, in: JR, 16.1.1934.

4. Kapitel

1 Eloni, Umkämpfte national-jüdische Idee, S. 633 ff. Reinharz/Ben-Baruch, Zionisten und Liberale, S. 49 ff. Mitte 1932 beklagte sich die CVZ, daß kaum eine Woche vergehe ohne grobe Angriffe der JR oder der zionistischen Provinzpresse auf den C.V.; CVZ, Nr. 15, 8.4.1932, S. 137.
2 Gruenewald, Anfang der Reichsvertretung, S. 317.
3 Ein gutes Beispiel auf liberaler Seite ist Ludwig Tietz, ein C.V.-Mitglied, der die treibende Kraft in der Schule der jüdischen Jugend und im Reichsausschuß der jüdischen Jugendverbände Deutschlands war und sich für das Aufbauwerk in Palästina und für die jüdische Schule engagierte. Ebenda, S. 316 f.
4 Ebenda.
5 JR, 2.3.1934.
6 Boas, German-Jewish Internal Politics, S. 11.
7 Dunker, Reichsbund, S. 133; Gruenewald, Anfang der Reichsvertretung, S. 320 f; Margaliot, Dispute over the Leadership, S. 131 ff.
8 Aus einem Artikel in »Der Schild«, zit. nach JR, 27.2.1934.
9 Dunker, Reichsbund, S. 128 f.
10 Kochavi, Cultural and Educational Activities, S. 47 ff.
11 Ebenda, S. 109 f.
12 Die Mitgliederzahl im Sportbund des RjF stieg von 7000 im Jahr 1933 auf 21 000 im Jahr 1936 an. »Makkabi«, der zionistische Sportbund, verzeichnete im gleichen Jahr 21 500 Mitglieder. Vgl. dazu: Dunker, Reichsbund, S. 66.
13 Herrmann, Das dritte Reich, S. 67.
14 Zit. nach Herrmann, Das dritte Reich, S. 96; Dunker, Reichsbund, S. 136.
15 Margaliot, Umschichtung.
16 Walk, Schule und Erziehung, S. 147 f.
17 Näheres dazu in: Rheins, Schwarzes Fähnlein, S. 173 ff.
18 Dunker, Reichsbund, S. 167.
19 Martin Sobotker, in: CVZ, 4.1.1934.
20 Heinz Warschauer, in: CVZ, 11.1.1934. Der 1933 einsetzende Streit zwischen dem RjF und der ZVfD wurde endgültig im Jahr 1937 beendet, indem die ZVfD ihren Unvereinbarkeitsbeschluß von 1934 (d.h. das Verbot der Mitgliedschaft in beiden Organisationen) aufhob. Der RjF versprach seinerseits, sich an Fonds für Palästina zu beteiligen. Dunker, Reichsbund, S. 160.
21 JR, Nr. 59, 24.7.1934, S. 1. Dadurch soll aber nicht der Eindruck erweckt werden, daß der RjF seine starke Abhängigkeit von der deutschen Kultur aufgegeben hätte. Noch im Dezember 1934 lud der Bund seine Mitglieder zu der traditionellen Vereinsfeier »Unter dem Tannenbaum« mit der Begründung ein, Weihnachten wäre ein deutsches Fest. Kochavi, Jewish Spiritual Survival, S. 50.

[22] Hans Winterfeldt, in: Limberg/Rübsaat, Sie durften nicht, S. 213f.
[23] Kochavi, Jewish Spiritual Survival, S. 50.
[24] Richarz, Jüdisches Leben, S. 36.
[25] Rheins, Verband nationaldeutscher Juden, S. 260.
[26] Naumann appellierte im August 1932 an die deutschen Juden, den Nationalsozialismus trotz seines Antisemitismus zu unterstützen. Dies resultierte aus seiner Einschätzung, daß der Antisemitismus nicht mehr als eine Taktik der NSDAP wäre, die bei einem Sieg aufgegeben würde. Im Februar 1933 erkannte er anscheinend, daß dies eine Fehleinschätzung gewesen war, und rief die Juden nun auf, die DNVP, den Stahlhelm und die anderen kleinen konservativen Formationen zu unterstützen. Ebenda, S. 265f.
[27] Walk, Schule und Erziehung, S. 121.
[28] Der Nationaldeutsche Jude, Bd. 13, Nr. 1, April 1934.
[29] Sein geschichtliches Bewußtsein ist aus seinem Brief an Buber herauszulesen: »Gibt es seit 70 überhaupt noch jüdische Geschichte in jener Fülle und das politisch-gesellschaftliche Leben umspannenden Weltlichkeit, die jüdische Geschichte zu einem Mehr werden lassen könnte als zur Geschichte einer Offenbarungsträgerschaft und das heißt in dieser Welt ja wohl zur Martyriumsgeschichte? Spricht die Wirklichkeit nicht schon seit langem eine sehr beredte Sprache, daß es Juden gibt, die Kraft ihrer Existenz in der Geschichte der Weltvölker stehen und an ihr durch Prägung und Geprägtsein wirklichen Anteil haben.« Schoeps an Buber am 23.1.1934, in: Buber, Briefwechsel, S. 519f.
[30] Schoeps, Wir deutschen Juden, S. 17f.
[31] Ebenda, S. 16.
[32] Zit. nach Freeden, Jüdische Presse, S. 137.
[33] Schoeps, Wir deutschen Juden, S. 13.
[34] Ebenda, S. 25.
[35] Ebenda, S. 26.
[36] Schoeps an Buber am 26.6.1933, in: Buber, Briefwechsel, S. 495f.
[37] Freeden, Jüdische Presse, S. 28.
[38] »Der Israelit« gehörte der Richtung der »Unabhängigen Orthodoxie« an; doch kamen in ihm alle orthodoxen Gruppen und Anschauungen zu Wort. Ben-Avner, Orthodoxes Judentum, S. 13.
[39] Simon, Aufbau im Untergang, S. 27.
[40] Kochavi, Cultural and Educational Activities, S. 112f.
[41] Ben-Avner zieht es vor, den Begriff »Derech Erez« statt wie häufig als »Anstand« oder »sittliches Benehmen« als »Landessitten« zu übersetzen. Wenn das auch nicht unbedingt die Bedeutung ist, die Samson Raphael Hirsch im Auge hatte, schließt sie doch Verknüpfung von religiöser Lehre und profaner, allgemeiner Bildung und Ausbildung ein, wie es auch Rabbiner Hirsch meinte. Ben-Avner, Orthodoxes Judentum, S. 2.
[42] In: Der Israelit, Nr. 25, 21.6.1934. Weiteres über die von Samson Raphael Hirsch geschaffene Schule und Ideologie in: Kurzweil, Hauptströmungen jüdischer Pädagogik, S. 75. Breuer sieht gerade in der Bereitschaft und Fähigkeit der deutschen Orthodoxie, »Schritt zu halten mit dem sozialen, politischen und wirtschaftlichen Gang der Außenwelt«, die wichtigsten Faktoren, »die die Fortexistenz einer sich der Zeitströmung entgegenstellenden Orthodoxie begünstigten und es ihr sogar ermöglichten, eine beträchtliche innere Festigung zu erlangen.« Breuer, Jüdische Orthodoxie, S. 6f.
[43] Pels, Die Tätigkeit des Keren Hathorah (1936), in: Programm und Leistung.
[44] Allgemeines über die gesetzlichen Rahmenbedingungen, die den Austritt ermöglichten, sowie über die innerjüdische Diskussion in den Jahren 1873–1876, siehe: Tal, Christians and Jews, S. 75ff. Vom orthodoxen Standpunkt aus berichtet: Munk, Austrittsbewegung, S. 133ff. Vgl. dazu insgesamt auch Hildesheimer, Central Organization, S. 63ff.

45 Yad-Vashem, 08/44b.

46 Misrachi wurde 1902 gegründet und unterstützte sofort Herzls Initiative zur Gründung einer nationaljüdischen Heimstätte in Palästina. Ihre Ideologie basierte auf der Vereinigung von jüdischem Glauben und Nationalismus. Als religiös-zionistische Strömung war Misrachi in die Gemeinden integriert. Dr. Jakob Hoffmann (Frankfurt a. M.) war z. B. eine der führenden Persönlichkeiten der Gemeindeorthodoxie und gleichzeitig ein führendes Misrachi-Mitglied. Vgl. dazu: Ben-Avner, Trends of Unification, S. 12ff.

47 Die folgenden Zitate aus: Der Israelit, »Wo stehen Wir?«, 18.1.1934, S. 1.

48 Der Israelit vom 16.11.1933, zit. nach: Jüdische Schulzeitung, 1.12.1933, S. 5.

49 Der Israelit, 1.2.1934, S. 1, 3.

50 Yad-Vashem, 08/44b.

51 Munk an Baeck am 24.4.1934, Yad-Vashem 08/44b.

52 Lilienthal an Munk am 4.7.1934, Yad-Vashem 08/44b.

53 Munk an andere Vertreter der unabhängigen Orthodoxie (Auerbach–Berlin, Rosenheim–Frankfurt, Schlesinger–Halberstadt u. a.) am 6.7.1934, Yad-Vashem, 08/44b.

54 Hildesheimer, The Central Organization, S. 65, 68f. Am 5.6.1936 berichtete Munk den anderen Rabbinern der VuOD über vereinbarte periodische Aussprachen mit der Reichsvertretung, die in der Regel alle 14 Tage mit Lilienthal bzw. bei Schulfragen mit Leschnitzer stattfinden sollten. Yad-Vashem 08/44c.

55 Brief von Rabbiner Rosenheim, Vertreter von Agudas-Jisroel, an die anderen Rabbiner der unabhängigen Orthodoxie vom 3.10.1934, in dem er von Vermittlungsversuchen des Rechtsanwalts Abraham Horovitz berichtet. Yad-Vashem, 08/44b.

56 Vor allem war es Rabbiner Rosenheim, der Mißtrauen gegenüber der Gemeindeorthodoxie entwickelte, nachdem er von einer von ihr geplanten Versammlung in Berlin erfahren hatte. (Briefe Rosenheims vom 4. und 5.10.1934 an die anderen Rabbiner vom Vorstand der VuOD, Yad-Vashem, 08/44b). Rabbiner Schlesinger aus Halberstadt bedauerte Rosenheims Haltung sehr, da er keine große Aussicht dafür sah, daß die Austrittsorthodoxie allein mit ihren geistigen Kräften eine einigermaßen würdige Propaganda veranstalten könne (Schlesinger an Rosenheim am 7.10.1934, Yad-Vashem 08/44b).

57 Brief Rosenheims an Schlesinger vom 24.10.1934, in dem er von einem Treffen mit Munk und Breuer berichtet. Yad-Vashem, 08/44b. Schon am Ende der 1920er Jahre schloß sich ein Großteil der religiösen Jugend, vor allem der zionistisch-religiösen Jugend, zu einer Organisation zusammen, die sich erfolglos gegen das alte religiöse Establishment zu behaupten versuchte. Julius Carlebach, Orthodox Jewry, S. 81. Vor diesem Hintergrund sind die Befürchtungen von Rabbiner Rosenheim verständlicher.

58 Ein Entwurf der Austrittsorthodoxie vom 6.5.1935. Yad-Vashem 08/44b.

59 Brief Breuers vom 9.5.1935. Yad-Vashem, 08/44b.

60 Munk sah die Frontstellung zwischen den Schulen mit ausgeprägt jüdischem Charakter einerseits und denen mit jüdisch-weltlichem oder religiös-neutralem Charakter andererseits. Daher schätzte er die Möglichkeit, sich unter den orthodoxen Strömungen über die Lehrerbildung zu einigen, höher ein als Breuer. Munk an Breuer, 13.5.1935. Yad-Vashem, 08/44b.

61 Hildesheimer, Central Organization, S. 66.

62 Walk, Education of the Jewish Child, S. 48.

63 Brief des Rabbiners Merzbach, Darmstadt, vom 12.9.1935. Yad-Vashem 08/44b.

64 Ebenda.

65 Eine gemeinsame Erklärung des Vorstandes des orthodoxen Rabbinerverbandes und der Vertretung der Unabhängigen Orthodoxie vom September 1935. Yad-Vashem 08/44b.

66 Hildesheimer, Central Organization, S. 69f.

67 Besprechung zwischen der Reichsvertretung (Hirsch, Meyer, Lilienthal) und der Unab-

hängigen Orthodoxie (Breuer, Ehrmann, Levi, Munk) am 2.12.1935. Yad-Vashem 08/44b.

68 Nachtrag zur Vorbesprechung am 7.11.1935, Yad-Vashem 08/44c.

69 Hildesheimer, Central Organization, S. 71f.

70 Ein Vortrag von Rabbiner Dr. Breuer, gehalten auf der hessischen Bezirkstagung des Bundes gesetzestreuer jüdischer Gemeinden Deutschlands am 23.5.1934, wiedergegeben in: Der Israelit, Nr. 27, 5.7.1934, S. 11f.

71 Dr. Arnold Merzbach (Frankfurt), Martin Bubers neueste Lehrhausrede, in: Der Israelit, 25.10.1934, S. 6.

72 Schuldirektor Dr. Elias (Frankfurt), Auf der Suche, in: Der Israelit, 24.12.1935, S. 1, 3 sowie 9.1.1936, S. 1, 3. Zu den »Werkleuten«: Meir Nehab in: Godenschweger/Vilmar, Rettende Kraft, S. 41f.

73 Der Israelit, 7.1.1937, S. 1f.

74 Offenberg, Adass Jisroel, S. 217.

75 In dem Bericht über die Arbeit der »Keren-Hathora«, des Jugendfonds der Agudat-Jisroel, wurde für das Jahr 1937 folgende Klage erhoben: »Wir verstehen, daß es sich für unsere Jugend bei der Erez-Jisroel-Arbeit um ihr eigenes persönliches Interesse handelt, möchten aber ausdrücklich betonen, daß es auch bei der Arbeit des Keren-Hathora dasselbe ist. Leider versteht es unsere Jugend noch nicht genug.« Pels, in: Programm und Leistung, S. 304.

76 Richarz, Jüdisches Leben, S. 35ff.

77 Brenner, Jüdische Volkspartei, S. 223ff.

78 Näheres über die Volkspartei: ebenda, S. 220ff.

79 Georg Kareski, geboren 1878, war Direktor der 1927 von ihm gegründeten jüdischen Genossenschaftsbank »Ivria«, die 1937 ihre Zahlungen einstellen mußte. Als Vorstandsmitglied der jüdischen Volkspartei und der Berliner jüdischen Gemeinde war er 1929 bis 1931 als erster und einziger Zionist deren Vorsitzender. Wegen eigenmächtiger Übergriffe 1933 aus der zionistischen Vereinigung ausgeschlossen, gründete er die rechte Staatszionistische Organisation. Richarz, Jüdisches Leben, S. 194.

80 Benno Cohn, Yad-Vashem 01/23, Oktober 1944.

81 Die Zionisten sahen in den Ostjuden einen Teil des jüdischen Volkes und damit auch natürliche Verbündete. Unter den Mitgliedern der ZVfD war der Anteil der ausländischen Juden groß. Vgl. dazu: Richarz, Jüdisches Leben, S. 34.

82 Über die Schule ist Weiteres zu lesen in: Schiratzki, Rykestraße.

83 JR, Nr. 12, 10.2.1933, S. 57. Selma Schiratzki beschreibt selbst das Lehrerkollegium als ausgesprochen zionistisch. Yad-Vashem 01/138, S. 1.

84 JR, Nr. 13, 14.2.1933, S. 63.

85 Kochavi, Jewish School in its Essence, S. 32f.

86 JR, Nr. 42, 24.5.1933 sowie: JR, Nr. 74, 15.9.1933, S. 531. Nicht nur über die jüdische Schule, sondern auch über die Stellung der Jugend zur Gemeinde konnten sich Zionisten und Liberale nicht einigen. Die Zionisten befürchteten, daß die Liberalen sich nur gegenüber der Jugend verantwortlich fühlten, die in Deutschland bleiben wolle, der zionistischen Jugend gegenüber, die einen ständig größer werdenden Anteil der Jugend ausmachte, aber Gleichgültigkeit zeigten. In: JR, 12.1.1934, S. 9.

87 JR, Nr. 85, 24.10.1933, S. 692.

88 Gemeindeblatt der jüdischen Gemeinde zu Berlin, Nr. 18, 5.5.1935.

89 Walter Breslauer, Verwaltungsdirektor der jüdischen Gemeinde in Berlin und Angehöriger der jüdisch-liberalen Partei, in: JR, Nr. 35, 3.5.1933, S. 175.

90 Es handelt sich um die Schulen Auguststraße, Große Hamburger Straße, Kaiserstraße und Rykestraße. JR, Nr. 74, 15.9.1933, S. 531.

91 Ismar Elbogen, Gemeindeblatt der jüdischen Gemeinde zu Berlin, 24.Jg., Nr. 16, 12.5.1934, S. 4.

92 CVZ, Nr. 25, 18.6.1936.
93 Das zionistische Archiv, A142, 53/1.
94 Jüdische Schulzeitung, 1.7.1937, S. 6.
95 Die folgende Beschreibung nach Margaliot, Dispute over the Leadership, S. 100ff. Vgl. auch Hildesheimer, Central Organization, S. 61f. Benno Cohn, der Leiter der ZVfD, sah in der unerwarteten Zusammenarbeit zwischen Heinrich Stahl und Georg Kareski auch ein Zusammenfinden von zwei Politikern der »zweiten Garnitur«. Benno Cohn, Yad-Vashem 0–1/23, Oktober 1944.
96 Walk, Education of the Jewish Child, S. 97. In Berlin ist auch ein selbständiges Elternhilfewerk entstanden, das jüdische Jugendliche, die sich unter den erschwerten Bedingungen weiterbilden wollten, und Eltern finanziell und mit Ratschlägen unterstütze. JR, 2.2.1934.
97 Margaliot, Dispute over the Leadership, S. 99f.
98 Viele Unterstützungsbriefe der verschiedenen Gemeinden an die Reichsvertretung sind in Yad-Vashem erhalten geblieben. Yad-Vashem, 0–8/1; als Beispiel vgl. Dok. Nr. 16.
99 Jüdische Schulzeitung, 1.8.1937, S. 1.
100 Ebenda.
101 Margaliot führt die Gründe für das Scheitern von Stahls Initiative nicht nur auf die nationalsozialistische Gesetzgebung zurück, sondern auch auf die starke Unterstützung, die die Reichsvertretung bei den großen jüdischen Organisationen erhielt. Hinzu kam die Unfähigkeit der Gegner der Reichsvertretung, sich zu einigen. Margaliot, Dispute over the Leadership, S. 147.

5. Kapitel

1 Prot. der Sitzung des Unterausschusses II des Erziehungsausschusses am 21.2.1934, KH.
2 Z. B. versuchte die Schulabteilung eine Liste von hebräischen Lehrbüchern zu erstellen. (Rundschreiben des Erziehungsausschusses an die Schulen vom 17.8.1934, KH). Am 23.4.1936 bat Leschnitzer Spier um die Titel der Bücher, die in der Talmud-Tora-Schule für jüdische und allgemeine Geschichte sowie Geographie benutzt wurden. Spier kam der Bitte sofort, am 27.4.1936, nach, KH.
3 Der Leiter der Talmud-Tora-Schule in Hamburg, Spier, beschwerte sich darüber, daß die Reichsvertretung Lehrbücher herausgab, ohne zuvor mit den Schulen darüber zu verhandeln, und sich dann beklagte, daß die Bücher nicht benutzt würden. Bericht der Talmud-Tora-Schule, Schulvorstandssitzung am 25.10.1935, KH.
4 Wahrscheinlich aus Angst vor der Zensur wurden die Bücher so besprochen, daß es dem heutigen Leser schwerfällt zu entscheiden, ob der Rezensent die Bücher empfehlen oder ablehnen wollte. Jüdische Schulzeitung, 11.8.1936, S. 5f.
5 Schreiben der Reichsvertretung an die Landesverbände, Gemeinden, Schulträger und Schulen vom 28.4.1936, KH.
6 Wie eilig die Reichsvertretung es mit dem Projekt hatte, ist daraus zu ersehen, daß sie sich im Vertrag das Recht einräumen ließ, das Manuskript für den Fall, daß die Autoren mit den Veränderungen nicht einverstanden wären, unter ihrem Namen zu veröffentlichen. Brief der Schulabteilung an Bin-Gorion und Braun vom 20.5.1936, KH.
7 Arbeitsbericht der Reichsvertretung für das Jahr 1936, S. 97.
8 Brief Leschnitzers an Spier vom 8.12.1936, KH.
9 Spier in der Vorstandssitzung der Talmud-Tora-Schule am 23.12.1936, KH.
10 Siegfried Braun, Lesebuch und jüdische Schule, in: Jüdische Schulzeitung, 1.8.1936, S. 2f.
11 Selma Nathan, in: Jüdische Schulzeitung, 1.6.1937, S. 5.
12 Klibansky. Protokoll einer Besprechung zwischen der Schulabtlg. und der Interessenvertretung der höheren jüdischen Lehranstalten, 4.2.1937, KH.

13 Dr. Ernst Loewenberg wurde 1896 in Hamburg als Sohn des Schuldirektors und Schriftstellers Dr. Jakob Loewenberg geboren. Seit 1930 war er Vorstandsmitglied des C. V.-Landesverbandes Nordwestdeutschland, übernahm bis 1938 weitere Gemeindefunktionen in Hamburg und war als Berater der jüdischen Hilfsorganisation tätig. Nach seiner Entlassung aus dem allgemeinen Schuldienst 1934 übernahm er eine Lehrtätigkeit an der Talmud-Tora-Schule. Ein Auszug aus seinen Erinnerungen ist abgedruckt bei Richarz, Jüdisches Leben, S. 244ff.

14 Dr. Ernst Loewenberg an die Schulabteilung am 14. 2. 1937, KH.

15 Leschnitzer an die Landesverbände, Gemeinden, Schulträger und Schulen am 7. 4. 1937, KH.

16 Leschnitzer an die Landesverbände, Gemeinden Schulträger und Schulen am 27. 5. 1937, KH.

17 Arbeitsbericht der Reichsvertretung für das Jahr 1937, S. 64. Zur Kritik des Erziehungsministeriums am Schulbuchmanuskript siehe Walk, Schulwesen in Köln, S. 418.

18 Die Schulabteilung an die Landesverbände, Gemeinden, Schulträger und Schulen am 6. 5. 1938, KH. In diesem Schreiben bittet die Reichsvertretung um Mitteilungen, wie viele Exemplare gebraucht werden, damit die Auflage richtig bemessen werden könne. Es liegen in KH keine weiteren Schreiben vor, die sich auf das Schulbuch beziehen, was aber nicht ausschließt, daß das Buch noch erschienen ist.

19 Arbeitsbericht der Reichsvertretung für das Jahr 1936, S. 97.

20 Arbeitsbericht des Zentralausschusses der deutschen Juden für Hilfe und Aufbau 1935, S. 78.

21 Richtlinien des Reichsverbandes jüdischer Lehrervereine für die Einrichtung von Leseheften für die jüdische Schule, in: Jüdische Schulzeitung, 1. 3. 1935, S. 5.

22 Dahm, Das jüdische Buch, S. 478ff.

23 Ebenda, S. 519ff. Aktenkundig ist nur ein Fall der Ablehnung.

24 Ebenda.

25 Jüdische Schulzeitung, 1. 3. 1936, S. 1.

26 Jüdische Schulzeitung, 1. 10. 1936, S. 7f.

27 Es sind die Hefte Nr. 16, 20, 22, 25, 27 und 30, die den Feiertagen gewidmet sind. Ehrmann selber beschreibt ihre Zwecke in: Vorbemerkung zu den Arbeitsplänen für die Festtage. Eine Veröffentlichung der Schulabteilung, undatiert, KH.

28 Yad-Vashem 0–8/1c, Dok. Nr. 7370 für Chanukka (das Lichterfest). Verschiedene Schreiben der Schulabteilung an die Landesverbände, Gemeinden, Schulträger und Schulen: am 5. 6. 1936 für die »drei Trauerwochen«, am 23. 9. 1936 für Sukkôt (Laubhüttenfest), am 23. 10. 1936 über geeignete Spiele für Chanukka und am 11. 1. 1937 für den 15. Bischwat (Bäumefest).

29 Rundschreiben der Schulabteilung an die Schulleiter aller jüdischen Schulen vom 4. 3. 1936, KH.

30 Arbeitsbericht der Reichsvertretung für das Jahr 1935, S. 78f.

31 Ebenda.

32 Über die Tragweite der Empfehlungen der Peel-Kommission für die zionistische Bewegung, für die jüdische Besiedlung Palästinas und vor allem für die jüdische Emigration nach Palästina: Fraser, A Crisis of Leadership, S. 664f.

33 Leschnitzer an die Landesverbände, Gemeinden, Schulträger und Schulen am 12. 8. 1937, KH.

34 Rundschreiben Leschnitzers, Yad-Vashem, 0–8/1, Dok. Nr. 28/10. 1897 fand der erste zionistische Kongreß in Basel statt, 1917 war das Jahr der Balfour-Deklaration und 1937 das Jahr des Peel-Berichts.

35 Leschnitzer an die Landesverbände, Gemeinden, Schulträger und Schulen am 12. 7. 1937, KH.

36 Leo Baeck, in: Informationsblatt der Reichsvertretung, 6/1938, S. 68, KH.
37 Rundschreiben der Schulabteilung an alle jüdischen Schulen vom 23.1.1936 und erneut vom 2.11.1937, KH.
38 Sitzung der Reichskommission der Reichsvertretung am 28.6.1937, Yad-Vashem, 0–8/1, Dok. Nr. 239/61.
39 Die Richtlinien erschienen am 22.11.1937, nachdem sie durch einen Runderlaß vom 29.10.1937 von den Behörden genehmigt worden waren, KH; vgl. Dok. Nr. 12.
40 Vgl. Walk, Schule und Erziehung, S. 147ff.
41 Adolf Leschnitzer, Erläuterungen zu den »Richtlinien« in einem Rundschreiben an die Landesverbände, Gemeinden, Schulträger und Schulen vom 21.12.1937, KH.
42 RMfWEV an die Schulabteilung am 8.12.1937, KH.
43 Die Schulabteilung an die Landesverbände, Gemeinden, Schulträger und Schulen am 21.12.1937, Yad Vashem, 0–8/1.
44 Schreiben der Schulabteilung an die Talmud-Tora-Schule vom 4.2.1938, KH.
45 Dazu Gaertner, Probleme der jüdischen Schule, S. 329f. Hans Gaertner, in Isarel später Yochanan Ginat, wurde 1908 in Berlin geboren. Nach seiner Entlassung aus der allgemeinen Schule 1933 war er Lehrer und später Direktor der zionistischen Theodor-Herzl-Schule in Berlin.
46 Im ausgehenden 19. Jahrhundert litt der jüdische Lehrer an der Grundschule, besonders in der Kleingemeinde, genau wie sein deutscher Kollege unter den schweren Arbeitsbedingungen. Darüber hinaus aber war er häufig wegen der patriarchalen Strukturen der meisten jüdischen Gemeinden noch stärker benachteiligt und mußte parallel zu seiner Tätigkeit als Lehrer religiöse Funktionen wie Schächter oder Kantor übernehmen. Vgl. dazu: Ginat, Jewish Teacher, S. 71.
47 Ginat betont den stark orthodoxen Charakter der jüdischen Schulen in der Großstadt vor 1933. Den Status der Lehrer in der Großstadt schätzt er positiver ein als den ihrer Kollegen in kleinen Gemeinden. Der Großstadtlehrer konnte sich als Verbindungsglied zwischen der Familie und der Gemeinde empfinden. Ginat, Jewish Teacher, S. 72.
48 Die Informationen über den Reichsverband stammen von Heinemann Stern, der in den 30er Jahren dessen Leiter war. Stern, Warum hassen sie, S. 150ff.
49 M. Steinhardt, Um die Erhaltung unserer Organisation, in: Jüdische Schulzeitung, Nr. 4, April 1932, S. 2f.
50 In der Sitzung des Erziehungsausschusses vom 20.7.1933 stellte Joseph Carlebach fest, daß die Fähigkeit des jüdischen Lehrers, jüdisch zu lehren, nicht immer ausreichend sei. Daher schlug er unter anderem Lehrerfortbildung vor. Protokoll der Sitzung des Erziehungsausschusses am 20.7.1933, KH; vgl. Dok. Nr. 11a.
51 Es sind die speziellen Lehrerbildungsanstalten wie die für Religionslehrer in Köln nicht mitgerechnet. Walk, Schulwesen in Köln, S. 415.
52 Rabbiner Dr. Galliner, Protokoll der Sitzung des Unterausschusses III des Erziehungsausschusses der Reichsvertretung am 17.12.1933, S. 1f, KH.
53 Otto Hirsch in der ersten Sitzung des Beirats der Reichsvertretung am 11.2.1934 in Berlin, in: JR, 13.2.1934.
54 Datiert vom Mai 1933, in: Buber, Die Stunde und die Erkenntnis, S. 128ff.; vgl. Dok. Nr. 10a.
55 Buber an Simon am 30.5.1933, in: Buber, Briefwechsel, S. 483.
56 Leschnitzer an Buber am 2.7.1933, ebenda, S. 498.
57 Buber an Hirsch am 5.12.1933, ebenda, S. 507ff.
58 Ebenda, sowie in einem Brief Bubers an Gerson vom 6.12.1933, ebenda, S. 510.
59 Baeck an Buber am 14.12.1933, ebenda, S. 510f.
60 Baeck schrieb schon in dem Brief vom 14.12.1933: »Dabei wird allerdings nicht außer

Acht gelassen werden, daß eine erhebliche Anzahl neuer jüdischer Schulen schon im Frühjahr 1934 ins Leben treten und daß es notwendig sein wird, auch noch an anderen Stellen, nämlich in Großstädten, in denen eine größere Anzahl von Studienreferendaren beschäftigt werden kann, Ausbildungskurse einzurichten«. Ebenda.

61 Elbogen an Buber am 15.12.1933, ebenda, S. 511ff. Ausführlicher dazu Kochavi, Jewish Spiritual Survival, S. 97. Im IsFam von 1934 wird von der Verwirklichung dieses Plans berichtet. An gleicher Stelle wird von Plänen zur Einrichtung einer zusätzlichen konservativen Lehreranstalt für Berlin gesprochen. IsFam, Nr. 34, 23.8.1934, S. 17.

62 Buber, Briefwechsel, S. 511ff. Otto Hirsch, der Elbogens Brief an Buber von diesem erhielt, versuchte ihn in bezug auf die Stellung Elbogens zu beruhigen. Er sah das Wesentliche darin, daß Elbogen an der Sache Interesse zeigte und sogar auf Einzelheiten einging. Hirsch selber wollte der »Schule für Judentumskunde« mehr als nur »lokale Bedeutung« verschaffen. Zu der Frage der gewünschten Stundenzahl in Judentumskunde äußerte er keine Meinung, was vielleicht darauf hinweist, daß er als Organisator ähnliche Befürchtungen wie Elbogen hatte. Hirsch an Buber, 26.12.1933, ebenda, S. 513.

63 Buber an Hirsch am 1.3.1934, ebenda, S. 527ff.

64 Kochavi, Jewish Spiritual Survival, S. 98 sowie S. 108ff; Simon, Aufbau im Untergang, S. 65ff; Bühler, Erziehung zur Tradition, S. 120ff.

65 Jüdische Schulzeitung, 1.10.1934, S. 1.

66 Ebenda.

67 Jüdische Schulzeitung, 1.11.1934, S. 2.

68 Ebenda, S. 2f.

69 Arbeitsbericht der Reichsvertretung 1934 (bis Juni), S. 41f.

70 Jüdische Schulzeitung, 1.11.1935, S. 1.

71 Jüdische Schulzeitung, 1.7.1936, S. 3.

72 Gaertner, Probleme der jüdischen Schule, S. 333; Ginat, Jewish Teacher, S. 74; Ernst Loewenberg, in: JR Nr. 76/77, 21.9.1934, S. 13f.

73 Der Israelit, Nr. 3, 16.1.1936, S. 12.

74 Das gelang z. B. in der zionistischen Volksschule in der Rykestraße, Bericht von Selma Schiratzki, Yad-Vashem 01/138; S. 3. Gaertner, Leiter der zionistischen »Volksschule Theodor Herzl« in Berlin, unterschied bei den Lehrern aus deutschen Schulen zwischen Zionisten und Nichtzionisten. Den ersteren sei es schneller gelungen, sich in die jüdische Schule zu integrieren, während die letzteren mehr Zeit und Unterstützung gebraucht hätten, da sie sich dem Milieu gegenüber fremd fühlten. Vgl. dazu Gaertner, Probleme der jüdischen Schule, S. 334.

75 Dr. Elias, Gleichgerichtete Kollegien, in: Der Israelit, 30.4.1936, S. 12.

76 Die Äußerungen der älteren Generation waren sehr hart, z. B.: »Das ganze moderne Iwrith ist eine Entweihung der Bibelsprache«; von den von Martin Buber gesammelten Legenden wurde behauptet, daß sie gar aus der christlichen Mystik entstanden seien. Jüdische Schulzeitung, 1.10.1936, S. 7.

77 Jüdische Schulzeitung, Nr. 6, Juni 1936, S. 5.

78 Die Zielsetzung des Vereins in: Mitteilungen der Gruppe der Junglehrer, 30.8.1937, S. 10.

79 Mitteilungen der Gruppe der Junglehrer, Nr. 2, Januar 1937, S. 2.

80 Siegfried Wollheim, in: Offenberg, Adass Jisroel, S. 213.

81 Mitteilungen der Gruppe der Junglehrer, Juni 1938, S. 16.

82 Z. B. bei einer Kundgebung für die Errichtung einer thoratreuen Schule in Berlin. Mitteilungen der Gruppe der Junglehrer, 20.10.1937, S. 8.

83 Siegfried Braun, in: Jüdische Schulzeitung, 1.5.1938, S. 2.

84 Hammerstein (ein Lehrer aus Berlin), Bemerkungen zur Umstellung des jüdischen Lehrers von der höheren Schule auf die Volksschule, in: Jüdische Schulzeitung, 1.5.1934, S. 3.

85 Adler-Rudel, Jüdische Selbsthilfe, S. 34f.

86 Ball-Kaduri, Das Leben der Juden, S. 182; Hammerstein, in: Jüdische Schulzeitung, 1.5.1934, S. 3.

87 Das geschah z. B. in der Theodor-Herzl-Schule (Gaertner, Probleme der jüdischen Schule, S. 343f) und in Mannheim (Fliedner, Verfolgung in Mannheim, S. 83f).

88 Vgl. die eindrucksvolle Schilderung der dauernden Verschlechterung der Rechtsstellung und Besoldung der jüdischen Lehrer in Mannheim bei Fliedner, Verfolgung in Mannheim, S. 85ff. Mitte 1939 wurden jüdische Lehrer gezwungen, Anstellungen an der Schule der Reichsvereinigung anzunehmen. Wenn sie ablehnten, wurde ihr Ruhegehalt ausgesetzt; vgl. dazu: Helmreich, Religionsunterricht in Deutschland, S. 261.

89 Randt, Carolinenstraße 35, S. 87.

90 Vgl. z. B. Varchmin, Die Talmud Tora Schule, S. 44f und Fliedner, Verfolgung in Mannheim, S. 83f.

91 Randt, Carolinenstraße 35, S. 86; Feidel-Mertz, Schulen im Exil, S. 39.

92 Gaertner, Probleme der jüdischen Schule, S. 350.

93 Jüdische Schulzeitung, 2.1.1937, S. 2.

94 Ginat, Jewish Teacher, S. 75.

95 Vgl. z. B. die Lebensberichte bei Claudi/Claudi, Die wir verloren haben, S. 8.05/6. Anders sah es bei jüdischen Lehrern aus, die aus den deutschen Schulen ausgeschieden waren, ohne eine Ersatzstelle an einer jüdischen Schule zu bekommen. Sie waren zum Teil frühzeitig zur Auswanderung gezwungen; vgl. dazu Fliedner, Verfolgung in Mannheim, S. 85.

96 So z. B. in der Talmud-Tora-Schule; vgl. dazu Randt, Carolinenstraße 35, S. 79; auch in Mannheim, vgl. dazu Fliedner, Verfolgung in Mannheim, S. 84.

97 Randt, Carolinenstraße 35, S. 85f.

98 In Hamburg z. B. überlebten nur drei der 28 jüdischen Lehrer; vgl. dazu Randt, Carolinenstraße 35, S. 98.

99 Über den rechtlichen Status der jüdischen Gemeinden in der Weimarer Republik und im Nationalsozialismus bis März 1938: Strauss, Jewish Autonomy, S. 128ff.

100 Gruenewald, Probleme der jüdischen Schule, S. 318. Um die wichtige organisatorische Stellung der jüdischen Gemeinden nach 1933 zu betonen, führt Strauss an, daß das jährliche Budget der Gemeinden fünffach größer war als das der Reichsvertretung. Strauss, Jewish Autonomy, S. 137.

101 Protokoll der Sitzung des Unterausschusses II des Erziehungsausschusses, 19.10.1933, KH; vgl. Dok. Nr. 11c.

102 Elbogen, in: CVZ, 16.11.1933.

103 So beantwortete Emil Goldschmidt, ein Repräsentant und Vorstandsmitglied der Bonner Gemeinde, Elbogens Kritik. Verärgert schrieb er: »Ich glaube kaum, daß es heute noch Gemeindevorstände gibt, welche eine jüdische Schule verneinen, so rückständig dürfte kein Gemeindevorstand sein.« Emil Goldschmidt, in: CVZ, 29.12.1933.

104 Ernst Loewenberg, Vorstandsmitglied des C. V.-Landesverbandes Norddeutschland und zweiter Gemeindevorsitzender Hamburgs, in: Richarz, Jüdisches Leben, S. 247.

105 Echt, Das jüdische Schul- und Erziehungswerk in Danzig, S. 383. Später zeigte sich, daß die verschiedenen politischen Richtungen unter den Juden Danzigs es gut schafften, sich im Schulwesen zu arrangieren. In: CVZ, Nr. 25, 24.6.1937.

106 Kaelter, Die jüdische Schule in Königsberg/Pr. S. 147f sowie IsFam, Nr. 13, 28.3.1935, S. 19.

107 Schachne, Erziehung zum geistigen Widerstand, S. 42f.

108 Hamore Haivri, Nr. 5 (Dezember 1936), S. 18. Die Gründung eines eigenen Schulwerks der orthodoxen »Religionsgesellschaft« in Darmstadt geht auf das Jahr 1872/73 zurück

und lag damit noch drei Jahre vor dem offiziellen preußischen Austrittsgesetz. Vgl. Rosenberg, Streng im Glauben, S. 112.

[109] Am 18. 1. 1936 erwirkte die liberale Religionsgemeinde bei der Dienststelle des Reichsstatthalters die Genehmigung einer eigenen zweiten Bezirksschule, die zu Beginn des neuen Schuljahrs im April 1936 eröffnet wurde. Vgl. Eckhart/Pingel-Rollmann, Hakenkreuz und Judenstern, S. 166. Über die liberale Schule wird in Hamore Haivri geklagt, daß sie keinen Hebräischunterricht anbiete sowie jüdische Geschichte ganz vernachlässige. Hamore Haivri, Nr. 4 (September 1936), S. 21.

[110] Munk, Protokoll der Besprechung zwischen ihm und Leschnitzer am 20. 10. 1937, in: Yad-Vashem 08/44c.

[111] Eckhart/Pingel-Rollmann, Hakenkreuz und Judenstern, S. 167.

[112] Munk, Protokoll der Besprechung zwischen ihm und Leschnitzer am 20. 10. 1937, in: Yad-Vashem 08/44c.

[113] Vollnhals, Jüdische Selbsthilfe, S. 352.

[114] Protokoll der Sitzung des Unterausschusses II des Erziehungsausschusses, 19. 10. 1933, KH; vgl. Dok. Nr. 11c.

[115] IsFam, 21. 12. 1933.

[116] Gemeindeblatt Hamburg, Nr. 11, 12. 11. 1937, S. 6.

[117] Herr Stern im Namen der liberalen Fraktion, in: IsFam, 16. 12. 1937, S. 16c.

[118] Über die Verhältnisse in Köln vgl. Walk, Schulwesen in Köln, S. 415ff.

[119] IsFam, Nr. 13, 28. 3. 1935, S. 19.

[120] Jüdische Zeitung Breslau, Nr. 29, 28. 7. 1933.

[121] Jüdische Schulzeitung, 1. 5. 1934, S. 1. Näheres darüber bei: Schaeffer, Das religiös-liberale Schulwerk in Breslau, S. 301ff.

[122] Breslauer jüdisches Gemeindeblatt, Nr. 5, 15. 3. 1937.

[123] Jüdische Schulzeitung, 7. 4. 1937, S. 7. Trotzdem bot das liberale Schulwerk Zusatz- und Oberkurse an, in denen man zwar keinen offiziellen Qualifikationsnachweis, aber Bildung erwerben konnte; Schaeffer, Das religiös-liberale Schulwerk in Breslau, S. 302.

[124] Jüdische Schulzeitung, 7. 4. 1937, S. 7. Schaeffer berichtet, daß das Lehrerkollegium in einer Konferenz im April 1934 zum Zionismus Stellung nahm. Es erklärte wörtlich: »[Der Zionismus] ist als eine der entscheidenden Möglichkeiten jüdischen Seins objektiv zu würdigen. [Das muß] Aufgabe einer jeden jüdischen Schule sein.« In der Praxis aber konnte sich der Schulvorstand damit nach Meinung Schaeffers nicht abfinden. Schaeffer, Das religiös-liberale Schulwerk in Breslau, S. 308

[125] Breslauer jüdisches Gemeindeblatt, Nr. 5, 15. 3. 1937.

[126] Jüdische Schulzeitung, 1. 5. 1937; Breslauer jüdisches Gemeindeblatt, Nr. 7, 15. 4. 1937.

[127] Jüdische Schulzeitung, 1. 5. 1937. Als Grund für sein Ausscheiden aus der Schule nennt Schaeffer, der zu den entlassenen Lehrern gehörte, den Eingriff des Schulvorstands in den Unterrichtsbetrieb. Schaeffer, Das religiös-liberale Schulwerk in Breslau, S. 308.

[128] Bericht von Hans Pomeranz, ab 1932 Vorsitzender des Zionistischen Landesverbandes Südwestdeutschlands, Januar 1960, S. 5, Yad-Vashem, 01/275.

[129] Raphael Rosenzweig, der Sohn von Franz Rosenzweig, erzählt, daß der Hebräischunterricht in Form eines Wettlaufs erteilt wurde, bei dem die Schüler sich bemühten, Hebräisch so schnell wie möglich zu lesen, ohne den Sinn des Textes zu verstehen. Bericht vom Dezember 1955, in: Yad-Vashem 01/295.

6. Kapitel

[1] JR, Nr. 76/77, 21. 9. 1934, S. 13.

[2] Z. B. in dem »Plan der systematischen pädagogischen Arbeit« von Wilhelm Stern, in: Mitteilungen der Gruppe der Junglehrer, Nr. 2, Januar 1937, S. 2f.

3 Heinemann Stern, in: ders., Didaktik, S. 24.
4 Werner Weinberger, in: Mitteilungen der Gruppe der Junglehrer, Nr. 1, Dezember 1936, S. 3ff.
5 Luise Neumeyer, in: Mitteilungen der Gruppe der Junglehrer, 30.8.1937, S. 7ff.
6 Schachne, Erziehung zum geistigen Widerstand, S. 132ff.
7 Eine Aufgabe als Beispiel: »Die Kultivierung und Industrialisierung Palästinas hat in den letzten Jahren auch viele Nichtjuden in dieses Land gezogen. So betrug die Einwanderung von Menschen nichtjüdischen Glaubens nach Palästina im Jahre 1929 1317 Personen, im Jahre 1930 1489 [...] Wie groß war die jährliche Einwanderung von Nichtjuden in Palästina durchschnittlich in jedem der Jahre 1929–1932?«. Erwin Rawicz, Ergänzungsheft für den Rechenunterricht in den jüdischen Schulen Deutschlands, Berlin 1935, Yad-Vashem, 08/54.
8 Walther Perl, Probleme des Deutschunterrichtes an den jüdischen Schulen, in: Jüdische Schulzeitung, 1.8.1936, S. 4.
9 Martin Reich, in: Stern, Didaktik, S. 64f.
10 Leschnitzer, in: JR, 9.11.1934, Nr. 90, S. 9.
11 J. Wolff, in: Stern, Didaktik, S. 166f.
12 H. Stern, in: CVZ, Nr. 47, 22.11.1934.
13 Schuldirektor Stoll in einer Diskussion der Arbeitsgemeinschaft über den Deutschunterricht an jüdischen Schulen unter Leitung von Herrn Roberg-Würzburg, in: Mitteilungen der Gruppe der Junglehrer, 30.8.1937, S. 10.
14 Walk bezeichnet die deutsche Dichtung und Philosophie als Treffpunkt für die nationaljüdischen und die deutschempfindenden Erzieher. Walk, Schule und Erziehung, S. 17.
15 Julius Stern, Die jüdische Schule der Gegenwart, in: Gemeindeblatt der jüdischen Gemeinde zu Berlin, Nr. 20, 19.5.1935 sowie H. Stern, in: CVZ, Nr. 47, 22.11.1934.
16 Gaertner, Probleme der jüdischen Schule, S. 339.
17 Ebenda, S. 340 sowie H. Stern, in: CVZ, Nr. 47, 22.11.1934.
18 Kochavi, Cultural and Educational Activities, S. 42f. Eine ähnliche Herangehensweise zeigte die jüdische Schule vor 1933. Ein Studienrat schlug im Dienste der Bekämpfung des Antisemitismus vor, ausländische Werke zu lesen, die Juden loben, aber auch problematische Stücke wie Shakespeares »Kaufmann von Venedig« zu behandeln, um den Antisemitismus zu hinterfragen. M. Simon, in: Jüdische Schulzeitung, Nr. 12, 1932, S. 4f.
19 Heinemann Stern, in: ders., Didaktik, S. 142ff.
20 Bericht von Walther Perl über die Pädagogische Arbeitstagung in Berlin vom 24. bis 27.8.1936, in: Jüdische Schulzeitung, 1.10.1936, S. 6f.
21 Heinemann Stern, in: ders., Didaktik, S. 142ff.
22 Ebenda.
23 I. Fichmann, Literatur-Unterricht in den Schulen Palästinas, in: JR, 2.2.1934.
24 S. Kösterich, Lektüre für den Deutschunterricht in der jüdischen Schule, in: Der Israelit, Nr. 36, 5.9.1935, S. 11f.
25 Ebenda.
26 Rabbiner Julius Merzbach, Mußte das sein?, in: Der Israelit, 10.6.1937.
27 Walther Perl, Probleme des Deutschunterrichtes an den jüdischen Schulen, in: Jüdische Schulzeitung, 1.8.1936, S. 4.
28 Heinemann Stern, in: ders., Didaktik, S. 144.
29 Heinemann Stern, Nachwort zur Frankfurter »Pädagogischen Woche«, in: Jüdische Schulzeitung, 1.2.1935, S. 7.
30 Jüdische Schulzeitung, 1.10.1937, S. 7.
31 Heinemann Stern, Schwerpunkte und Zielsetzung in dem Geschichtsunterricht, in: ders., Didaktik, S. 177.

32 Selten wird von dem Unwillen der Schüler, sich mit deutscher Geschichte zu befassen, erzählt, z.B. in: Friedlaender, Trials and Tribulations, S. 190f. In dem Landesschulheim Herrlingen z.B. schrieb ein Schüler seinen Abschlußaufsatz für die Untersekunda im Jahr 1937 über: »Die wirtschaftliche Schädigung Deutschlands durch die Gebietsabtretung auf Grund des Versailler Vertrages.« Schachne, Erziehung zum geistigen Widerstand, S. 153.

33 Felix David, Vorschläge zur Stoffauswahl und Stoffverteilung im jüdischen Geschichtsunterricht, in: Jüdische Schulzeitung, 1.6.1936, S. 2.

34 Ebenda, S. 3. Der Verfasser dieses Artikels geht so weit zu sagen: »[...] alle die Strömungen, die Ausfluß eines trotz allen Drucks und aller Zersplitterung ungebrochenen Willens zu völkischem Eigenleben waren, [wurden] zur Mystik neigenden Abenteurern zur Last gelegt oder wie Chassidismus und überhaupt das Phänomen der ostjüdischen Kultur an die äußerste Peripherie der Betrachtung gerückt.«

35 Kurt Bergel, in: Jüdische Schulzeitung, 1.6.1935, S. 1.

36 Dr. Karl Eisemann (Berlin): Über einige Fragen aus der Methodik des Geschichtsunterrichtes, in: Mitteilungen der Gruppe der Junglehrer, 23.2.1938, S. 5.

37 Alex Bein, Geschichtsunterricht in der jüdischen Schule, in: JR, 7.7.1933.

38 Wilhelm Stern, Das Bildungsziel der jüdischen Volksschule, in: Mitteilungen der Gruppe der Junglehrer, Nr. 1, Dezember 1936, S. 10, wie auch ebenda, 27.1.1937.

39 Wie Anm. 36.

40 Heinemann Stern, in: ders., Didaktik, S. 91f; Martin Reich, in: Stern, Didaktik, S. 95f.

41 1938 beschrieb Heinemann Stern die Säkularisierung der jüdischen Geschichte und ihre Befreiung aus dem Religionsunterricht als einen vollzogenen Prozeß, in: ders., Didaktik, S. 178.

42 Arbeitsbericht des Zentralausschusses für Hilfe und Aufbau, 1935, S. 76.

43 Rektor Karl Ochsenmann, in: Der Israelit, 13.12.1934, S. 11.

44 Israel Fernhof, in: Hamore Haivri, Nr. 7, März/April 1937, S. 12.

45 Der orthodoxe Studiendirektor Dr. Elias aus Frankfurt sprach sich für die Synthese aus, betonte aber, daß dem jungen Juden klar gemacht werden müsse, »daß er sich nur im Rahmen seines Volkes verwirklichen kann«, in: »Der Israelit«, 4.6.1936.

46 Fritz Friedlaender, Grenzen der Kulturautonomie, in: Der Morgen, Heft 11, Februar 1935, S. 492ff.

47 Walther Perl, Ein Bericht über die pädagogische Arbeitstagung in Berlin, 24.–27.8.1936, in: Jüdische Schulzeitung, 1.10.1936, S. 7. Die Gefahr einer Synthese um jeden Preis zeigt der Vorschlag eines Lehrers, der dafür plädierte, den Schülern jede von Juden erreichte Leistung unabhängig davon, ob sie für die Juden oder für die Allgemeinheit von Bedeutung war, als »jüdische Leistung« zu präsentieren. Wilhelm Speyer, Zur Neuordnung des Geschichtsunterrichts an jüdischen Schulen, in: Jüdische Schulzeitung, 1.2.1938, S. 2.

48 Heinemann Stern, in: ders., Didaktik, S. 187f.

49 Wilhelm Speyer, Zur Neuordnung des Geschichtsunterrichts an jüdischen Schulen, in: Jüdische Schulzeitung, 1.10.1937, S. 2.

50 Dr. Julius Höxter, Zur Einführung in den unterrichtlichen Gebrauch der »Vergleichenden Zeittafeln«, in: Jüdische Schulzeitung, 1.2.1937, S. 8.

51 Religionsunterricht – Judentumskunde. Ein Vortrag von J.B. Levy im Philantropin. Zusammenfassung in: Jüdische Schulzeitung, 26.6.1933, S. 8.

52 J. Spener, Jüdische Schulzeitung, Nr. 10, Oktober 1932, S. 3ff.

53 Ebenda.

54 So Abraham Jaari, in: Claudi/Claudi, Die wir verloren haben, S. 204.

55 Carlebach, David, Selbsttätigkeit der Schüler im jüdischen Religionsunterricht, S. 5ff.

56 Dr. Schorsch (Rabbiner), Das Prinzip des Umweges in der jüdischen Religionspädagogik, in: Jüdische Schulzeitung, Nr. 11, November 1932, S. 1ff.

57 J. B. Levy, in: Jüdische Schulzeitung, 26. 6. 1933, S. 8.
58 Adolf Löwenberg (Berlin), in: Jüdische Schulzeitung, 1. 10. 1934, S. 2.
59 Lehrer H. Weinberg, Reform des Religionsunterrichts, in: Der Israelit, Nr. 35, 27. 8. 1936, S. 11. Es herrschten aber auch andere Meinungen. In »Hamore Haivri« betonte ein Lehrer die Bedeutung der Erlernung der Thora auf Hebräisch gerade auch, wenn die Kenntnisse der Schüler nicht weit reichten. Heitman, in: Hamore Haivri, Nr. 1, Frühling 1936, S. 10ff.
60 Weiteres über den Staatsjugendtag, sowie über die Verhältnisse zwischen Schulerziehung und Hitlerjugend im Nationalsozialismus bei Breyvogel/Lohmann, Schulalltag, S. 207.
61 Arbeitsbericht der Reichsvertretung 1934b (Juli–Dezember), S. 34.
62 Schreiben der Reichsvertretung an die Synagogengemeinden, 12. 11. 1934, KH.
63 J. G., Synagoge für Kinder in den USA, in: Hamore Haivri, Nr. 1, Frühling 1936, S. 9ff.
64 Kurt Bergel, Religiöse Jugenderziehung, in: Der Morgen, Februar 1935, S. 502ff.
65 Arbeitsbericht des Zentralausschusses für Hilfe und Aufbau, 1936, S. 93f.
66 J. Raphael, Oneg Sabbath und tiefere Bedeutung, in: Der Israelit, Nr. 50, 13. 12. 1934, S. 12.
67 Frank, Gegenwartsaufgaben jüdischer Jugenderziehung. S. 27ff.
68 Diese Tendenz wurde stark von Werner van der Zyl (Rabbiner) kritisiert, in: Stern, Didaktik, S. 116.
69 Jüdische Jugend und ihre Erziehung in dieser Zeit, in: Mitteilungen der Gruppe der Junglehrer, August 1938, S. 3; Werner van der Zyl, in: Stern, Didaktik, S. 113f.
70 Fred Tuckmann, in: Schachne, Erziehung zum geistigen Widerstand, S. 193f.
71 R. Z., in: IsFam, Nr. 31, 5. 8. 1937, S. 19.
72 Deutsch-jüdische Jugend auf der Suche nach Religion, in: Der Israelit, Nr. 44, 1. 11. 1934, S. 1.
73 Rabbiner Dr. B. Cohen, in: Der Israelit, Nr. 44, 4. 11. 1937, S. 1, 3.
74 Kurt Bergel, Religiöse Jugenderziehung, in: Der Morgen, Februar 1935, S. 507.
75 Schachne, Erziehung zum geistigen Widerstand, S. 9.
76 Ebenda, S. 52.
77 Ebenda, S. 91ff.
78 Konrektor R. J. Speyer, Wie vermag die Schule zur Erhaltung unserer Religion beizutragen?, in: Der Israelit, Nr. 44, 4. 11. 1937.
79 Gaertner, Probleme der jüdischen Schule, S. 343.
80 Lehrziele des hebräischen Unterrichts an der Realschule der Israelitischen Religionsgesellschaft in Frankfurt a./M., in: Blätter des Keren Hatorah, Heft Nr. 3, Erziehung und Unterricht, 1925, S. 41.
81 Die Hamburger Erziehungskonferenz (Ausführliches Protokoll), ebenda, S. 17ff.
82 Leitsätze zur Gestaltung eines zeitgemäßen hebräischen Unterrichts, in: Jüdische Schulzeitung, Nr. 4, April 1932, S., 5.
83 M. Abraham, Hebräische Ausdrücke und Redewendungen für den Unterricht im Hebräischen, in: Jüdische Schulzeitung, Mai 1932, S. 4f.
84 Jüdische liberale Zeitung, zit. nach: Jüdische Schulzeitung, Schule und Öffentlichkeit, 1. 12. 1933, S. 5.
85 Hildesheimer, Central Organization, S. 29.
86 Solche Diskussionen wurden von Rabbinern geführt, z. B. in: Der Israelit, 24. 10. 1935, S. 5f, wie auch von Sprachwissenschaftlern, z. B. Zeev Chomski, in: Hamore Haivri, Nr. 3, September 1936, S. 4ff.
87 Buchheim (Dortmund), in: Jüdische Schulzeitung, 1. 7. 1936; Rabbiner Dr. Kahlberg (Halle), in: CVZ, 20. 6. 1935.
88 Dr. Erna Goldschmidt, in: CVZ, 16. 5. 1935; JR, 21. 5. 1935, S. 8. Kaleko äußerte die Befürchtung, daß Eltern, die aufgrund der schlechten Didaktik des Hebräischunterrichts scheiterten, infolge ihrer eigenen Enttäuschung ihre Kinder zum Erlernen dieser

schwierigen Sprache nicht mehr motivieren würden. Hamore Haivri, Nr. 1, Frühling 1936, S. 1 ff.

89 Lippmann Kurzweil, Aktuelle Schulprobleme, in: Der Israelit, 16. 1. 1936, S. 12.

90 JR, 23. 8. 1935, S. 19.

91 Siegfried Braun, Was Not tut, in: Jüdische Schulzeitung, 1. 7. 1935, S. 2.

92 Dr. Erna Goldschmidt, in: CVZ, 16. 5. 1935, S. 8.

93 Schreiben der Schulabteilung an die Landesverbände, Gemeinden, Schulträger und Schulen vom 3. 4. 1936, KH.

94 Spier an die Reichsvertretung am 24. 4. 1936, KH.

95 Schreiben Klibanskys im Namen der Interessen-Vertretung der höheren jüdischen Lehranstalten an die Schulabteilung vom 4. 5. 1936, KH.

96 Schreiben der Interessen-Vertretung der höheren jüdischen Lehranstalten an die Schulabteilung vom 6. 5. 1936, KH.

97 Rabbiner Munk an andere zentrale orthodoxe Persönlichkeiten am 3. 8. 1936, KH.

98 Der gegenwärtige Stand des jüdischen Schulwesens (Arbeit der Schulabteilung der Reichsvertretung). Übersicht über die Arbeit der Reichsvertretung im Jahre 1936, Januar 1937, KH.

99 Der Israelit, 4. 4. 1935, S. 3.

100 Der Israelit, 11. 4. 1935, S. 6.

101 Der Israelit, 9. 5. 1935, S. 7.

102 Kaleko berichtete über Verbote, die sich gegen den Import hebräischer Literatur und Zeitungen aus anderen Ländern richteten. Hamore Haivri, Nr. 3, April 1937, S. 2. In Hamore Haivri finden sich viele Vorschläge, wie in Form von Klubs und Vereinen die hebräische Sprache belebt werden könnte, z. B. in Nr. 4, September 1937, S. 8, S. 20.

103 In Mannheim waren für das Hebräische als einziges Fach fünf Wochenstunden vorgesehen. Fliedner, Judenverfolgung in Mannheim, S. 93. In der Theodor-Herzl-Schule in Berlin war das Hebräische mit einer Stunde pro Tag vertreten. Gaertner, Probleme der jüdischen Schule, S. 342. In diesem Umfang wurde Hebräisch wahrscheinlich an den meisten Schulen unterrichtet. In der Theodor-Herzl-Schule wurde der Versuch unternommen, auch die Profanfächer auf Hebräisch zu unterrichten; vgl. dazu Gaertner, ebenda.

104 Als Beispiel die Aussage von Raphael Rosenzweig, eines Schülers des Philantropin, Yad-Vashem, 01/295.

105 Siehe Hans Ehrmann (Berlin), Die Stellungnahme der Theodor-Herzl-Schule zum hebräischen und Bibelunterricht, in: Mitteilungen der Gruppe der Junglehrer, 20. 10. 1937, S. 1 ff; die Reaktion darauf: Guttmann (Aschaffenburg), ebenda, 6. 12. 1937, S. 10f.

106 Kurzweil Lippmann, in: Der Israelit, 16. 1. 1936, S. 12; Pinchas Wollmann, in: Der Israelit, 29. 5. 1935, S. 4.

107 Wolf Neier, Lehrer (Berlin), in: Stern, Didaktik, S. 121 ff.

108 Dr. Ernst Loewenberg (Berlin), Religionsunterricht-Judentumskunde, in: Jüdische Schulzeitung, 1. 10. 1934, S. 2f.

109 Michaelis-Stern, Jugendalijah in Deutschland, S. 59f.

110 Adolf Löwenberg (Berlin), Religionsunterricht-Judentumskunde, in: Jüdische Schulzeitung, 1. 10. 1934, S. 2f.

111 Ende November stellte das IsFam fest, daß auch die Nichtzionisten Palästina als Hauptauswanderungsziel akzeptierten. Die Diskussion beträfe nur noch das Ausmaß der Emigration. Soll die jüdische Schule für Palästina vorbereiten?, in: IsFam, Nr. 47, 22. 11. 1935.

112 Jüdische Wohlfahrtspflege, 1935, S. 216.

113 IsFam, Nr. 26, 27. 6. 1935, S. 15f.

114 Kurt Singer, in: ebenda.

115 Siegfried Braun, Was Not tut?, in: Jüdische Schulzeitung, 1. 7. 1935, S. 2f.

116 Hans Gaertner, in: Stern, Didaktik, S. 204, 208 f.
117 Wilhelm Speyer: Zur Neuordnung des Geschichtsunterrichtes an jüdischen Schulen, in: Jüdische Schulzeitung, 1.2.1938, S. 2 f.
118 Isaak Wolf (Düsseldorf), Werte der thoratreuen Hachschara-Gemeinschaft, in: Der Israelit, Nr. 22, 29.5.1935, S. 1.
119 Wie weit die Meinungen der Schüler zu Palästina politischer Natur waren, ist in ihren Schulaufsätzen zu lesen; Buchheim (Dortmund), in: Jüdische Schulzeitung, 2.1.1937, S. 2 f.
120 Michaelis-Stern, Jugendalijah in Deutschland, S. 58.
121 Willy Cohn, Soll die jüdische Schule für Palästina vorbereiten?, in: IsFam, Nr. 19, 9.5.1935.
122 Siegfried Braun, in: Jüdische Schulzeitung, 1.7.1935, S. 3.
123 Hans Gaertner, in: Stern, Didaktik, S. 203.
124 Der Begriff stammt von Prof. Ernst Kantorowicz: Über Fragen der Auswanderer-, Umschichtungs- und Minderheitspädagogik, in: Jüdische Schulzeitung, 1.5.1938, S. 4.
125 Purim mit Kindern. Bericht über Berliner Schulfeiern, in: JR, 9.3.1934.
126 Z. B. in Herrlingen, in: Schachne, Erziehung zum geistigen Widerstand, S. 147.
127 Gaertner, in: Stern, Didaktik, S. 196 f.
128 IsFam, Nr. 26, 27.6.1935, S. 15 f.
129 Gaertner, in: Stern, Didaktik, S. 195 f.
130 Heinemann Stern, in: ders., Didaktik, S. 23 f.
131 Eva Michaelis-Stern berichtete, daß sie in Fragen der Jugendalijah von Anfang an gut mit der Reichsvertretung zusammenarbeitete. Michaelis-Stern, Jugendalijah in Deutschland, S. 60.
132 Josef Weiss, der Leiter des KKL für Deutschland von April 1934 bis Dezember 1938, in: Yad-Vashem 01/20, November 1946.
133 Leschnitzer an Landesverbände, Gemeinden, Schulträger und Schulen, 20.9.1938, KH.
134 Helmreich, Religionsunterricht in Deutschland, S. 255.
135 Kochavi, Cultural and Educational Activities, S. 311 f.
136 Zit. nach JR, 30.1.1934.
137 Ebenda.
138 Begriffe des Reichsunterrichtsministeriums, entnommen aus: Jüdische Wohlfahrtspflege, 1935, S. 68.
139 Genealogie und jüdische Schule, in: Der Israelit Nr. 26, 25.6.1936, S. 12.
140 Über die Wichtigkeit der Erbhygiene für die jüdischen Jugendlichen steht in »Didaktik der jüdischen Schule« folgendes: »[...] wenn sie in andere Länder wandern, sollen sie mit dem Bewußtsein ihrer Eigenart auch den Willen mitnehmen, die zukünftige Gesundheit und gesunde Lebensform ihrer Gemeinschaft mitzusichern, nach bester Möglichkeit zu sichern«; Käthe Rosenthal, Abstammungslehre und Erbhygiene der Juden, in: Stern, Didaktik, S. 219.
141 Dr. Kurt Lewin, Rassenfragen in der jüdischen Schule, in: Jüdische Schulzeitung, 1.1.1934, S. 4.
142 Ernst Stein, Was muß das jüdische Kind von Rassenfragen wissen?, in: IsFam, Nr. 37, 14.9.1933, S. 13 f.
143 Dr. Kurt Lewin, Rassenfragen in der jüdischen Schule, in: Jüdische Schulzeitung, 1.1.1934. S 4.

7. Kapitel

1 Stern, Warum hassen sie, S. 132 ff.
2 So Dr. Driesen, der Leiter des Philantropin, wiedergegeben von Günther Friedländer, in: CVZ, Nr. 48, 29.11.1934.

3 Allgemeines zur Organisation der jüdischen Jugendbewegung nach 1933 in: Schatzker, Jewish Youth Movement, S. 157ff.
4 Angress, Generation, S. 27.
5 Johannes Wolff, Der dritte Erziehungsfaktor, in: Jüdische Schulzeitung, 31.8.1934, S. 2f.
6 Ebenda; Angress, Generation, S. 26; CVZ, Nr. 43, 9.11.1933.
7 Margaliot, Politische Reaktion, S. 70.
8 Ludwig Tietz / Ernst Stillmann, in: CVZ, Nr. 43, 9.11.1933.
9 Referat des Rabbiners Dr. Max Gruenewald: Bündische Jugend, in: Rundschreiben der Mittelstelle für Erwachsenenbildung, Juni 1934, S. 4, Yad-Vashem, 08/9.
10 Stern, Warum hassen sie, S. 134.
11 Schachne, Erziehung zum geistigen Widerstand, S. 30.
12 Heinemann Stern: Nachwort zur Frankfurter »Pädagogischen Woche«, in: Jüdische Schulzeitung, 1.2.1935, S. 7f.
13 Ebenda.
14 Georg Lubinski, Aufbruch der Jugend. Zur Soziologie der jüdischen Jugendbewegung in Deutschland, in: Der Morgen, Heft 6, Dez. 1933, S. 359.
15 Johannes Wolff, Der dritte Erziehungsfaktor, in: Jüdische Schulzeitung, 31.8.1934, S. 3f.
16 Zit. nach Werner van der Zyl (Rabbiner), in: Stern, Didaktik, S. 111.
17 Johannes Wolff, Der dritte Erziehungsfaktor, in: Jüdische Schulzeitung, 31.8.1934, S. 4.
18 Walter Holzmann, in: JR, Nr. 73, 12.9.1933.
19 Herbert Sonn, Jüdische Jugendbewegung und junge Lehrergeneration, in: Der Israelit, 24.10.1935, S. 17.
20 Georg Lubinski, Aufbruch der Jugend. Zur Soziologie der jüdischen Jugendbewegung in Deutschland, in: Der Morgen, Heft 6, Dez. 1933, S. 359.
21 Kurt Bergel, »Werkleute« – Über bündische Erziehung und Lehrerschaft, in: Jüdische Schulzeitung, 1.6.1935, S. 1.
22 Wilhelm Stern, Ein Wort zum Jugendproblem, in: Mitteilungen der Gruppe der Junglehrer, 23.2.1938, S. 3.
23 Protokoll eines Treffens zwischen der Schulabteilung und der Interessenvertretung der Höheren jüdischen Lehranstalten vom 4.2.1937, KH. Eine Ausnahme in Fragen der Zusammenarbeit zwischen Schule und Bund bildete, wie in vielen anderen Fragen, das Landesschulheim Herrlingen. Dort durften die Jugendlichen ihre Aktivitäten in den verschiedenen Bünden, in denen sie vor ihrer Ankunft im Heim Mitglied gewesen waren, fortsetzen, soweit sie der Arbeit im Landesschulheim den Vorzug gaben. In: Schachne, Erziehung zum geistigen Widerstand, S. 165.
24 Frank, Gegenwartsaufgaben, S. 22ff.
25 Schachne, Erziehung zum geistigen Widerstand, S. 40; für die ersten Monate von 1933 auch Walk, Jugend- und Lehrheim Wolzig, S. 7f.
26 Beatrice Strauß, in: Stern, Didaktik, S. 58.
27 Rabbiner Dr. Michalski, Wissen oder Bildung?, in: Der Israelit Nr. 43, 24.10.1935, S. 18.
28 Lissy Rothschild, Jugend, in: CVZ, Nr. 13, 19.7.1934.
29 Frank, Gegenwartsaufgaben, S. 17f. Das Buch von Frank weckte bei vielen starke Kritik und Ablehnung und wurde als oberflächlich beurteilt. An diesem Punkt gab es aber keinen Widerspruch. Rezensionen in: Jüdische Wohlfahrtspflege, Heft 3., Juni 1938, S. 96; Mitteilungen der Gruppe der Junglehrer, Aug. 1938, S. 11; Kurt Herz, in: Jüdische Schulzeitung, 1.7.1938, S. 3f.
30 Ilse Meyerhof, Mitglied der Jugendbewegung »Werkleute« und Mitbegründerin des Kibbutz »Hasorea«, in: Godenschweger / Vilmar, Rettende Kraft, S. 26.
31 Bernfeld, Kinderheim Baumgarten, S. 110.
32 Schatzker, Jüdische Jugend, S. 15.

33 Schachne, Erziehung zum geistigen Widerstand, S. 27.
34 J. Wolff, in: Stern, Didaktik, S. 164.
35 Heinemann Stern, in: ders., Didaktik, S. 27.
36 Diese Meinung vertritt Margaliot, Politische Reaktion, S. 69.
37 Selma Nathan, Der Deutschunterricht in der Grundschule, in: Jüdische Schulzeitung, 1.6.1937, S. 4f; Frank, Gegenwartsaufgaben, S. 21f.
38 J. Wolff, in: Stern, Didaktik, S. 163, 176.
39 Beatrice Strauß, in: Stern, Didaktik, S. 57f.
40 Heinemann Stern, in: ders., Didaktik, S. 88f.

Schluß

1 Dies zeigte sich auch in vielen anderen Bereichen wie z.B. der Auswanderung. Ball-Kaduri, Vor der Katastrophe, S. 86f.
2 Dr.Dr. Walter Breßlau, in: CVZ, Nr. 31, 5.8.1937.
3 Paucker, Der jüdische Abwehrkampf, S. 28ff.
4 Ball-Kaduri, Vor der Katastrophe, S. 18; Kochavi, Zwischen Zionisten und Liberalen, S. 39ff; Boas, German-Jewish Internal Politics, S. 12.
5 Margaliot, Politische Reaktion, S. 174.
6 Ebenda, S. 205. So berichtet Ernst Herzfeld, ein Rechtsanwalt und der letzte Direktor des C.V.: »Der Centralverein hatte schon im Jahre 1933 seine Arbeit der Bekämpfung des Antisemitismus auf juristischer Basis umgestellt auf Beratung und Hilfe in allen Lebensfragen des Einzelnen.« In: Ball-Kaduri, Vor der Katastrophe, S. 14.
7 Margaliot, S. 224ff. Ähnliches auch bei Ball-Kaduri, S. 17: »Die zionistische Arbeit dieser Zeit litt unter einer gewissen Inkonsequenz. Die Auswanderung wurde zunächst nicht so in den Vordergrund gestellt, wie man hätte erwarten können, und der Zusammenhang mit der älteren deutschen Kultur – Weimar von Goethe, Weimarer Republik – wurde noch stark betont.«
8 Die deutschen Zionisten waren in ihrer Mehrheit Anhänger von Chaim Weizmann und Arthur Ruppin. Die letzteren unterstützten in Anlehnung an die schlechten Erfahrungen mit der Emigration Mitte der zwanziger Jahre, eine qualitative, langfristig geplante Einwanderung, die die sozialen und wirtschaftlichen Strukturen des Landes berücksichtigte, statt einer Massenemigration. Anderer Meinung waren die Staatszionisten (um Georg Kareski), die aber eine Minderheit darstellten. Margaliot, Politische Reaktion, S. 255ff.
9 Zu einem ähnlichen Ergebnis kommt auch Freeden bei seiner Lektüre der jüdischen Zeitungen. Freeden, Jüdische Presse, S. 56ff.
10 Einer von denen, die die Position vertreten, daß die Auseinandersetzungen innerhalb der jüdischen Gesellschaft zwischen den Liberalen und den Zionisten verliefen, ist Boas (German-Jewish Internal Politics, S. 7). Dabei beweisen seine Ausführungen genau das Gegenteil, ohne ihn zu bewegen, seine Kategorien zu durchdenken (ebenda, S. 18). Die Verwendung anderer Unterscheidungskriterien als der Trennung zwischen Zionisten und Liberalen scheint auch in bezug auf die Weimarer Republik nötig zu sein. Brenner, Jüdische Volkspartei, S. 243.

Abkürzungsverzeichnis

AB	Buber Archiv
BDJJ	Bund deutsch-jüdischer Jugend
C.V.	Central-Verein deutscher Staatsbürger jüdischen Glaubens
CVZ	C. V.-Zeitung
DNVP	Deutschnationale Volkspartei
IRG	Israelitische Religionsgemeinschaft
IsFam	Israelitisches Familienblatt
JR	Jüdische Rundschau
KH	Kulka-Hildesheimer, Dokumente zur Geschichte der Zentralorganisation der Juden in Deutschland 1939–1945
KKL	Keren Kajemet Leisrael
NSDAP	Nationalsozialistische Deutsche Arbeiterpartei
NSLB	Nationalsozialistischer Lehrerbund
RjF	Reichsbund jüdischer Frontsoldaten
RMfWEV	Reichsministerium für Wissenschaft, Erziehung und Volksbildung
UO	Unabhängige Orthodoxie
VuOD	Vertretung der unabhängigen Orthodoxie Deutschlands
ZfjW	Jüdische Wohlfahrtspflege und Sozialpolitik. Zeitschrift der Zentralwohlfahrtsstelle der deutschen Juden und der Abteilung Wirtschaftshilfe bei der Reichsvertretung der Juden in Deutschland
ZVfD	Zionistische Vereinigung für Deutschland

Quellen- und Literaturverzeichnis

1. Archivalien

The Hebrew University of Jerusalem
Quellensammlung Kulka-Hildesheimer: Dokumente zur Geschichte der Zentralorganisation der Juden in Deutschland 1933–1945.
Tel-Aviv University. The Archives of the Diaspora Research Institute:
D41/24.5 Broschüre des Hechaluz.
P30 Nachlaß von Paul Arnsberg (1899–1978).
Yad Vashem Central Archives:
o–1: Ball-Kaduri, Sammlung von Zeugenaussagen.
o–2: Wiener-Sammlung.
o–8: Collection of Documents in the Destruction of German Jewry.

2. Materialsammlungen:

Die Verfasserin konnte in Quellenbestände folgender Wissenschaftler Einsicht nehmen. Ihnen sei an dieser Stelle herzlich gedankt.
Yehoyakim Kochavi
Archivalien aus dem Martin Buber Archiv, Jerusalem, und dem Zionistischen Archiv, Jerusalem.
Ausschnitte aus den Zeitschriften:
Gemeindeblatt der jüdischen Gemeinde zu Berlin;
Jüdische liberale Zeitung, Berlin 1932–36;
Der nationaldeutsche Jude.
Joseph Walk
Mitteilungen der Gruppe der Junglehrer (im Verein gesetzestreuer Lehrer). Jüdischer-pädagogischer Arbeitskreis, Berlin 1936–1938.

3. Zeitungen und Zeitschriften:

Blätter des Keren Hatorah, Heft Nr. 3, Erziehung und Unterricht, 1925.
C.V.-Zeitung. [Blätter für Deutschtum und Judentum. Organ des Central-Vereins deutscher Staatsbürger jüdischen Glaubens.] Allgemeine Zeitung des Judentums, Berlin 1932–1938.
Hamore Haivri (Der hebräische Lehrer). Pädagogische Zeitschrift. Hg. v. S. Kaleko, Amt für hebräische Kultur der zionistischen Zentralvereinigung Deutschlands, 1936–1938. (Hebräisch)
Hilfe und Aufbau in Hamburg, Hamburg 1936–1937.
Der Israelit. Ein Centralorgan für das orthodoxe Judentum, Mainz 1932–1938.
Israelitisches Familienblatt, Hamburg/Berlin 1932–38.
Jüdische Rundschau, Berlin 1932–1938.
Jüdische Schulzeitung. Monatsschrift für Pädagogik und Schulpolitik, hrsg. v. »Reichsverband der jüdischen Lehrervereine«, Hamburg 1932–1938.
Jüdische Wohlfahrtspflege und Sozialpolitik. Zeitschrift der Zentralwohlfahrtsstelle der deutschen Juden und der Abteilung Wirtschaftshilfe bei der Reichsvertretung der Juden in Deutschland, Berlin 1932–1938.
Der Morgen. Monatsschrift der deutschen Juden. Begründet von Julius Goldstein, Darmstadt 1933–35.

4. Zeitgenössische Literatur und Quelleneditionen

Arbeitsbericht der Reichsvertretung für das Jahr 1937.

Angress, Werner T., Generationen zwischen Furcht und Hoffnung. Jüdische Jugend im Dritten Reich, Hamburg 1985.

ders., Jüdische Jugend zwischen nationalsozialistischer Verfolgung und jüdischer Wiedergeburt, in: Paucker, Arnold (Hg.), Die Juden im nationalsozialistischen Deutschland, Tübingen 1986, S. 211–222.

Baeck, Leo, Gedenken an zwei Tote, in: Weltsch, Robert (Hg.), Deutsches Judentum. Aufstieg und Krise. Gestalten, Ideen, Werke, Stuttgart 1963, S. 307–314.

Ball-Kaduri, Kurt Jacob, From »Reich Representation to Reichsvereinigung«, in: Jalkut-Moreshet, 1965, Jg. 22, Heft 4, S. 129–135. (Hebräisch)

ders., Das Leben der Juden in Deutschland im Jahre 1933. Ein Zeitbericht, Frankfurt 1963.

ders., Vor der Katastrophe. Juden in Deutschland 1934–1939, Tel-Aviv 1967.

Barkai, Avraham, Der wirtschaftliche Existenzkampf der Juden im Dritten Reich 1933–1938, in: Paucker (Hg.), Die Juden im nationalsozialistischen Deutschland, Tübingen 1986, S. 153–166.

ders., Vom Boykott zur »Entjudung«. Der wirtschaftliche Existenzkampf der Juden im Dritten Reich 1933–1943, Frankfurt a. M. 1988.

Ben-Avner, Yehuda, Vom orthodoxen Judentum in Deutschland zwischen zwei Weltkriegen, Hildesheim/Zürich/New York 1987.

ders., Trends of Unification and Division in Orthodox Jewry in Germany 1934–1935, in: Keshev. Studies and Sources. Institute of Holocaust Research Bar-Ilan University, Vol. 1., Dez. 1985, S. 5–14. (Hebräisch)

Bennathan, Esra, Demographische und wirtschaftliche Struktur der Juden, in: Entscheidungsjahr 1932. Zur Judenfrage in der Endphase der Weimarer Republik. Ein Sammelband, hg. von Werner E. Mosse unter Mitwirkung von Arnold Paucker, Tübingen 1965, S. 87–131.

Bernett, Hajo, Die jüdische Turn- und Sportbewegung als Ausdruck der Selbstfindung und Selbstbehauptung des deutschen Judentums, in: Paucker, Arnold (Hg.), Die Juden im nationalsozialistischen Deutschland, Tübingen 1986, S. 223–238.

Bernfeld, Siegfried, Kinderheim Baumgarten. Bericht über einen ernsthaften Versuch mit neuer Erziehung, Berlin 1921.

Boas, Jacob, German-Jewish Internal Politics under Hitler, in: Year Book of Leo Baeck Institute, Bd. XXIX, 1984, S. 3–25.

Brenner, Michael, The Jüdische Volkspartei. National-Jewish Communal Politics during the Weimar Republik, in: Year Book of Leo Baeck Institute, Bd. XXXV, 1990, S. 219–243.

Breuer, Mordechai, Jüdische Orthodoxie im deutschen Reich 1871–1918. Sozialgeschichte einer religiösen Minderheit, Frankfurt a. M. 1986.

Breyvogel, Wilfried und Thomas Lohmann, Schulalltag im Nationalsozialismus, in: Peuckert, Detlev und Jürgen Reulecke (Hg.), Die Reihen fast geschlossen. Beiträge zur Geschichte des Alltags unterm Nationalsozialismus, Wuppertal 1981, S. 199–222.

Buber, Martin, Briefwechsel aus sieben Jahrzehnten. Hg. von Grete Schaeder, Bd. 2: 1918–1938, Heidelberg 1973.

ders., Der Jude und sein Judentum, Köln 1963.

ders., Die Stunde und die Erkenntnis. Reden und Aufsätze 1933–1935, Berlin 1936.

Bühler, Michael, Erziehung zur Tradition – Erziehung zum Widerstand. Ernst Simon und die jüdische Erwachsenenbildung in Deutschland, Berlin 1986.

Carlebach, David, Selbständigkeit der Schüler im jüdischen Religionsunterricht, Berlin 1924.

Carlebach, Julius, Orthodox Jewry in Germany: The Final Stages, in: Paucker, Arnold (Hg.), Die Juden im nationalsozialistischen Deutschland, Tübingen 1986, S. 75–93.

Colodner, Solomon, Jewish Education under the National Socialism, in: Yad Vashem Studies on the European Jewish Catastrophe and Resistance, Bd. 3, 1959, S. 147–171. (Hebräisch)

Dahm, Volker, Das jüdische Buch im Dritten Reich. Zweiter Teil: Salman Schocken und sein Verlag, Frankfurt 1982.

Dunker, Ulrich, Der Reichsbund jüdischer Frontsoldaten 1919–1938. Geschichte eines jüdischen Abwehrvereins, Düsseldorf 1977.

Eckhart, Franz G. und Heinrich Pingel-Rollmann, Hakenkreuz und Judenstern. Das Schicksal der Darmstädter Juden unter der Terror-Herrschaft des NS-Regimes, in: Eckhart, Franz G., (Hg.), Juden als Darmstädter Bürger, Darmstadt 1984, S. 159–189.

Eilers, Rolf, Die nationalsozialistische Schulpolitik. Eine Studie zur Funktion der Erziehung im totalitären Staat, Köln/Opladen 1963.

Eloni, Jehuda, Die umkämpfte national-jüdische Idee, in: Mosse, Werner E. und Arnold Paucker (Hg.), Juden im Wilhelminischen Deutschland 1890–1914. Ein Sammelband, Tübingen 1976, S. 633–688.

Feidel-Mertz, Hildegard (Hg.), Schulen im Exil. Die verdrängte Pädagogik nach 1933, Reinbek b. Hamburg 1983.

Fliedner, Hans-Joachim (Hg.), Die Judenverfolgung in Mannheim 1933–1945. Bd. 1: Darstellung, Stuttgart/Berlin 1971.

Frank, Heinz, Gegenwartsaufgaben jüdischer Jugenderziehung, Berlin 1938, (=Jüdische Wirklichkeit heute. Eine Schriftenreihe, Heft 4).

Gerson, Hermann, Werkleute. Ein Weg jüdischer Jugend, Berlin 1935.

Leschnitzer, Adolf (Hg.), Jüdische Lesehefte im Auftrag der Reichsvertretung der Juden in Deutschland, Berlin 1935 ff.

Programm und Leistung. Keren Hatorah und Keren Jakob 1927–1937. Bericht an die Dritte Kenessio Gedaulo, London/Wien 1937.

Rosenberg, J., Methodik des jüdischen Religionsunterrichts, Berlin 1924.

Schoeps, Hans-Joachim, Wir deutschen Juden, Berlin 1934.

Stern, Heinemann (Hg.), Didaktik der jüdischen Schule. In Gemeinschaft mit Fachlehrern, Berlin 1938.

Walk, Joseph (Hg.), Das Sonderrecht für die Juden im NS-Staat. Eine Sammlung der gesetzlichen Maßnahmen und Richtlinien – Inhalt und Bedeutung, Heidelberg/Karlsruhe 1981.

5. Memoiren

Claudi, Marianne und Reinhard (Hg.), Die wir verloren haben. Lebensgeschichten Emdener Juden, Aurich 1988.

Echt, Sam, Das jüdische Schul- und Erziehungswerk in Danzig, in: Bulletin des Leo Baeck Instituts, 6. Jg., 1963, Nr. 24, S. 352–394.

Freier, Recha, Laßt die Kinder kommen. Die Entstehung der Jugend-Alijah, ins Deutsche übersetzt von Lina Gödeken. (MS)

Gaertner, Hans, Bildungsprobleme der jüdischen Schule während der Nazizeit, in: Bulletin des Leo Baeck Instituts, 1. Jg., 1957/58, Nr. 213, S. 83–86.

ders., Probleme der jüdischen Schule während der Hitlerjahre, unter besonderer Berücksichtigung der Theodor-Herzl-Schule in Berlin, in: Weltsch, Robert (Hg.), Deutsches Judentum. Aufstieg und Krise. Gestalten, Ideen, Werke, Stuttgart 1963, S. 326–352.

Godenschweger, Walter B. und Fritz Vilmar, Die rettende Kraft der Utopie. Deutsche Juden gründen den Kibbuz Hasorea, Frankfurt 1990.

Gruenewald, Max, Der Anfang der Reichsvertretung, in: Weltsch, Robert (Hg.), Deutsches Judentum. Aufstieg und Krise. Gestalten, Ideen, Werke, Stuttgart 1963, S. 315–325.

Hahn, Hugo, Die Gründung der Reichsvertretung, in: In zwei Welten. Siegfried Moses zum fünfundsiebzigsten Geburtstag, Tel Aviv 1962, S. 97–105.

Kaelter, David Franz, Die jüdische Schule in Königsberg/Preußen, in: Bulletin des Leo Baeck Instituts, 4. Jg., 1961, S. 145–166.

ders., Das jüdische Schulwerk in Deutschland nach 1933, in: Bulletin des Leo Baeck Instituts, 1. Jg., 1957/58, S. 86–88.

Limberg, Margarete und Hubert Rübsaat (Hg.), Sie durften nicht mehr Deutsche sein. Jüdischer Alltag in Selbstzeugnissen 1933–1938, Frankfurt a. M. 1990.

Michaelis-Stern, Eva, Erinnerungen an die Anfänge der Jugendalijah in Deutschland, in: Bulletin des Leo Baeck Instituts, Nr. 70, 1985, S. 55–66.

Schaeffer, Rudolf F., Das religiös-liberale Schulwerk in Breslau 1933-1937, in: Bulletin des Leo Baeck Instituts, 10. Jg., 1967, S. 298–308.

Schiratzki, Selma, The Rykestraße School in Berlin, in: Year Book of Leo Baeck Institute, Bd. V, 1960, S. 299–307.

Simon, Ernst, Aufbau im Untergang. Jüdische Erwachsenenbildung im nationalsozialistischen Deutschland als geistiger Widerstand, Tübingen 1959.

Stern, Heinemann, Warum hassen sie uns eigentlich? Jüdisches Leben zwischen den Kriegen. Erinnerungen, Düsseldorf 1970.

6. Darstellungen

Adler-Rudel, S., Jüdische Selbsthilfe unter dem Naziregime 1933–1939. Im Spiegel der Berichte der Reichsvertretung der Juden in Deutschland, Tübingen 1974.

Arbeitsberichte des Zentralausschusses der deutschen Juden für Hilfe und Aufbau, Berlin 1933–1938.

Fraser, T. G., A Crisis of Leadership: Weizmann and the Zionist Reactions to the Peel Commission's Proposals, 1937/8, in: Journal of Contemporary History, Vol. 23, Nr. 4, 1988, S. 657–680.

Freeden, Herbert, Die jüdische Presse im Dritten Reich, Frankfurt a. M. 1987.

Friedlaender, Fritz, Trials and Tribulations of Jewish Education in Nazi Germany, in: Year Book of Leo Baeck Institute, Bd. III, 1958, S. 187–201.

Geudtner, Otto, Hans Hengsbach und Sibille Westerkamp, »Ich bin katholisch getauft und Arier«. Aus der Geschichte eines Kölner Gymnasiums, Köln 1985.

Ginat, Jochanan [d. i. Hans Gaertner], The Jewish Teacher in Germany, in: Year Book of Leo Baeck Institute, Bd. IXX, 1974, S. 71–76.

Helmreich, Christian Ernst, Religionsunterricht in Deutschland. Von den Klosterschulen bis heute, Düsseldorf 1966.

Herrmann, Klaus J., Das dritte Reich und die deutsch-jüdischen Organisationen 1933–1934, Köln/Berlin/Bonn/München 1969.

Hildesheimer, Esriel, The Central Organization of the German Jews in the Years 1933–1945. Its legal und political Status and its Position in the Jewish Community (Diss.), Jerusalem 1982. (Hebräisch)

Kochavi, Yehoyakim, Cultural and Educational Activities of the German Jews 1933–1941 as a Response to the challenge of the Nazi Regime (Diss.), Jerusalem 1986. (Hebräisch)

ders., Towards a »Jewish School in its Essence«, in: Massuah. A Yearbook on the Holocaust and Heroism, No. 14, April 1986, S. 32–37. (Hebräisch)

ders., Jewish Spiritual Survival in Nazi Germany, Tel-Aviv 1988. (Hebräisch)

ders., Zwischen Zionisten und Liberalen. Berlin 1929–1932. Öffentliche Auseinandersetzungen innerhalb der Berliner Gemeinde und der deutschen Judenheit in den Jahren vor dem »Dritten Reich«, Jerusalem 1982. (Hebräisch) (MS)

Kulka, Otto D. und Esriel Hildesheimer, The Central Organization of German Jews in the Third Reich and its Archives (On the Completion of the Reconstruction Project), in: Year Book of Leo Baeck Institute, Bd. XXXIV, 1989, S. 187–201.

Kulka, Otto D., Die deutsche Geschichtsschreibung über den Nationalsozialismus und die »Endlösung«. Tendenzen und Entwicklungsphasen 1924–1984, in: Historische Zeitschrift, Band 240, 1985, S. 599–640.

ders., Die Reichsvereinigung der Juden in Deutschland, in: Patterns of Jewish Leadership in Nazi Europe 1933–1945. Proceedings of the Third Yad-Vashem International Historical Conference April 1977, Jerusalem 1979, S. 37–53. (Hebräisch)

ders., The »Jewish Question« in the Third Reich. Its Significance in National Socialist Ideology and Politics and its Role in Determing the Status and Activities of the Jews, Jerusalem 1975. (Hebräisch)

Kurzweil, Zwi Erich, Hauptströmungen jüdischer Pädagogik in Deutschland. Von der Aufklärung bis zum Nationalsozialismus, Frankfurt 1987.

Kwiet, Konrad und Helmut Eschwege, Selbstbehauptung und Widerstand. Deutsche Juden im Kampf um Existenz und Menschenwürde (1933–1945), Hamburg 1984.

Kwiet, Konrad, Judenverfolgung und Judenvernichtung im Dritten Reich. Ein historiographischer Überblick, in: Diner, Dan (Hg.), Ist der Nationalsozialismus Geschichte? Zu Historisierung und Historikerstreit, Frankfurt 1987, S. 237–264.

Lamm, Hans, Über die innere und äußere Entwicklung des deutschen Judentums im Dritten Reich, Erlangen 1951. (Diss.)

Lehberger, Reiner, Als unsichtbare Mauern wuchsen. Das Leben jüdischer Schüler unter dem »Sonderrecht für Juden« im NS-Deutschland. Gesetzliche Bestimmungen und Erfahrungsberichte, in: Lehberger, R. und H.-P. de Lorent, (Hg.), Die Fahne hoch. Schulpolitik und Schulalltag in Hamburg unterm Hakenkreuz, Hamburg 1986, S. 301–316.

Lehberger, Reiner, Christiana Pritzlaff und Ursula Randt, Geschichte – Schauplatz Hamburg. Entrechtet – vertrieben – ermordet – vergessen. Jüdische Schüler und Lehrer in Hamburg unterm Hakenkreuz, Hamburg 1988.

Margaliot, Abraham, The Dispute over the Leadership of German Jewry (1933–1938), in: Yad Vashem Studies on the European Jewish Catastrophe and Resistance, Bd. 10, 1974, S. 129–148.

ders., Die politische Reaktion der jüdischen Organisationen in Deutschland gegenüber der anti-jüdischen Politik der Nationalsozialisten in den Jahren 1932–1935 (Diss.), Jerusalem 1971. (Hebräisch)

ders., Das Problem der Umschichtung und Produktivierung als Diskussionsschwerpunkt unter den Juden in Deutschland in den ersten Jahren des Dritten Reiches, in: Jalkut-Moreshet, No. 29, May 1980, S. 99–120. (Hebräisch)

Maurer, Trude, Ausländische Juden in Deutschland, 1933–1939, in: Paucker, Arnold (Hg.), Die Juden im nationalsozialistischen Deutschland, Tübingen 1986, S. 189–210.

dies., Ostjuden in Deutschland 1918–1933, Hamburg 1986.

Müller, Wolfram, Jüdische Schüler, Lehrer und Schulen unterm Hakenkreuz. Ein Überblick über die Situation im höheren Schulwesen Hamburgs, in: Lehberger, Reiner und Hans-Peter de Lorent (Hg.), Die Fahne hoch. Schulpolitik und Schulalltag in Hamburg unterm Hakenkreuz, Hamburg 1986.

Munk, Michael L., Austrittsbewegung und Berliner Adass Jisroel-Gemeinde 1869–1939, in: Gegenwart im Rückblick. Festgabe für die Jüdische Gemeinde zu Berlin 25 Jahre nach dem Neubeginn. Hg. von Herbert A. Strauss und Kurt R. Grossmann, Heidelberg 1970.

Niederland, Doron, Emigration-Patterns of German Jews 1918–1938, Jerusalem 1988. (Diss.)

Offenberg, Mario (Hg.), Adass Jisroel. Die jüdische Gemeinde in Berlin (1869–1942). Vernichtet und vergessen, Berlin 1986.

Paucker, Arnold, Der jüdische Abwehrkampf gegen Antisemitismus und Nationalsozialismus in den letzten Jahren der Weimarer Republik, Hamburg 1968.

Randt, Ursula, Carolinenstraße 35. Geschichte der Mädchenschule der Deutsch-Israelitischen Gemeinde in Hamburg 1884–1942, Hamburg 1984.

dies., Talmud Tora Schule. Die Zerschlagung des jüdischen Schulwesens, in: Hochmuth, Ursel und Hans-Peter de Lorent (Hg.), Hamburg: Schule unterm Hakenkreuz, Hamburg 1985.

Reinharz, Jehuda, und Benjamin Ben-Baruch, Zionisten und Liberale in den deutschsprachigen Ländern (Deutschland, Österreich, Ungarn und Böhmen), in: Bulletin des Leo Baeck Instituts, Nr. 82, 1989, S. 49–63.

Rheins, Carl J., The Verband nationaldeutscher Juden, in: Year Book of Leo Baeck Institute, Bd. XXV, 1980, S. 243–268.

ders., The Schwarzes Fähnlein, Jungenschaft 1932–1934, in: Year Book of Leo Baeck Institute, Bd. XXIII, S. 173–197.

Richarz, Monika, Jüdisches Leben in Deutschland, Bd. 3: Selbstzeugnisse zur Sozialgeschichte 1918–1945, Stuttgart 1982.

Röcher, Ruth, Die jüdische Schule im nationalsozialistischen Deutschland 1933–1942, Siegen (Diss.) 1990

dies., Die jüdische Schule in Deutschland 1933–1942. Lernen für die Auswanderung, 1989. (MS)

Rosenberg, Michael, Streng im Glauben der Väter. Die religiöse Spaltung des Darmstädter Judentums im 19. Jahrhundert und die Geschichte der orthodoxen »Religionsgesellschaft« bis zum Jahre 1933, in: Eckhart, Franz G. (Hg.), Juden als Darmstädter Bürger, Darmstadt 1984, S. 107–114.

Rosenstrauch, Hazel (Hg.), Aus Nachbarn wurden Juden. Ausgrenzung und Selbstbehauptung 1933–1942, Berlin 1988.

Schachne, Lucie, Erziehung zum geistigen Widerstand. Das jüdische Landesschulheim Herrlingen 1933–1939, in: Feidel-Mertz, Hildegard (Hg.), Pädagogische Beispiele. Institutionsgeschichte in Einzeldarstellungen, Bd. 3, Frankfurt 1986.

Schatzker, Chaim, The Jewish Youth Movement in Germany in the Holocaust Period (I). Youth in Confrontation with a new Reality, in: Year Book of Leo Baeck Institute, Bd. XXXII, 1987, S. 157–181.

ders., Jüdische Jugend im zweiten Kaiserreich. Sozialisations- und Erziehungsprozesse der jüdischen Jugend in Deutschland 1870–1917, Frankfurt a. M./Bern/New York/Paris 1988.

Schmelz, Usiel O., Die demographische Entwicklung der Juden in Deutschland von der Mitte des 19. Jahrhunderts bis 1933, in: Bulletin des Leo Baeck Instituts, Nr. 83, 1989, S. 15–62.

Strauss, Herbert A., Jewish Autonomy within the Limits of National Socialist Policy. The Communities and the Reichsvertretung, in: Paucker, Arnold (Hg.), Die Juden im nationalsozialistischen Deutschland, Tübingen 1986, S. 125–152.

Tal, Uriel, Christians and Jews in the »Second Reich« (1870–1914). A Study on the Rise of German Totalitarianism, Jerusalem 1985 (2). (Hebräisch)

Varchmin, Inge, Die Talmud Tora Schule in Hamburg von 1933 bis 1942. Zu den Existenzbedingungen einer jüdischen Schule unter dem Nationalsozialismus, Hamburg 1980. (Examensarbeit)

Vollnhals, Clemens, Jüdische Selbsthilfe bis 1938, in: Benz, Wolfgang (Hg.), Die Juden in Deutschland 1933–1945. Leben unter nationalsozialistischer Herrschaft, München 1988, S. 314–411.

Walk, Joseph, Das Ende des jüdischen Jugend- und Lehrheims Wolzig (1933), in: Bulletin des Leo Baeck Instituts, Nr. 66, 1983, S. 3–22.

ders., Jüdische Erziehung als geistiger Widerstand, in: Paucker, Arnold (Hg.), Die Juden im nationalsozialistischen Deutschland, Tübingen 1986, S. 239–248.
ders., The Education of the Jewish Child in Nazi Germany. The Law and its Execution, Jerusalem 1975. (Hebräisch)
ders., Jüdische Schüler an deutschen Schulen in Nazideutschland, in: Bulletin des Leo Baeck Instituts, Nr. 56/57, 1980, S. 101–109.
ders., Jüdische Schule und Erziehung im Dritten Reich (im Druck).
ders., Das jüdische Schulwesen in Köln bis 1942, in: Bohnke-Kollwitz, Jutta (Hg.), Köln und das rheinische Judentum. Festschrift Germanica Judaica 1959–1984, Köln 1984, S. 415–426.
Zariz, Ruth, Escape before the Holocaust. Migration of German Jews 1938–1941, Ghetto Fighter's House 1990. (Hebräisch)
Zimmermann, Moshe, Jewish Nationalism and Zionism in German-Jewish Students' Organisations, in: Leo Baeck Institute Year Book Bd. XXVII, 1982, S. 129–153.
ders., The Potential of Resistance among the German Jews, in: ders., (Hg.), Opposition to National-Socialism, Jerusalem 1986. (Hebräisch)

Lexika

Arnsberg, Paul, Die Geschichte der Frankfurter Juden seit der Französischen Revolution, Bd. 3: Biographisches Lexikon der Juden in den Bereichen: Wissenschaft, Kultur, Bildung, Öffentlichkeitsarbeit in Frankfurt a. M., Darmstadt 1983.
Walk, Joseph, Kurzbiographien zur Geschichte der Juden 1918–1945, München/New York/London/Paris 1988.

Personenregister

Adler-Rudel, S. 10
Angress, Werner T. 10

Baeck, Leo 12, 21, 43, 52, 61, 68, 73, 76, 113, 179, 195
Ball-Kaduri, Kurt Jakob 10
Bamberger, Fritz 77
Barschak, Erna 47, 154–155, 198
Bergel, Kurt 28
Bin-Gorion, Emanuel 70
Blumenfeld, Kurt 66, 168
Braun, Siegfried 35, 71, 79–80, 98, 116, 134–135, 170, 175
Breslauer, Walter 14, 48
Breßlau, Walter 112
Breuer, Salomon 62, 64
Brodnitz, Friedrich 106
Brodnitz, Julius 61
Buber, Martin 10, 13, 25, 27, 29, 35, 42–45, 57, 64, 75–77, 79–80, 89, 115–116, 119, 129, 134–136, 143–144, 147, 176, 196

Carlebach, David 94
Carlebach, Joseph 46–47, 149, 151, 155
Cohn, Benno 65, 102
Cohn, Heinz 29, 32–34, 44

David, Fanny 173
Daxner, Michael 10
Driesen, Otto 16, 44, 149–150

Ehrmann, Elieser L. 72
Elbogen, Ismar 25–26, 40, 44, 47, 76, 81, 149, 151, 154, 195
Elias, Marcus 16, 116, 162
Elsässer, Marianne 115, 117

Falkenberg, Herrmann 31, 116, 140
Feidel-Mertz, Hildegard 10
Felsenthal, Erich Bernhard 174
Frank, Heinz 109
Franken, Joseph 174
Freier, Recha 10, 100, 193
Frick, Wilhelm 57
Friedlaender, Fritz 31
Friedländer, Günter 34

Gaertner, Hans 10, 88, 96, 101–102, 205
Galliner, Julius 46, 48, 66, 81, 115, 137, 150
Gerson, Hermann 42, 44–45
Ginat, Yochanan s. Gaertner, Hans
Goldmann, Nachum 191
Grätz, Wilhelm 32
Großbaum, Rahel 6
Gruenewald, Max 39–39
Gutmann, Joseph 47, 151, 153–155
Guttmann, Julius 15

Herrmann, Klaus J. 10
Herzfeld, Ernst 215
Herzl, Theodor 73
Heymann, Jennie 87
Hildesheimer, Esriel 6, 10, 58
Hindenburg, Paul von 54
Hirsch, Otto 42–43, 48, 52, 64, 76–77, 81, 113, 116, 145
Hirsch, Samson Raphael 16, 58, 200
Hirsch, Siegmund 182
Hirschfeld, Robert 116, 166
Hitler, Adolf 20, 25, 37, 54
Höxter, Julius 93
Hoffmann, Jakob 201
Hoffmann, Moses 61
Horovitz, Jakob 31, 42, 62, 196

Jabotinsky, Vladimir 65
Jakobson, Israel 137
Jonas, Alberto 24, 81–83

Kaleko, Saul 79
Kareski, Georg 65–66, 68, 202, 215
Karminski, Hannah 155
Katzenstein, Rose 168
Klausner, Gertrud 18
Klee, Alfred 66
Klibansky, Erich 44, 83, 107
Kochavi, Yehoyakim 6, 10
Kollenscher, Max 148
Kulka, Otto Dvo 6, 9–10
Kurzweil, Lippmann 78

Lamm, Hans 10
Leibowitz, Nechama 17
Leschnitzer, Adolf 25, 28, 40, 46, 49–51, 63, 71, 74, 76–77, 82, 102, 115–116, 127, 151–153, 155, 161, 195
Liebenstein, Eliezer 30
Lilienthal, Arthur 39, 45–46, 61, 150–151, 155, 195
Loewenberg, Ernst 25, 71, 173, 204
Löwenstein, Leo 54–55
Lubinski, Georg 107

Margaliot, Abrahahm 10, 113–114
Merzbach, Julius 63, 90
Michaelis, Eva 100
Munk, Esra 12, 60–62, 82

Naumann, Max 56
Nießen 40, 60

Pappenheim, Bertha 100
Paucker, Arnold 113
Peel, Earl 73
Pestalozzi, Johann Heinrich 17
Prinz, Joachim 57

Raabe, Wilhelm 140
Randt, Ursula 10
Reissner, Hanns Günther 29
Richarz, Monika 10
Ringer, Paul 49
Rosenthal, Hugo 18, 96
Rosenzweig, Franz 183
Rosenzweig, Raphael 116, 181, 183, 208
Rothschild, Maier, Amschel 16
Ruppin, Arthur 215
Rust, Bernhard 19–21, 40, 63

Schachne, Lucie 10, 110
Schatzker, Chaim 109
Schiratzki, Selma 151, 154
Schlesinger, Nachman 16
Schoeps, Hans-Joachim 43, 57
Schwarzschild, Fritz 26, 32
Simon, Ernst 10, 13, 39, 76
Sinasohn, Max 169
Spier, Arthur 44, 71, 98, 140–150, 197, 203
Stahl, Heinrich 43, 66, 68
Stahl, Rudolf 115, 121
Stern, Heinemann, 10, 15, 18, 28–30, 36, 77, 86, 88–90, 115, 133
Stern, Heinrich 34
Stern, Julius 49
Strauss, Bruno 151, 154

Täubler, Eugen 46–47, 152–153, 155, 198
Tietz, Ludwig 106, 113, 199

Walk, Joseph 6, 10
Warburg, Max 38
Weiss, Josef 102
Weizmann, Chaim 215
Weltsch, Robert 42
Wilhelm II. 181
Wollheim, Norbert 34
Wollmann, Pinchas 99

Band 19
384 S., Lin., DM 38,–
3-7672-0850-4

Band 24
322 S., Lin., DM 34,–
3-7672-1055-x